Alfons E. Jasinski

Thalus von Athos

Alfons E. Jasinski

Thalus von Athos

Die Offenbarung

Aufschlüsselung ursprünglicher Wahrheiten

Aus dem Tagebuch
eines Ordensmitglieds

Das Werk einschließlich aller seiner Teile ist urheberrechtlich geschützt. Jede Verwertung ist ohne Zustimmung der Herausgeberin unzulässig und strafbar. Dies gilt insbesondere für die elektronische oder sonstige Vervielfältigung, Übersetzung, Mikroverfilmung, Einspeicherung und öffentliche Zugänglichmachung.

© *2015 Christa Jasinski*

Herausgeberin der 2. Auflage: Christa Jasinski

1. Druck: März 2015
2. Druck: April 2015
3. Druck: Juni 2015

*Dieses Buch ist meinen drei Enkelkindern,
Juliano-Silva, Leonardo-Luca und Lilia-Fee gewidmet.
Dieser Generation kommt hoffentlich eine neue Aufgabe zugute,
die unsere Fehler und Irrtümer mit Nachsicht in den Griff bekommen.
Insbesondere die offene Interaktion zwischen Anderweltlern und
irdischer Menschheit sei ihnen anvertraut,
um unseren Planeten wieder
in einen „Garten Eden"
zu verwandeln.*

Alfons E. Jasinski, 2006/2007

Inhaltsverzeichnis

Vorwort zur 2. Auflage 10
Einleitung 11
Juni 2002 - Garmisch-Partenkirchen **31**
Zum weiteren Verständnis 50
Juni 2002 – Die Alpen und Frater Peter **61**
Kurze Rückblende – März 2002 69
Oktober 2002 - Unterwegs „geheimer Treffpunkt" **75**
Dezember 2002 – Ein Widerstand taucht auf **97**
Geschichtliches Resumé von Alfons Jasinski 102
Frater Fritz 103
April 2003 – „Einweihung" **117**
30. April 2003 – Die erste Begegnung oder: Wie real ist unsere alltägliche Realität!? 126
25. Mai 2003 – Geburt eines insektoiden Wesens? 143
Nachdenkliches 148
23. Juni 2003 – Schlechte Nachricht oder:
Ein Wunschtraum zerplatzt **161**
27. Juli 2003 – Andere Spezies, aber auch „Mensch" 164
02. August 2003 – „Einfahrt" 173
Definition der Freien Energie **201**
23. August 2003 – Welle der Erfahrungen **205**
12. September 2003 – Abschied von Frater Fritz **223**
Das „Neue Testament Satans" **227**
Massenmedien: Vertreiber der Wahrheit? **233**

„Jakob und Esau" oder Zwei irdische Spezies............ 257
  01. November 2003 – Treffen: Reptiloider Bruder...............262

11. November 2003 – Unfall oder Mord?................... 279

23. Dezember 2003 – Sind „Einfahrten" für mich schon alltäglich geworden?........................... 301
  24. Dezember 2003 – Von Familienlandsitzen, Naturgeistern und Kraftfeldern...............304
  02. Januar 2004 bis 05. März 2004 – Erschöpfung macht sich breit................319

25. August 2004 – Ein langes Nachsinnen über alle Erfahrungen nimmt einen anderen Verlauf...... 323

12. September 2004 – Zusammenzug meiner inneren Truppen............................ 335

13. Oktober 2004 – Warum keine Antwort?!............ 339

28. Oktober 2004 – Gespräch mit „Mordechai"........ 347

Nachwort... 357

Einige geschichtlich-belegte Aussagen zum Thema....... 367

Danksagung... 373

Notizen... 375

Vorwort zur 2. Auflage

Lieber Leser,

nachdem die erste Auflage vergriffen war und ich immer wieder Nachfragen bekam, habe ich mich entschlossen, dieses Buch – in Gedenken an Alfons Jasinski – wieder aufzulegen.

Ich habe mich dazu entschieden, das Buch gestalterisch ein wenig zu verändern. Wir haben etwas mehr Struktur ins Buch gebracht und vor allem Überschriften eingefügt, so dass man etwas Gesuchtes schneller und leichter wieder findet.

Alfons Jasinski kündigte in der ersten Auflage an, zwei weitere Bücher schreiben zu wollen. Seine langwierige Krankheit kam ihm dazwischen. Als er dieses Buch herausgab, entschied er sich dazu, aus einer Person zwei Personen zu machen. Thalus von Athos war der Ordensname von Alfons Jasinski und so beschloss er, dass er als Alfons Jasinski selber nur als Schreiber fingierte. Zu brisant empfand er, was er schrieb. Und er sollte später die Erfahrung machen, dass es nicht gut war, dass er vertrauensvoll einigen Menschen sagte, dass er selber auch Thalus von Athos ist. Manches, was auf diese Offenheit hin folgte, führte mit zu seiner langen Krankheit, denn Alfons Jasinski konnte sich nie von den vielen Angriffen, die folgten, wirklich abschirmen.

Ich habe noch sehr viele Aufzeichnungen seiner Einfahrten, so dass ich ausreichend Material an der Hand habe, ein weiteres Buch heraus zu bringen. In nächster Zeit werde ich alle Aufzeichnungen sichten und elektronisch übertragen, so dass ein weiteres Thalus-Buch erscheinen kann. Ob es für 2 weitere Bücher reicht, wird sich zeigen, wenn ich alles durchgearbeitet habe.

Christa Jasinski

Einleitung

Das vorliegende Buch ist das erste von drei Büchern über die Erkenntnisse eines Frater Thalus von Athos, der seit vielen Jahren Mitglied in mehreren Weisheitsschulen ist. Innerhalb seiner Studien stieß er immer wieder auf innerste Zusammenhänge zwischen den unterschiedlichen Mystikerorden; konnte feststellen, wie sehr die offiziellen Chroniken von Staaten und Gesellschaften verfälscht und im Kern verdreht wurden und noch immer werden. Der „Mystische Orden Hermetischer Lehren Atons" – kurz M.O.H.L.A. – erlaubte Frater Thalus von Athos, sein Wissen in die Öffentlichkeit zu tragen. Obwohl dieser Orden kein offen zugänglicher Orden ist (alle Adepten werden aus anderen Weisheitsschulen und aus gewissen „ungewöhnlichen" Lebenssituationen heraus „rekrutiert"), ist sich die innere Ordensführung einig, internes Wissen an die Öffentlichkeit zu geben, damit sich die Menschen ein Bild des wahren Weltgeschehens machen können.

Der Leser sollte alle Informationen selber beleuchten, um sich der Tatsache höherer Welten und Einflüsse stellen zu können. Es sei an der Zeit, dass die Menschen ihre ursprünglichen Potentiale wieder entfalten; an und in sich wieder erkennen, dass wir Erdenmenschen, geistig betrachtet, Sternenwesen und Teile Gottes sind.

Der Leser möchte sich auch darauf besinnen, wie Geschichtsschreibungen grundsätzlich zustande kommen – nämlich über das Bedürfnis eines Siegers über den Besiegten zu urteilen, um daraus auch eine gesellschaftliche Relevanz für die Besiegtenmentalität zu stricken. Sämtliche Hintergründe eines Volkes oder Staates, werden nur in den seltensten Fällen aus den eigenen Reihen hinterlassen – dies lässt das irdische „System der Nivellierung" ungern zu.

So gibt es seit Jahrtausenden Männer und Frauen, die alle Geschehnisse ordentlich festhalten, objektiv katalogisieren und diese Chroniken vor den weltlichen Machthabern geheim halten. Wenn die Menschheit einmal soweit gereift sein wird, ihre tatsächliche Wahrheit im Wirrwarr der widersprüchlichsten Menschenchroniken zu suchen, werden diese geheimen Chroniken zur Entwirrung dienen.

Wir müssen uns auch darüber im Klaren sein, dass die irdischen Machthaber, die Sieger und somit Beherrscher der Besiegten, eine echte Aufklärung stets zu verhindern wissen – zumindest bei der Mehrheit der Menschen. So ist auch bis heute nicht erklärt, warum eine Minderheit, zumeist nur 0,05%, dazu in der Lage ist, die große Masse von 99,95% in ihre Kriegsplanungen hineinziehen zu können.

Aus vielen Umfragen geht immer wieder hervor, dass 90% der Menschen Kriege ablehnen und sich nach einem dauerhaften Frieden sehnen. Immer wieder aber können die „Minderheitsregierenden" schon in relativ kurzen Zeiträumen neue Kriege anzetteln und sie unter einem Deckmantel der Notwendigkeit an die Massen verkaufen! (Wobei „Notwendigkeit" den Faktor der Gewissenlosigkeit aufzeigt).

Frater Thalus von Athos ging über Jahre diesen (und anderen) Phänomenen auf den Grund und konnte etwas Wesentliches fixieren: magisch-okkulte Einflüsse, die nicht nur pur menschlicher Natur sind. In seiner Eigenschaft als Hintergrundforscher, konnte er alte Schriften, Chroniken und ursprüngliche Manuskripte, sogenannte „Heiligen Schriften", Chiffren und Tabulen einsehen. Es unterstützten ihn Sprachforscher und Übersetzer alter Sprachen und Kulturen, wodurch er sich profunde Kenntnisse über die menschlichen Hintergründe aneignen konnte und durfte. Er entdeckte nach einer gewissen Zeit eine Art „roten Faden", der sich durch alle unterschiedlichen Schriften aus allen Zeitaltern und Gesellschaften zieht: Manipulation durch eine herrschende Schicht.

Dieser rote Faden zieht sich konstant durch die Menschheitsgeschichte, woraus Frater Thalus entnehmen konnte, dass irgendwann in „grauer Vorzeit" diese Menschheitsbeherrschung beginnen musste. So stieß er auf außerirdische Einflüsse „asurischer" Art (auch dämonisches Prinzip genannt), die Eingang in die menschliche Psyche gefunden haben. Diese asurischen Wesenheiten besitzen eine starke telepathische Kraft –

sie können Empfindungen von Menschen erfassen und sie dadurch sehr einfach lenken. Sie können nicht Gedanken lesen – aber die Gefühlsebene des humanoiden Bewusstseinsträgers (des Menschen) manipulieren.

Frater Thalus von Athos ist davon überzeugt, dass sich diese außerirdischen Wesenheiten mittlerweile als Menschen inkarnieren können, um somit eine noch bessere Tarnung zur Verfügung zu haben. Aber an ihren Taten könne man sie erkennen.

Hier beginnen die Schwierigkeiten der Assoziation, weil eine Enttarnung solcher asurischer Wesen zuerst eine menschliche Physiognomie überwinden muss – vielfach könnte dies zu Beleidigungsklagen und/oder Ächtung solcher Versuche führen. Wir können asurische Wesenheiten in einem menschlichen Körper nicht einfach bloßstellen, sondern müssen sie unauffällig und dennoch sorgfältig studieren, was mit großen Schwierigkeiten verbunden ist. Innerhalb gewisser Weisheitsschulen ist man sich dieser Problematik sehr bewusst, und Versuche, das Wissen um die negative Beeinflussung der Menschheit zugänglich zu machen, scheitern vielfach an deren eigenen Engstirnigkeit, weil wir ja bereits Gehirngewaschen sind! Wir alle sind das Produkt unseres Zeitgeistes und exakt verantwortlich dafür.

In vielen Aufklärungsschriften wird bereits sehr eingehend auf die menschliche Manipulation hingewiesen und sie zeigen auf, wie sich das Wissen darüber auf ein sich steigerndes Interesse aus den Bevölkerungsschichten ausbreitet. Was bisher vielfach noch nicht erreicht wurde, sind Lösungsansätze, Möglichkeiten, sich dieser negativen Systematik zu entziehen, ohne sich darin zum Opfer zu machen.

Auch Frater Thalus von Athos hat dafür kein Patentrezept; ist allerdings davon überzeugt, dass sich einzelne Individuen (die sich immer konzentrischer zusammenschließen) darüber sehr wohl ihre Gedanken machen und vielfach für sich selbst zur Tat schreiten.

Im zweiten Buch geht Frater Thalus näher auf die Lichtarbeiter ein, die uns Menschen seit Jahrtausenden frequentieren und seelische Unterstützung zukommen lassen. Im dritten Buch stellt Frater Thalus kleinere und größere Lösungen vor, die aufweisen, wie man sich aus dem Zinssystem, ungesunder Ernährung und dem Griff der „pharmazeutischen Einflussnahme" herausnehmen kann, ohne gegen Gesetze oder einer bestehenden Gesellschaftsordnung zu verstoßen. Er bietet auch eine Form der geistigen Kommunikation mit den höheren Lichtwelten und dem eigenen Selbst an, soweit ihm dies gestattet wurde und er es zu definieren vermag.

Ein ganz wesentlicher Punkt meines Kontaktes mit Frater Thalus von Athos liegt in seiner Art humorvollen Miteinanders, das, wie er es bezeichnet, Grundvoraussetzung für ein kosmisches Bewusstwerden ist. So werden einige meditative Übungen im dritten Buch etwas ungewöhnlich klingen, weil sie scheinbar einer tieferen Ernsthaftigkeit entbehren – bei näherer Betrachtung jedoch zeichnet sich ein tiefer Respekt vor allen kosmischen Wesenheiten aus. In der herkömmlichen Kompliziertheit im Herangehen an eine Kontemplation (konzentriertes, beschauliches Nachdenken), liegt noch immer ein verdrehter „Monopolanspruch" gewisser Gurus und Meister, die daraus eine undurchschaubare Wissenschaft für „Auserwählte" macht. In der Meditation (Versenkungsübung in seine inneren Seeleninhalte), liegt eine fröhliche Schwingung eines Menschengeistes, der im Grunde nun einmal zuerst im Sinne einer fröhlichen und humorvollen Art agiert; nicht zu verwechseln mit zeitgeistiger Spaßhaftigkeit!

Frater Thalus von Athos' Aufgabe in diesem Leben ist eine Zusammensetzung von vergangenen Lebenssequenzen, die sich in seinem derzeitigen Dasein weiter mit Erfahrungen anreichern. Er betrachtet seine Erkenntnisse nicht als sein Eigentum sondern als eine Zusammenballung konzentrischer Interaktionen, denen er „einfach folgt". In allem ein Mensch mit Fehlern, Vorlieben und gelegentlichen Ängsten, wie Sie und ich; mit dem Unterschied, er stellt sich diesen Eigenschaften tagtäglich, um sie menschenwürdig auszuformen.

Seine Publikationen niederzuschreiben, bedeutet auch für mich ein Wachsen und ist eine Herausforderung in mein Dasein; manchmal scheue ich mich, mich inhaltlich damit auseinanderzusetzen – dennoch kann ich mich „Diesem" nicht mehr entziehen. Wer sich eingehend mit Mystik, menschlichen Mentalitäten und den Weltgeschehnissen befasst, wird eines Tages nicht mehr umhin kommen, zuerst sich selbst zu stellen, um daraus gewisse Zusammenhänge ins Verstehen zu führen. Wir modernen Menschen des High-Tech- Zeitalters übersehen zu leicht die daraus resultierende Dekadenz, die wir mit großen Worten als „Lebenserleichterungen" und „Zeitersparnis" umschreiben. Wären die modernen Errungenschaften wirklich eine Erleichterung, wodurch wir füreinander mehr Zeit und Aufmerksamkeit aufbrächten, dürfte es weder Depressionen, Armut, Lieblosigkeit und allseitige Krankheiten geben. Das Trügerische an unserem zeitgeistigen Kollektivverhalten ist die seelische Verrohung – alles wird reduziert auf die Garantie einer menschlichen Leistungsfähigkeit, die angebliche Erleichterungen und Zeitersparnisse produzieren. Für wen?

Wo und wann immer der Mensch Zeit und Raum zum Nachdenken hat, beginnt er zwangsläufig zu erkennen, dass am System unserer Zeit etwas Gravierendes faul ist. Es ist wissenschaftlich erwiesen, mehr als 10 Wochen zusammenhängender Urlaub würde einen Menschen die Wiederaufnahme seiner beruflichen Tätigkeit mehr als fraglich erscheinen lassen. Ein ausreichender Zeitraum zum Nachdenken darf also vom Kollektiv-System erst gar nicht zugelassen werden.

Zurzeit ist ersichtlich, die Arbeitszeit wieder zu verlängern, Urlaub zu kürzen und die Angst vor Arbeitsplatzverlust in eine Lohnschmälerung zu packen, denn Angst und Sorge macht den Menschen gefügig und vergällt die Freiheit des einsichtigen Nachdenkens. So muss man den Menschen jederzeit Konfliktaktiv halten, um ihn in dieser enormen Schaffenskraft ausschöpfen zu können.

Eine amerikanische Studie aus 2002 sagt aus, dass jeder einzelne Bürger im Grunde nur 3-4 Stunden arbeiten müsste, um seine Grundbedürfnisse zu befriedigen; deshalb wird bewusst eine künstliche Atmosphäre der Habsucht und des gierigen Konsumierens von unnützen Dingen geschaffen. Weiter bewies die Studie, ein Mensch mit Gelassenheit und Bescheidenheit sei generell möglich, wenn man ihm zugestehe, in nur drei bis vier Stunden täglicher Arbeit leben zu können; darin läge auch ein Garant für ein zufriedenes Bürgertum, weniger Kriminalität und kaum einem Bedürfnis nach Krieg oder staatlicher Machtausübung gegen andere Völker. Der so grundversorgte Mensch erleidet weder Depressionen und würde insgesamt das Gesundheitswesen bis auf noch verbleibende 8-10% der derzeitigen Kapazität von 100% einsparen. Dagegen muss natürlich die Pharmazie mit geradezu brutalsten Mitteln vorgehen – und andere Wirtschaftszweige könnten ebenso einpacken, wie Kliniken, Ärzteschaften der unterschiedlichsten Kategorien und Spezifikationen.

Da der Mensch wieder Zeit und Raum zum Nachdenken hätte, käme er erst gar nicht mehr auf die Idee, mehr zu arbeiten, um damit einer Minderheit von Multimillionären zu noch mehr Reichtum und Macht zu verhelfen. Ein zufriedener Mensch wäre, wie die Studie schließt, „eine Gefahr für die Weltpolitik".

Man muss sich das einmal in Ruhe auf der Zunge zergehen lassen – und anschließend mit den Kopf schütteln, dass diese Studie, die allen Amerikanern über die Medien zugänglich gemacht wurde, nichts weiter bewirkt hat, als einen Aufschrei von Arbeitssklaven, die bitte wieder um mehr Peitschenschläge heulten! (Dies nur mal kurz zur „modernen Mentalität".)

Wir Menschen haben ein kosmisches Erbe, das besagt, im Sinne lichter Energien und seelischen Kräften die Materie zu erforschen, sie verstehen zu lernen und in ein geordnetes Universum zu integrieren. Innerhalb dieses Aufgabenbereiches wäre es selbstverständlich, mit anderen kosmischen Wesenheiten zusammen zu arbeiten, im Sinne einer kosmischen Familie.

Davon scheinen wir Erdenmenschen noch sehr weit entfernt zu sein – wir lassen es eher zu, uns von Dunkelmächten in Ohnmacht halten zu lassen; Ohnmacht schließt Unwissenheit ein! Dennoch können wir die Machtstruktur der Kollektivierung dahinter erkennen, die es unter keinen Umständen zulassen möchte, dass sich der einzelne Mensch wieder als ein einzigartiges kosmisches Individuum zu verstehen beginnt.

Was man mal erkannt hat, nennen wir Wissen; und wider besseren Wissens zu handeln, wäre für jeden halbwegs verständigen Menschen ein Sakrileg – ein Vergehen an uns selbst.

Wir sind dabei, das Wassermannzeitalter definieren zu können, erkennen darin eine Höherschwingung unseres Wesens und eine höhere Ebene kosmischer Zusammenhänge. Es wird uns möglich sein, Dinge zu schauen und zu erkennen, die wir heute noch als Mystisch und Paranormal bezeichnen – all das sollte uns doch motivieren, dahingehend zu forschen und uns zu öffnen für die kosmische Lebensvielfalt.

Es sei hier noch anzufügen, dass Frater Thalus von Athos weder ein Priester noch ein Mensch mit „sakralen Ambitionen" ist. Er erforscht innerhalb einer Forschergemeinschaft und Wahrheitsbewahrern den menschlichen Werdegang, was nichts mit Bigotterie, Sektierertum oder Missionieren zu tun hat.

Ein Forscher steht immer im Dienst der Wahrheitssuche, mit der Intention die größeren Zusammenhänge des Lebens zu begreifen; dies ist allen Forschern gemein. Wer unterscheidet zwischen einem Physiker und einem Philosophen, hat die Zusammenhänge zwischen den Wissenschaften nicht begriffen. Mittlerweile sind heutige Physiker für philosophische Betrachtungen und spirituelle Sequenzen offener und erreichen dadurch erst neuste Erkenntnisse über das Universum.

Welche Schwierigkeiten sich ergeben, innerhalb Bemühungen, die die Thematik von Religion und Spiritualität beinhalten, kann nur der erfahren, der sich durch die Unmengen von Schriften und Überlieferungen hindurch arbeitet. Darin finden sich weitere Probleme, die da heißen: Autorische Geltungssucht, politische Wirren und die damit einhergehenden Geschichtsschreibungen der Siegermächte und Übersetzungsprobleme bereits „verlorener" Idiome.

Im Gesamten scheint jegliche Mystik im Urägyptischen zu gründen – oder auch im Nachatlantischen, wenn man nach der „Urmystik" der menschlichen Rasse sucht. Vielfach finden sich Aussagen über die atlantischen Mysterienschulen, worauf sich scheinbar alle Mysterienschulen berufen. Sämtlichen Weisheitslehren ist das Eine inne: Hermes Trismegistos, der Dreifach Gesegnete, die „Trinität" der kosmischen Wahrheit.

Über Atlantis selbst werden Unmengen an Spekulationen angestellt, wie auch um Lemuria und der Untergang dieser beider Hochkulturen. Der Untergang von Atlantis und Lemuria, so wird gelehrt und doziert, erfolgte durch eine falsche und selbstzerstörerische Lebensweise – durch die Hybris der Priester und Herrscher.

Nach dem Untergang von Atlantis haben „Beauftragte" die „wahre Mystik", in Form einer auserwählten Priesterschaft in der Ägyptischen Kultur verankert, woraus sie „im Kern" erhalten und rund um den Erdball verbreitet wurde. An dieser „Ecke" scheiden sich nun die Geister. Eine Mystik, die eine komplette Kultur in den Untergang geleitet hat, wird von auserwählten Priestern zuerst im Geheimen bewahrt und dann nach und nach der Menschheit, tröpfchenweise und in Form einer „geheimen Einweihung", erneut als das „Licht der Weisheit" offenbart...

Alfons E. Jasinski

*

Thalus von Athos

Hier nun möchte ich näher auf meine Person eingehen, um die Authentizität und Essenz meiner Worte zu unterstreichen – ich bin ein Eingeweihter eines nichtöffentlichen Mystikerordens, der seit 3774 Jahren (2006) besteht; noch vor den Rosenkreuzerorden, Templern, Katharern, usw., sich auf Thot, respektive, „Hermes Trismegistos", beruft; laut Ordenschronik der ursprüngliche Atonorden aus Atlantis ist.

Eine zweite Ordensmitgliedschaft in einem Rosenkreuzerorden, der seit 3359 Jahren (2006) besteht und sich Selbiges auf die Fahnen schreibt, besteht ebenfalls. Eine Dritte Mitgliedschaft in einer Gemeinschaft, die seit 4 Jahren besteht und sich weder mystisch noch hierarchisch gestaltet, nenne ich hier der Einfachheit halber „Kosmische Wesenssyntax" – diese existiert „unbeschreiblich" lange.

Nehmen wir nun eine „unbeschreiblich" lange Zeitspanne als einen Hinweis dafür, dass die Menschheit immer wieder in eine Selbstzerstörung zurückfällt, bis sie endlich begreift, wahrhaft göttlicher Abstammung zu sein. Dann beginnt der Mensch erneut, sich aus seiner Zerstörtheit heraus neu zu formieren.

Der einzelne Mensch benötigt weder Priester noch Geheimlehren, weil es weder etwas Geheimes noch etwas von einer Priesterschaft zu führendes ist, was den einzelnen Menschen wieder wach werden lässt. Durch die Priesterschaft entstand erst die hypnotisierte Menschheit; und eine Einweihung in die Mysterien (in welche auch immer), nährt lediglich ein morphogenetisches Feld der absoluten Manipulation. Der „Kollektivgeist" der Menschheit ist wie ein schier undurchdringbares Labyrinth von Mustern und Schwingungen der sich entgegen der kosmischen Strömung dreht.

Viktor Schauberger sagte schon vor Jahrzehnten: "Wir bewegen (drehen) verkehrt." Indem die Menschen es zulassen, stets von einem anderen Menschen geführt und somit fremdbestimmt werden, bewegen sie sich nicht mehr eigenständig, sondern lassen bewegen.

Die von uns erwählten „Beweger", die sich uns aufgedrängt, bis wir daran geglaubt, sie gefunden zu haben, bewegen uns nun in ihrer Drehung. Diese „Drehbewegung" entspricht nicht dem göttlichen Funken in uns, sondern dient ausschließlich dem okkulten Kollektivgeist, der aus sich alleine heraus weiter nichts kann, als zu Spiegeln – nachzuäffen.

Der göttliche Mensch in seiner Urbestimmung ist weitaus mächtiger als uns diese „Spiegelsphäre" namens morphogenetisches Feld mitzuteilen vermag. Der Mensch in seinem Urzustand, in seiner prinzipiellen „Kleidung Gottes", ist ein paradiesischer Mensch größter gestalterischer Fähigkeiten. Und immer wieder, wenn Menschen mit diesen Anlagen auftauchen, beginnt der gesamte „Apparat" der Spiegelsphäre, dieser Menschen habhaft zu werden. Im Zuge der Globalisierung und Gleichschaltung der menschlichen Geistesinhalte (eher als Leerung zu bezeichnen) schreckt die „Apparatur" vor keinem noch so unmenschlichen Eingriff zurück.

Zu behaupten, dass Jesus Christus die Globalisierung als das „kommende Reich Gottes" angekündigt hat, ist zurzeit der irrsinnigste Manipulationsversuch des dunklen Prinzips. Schon daraus lässt sich ablesen, wie eng es für die Spiegelsphärenwelt wird und wie nahe wir Menschen wieder einem spirituellen Zeitalter stehen!

Die Fülle spiritueller Rückbesinnungsschriften zeigt ebenso deutlich, dass es mit der „Priesterlichen Geheimnistuerei" nicht mehr viele Seelen zu angeln gibt. Das „Anastasia-Phänomen" zeigt klar und deutlich, wie sehr sich der einzelne Mensch noch seines ursprünglichen Menschseins erinnern kann – wenn er nur auf sein Innerstes hört und die äußeren Umstände zu deuten weiß. Es müsste ein Leichtes sein, die einzelnen Staaten nach dem Urmuster der Selbstverwaltung und Selbstverantwortung jedes einzelnen WACHEN Menschen zu gestalten. Es wird jedoch nicht leicht zu verwirklichen sein, solange sich die dunklen Mächte dagegen sperren; mittels Verboten, Gesetzen, Militär, Finanzmacht und unseren uns allseits so aufgedrängten Politikern. Kein „Spiegelsphärenabhängiger" und Machtjunkie wird freiwillig seine Position aufgeben – es sei denn, man lässt sie einfach Links liegen. Dazu gehört jedoch eine große Portion Mut und eine noch stärkere Furchtlosigkeit dem physischen Tode gegenüber!

*

Diese Publikation ist ein Versuch, das zeitgeistige Geschehen zu durchschauen, vergangene Geschichtsergebnisse innerhalb einer mystisch-esoterischen Hintergrundanalyse zu einem Gesamtgefüge der „neuzeitlichen Menschheitserscheinung" in Erklärung zu führen. Wir alle sind uns relativ einig, die derzeitige Menschengattung rennt einem Fiasko entgegen, wogegen scheinbar kein Kraut mehr gewachsen ist. Im Zuge der derzeitigen Globalisierung blühen mannigfaltige Subkulturen, und deren kriegerische Ausdrucksweisen zeichnen sich in Unmenschlichkeit sowie völliger Missachtung des Prinzips LEBEN. Eine Globalisierung mittels Gewalt, Finanzerpressung, Bodenraub, Enteignung und Industrialisierung von Bauern und einer unaufhörlichen Zins- und Zinseszinsausbeutung bis in die hintersten Regionen bisher noch unberührter Völkerschaften, ist nicht mehr lange ohne Demaskierung zu bewerkstelligen. Diese Systematik hat einen „alten und erprobten" Charakter, der besagt, dass jeder Mensch zu einer Gruppe anderer Menschen zählt (Familie – Sippe) und diese wiederum zu größeren Gruppierungen, wie Stämmen (Gemeinden), die sich zu Sprachgebieten (Bundesländern) und weiterhin zu unterschiedlichen Ländern (Staaten) und Kontinenten (Rassen) subsummieren. Der Charakter dieser kollektiven Zusammenballung unterschiedlicher Individuen, zeichnet sich durch seinen tiefen Wunsch nach Heimat und dessen Entfaltung aus. Alleine, dieser Wunsch beinhält noch stets eine territoriale Friedfertigkeit und keine flächenmäßige Eroberungstaktik. Diese manifestiert sich erst dann, wenn innerhalb einer Gemeinschaft ein oder mehrere Individuen auf die „Idee" kommen, sich aus dieser Gemeinschaft heraus zu etwas Führendem zu erheben. Aus ihrer subjektiven Erfahrungswelt heraus, steht ihnen eine objektive Welt gegenüber, die zwar dynamisch ist, jedoch in ihrem Prinzip determiniert. Hat ein menschlicher Geist (das Bewusstsein) erst einmal das Objektive erkannt, möchte er es seiner persönlichen Subjektivität unterordnen, verwandeln nach seinen geistigen Inhalten und der Gemeinschaft als „bessere Erfindung" vorstellen. Im Verlauf der Jahrtausende, steigerte sich die Verformung der Umwelt, und noch viel rasanter das menschliche Ego.

Die Führung innerhalb einer Gemeinschaft übernahm stets das stärkste Ego – die willensstärkste und somit durchsetzungsfähigste Person und Personengruppe. Hieraus entwickelten sich Stammesfürsten und die ersten Magier – die Priesterschaft nahm ihren Lauf und verfeinerte sich über die Jahrtausende zu einem schier undurchdringbaren Machtfaktor, der in unserer Zeit die führende Rolle in Politik, Wirtschaft, Pharmazie, Schulwesen (Erziehung), Gesundheitswesen und in der Medienlandschaft inne hat. Die Trennung zwischen Politik und Wirtschaft, wie sie uns heute so gerne weisgemacht wird, existiert nicht; vielmehr sind es zwei Machtblöcke aus einem Machtinhalt. Wirtschaft und Politik, das weiß heute bereits jedes Kind, gehen mittlerweile Hand in Hand und weisen so auf ihre Zusammengehörigkeit innerhalb eines grundsätzlichen Machtblockes ganz offen hin. Die Medienlandschaft, ein momentan nicht zu verharmlosender Großmachtfaktor, forciert exakt, nach den „alten Kriterien" einer Geheimloge das Weltpolitspiel und sorgt dafür, dass die Völker informiert (desinformiert) und überfüttert mit verwirrenden Nachrichten (das kommt von nachgerichtet – etwas so richten, dass es für den Normalbürger „richtig" erscheint) werden. Die menschliche Ursprünglichkeit, der Seeleninhalt, ist nicht mehr in der Lage, sich seinem Träger (menschliches Bewusstsein) bemerkbar zu machen, da es regelrecht im negativen Okkultismus, der so vielgepriesenen Zerstreuung, zugeschüttet wird/ist.

Die Folgen sind vermehrte Krankheiten – Zivilisationskrankheiten benannt; weder definiert noch verständlich erforscht, weil hier nun der Machtfaktor Pharmazie zum Greifen kommt und dem Menschen noch den Rest seiner natürlichen Selbstheilfähigkeit nimmt. Naturheilmittel, alternative und ursprüngliche, schamanisch-spirituelle Heilmethoden, werden meist schon im Keim erstickt. Nicht, weil das den Menschen schaden könnte, sondern die Finanzeinkünfte der Pharmazie beträchtlich schmälern würde. Schon 10% der Kassenpatienten und somit Pharmaabhängige, würden einen Kapitaleinbruch größten Umfanges zustande bringen, wenn sie sich „billigst" selbst heilen würden!

Die gesamte Systematik in ihrer kategorischen Vielfalt lässt sich beliebig entschlüsseln, unter dem Gesichtspunkt der Selbsterkenntnis und Eigenverantwortlichkeit jedes einzelnen Menschen. Wer hat schon einmal über Sinn oder Unsinn einer Lebensversicherung nachgedacht, deren Anbieter behaupten, mein Leben sei damit abgesichert – mein Leben lässt sich nicht versichern, sondern nur zu einem Instrument eines Kapitalertrags missbrauchen, wovon zumeist die Versicherer und Nachkommen profitieren! Eine Lebensversicherung kann sogar Lebenszeitverkürzend wirken – unter gewissen Umständen.

Zusammengenommen stellen unterschiedliche Machtblöcke eine von Unten nach Oben gerichtete Pyramide dar, an deren Spitze sich die Essenz aller Machtinhalte konzentriert: Versklavung und Vorbereitung einer physisch wie psychisch veränderten, kollektiven Menschheit, die sich aus einer Königsgilde lenken lässt.

Keine noch so schön definierte politische Führungsbasis taugt zu einer individuellen Befreiung des wahren menschlichen Geistes und Wesens. Eine Demokratie, wie sie sich uns weltweit nun zur Schau stellt, kann auch nicht mehr verleugnen, dass es sich nur um eine andere Form von Diktatur und Massenvereinnahmung handelt. Und die Fratze einer vermeintlich vergangenen nationalsozialistischen Gesinnung lugt umso stärker dahinter hervor, wie die Worte „Freiheit, Einigkeit und Weltbürger" durch die Medienwelt brüllen. Der Mensch ist an sich frei, in sich mit seinen Artgenossen einig darin und sowieso schon ein Bürger dieser Welt – oder wo lebt er denn zurzeit!?!

Wer schreit, "Ich mache Dich frei", weiß genau, dass er dies gar nicht bewerkstelligen kann, wenn er ihn vorher nicht eingesperrt hat. Kriege zur Befreiung der Menschheit sind genauso dringlich, wie ein Hundehalsband für einen Regenwurm!

Das sich heute zur Schau stellende Weltbild mit all seinen vielen Schattierungen, ist eine von Menschen für Menschen künstlich geschaffene Struktur, um einer kleinen Minderheit von Ausbeutern und Machthabern (Kollektivkönigreich) das Spiel der Welten zu gestatten. Es geht nicht mehr um den einzelnen Menschen, sondern nur noch um das Jonglieren einer ganzen Planetenbevölkerung. Die dabei frei werdenden Energien können mit heutigen Messgeräten bereits gemessen werden und werden fälschlicherweise der „Schuhmannfrequenz" zugeordnet. (Die Schuhmannfrequenz bestimmt den allgemeinen Schwingungsbereich unseres Planeten, dessen Frequenz sich seit einigen Jahrzehnten konstant erhöht und von vielen Esoterikern als Beweis für die frequentale Höherschwingung des menschlichen Geistes gilt – so quasi als Eintrittskarte für die kosmische Bruderschaft zu anderen Planetenvölkern.)

Diese messbare energetische Erhöhung menschlicher Energieausströmungen hat auch atmosphärische Wechselwirkungen zur Folge, die bisher noch nicht in ihrem Gesamtausmaß zu definieren sind. Sicher ist jedoch Eines: Viele Menschen spüren diese Schwingungen, spüren latent eine herannahende Veränderung der Verhältnisse und hoffen auf eine positivere Lebensaussicht für die Zukunft. Kein einziger Mensch, der nicht den Wunsch hegt, in Harmonie und Einklang mit der Erde und der Schöpfung zu leben, würde sich erlauben einem Anderen etwas Schlechteres zu wünschen. Wer jedoch das Schlechtere und Versklavende zelebriert, ist ein „Antimensch", ein Mensch, der seine ursprüngliche Herkunft und Bestimmung leugnet und sich der „Antischöpfung" verschrieben hat.

Gewisse Mitläufer dazwischen, die sich weder für noch gegen ein ursprüngliches Leben entscheiden können, sind das Gros unseres Planeten. Ihnen gilt es, sich zuzuwenden, um sie aufzuklären, wie Jesus dies schon vor 2000 Jahren gepredigt und gelebt hat. Dieser jüdische Rabbiner (wenn man ihn denn so bezeichnen kann) namens Jesus, hatte einen wachen und durchlässigen Geist, um die kosmische Wahrheit daraus filtern und übersetzen zu können. Er begriff das kosmische Prinzip in seiner ursprünglichen Form, transformierte die kosmischen Schwingungsebenen, erfasste die „Frequenz des Wort Gottes" und legte sie uns erneut dar, wie vor ihm Krishna, Buddha usw. Dieser Mensch Jesus erwachte in sich selbst, erkannte hinter seinem Ego (Person) die Individualseele (das höhere Selbst) und dahinter die kosmische Hierarchie der Geistesausschüttungen eines Urwesens, eines Urprinzips, aus dem sich alle Vielfalt von kosmischem Leben ergießt. Diese Erkenntnis erlangt ein Menschenwesen überall im Universum über die kosmische Energetik, die in allen Mystikergemeinschaften als die „Christusenergie", die zweite Emanation Gottes, bezeichnet wird; seit Neuesten auch in bestimmten Kreisen als „Elektronresonanzfeld" bezeichnet. Auch „Intelligentes Design" ist ein neues Wort in derartigen Verwirrtaktiken.

GOTT zu definieren ist unmöglich, aber das Schöpfungsprinzip zu erfassen, ist uns Menschenwesen prinzipiell angelegt. Auf der Suche nach der Definition des Schöpfungsprinzips, begegnet der forschende Menschengeist so mannigfaltigen „Querverweisen" und Erscheinungen, die er zuerst nicht begreifen und benennen kann. Also beginnt der forschende Menschengeist zu katalogisieren, benennt Unverstandenes zuerst mit Bezeichnungen, die seinem Bewusstsein ein neues Speicherprogramm eröffnen, auf das er nach belieben immer wieder zurückgreifen kann, wenn er es benötigt. Hieraus entstanden Begriffe, wie, Engelreich, Himmelreich, bis hin zu heutigen Bezeichnungen von „morphogenetisches Feld", „Nullpunktenergie", „Phasenverschiebungseffekt", „korrelierende Frequenzmodulation" und „Dimensionsdefinition", was für Relativierung steht. (Dennoch entsteht dieses „neue" Denken aus einem bereits vorhandenem Denken vergangener Erkenntnisse – es ist nur eine Umgestaltung).

Bis heute „verwalten und katalogisieren" das kosmische Geschehen dafür ausgewählte Kreise, die man im herkömmlichen Sinne „die Wissenschaftler" nennt. Auch innerhalb dieser geschulten Spezies herrscht eine Hierarchie vor, wie bei Geheimorden, Mystikern und unzählig vielen anderen „Gesellschaften", auf dessen Spitze der „Zensorpriester" bestimmt, was Wahrheit und was Irrtum ist.

Wenn man sich mal vor Augen hält, dass ein geheimes Gremium der „Priesterschaft" besteht und dies keine phantastische Fabel ist, wird man auch begreifen, warum unsere derzeitige Welt sich so zerrissen und erkrankt darstellt. Ohne Hintergrundjongleure, die das Heft der Verwirrung in ihren Händen halten, könnte sich das Menschenbild von Heute gar nicht so auffallend „fremdbestimmt" ausdrücken. Die Masse Mensch verhält sich entgegen ihrer natürlichen Veranlagung, nimmt Unnatürliches und Selbstzerstörendes billigend in Kauf, ohne sich ernsthaft nach Sinn und Zweck dieser Widernatürlichkeit zu fragen – das macht doch kein wirklich freier Menschengeist!

Irgendwann beginnt man sich zu fragen, was und wer denn nun hinter diesem ganzen Desaster stecken mag, zu welchem Zwecke all dies veranstaltet wird und, vor allen Dingen, wer profitiert denn letztendlich tatsächlich von so einer energetischen Verschwendung. Selbst wenn machtgierige Artgenossen und eine menschliche „Priesterschaft ungeheurer Manipulationsfähigkeit" dahinter stecken – letztendlich sind auch sie von der Selbstzerstörung der menschlichen Gattung betroffen. Man möchte doch annehmen, dass so gewiefte Manipulierer dies selber schon seit Langem errechnet haben.

Nehmen wir den Planeten Erde und die darauf existierende Menschheit jedoch als ein groß angelegtes Experimentierfeld kosmischen Ausmaßes, beginnt sich diese Frage plötzlich anders zu gestalten. Aus diesem Blickwinkel betrachtet, zeigt sich unsere menschliche Spezies als nur Eine unter Vielen im Kosmos. Nicht unbedingt die hellste Spezies, aber dennoch auch nicht die Schlechteste – ansonsten wären wir bereits „weg vom Fenster"! Innerhalb einer kosmischen Hierarchie macht es nämlich Sinn, eine Spezies der Schöpfung in ihren kosmischen Geburtswehen zu unterstützen; aber auch zu prüfen, ob sie geistig bereit ist, die höhere Frequenz der kosmischen Intelligenzträger erreichen zu wollen. Prüfungen sind stets zuerst geistiger Natur; sie beanspruchen unser ganzes geistiges Potential, erfordern enorme Konzentration und wirken sich vielfach in kreatürlichen Störungen, körperlicher Anstrengung aus. Weiter bewirken Prüfungen Erschöpfungszustände und fast ausschließlich die damit einhergehenden inneren Verwirrungen von Unsicherheit und Angst vor dem Versagen. Nicht wenige Prüflinge in die nächst höherer Lebensphase (z. B. Abiturienten, Doktoranden, usw.), brechen schier zusammen unter diesen Belastungen. Der menschliche Organismus durchläuft eine Prüfung des geistig-seelischen Inhaltes seines „Lebenserhaltungsprogramms" auf der materiellen Ebene ebenso erschüttert und durchdrungen von den Prüfungsanforderungen.

Manche Prüfungen haben in sich Fangfragen, Falltüren, Irrwege und Rätsel verborgen, die überwunden werden müssen, um sie letztendlich mit Bravour zu bestehen. Von einer höheren Warte aus betrachtet, kann man nun einer Spezies derartige Fangfragen, Falltüren, Irrwege und Rätsel in Form von Artgenossen, Philosophien, Religionen und materiellen Trugbildern, wie materieller Wohlstand, Reichtum und Macht, stellen. Die zu prüfende Spezies muss alle Hürden nehmen, um in den Genuss des „Meisterbriefes" zu gelangen.

Hinter dieser höheren Sichtweise lässt sich auch ganz klar erkennen, dass das menschliche Leid auf der Erde nur vom Erdenmenschen selber herbeigeführt wird, weil er die Fragestellungen einfach nicht folgerichtig verstanden hat und sich alle negativen Anhaftungen selber einlädt. Auch die asurischen Weltenwanderer.

Innerhalb seiner logischen Denkfähigkeit, gepaart mit einem wahrhaft einmalig angelegtem inneren Wissen (Gewissen), wäre der Erdenmensch in der Lage, die Prüfungsfragen zu erkennen und wesentlich zu beantworten. Vielleicht haben wir bereits viele Fragen wesentlich beantwortet und jetzt kommt die Zeit der letzten Prüfungen; inhaltlich nochmals das Gewesene, Vergangene auf den wesentlichen Inhaltskern hin zu überprüfen und in Konsequenz daraus die wesentlichen Schlüsse für die Meisterschaft zu ziehen.

Unsere heutige Menschheit stellt sich einerseits sehr Wissend dar – das ist wahr und lässt sich leicht überprüfen – aber andererseits vermag sie noch nicht die letzten Schleier der „atlantischen Verwirrungen" zu durchschauen. Einen enormen Aufschluss bietet der wahre Hintergrund, der zu dem Fiasko des Dritten Reiches geführt hat und woraus sich lesen ließe, wer sich dafür „federführend" zeichnet. Der Grundgedanke zur Auslösung zum „Dritten Reich" hätte noch eine andere Möglichkeit der Manifestation zur Verfügung gehabt: Das Gelingen der letzten Prüfung und der Kontakt zu Anderweltlern!

Innerhalb aller theosophischen, spirituellen, mystischen, esoterischen Weisheits-Lehren findet sich der wesentliche Punkt aller spirituellen Aussagen und die Bemühungen dazu: Die unsichtbaren kosmischen Meister; die Beherrscher des Elektronengesangs, wie es in einem alten Buche steht!

Unsichtbar deshalb, weil sie Mittel und Wege haben, sich bewusst vor uns zu verbergen, bis wir ihnen in „gleicher Augenhöhe" (Mentalität) gegenübertreten können. In vielen Schriften finden sich Aussagen, dass die kosmischen Meister (Engelwesen, Avatare usw.) „unterschiedlichster Ansichtigkeit" wären und sich in der Körperlichkeit nicht von den Menschen unterscheiden würden. Es gäbe wohl auch „Andersansichtige", aber auch diese seien "Engel vor dem Herrn".

Thalus von Athos

*

Alfons E. Jasinski

Ich möchte den Leser bitten, mit mir einen Kompromiss zu schließen, damit wir gemeinsam durch den Inhalt und die Aussagen dieser Publikation offen und unvoreingenommen voranschreiten können. Es ist in der Tat angebracht, unser zeitgeistiges Denken zu säubern, den kalten Intellekt in seine Schranken seiner ursprünglichen Aufgabe zu verweisen (Analyse der exoterischen Auswirkungen = Erkenntnis über die materielle Welt und ihren materiellen Erscheinungen) und sich auf seine innere Stimme zu besinnen. In unseren Genen und in jedem einzelnen Atom unserer Zellen schwingen das Wissen aller bisher gewesenen Generationen unserer Spezies – das Gehirn alleine ist nur ein Transformator und Speicher für physikalische Einflüsse und bereits gemachten Lebenserfahrungen. Zwar ein leistungsfähiges Organ, dennoch nicht alleine der Sitz des gesamten menschlichen Wissens.

Gehen Sie beim Lesen des Buches ruhig öfter mal in sich, denken in Ruhe und vorbehaltslos (soweit Sie das noch können) darüber nach und knüpfen Sie mit mir zusammen „die Fäden der Menschheit". Da kein Mensch allwissend ist (auch „Engel" sind es nicht) und unser geistiges Potential auf der physikalischen Ebene den Haupthaftpunkt hat, lassen sich auch erneute Fehleinschätzungen und Irrtümer nicht gänzlich ausschließen.

Mir, in meinen Recherchen aufgefundenen Informationen, haftet auch nur das Menschliche und nicht das „Übermenschliche" an – so phantastisch sich manches auch darbietet, das Subjektive einer menschlichen Erfahrung überwiegt das Objektive. Am Ende des Buches erwarten Sie Quellennachweise und andere Literaturempfehlungen, zur weiteren Meinungsbildung und Aufklärung. Wo möglich, habe ich mit freundlicher Erlaubnis der „Quellen" Originalkopien oder Abschriften in mein Buch aufgenommen. Wer Anonym bleiben wollte, dem wurde entsprochen und namentlich mit einem „X" bezeichnet.

Auszüge aus Mysterienschulen, Weisheitslehren und alten Geheimschriften sind so gehalten, dass sie keine Person oder Organisation in ihrer Intention in Verruf bringen.

Es ist mein Bemühen, die positiven Schwingungen stets im „Übergewicht" zu halten und die negativen Schwingungen durch Analogien aufzuweichen; denn, es gibt zuerst prinzipiell nur das Licht, das ALLES bedingt und durchdringt. Nur der unwillige, zornige und begierige Mensch neigt dazu, aus dem Schattenwurf des Lichts eine satanische Personifizierung zu manifestieren!

Gerade in Zeiten schwerer Verwirrungen ist es nötig, sich seiner inneren Individualität zu erinnern, woraus sich ein „Werkzeug" bilden lässt, mit dem man die Schwingungen der Wahrheit hinter den derzeitigen „Globalisierungswahn" erfassen kann. Eine wesentliche Voraussetzung, sich durch die momentane Vielfalt von Aufklärungsschriften hindurch zu arbeiten, ist der Mut, sich den Inhalten offen zu widmen; eine Furcht, sich dadurch eventuell in „niedrigere" Schwingungen zu begeben, ist unbegründet. Man muss sich zuerst einmal in die menschlichen „Niederungen" begeben, um sich daraus in die „höheren" menschlichen Gefilde zu arbeiten. Jesus hat den „Teufel" überwunden (die menschlich- kreatürliche Niederung) um sich zu Christus (der höchsten menschlichen Geistigkeit) empor zu „meistern".

Einmal nüchtern betrachtet, bedeutet dies für den heutigen Menschen, er muss sich auf die Suche nach menschlicher Wahrheit begeben, Widerstände überwinden und den individuellen „Einweihungsweg" zu einer geist-seelischen Wirkungsweise erfassen. Dies klingt im Moment noch sehr mystisch, ist es aber keineswegs – wir müssen uns dabei nur wieder auf die Kraft der menschlichen Worte besinnen und all den widerwärtigen, zeitgeistigen Wortkauderwelsch ablegen. Die hermetische Regel besagt: Wie Oben so Unten; wie Innen so Außen. Diese Regel der Entsprechungen bestimmt das irdische Menschenleben – ist das Lebensprinzip innerhalb der materiellen Wirkungsweisen.

***

Beginn der Tagebuchaufzeichnungen Frater Thalus von Athos.
Skriptfassung von Alfons E. Jasinski.

Juni 2002 - Garmisch-Partenkirchen

Anordnung meines Hausarztes, mich einige Tage durch die Bergwelt und auf einer Almhütte zu entspannen: Neue Energie tanken.

Die vergangenen 12 Jahre eines emsigen, künstlerischen und mystischen Schaffens, forderten schon seit einiger Zeit ihren Tribut. Sowohl körperlich als auch geistig traten Erschöpfungszustände auf. Die letzten zwei Jahre waren denn auch mehr eine innerliche wie äußerliche Vorbereitung auf ein zukünftig anderes Leben – aber, welches Leben, war mir damals noch nicht so recht bewusst. So stolperte und torkelte ich mehr durch diese Jahre als dass ich darin eine rechte Zielsetzung erkennen konnte.

Meine „Hausarzt", der dies im Grunde gar nicht war, weil ich in der Regel keine Ärzte aufsuche, es sei denn, meine eigene Weisheit ist am Ende der „Selbstheilungsmöglichkeiten", machte mir bei der dritten Konsultation klar, ich müsse dringend abschalten und mich von meiner Chemotherapie erholen. Mein Hautkrebs wurde 2000 festgestellt und in meiner Verblendung ließ ich eine „herkömmliche" Krebsbehandlung mittels Pharmazie zu. In „der Mitte" der Chemobehandlungen brach ich die Behandlung ab – mehr dem Tode nahe als dem Leben. Der Körper benötigte beinahe zwei Jahre, um die Giftstoffe wieder auszuschleusen und kam alleine mit der Ausheilung des „Krebs'" zurecht. In Folge dieser körperlich-seelischen Beeinträchtigung, traf ich auf meinen „Hausarzt", der mich etwas anders behandelte. Es war eine „nicht unbedingt legale" Behandlungs- und Unterstützungsmethode, wobei die Pharmazie keinen Gewinn machen konnte. (Zu diesem Thema später mehr).

An einem sonnigen Junitag nun trat ich meine „Erholungsreise" in die bayrischen Alpen an. Alleine, ohne meine Gattin, ohne meine Ordensbrüder und mit einem seltsamen Gefühl, etwas Verbotenes, Egoistisches zu tun. Es war ja auch kein Urlaub – es war schlicht und einfach ein „Ausruhen, im Sinne von Faulenzen" – und das ist etwas, das in Deutschland ungern „gemacht" und Anderenorts „Wellness" genannt wird! Die Konditionierung einer fast 50-jährigen Ausbildung zum Bundesbürger begann schon bei der Anreise zu greifen – ich fühlte mich wie ein Verräter an meiner Frau, am Orden und an der gesamten Gesellschaft. Obwohl meine Gattin der letztendliche Grund dieser Reise war – sie verdonnerte mich einfach liebevoll dazu – wusste ich nicht so recht, ob nicht dadurch der Blitz in mich einschlagen könne.

Nachdem ich nun angekommen und auf dem Marsch in Richtung fünf Stunden entfernter Almhütte war, stellte ich fest, wie ausgemergelt mein Körper sich dabei anstellte. Mein gesamter Organismus befand sich noch in der Abwehrhaltung des verbotenen Tuns und ich musste ihm klarmachen, dass er zu parieren hatte. Es entstand ein innerer Dialog, der sich zumeist akustisch nach Außen entließ und sich wohl so mancher Wanderer die größten Sorgen um mich (oder sich?) machte.

Die Geschmeidigkeit meiner Bewegungen waren zu vergleichen mit einem 80-jährigen Asthmatiker, der am Tropf hing und die letzte Ölung zu erwarten hatte. Dies kam mir vollends dann zu Bewusstsein als mich ein fröhlicher, zirka 80-jähriger Franziskanermönch grüßend überholte und meinte: „Sie haben wohl auch schon mal bessere Tage gesehen." Bevor ich antworten konnte, war er schon an mir vorbei. Ich zeigte ihm Hinterrücks einen „Stinkefinger", was er wohl gespürt haben muss, denn er sagte, ohne sich zu mir umzudrehen: "Holla – das ist nicht die feine Art."

Über diese Begebenheit grübelte ich beim Weitergehen nach, machte mir so meine Gedanken, wie der Alte dies nun erraten hatte – vielleicht war er psychologisch sehr geschult und hat das von mir erwartet; von einem vor sich hin brummelndem Mann, dessen gesamte Körperhaltung auf Abwehr stand!?!

Bei einer meiner zahlreichen Pausen sah ich ihn wieder – er saß auf einem kleinen Felsen und hielt eine ausgiebige Brotzeit, die er vor sich auf einer kleinen Decke ausgebreitet hatte. Zuerst wollte ich gar nicht auf ihn stoßen und mich etwas seitlich verdrücken, aber er rief mir schon von weitem zu: „Seien Sie herzlich eingeladen – greifen Sie zu."

Peinlichkeit stieg heiß in mir hoch, so, als ob dieser alte Franziskaner in mich hineinsehen könne. Ich schüttelte diese Idee energisch ab, überwand mich und ließ mich herab, auf ihn zuzugehen. Er lächelte und hielt mir seine Rechte entgegen: "Frater Peter", stellte er sich vor.

Nachdem wir uns einander vorgestellt hatten und ich, noch immer etwas verlegen, Platz nahm, besah ich mir diesen „Menschen der geistlichen Kategorie". Ein alter Naturbursche, blaue Augen, schlank und groß gewachsen, nervige Hände und einem schier durchdringenden Blick, der jedoch freundlich und wohlwollend wirkte. In seiner Mönchskutte ein ungewöhnliches Bild in der Bergwelt, aber von seiner Ausstrahlung her passend und stimmig.

Während wir zusammen von seiner Brotzeit aßen und jeder sein mitgebrachtes Wasser trank, entwickelte sich bei mir ein langsam einkehrendes Gefühl des Wohltuns und ich legte so nach und nach mein schlechtes Gewissen betreffs meines Tuns ab. Unsere Unterhaltung trug dazu bei, dass ich zu verstehen begann, wie wichtig es für uns Menschen ist, sich mit anderen auszutauschen und den Alltagstrott einfach mal abzulegen, wie einen alten Mantel.

Frater Peter, wie es sich nun herausstellte, war bereits 89 Jahre alt und ein „frei gewählter Bruder der Franziskaner" – er war zwar Ordensmitglied seit vielen Jahrzehnten, aber nicht den „oberflächlichen Ordensinhalten" angebunden. Es bewegen sich innerhalb einiger Orden Gruppierungen, die einen eigenen Kern bilden und sich der hermetischen Lehren anzunähern versuchen. „Mystiker", wie ich – aber keinem Orden fest zugehörig.

So spürten wir wohl voneinander relativ rasch, dass wir ähnliche Erfahrungs- und Forschungsarbeiten leisteten und es ergaben sich natürlich interessante Gespräche. Obwohl ich mir die Christliche Mystik nicht als Dogma vorstelle und bearbeite, beinhält sie dennoch eine tiefe Mystifikation der westlichen Welt, woraus sich alle anderen Lehren und Philosophien verständlicher verifizieren lassen.

Es stellte sich heraus, dass dieser Frater Peter ebenso auf „meiner" Alm verbleiben würde und wir kamen überein, unsere Gespräche die folgenden Tage zu vertiefen. Die Fünfstundenwanderung zog sich für mich zu einer Siebenstundenquälerei hin, aber im Beisein dieser Franziskaners, schien sich mein Körper seltsamerweise etwas zu stärken. Worte vermögen eine Menge!

Im Verlaufe unseres gemeinsamen Wanderns erzählte ich ihm von meinen körperlichen Gebrechen und auch, wie sehr ich zurzeit „neben mir stehen" würde. Von meinen Erfahrungen und Erlebnissen mit mysteriösen Dingen, von der Macht des Wortgebrauchs und den esoterischen Hintergründen unseres Weltgefüges, das sich so dermaßen ins Negative verrannt hatte.

„Das Ergebnis einer Jahrtausende alten Manipulation von falsch angewandten Kräften; bewusst verkehrten Wahrheiten einer „Priesterschaft" zur Verhütung des kosmischen Verständnisses", brummte Frater Peter einmal nickend, fuhr sich kopfschüttelnd durch seine langen, weißen Haare.

„Man könnte auch sagen, ein schweres Vermächtnis Atlantischer Weisheitslehren, die in die Hose gingen", fügte er nachdenklich hinzu.

„Sämtliche Religionen und Gesellschaftsschichten basieren darauf und kaum ein Mensch schert sich darum", entgegnete ich. „Die Niederhaltung einer Menschenmasse lässt sich nur dann bewerkstelligen, wenn man über göttliche Gesetze und einer demütigen Moralisierung die Macht darüber erhält."

„Es geht nicht nur um die Erlangung der Macht über die Masse, sondern um die Verhinderung der menschlichen Selbsterkenntnis innerhalb der kosmischen Lebensgemeinschaft. Oder glauben Sie an das Märchen, nur die Erde und ihre Menschen darauf sei die einzige Spezies Gottes?", warf Frater Peter hin.

„Unwahrscheinlich, dass sich das Schöpferprinzip auf nur einen einzigen Planeten ausschüttet und den Rest des Universums nur als nächtliche Lichterpunkte für irdische Betrachtungsweisen erstellt", dozierte ich. „Außerdem dürfen wir auch nicht übersehen, dass Leben ein Prinzip ist, das sich aus kosmischer Energetik durch den Raum erstreckt und auf alle Materie wirkt; also auch auf andere Planetensysteme. Die Fülle des Lebens müsste im Kosmos vielfältig und vielschichtig sein."

„Die Bibel weist vielfach auf eine kosmische Lebensvielfalt hin und in anderen alten Schriften, wie Sanskrit, Veden und den Mythologien aller Naturvölker tauchen „Himmelswesen" und „Götter" auf, die vom Himmel kommen. Viele davon in Feuer und Getöse und merkwürdig anzuschauen, zum Teil menschlicher Natur und zum Teil nichtmenschlichen „Anschauens". Es wimmelt von derlei Sagen, Mythen und Heiligen Wesen", erklärte Frater Peter. „Dennoch herrscht die gängige Ansicht, diese Aussagen seien metaphorischer Sicht und nicht beim Wort zu nehmen."

Nachdem wir unser Quartiere bezogen hatten, ruhten wir uns etwas aus. Ich ließ den bisherigen Tag Revue passieren und empfand ihn letztendlich als etwas sehr Aufschlussreiches und Beeindruckendes. Seltsam, wie schnell sich Alltagssorgen und Probleme in ein scheinbares Nichts zurückziehen konnten, wenn man sich erlaubt, die andere Seite des Lebens in sich einkehren zu lassen. Mein ursprünglich schlechtes Gewissen wich einem wohltuendem Gefühl, die folgenden Tage tatsächlich in einer ausgiebigen Erholung verbringen zu dürfen. Vor allem interessierte ich mich für den Franziskaner, der, wie mir schien, mehr über das Leben und seinen Höhen und Tiefen wusste. Etwas Besonderes ging von ihm aus, das mich irgendwie fesselte und mich sehr neugierig werden ließ.

Wir trafen uns zum Abendessen in der Almwirtschaft, wo wir an einem kleinen Tisch in der hintersten Ecke Platz fanden. Bewusst wählte ich ein bescheidenes Essen – eine kleine Käseplatte mit Brot und ein dunkles Bier dazu. Wir aßen ohne Gespräch und ein Jeder hing seinen Gedanken nach. Wie ich später von Frater Peter erfuhr, grübelte er darüber nach, wie er mich „mental packen" könne, ohne mit der Türe ins Haus zu fallen. Ähnliches ging in mir vor, da ich vorhatte, soviel wie nur möglich aus diesem interessanten Menschen heraus zu holen.

Nach dem Abendessen begaben wir uns nach draußen, wo uns eine herrliche Abendstimmung in einem unbeschreiblichen „Alpenlicht" erwartete.

„Ein Moment, wo man schlicht und ergreifend erkennen kann, woraus wir Menschen die Liebe Gottes zu seinen Geschöpfen ziehen können – ein Erkennen der Schönheit des Garten Eden, wie er in unserer Seele verankert ist", seufzte er.

Dies konnte ich nicht überbieten! Seine Worte hatten bereits alles gezeichnet, was auch ich empfand.

Langsam nahmen wir unsere Unterhaltung wieder auf. In den Sonnenuntergang hinein flossen ihm meine persönlichsten Inhalte zu und ich empfand dies als etwas vollkommen Stimmiges und am rechten Ort zur rechten Zeit. Mein Bewusstsein nahm überhaupt nicht wahr, mit welcher Leichtigkeit mich dieser Mann zu öffnen beherrschte. Seine Gabe, zuzuhören und damit wortlos Frage und Antwort zu steuern, fiel mir den folgenden Monaten unseres Kontaktes immer wieder auf. Dennoch vermittelte er in seiner stillen und aufmerksamen Art auch Vieles an mich. Es entwickelte sich ein so tiefes Vertrauen zueinander, das sich 10 Monate später, an seinem Sterbebett, erst richtig offenbarte.

Mir schien, dieser Franziskaner beherrschte eine besondere Form von „Atmosphärenaufbereitung", die einen Menschen dazu veranlasst, seine tiefsten Geheimnisse preiszugeben, ohne dabei einen Verrat an sich selber zu begehen!

„Dieses Alpenpanorama erinnert mich an eine Begegnung im Jahre 1938, im zarten Alter von 25 Jahren, mit Adolf Hitler", blickte er mich forschend an. Da ich nicht „reagierte", fuhr er fort. „Ich war in meiner Eigenschaft als SS-Offizier des „äußeren Kreises" in einer wichtigen Mission nach Obersalzberg gekommen, um Adolf Hitler persönlich eine Mitteilung aus der Forschungsabteilung des Flugkreisprojekts zu überbringen. Ich kam abends an und das Panorama war überwältigend – wie heute auch. Als ich so auf der großen Terrasse stand und gedankenverloren in das Panorama starrte, sprach mich der Führer von hinten an, so dass ich erschrak. Er lächelte, legte seine Hand auf meine Schulter und sagte, "Jawohl – nichts ist wahrhaftig Edler und Wichtiger, als die Betrachtung des stetigen Schöpfungsaktes". Damit zog er mich zur Seite an den Gartentisch, wo ich ihm Bericht erstattete."

„Sie haben ihn persönlich gekannt?", fragte ich neugierig.

„Ja. Viermal traf ich auf ihn. Er war Privat scheinbar ein völlig anderer Mensch. Zu allen, die zum äußeren und inneren Kreis gehörten, war er freundlich, bescheiden im Auftreten und nicht der Fanatiker, wie ihn die Welt kannte. Allerdings konstant innerhalb eines besonderen Charismas, der bei allen eine Art Verlegenheit und Unterwürfigkeit hervorrief. Ich spürte immer, dass das ein Mensch ist, der weder Freunde noch menschliche Freude hatte; der innerhalb einer teilweisen Neutralität stand, die ihn förmlich umhüllte. Seine Augen waren voller Irrlichter und niemals in der Lage, sein Gegenüber nicht zu fixieren – ich hatte stets das Gefühl, er konnte einem bis auf den Seelengrund blicken und ihn, wenn nötig, wortlos zerreiben", sinnierte Frater Peter nachdenklich.

„Es gibt da so gewisse Gerüchte, dass das Dritte Reich im Grunde nicht auf Hitler gewachsen ist und er lediglich hineinmanövriert wurde, weil bestimmte Kreise ihn ihm einen möglichen Avatar errechnet hatte. Ist Ihnen darüber etwas bekannt", forschte ich ihn aus.

„Ja. Der Nationalsozialismus ist keine Erfindung Hitlers, sondern Programm eines viel früheren Konzepts anderer Kreise, die es sich in den Kopf gesetzt haben, das Weltreich zu schaffen. In Anlehnung an das biblische Reich Gottes auf Erden, das ja prophezeit wurde und wird, wurde ein Plan erstellt, der Verwirklichung nachzuhelfen.

Da der Mensch schon die größte und wichtigste Schöpfung Gottes sei, so habe sein Geschöpf auch die Pflicht und das Recht, IHM dabei Hilfe zu leisten. Und natürlich wären dazu nur die „Hüter der wahren Wahrheit" in der Lage – und waren sie nicht Erleuchtete, Eingeweihte unterschiedlichster Geheimorden, Logen und Illuminaten, deren Ursprung göttlicher Natur ist!?"

Er sah mich lächelnd an. Sein Blick schien zu fragen, ob ich widersprechen wolle.

„Mir sind so einige Faktoren bekannt, da ich mich schon länger mit derlei Dingen beschäftige. Auch kenne ich einige Publikationen, die auf die okkult-esoterische Seite des Dritten Reiches hinweisen – einige erklären dies sogar äußerst plausibel und einleuchtend. Wenngleich sich mir beizeiten die Frage stellt, warum unsere deutsche Nazivergangenheit fast ausschließlich mit Größenwahn und dem Bösen schlechthin erklärt wird. Einige Historiker stellen sich sogar auf den Standpunkt, Hitler und seine braunen Schlägertruppen haben den Nationalsozialismus zum Tragen gebracht – was ja wohl ziemlich dürftig ist anhand von noch immer vorhandener Unterlagen und Zeitzeugen", forderte ich ihn zum Weitersprechen auf.

„Sie haben sicherlich Recht – oberflächlich betrachtet und mit sehr wenig Fantasie, dazu noch eine gehörige Portion Ignoranz, gepaart mit Dummheit und geschwängert mit Massenverblödung, kann man schon annehmen, Hitler und Konsorten seien nur pervertierte Schlächter gewesen. Man muss die damalige Zeit, den ersten Weltkrieg und noch weitere fünfzig Jahre zurück mit einbeziehen, um überhaupt einen sachlichen Hintergrund zu skizzieren. Das 19. Jahrhundert war geschwängert mit einem weltumgreifenden Spiritismus, Mystifikationen, auftauchenden Weisheitslehren, wie die Theosophie der Blavatsky, Geheimlogen und Gutbürgertum kleinster Gesellschaften sowie Intellektuellenklubs. Die neue Welt, Amerika, und das alte Europa standen sich gegenüber als zwei Gruppen unterschiedlichster Weltanschauungen; Asien und der Orient wurden erforscht und deren Philosophien eroberten die europäischen Gelehrten und in Russland vollzogen sich massivste Veränderungen auf dem industriellen Sektor. Es war allgemein eine Zeit des Umbruchs, wie damalige Schriften und Chroniken belegen. Besonders die immer mehr auftauchenden Geheimzirkel, Logen und Finanzjongleure begannen stetig mehr an Einfluss zu gewinnen. Die europäische Bevölkerung war durch ständiges Kriegsgetümmel und Gutsherrentum ausgeblutet und es war ein leichtes Spiel für gewisse Jongleure, eine neue Philosophie zu installieren." Er nickte dazu und rieb sich die Augen. „Eine neue Ordnung musste her, darüber war sich selbst die ausgebeutete Arbeiterschaft bewusst. Schon alleine der Gedanke, die Zukunft könne nur noch besser werden, bot den Boden für Pseudoerlöser und Wortjongleure, die sich anschickten, auf einen kommenden europäischen Erlöser hinzuweisen. So wurden Prophetien hingebogen und Weisheitslehren aus dem Zusammenhang gerissen, um einen ersten, groben Zukunftsplan zu erstellen. Gewiefte Geister erkannten bald, dass ihr „Rohplan" noch ausgefeilt werden müsse, um tatsächlich zum Greifen zu kommen. So mancher „Planer" erkannte verblüfft, dass seine in die Welt gesetzten Stilblüten tatsächlich Früchte zu tragen begannen. Diese „Erkenntnisse" bewirkten bei einigen Planern eine seltsame Veränderung – sie begannen selbst an ihre Befähigung eines „Vormessias" zu glauben und gründeten Geheimgesellschaften, deren einziges Ziel es war, den „wahren Messias" zu finden. Denn, es war ja an der Zeit, wie sie errechneten, dass die Wiederkunft Christi nicht mehr Ferne sei. Man muss sich einmal vorstellen, wie es sein muss, an sich selber festzustellen, man sei ein Auserwählter der Vorsehung – welcher auch immer – und man besitzt das Charisma der Wortgewaltigkeit; man bekommt Anhänger und Förderer, die einem dies alles bestätigen und stellt fest, alle um einen herum und ganze Völkerschaften machen das, was man sagt. Selbst das Dümmste machen sie, weil sie ganz einfach an einen glauben!"

„Auf die heutige Zeit übertragen", warf ich ein, "ließe sich dies wohl nicht mehr so einfach bewerkstelligen."

Frater Peter sah mich merkwürdig ernst an. Er zündete sich eine seiner grässlich stinkenden Zigarren an und paffte eine Reihe misslungener Rauchringe in die beginnende Dunkelheit.

„Wissen Sie, mein junger Freund", brummte er kopfwiegend, „in der heutigen Zeit, wie Sie sich ausdrücken, finden sich meiner Ansicht nach noch viel mehr Gläubige als damals. Mit dem Unterschied, dass sie Beweise verlangen und auf etliche Wunder bestehen. Nichts, aber auch gar nichts hat sich in den Köpfen der Menschen verändert – außer, dass sie höhere Schulintelligenz und etwas mehr Egozentrik ihr Eigen nennen. Ein charismatischer Mensch, der die Massenseele zu fassen weiß, würde wieder eine neue Religion herbeiführen können. Mit dem Unterschied, dass sie sich ausgefeilter und psychologisch raffinierter tarnen würde. Wer sagt Ihnen denn, dass sich wirklich seit den letzten 150 Jahren etwas Wesentliches verändert hat?"

„Nun, mir ist schon bewusst, in einer Zeit mannigfaltiger Manipulation und Tatsachenverdrehungen zu leben. Aber heute sind die damaligen Geheimgesellschaften nicht mehr existent. Was sich heute innerhalb der Weisheitsschulen, Rosenkreuzer und Mystikerorden abspielt, ist öffentlich einsehbar und dient nur der Selbstfindung und seelischer Rückbesinnung. Es mag einige Gesellschaften geben, die die Weltwirtschaft und Politik bestimmen und aus dem Hintergrund wirken – allerdings haben die wohl kaum Einfluss in metaphysische Belange", entgegnete ich.

„So, so – da spricht ein Kenner der Szene aber nicht des Szenarios", lachte er unverblümt heraus. „Ja, was glauben Sie denn, wer denn nun zulässt, dass es solche Orden und Weisheitsschulen überhaupt geben darf? Vielleicht der Vatikan? Oder menschenliebende Weltpolitiker sowie Großkapitalisten? Möglicherweise besitzen diese Weisheitsorden und Mystiker ja auch soviel Energie und starke Kraftfelder, um das böse Übel daraus fern zu halten? Sicherlich – es hat alles seinen Sinn und Zweck und diese Mystikergesellschaften gehören zu dem großen Spiel im kosmischen Reigen. Wenn Sie wollen, kann ich Ihnen, nach unserem Kurzurlaub, so einige Details mehr aufbereiten, damit Sie sich ein besseres Bild um alle Zusammenhänge machen können", lockte er mich.

„Aufbereiten klingt so nach konstruieren", warf ich ablehnend ein.

„Keineswegs! Das klingt viel mehr nach Befriedigung einer Neugierde, die Ihnen förmlich aus dem Gesicht springt", grinste er und streckte seine Glieder. „Ich werde mich in die Falle hauen. Morgen möchte ich um 05 Uhr losgehen, um die blaue Stunde in mich aufzunehmen. Kennen Sie die Blaue Stunde?"

„Nur im Zusammenhang mit einem vorabendlichen Trinkgelage", entgegnete ich schmunzelnd.

„Die blaue Stunde bedeutet, dass die Sonne kurz vor ihrem horizontalen Aufgang in der blauspektralen Energie schwingt; die Atmosphäre vollbringt dieses Phänomen, die jedoch mit dem bloßen Auge nicht wahrnehmbar ist. Es gibt Publikationen darüber und wissenschaftliche Abhandlungen – sollten Sie sich gelegentlich auch mal zu Gemüte führen.

Wir verabredeten uns also für 04 Uhr 30, um gegen 05 Uhr in die blaue Stunde zu marschieren!

*

An ein Einschlafen war für mich nicht zu denken; meine Gedanken schienen sich um alle möglichen und unmöglichen Dinge zu drehen. Vor allem kreisten meine Gedanken um jenen Zimmernachbarn, dessen Schnarchen bezeugte, um welche Zeit ein vernünftiger Mensch auszuruhen hat. Konnte ich ihm sagen, ein Eingeweihter eines Geheimordens zu sein?

Seltsamerweise dachte ich über mein vergangenes Leben nach und wie es sich nun heute Nacht vor mich hinstellte. Demnächst werde ich 50 Jahre alt und ich gedachte, noch mindestens 30 Jahre meinem Erdendasein zu frönen. Sollten sich jedoch die folgenden Jahrzehnte so gestalten, wie bisher? Wie gestaltete sich eigentlich mein Leben so im Gesamtzusammenhang?

Je mehr ich darüber grübelte, desto unzusammenhängender grinste mich die Fratze meines Lebens an. Mir schien, die Person „Mein Leben" wies so einige Lücken, Löcher und Ausfransungen auf, dass man sie für eine schäbige Vogelscheuche halten könnte. Gut genug, um frechen Raben zur Belustigung zu dienen!

Ein heftiges Klopfen an der Zimmertüre riss mich aus meinen Überlegungen, wobei ich feststellen konnte, dass ich davon einen Großteil wohl geträumt haben muss.

„Raus aus den Federn – oder mögen Sie nicht!?", rief von außen Frater Peters Stimme.

Ich grunzte eine schwache Zusicherung, in einigen Minuten auf dem Damm zu sein und wälzte mich aus dem Bett. Eine vollkommene Idiotie, mich gestern Abend auf so einen Schwachsinn einzulassen, bemitleidete ich mich selber und zelebrierte eine kurze Katzenwäsche.

In der Gaststube wartete Frater Peter bereits auf mich.

„Proviant habe ich gestern vor dem Zubettgehen noch geordert. Die Wirtin hat sie uns hier bereitgestellt", deutete er umsichtig auf zwei größere Esspakete nebst zwei Flachen Apfelsaft. Je eine Flasche Bier zauberte er kurz aus seiner Umhängetasche und blinzelte schelmisch. „Für einen guten Schluck in Gottes Richtung allemal wichtig."

Es hellte sich bereits zaghaft auf, aber es war auch ziemlich frisch und dunstig. Wieder nannte ich mich einen Idioten – im Bett wäre es jetzt so herrlich kuschelig!

„Es dauert nicht mehr lange und Sie werden sich wundern, wie schnell es sich hier aufklaren wird. Ein bisschen flott Gehen und wir gelangen noch rechtzeitig an eine Stelle, wo wir uns auf den Sonnenaufgang einstellen können. Es ist nämlich wichtig, sich darauf einzustimmen, um die Energien stärkend und belebend für sich aufnehmen zu können", plapperte er angeregt und legte einen flotten Schritt vor.

In mir tauchten Zweifel auf, ob ich diese Marschgeschwindigkeit lange werde durchhalten können. Zudem rasselten meine Zigaretten-Raucherlungen, mein Herz raste und mein Ego war teilweise dermaßen pikiert, dass ich einmal laut sagte, es solle doch endlich mal sein vorlautes Maul halten. Von da an schien es langsam besser zu gehen – man muss sich gelegentlich einfach mal die Meinung sagen!

Nach einer halben Stunde machten wir in einer kleinen Senke Rast.

„Hier in dieser Senke, können wir den Sonnenaufgang besonders energetisch betrachten und aufnehmen. Obwohl die Sonne im Flachland oder auf den Berggipfeln bereits aufgegangen ist, wirft sie hier noch immer die blaue Schwingung ab", dozierte er mit seiner angenehmen Stimme. „Funktioniert Ihr Ego nach der Standpauke oder schmollt es noch", fragte er listig nach.

„Es funktioniert schmollend", gab ich grinsend zurück. Der Alte bemerkte aber auch alles!

Der Sonnenaufgang in unserer Senke gestaltete sich dramatisch –aber ich erkannte weder die sogenannte blaue Stunde noch spürte ich eine sonderlich erhöhte Energie, die ich hätte aufsaugen können. Alleine, die Lichtbrechungen und das langsame Hellerwerden, faszinierten mich. Seit vielen Jahren sah ich keinen Sonnenaufgang mehr – man verpasst so viele angenehme Dinge im Leben, zum Preis hektischer Urlaubsreisen zu irgendwelchen Touristenhochburgen.

Ich fühlte mich wohl. War in diesem Moment mit mir und der Welt im Reinen. Auch dachte ich an meine Frau, die Zuhause sicherlich noch schlief und dieses herrliche Geschehnis gar nicht erahnen konnte. Kein schlechtes Gewissen – nur gute Gedanken, die ich ihr schickte. Nach und nach bemerkte ich eine wohltuende Stimmung in mir und ich sagte mir, dass vielleicht genau dieses die aufzunehmende Energie der „blauen Sonne" sein könne.

Als hätte Frater Peter meine Gedanken erraten, durchbrach seine Stimme die Stille.

„Eine Wohltat sondergleichen – nicht wahr! Sie kostet nichts, ist Allgemeingut und mit keinem noch so ausgewieften Verstand zu versteuern – zumindest noch nicht", brummte er wie eine zufrieden Katze nach ihrem Mäusemahl.

Gegen 06 Uhr wanderten wir schweigend weiter. Bis heute weiß ich von den folgenden 3 Stunden nichts mehr – oder nur bruchstückhafte Eindrücke von der Bergnatur. Ich glaube, während dieser ganzen Zeit sprachen wir nichts; oder nur Banales, wie, um sich zu vergewissern, dass man noch DA ist.

Gegen 09 Uhr machten wir eine erste Rast, verspeisten etwas von unserem Proviant und beobachteten die ersten Wanderer des Tages. Dies gab mir ein Gefühl der Überlegenheit; zu wissen, dass ich bereits Stunden vor ihnen wanderte und vollgetankt mit Energie bin, die ihnen fehlt. Es war einerseits ein erhebendes, andererseits ein egoistisches Gefühl – aber dies störte mich im Moment nicht.

Wiederum schien er meine Gedanken erraten zu haben.

„Schon ein tolles Gefühl, zu wissen, man hat die Batterien voll, während andere auf halber Kraftreserve laufen – hm!?"

„Ja! Zumal ich mich tatsächlich voller Kraft fühle, wie schon Jahre nicht mehr. Mir erscheint im Moment alles sehr mysteriös, um nicht zu sagen, spirituell angereichert", entgegnete ich verwundert über meine gute körperliche Verfassung.

„So ist es auch, mein lieber Wandergenosse. Im Grunde jedoch weniger mysteriös zu definieren; es ist das Wissen, man hat im Moment keine Verantwortung als nur für sich selbst und lässt sich etwas angedeihen, das in Grunde alltäglich sein müsste: innere Harmonisierung. Auch hierin lassen sich wieder unsere gesellschaftlichen Verirrungen ablesen, unser okkult gewordenes Lebensfeld, das uns regelrecht im Alltag auseinander reißt. Wir leben in einem für uns Menschen verkehrten Umfeld, mit einem verdrehten Glauben und einem verschleierten Wissen um die Beschaffenheit der wahren Realität. Unsere Realität ist das Produkt diametraler Kräftewirkungen – eine Matrix innerhalb einer höheren Matrix, dessen Inhalt wir kaum noch erfassen können. Diese diametrale Matrix ist ein künstlich geschaffenes Universum innerhalb eines unendlichen Universums, um unserem Ego eine Basis der Vorherrschaft zu geben."

Als er bemerkte, dass ich ihm verstehend folgen konnte, fuhr er fort.

„Die ursprüngliche Matrix, aus der wir Menschenwesen hervorgegangen sind, legte uns keinerlei Selbstverleugnung und „Arbeit im Schweiße unseres Angesichts" bei. In der materiellen Verkörperung unseres göttlichen Geistfunkens, einer sich selbst bewussten „Seele", trat in dem Menschenwesen zugleich das diametrale Erkennen der Objektivität (Objekte) ein. Dies wird in vielen „heiligen Schriften" als der Akt der Erkenntnis von Gut und Böse bezeichnet. Ursprünglich war nur das Erkennen von Gegenüberstellungen, vom sogenannten Du und Ich, vorhanden. Was Gut und Böse, Positiv und Negativ ist, bestimmt alleine das menschliche subjektive Empfinden; die Unterscheidungsfähigkeit von Prinzipiell und Wesenhaft. Nicht zu verwechseln mit Wesentlich! Das Prinzipielle ist kosmischer Natur und nur aufbauend, lebensspendend; das Wesentliche materieller Natur und somit verfallend, lebensaushauchend. Jede Materie „verflüchtigt" sich zu seiner Ordnungszeit wieder zu Energie und kann dem kosmischen Kreislauf erneut zugeführt werden.

Die atomare Struktur unseres Menschseins basiert auf Fusion, während wir sie spaltend behandeln und dabei gar nicht mal in Erwägung ziehen, wie beschleunigend zerstörerisch wir in das kosmische Geschehen eingreifen. Unser exoterisches Tun entspricht nicht unserer esoterischen Herkunft und Grundausstattung. Dies war in früheren Menschenzeitaltern mal anders. Bevor sich der menschliche Geist in die Hybris einfasste, denn das war die größte Anmaßung gegenüber dem Schöpfungsprinzip, lebte er in einem paradiesischen Zustand und im Einklang mit der gesamten Natur. Tier-, Pflanzen-, Mineralreich und Menschenreich bedingten einander; es gab keine Feindschaft zwischen ihnen. Der damalige Mensch wusste um seine kosmische Einsetzung in der materiellen Welt; dass er ein „Werkzeug Gottes" ist, um IHM seine Schöpfung in der Materie zu spiegeln. Alle Bewusstseinsträger im Kosmos sind „Rückmeldeprogramme" einer höheren Ordnung, die in sich dynamisch ist und erst durch den Menschenwesengeist die Dynamik ins All bringen kann."

Der Franziskaner redete sich warm, seine Worte unterstrich er mit ausdrucksvollen Gesten, als wolle er damit die Größe der Schöpferdynamik unterstreichen.

„Wenn Sie so wollen, geht ohne uns gar nichts im Kosmos – die Dynamik würde unbewusst verpuffen und das gesamte Szenario einer Schöpfungswiederholung müsste sich immer wieder erneut in neuen Varianten programmieren, bis so etwas wie ein sich selbsterkennendes Bewusstseinsprogramm zustande kommt. Deshalb heißt es in alten Weisheitsschriften – ich meine, den ursprünglichen – Gott liebt seine Geschöpfe und im Besonderen das Menschengeschlecht. Wir können uns getrost als Kinder Gottes erachten – schließlich schlummert in uns ein Teilwissen unendlicher Größe. Ganz egal, ob einer mehr weiß als der andere – jeder hat sein individuelles Wissen und das Subjektive des Schöpfers in sich."

„Woraus sich schließen lassen müsste, dass der Mensch zwar subjektive Wissenschaften erstellen, sie jedoch nicht objektiv zur Anwendung bringen kann; es sei denn, in Form von künstlichen Erbauungen, die allerdings jeglicher Lebensenergie entbehren", sinnierte ich vor mich hin.

Mir schien mein Gedankengang etwas zu träge zu funktionieren, weil in mir etwas sagte, ich sei nicht ganz im Bilde dessen, was ich sage; obwohl genau dies mein eigentliches Ordensthema berührt.

„Wir physischen Menschenwesen können nichts erschaffen, was sich als vollkommen neue und noch nie dagewesene Kreatur manifestiert – diese Schöpfungsgabe übersteigt unsere Autorisierung. Was als Erschaffung neuen Lebens bezeichnet wird, z. B. in der Gentechnologie, ist weiter nichts als eine anmaßende Selbstüberhöhung unseres Egos. Es, das Ego, äfft nach – wie dies auch einige andere Kosmosbewohner tun, deren Ego instabil und im Verfall ist. Das muss wohl auch etwas mit einem „kosmischen Verfallsdatum" gemein haben", grinste Frater Peter faunisch. „Man muss sich nur gelegentlich selber beim Schopfe packen, um zu erkennen, wie nahe man einem Verfall kommen kann, wenn man nicht auf seine innere Stimme hört."

Mir fielen einige Lebensabschnitte ein, in denen ich sehr nahe am „Verfallsdatum" vorbeigeratscht sein muss!

„Ich halte es nicht mehr nur von Ungefähr, dass ich mich heute nun mit Ihnen hier befinde", plätscherte es nun aus mir heraus. „ Wenn alles im Leben eines Menschen einen tieferen Sinn zum Allgemeinverständnis hat, dann hat es auch einen wahrhaft tieferen Sinn, dass ich mich mit Ihnen unterhalte. Unsere Gespräche zielen alle auf Etwas hin, das ich mich seit geraumer Zeit frage: Wann und warum habe ich irgendwann in den letzten Jahren den Faden verloren. Außer meiner Ehe mit einer großartigen Gefährtin, finde ich in meinem Leben keinen Anknüpfpunkt, wo ich meine Lebensspanne mit anknüpfen könnte. Unter allen Lebensbemühungen – und wenn sie Anfangs noch so gute Sequenzen aufwiesen – lief ich am Ende immer wieder in die Leere. Ein wiederholtes Umkehren und Neubeginnen waren stets die Folgen – sämtliche mit ähnlichem Ergebnis. Da hat es auch nichts genutzt als sich mein Körper eine dickere Haut zulegen wollte und daraus Hautkrebs wurde – meine Leerläufe scheinen Programm zu sein."

„Natürlich ist es ein sich immer wieder reproduzierendes Programm, wenn man es sich in seiner Grundkonstellation niemals ansieht", entgegnete mein mysteriöser Gesprächspartner ernst. „Es gehört enormer Mut dazu, seine weltliche Programmierung näher anzusehen. Man wird zumeist feststellen, dass es voller Viren und Würmer steckt und deshalb nicht richtig funktionieren kann. Dann muss man ein Viren- und Wurmbeseitigungsprogramm erstellen und im Anschluss ein Schutzprogramm – was nicht so leicht sein dürfte. Aber mal die Ironie beiseite – im übertragenen Sinne stimmt es genau. Übertragungen sind Analogien – man kann alles in Analogie setzen, um einen tieferen Sinn dahinter zu erfassen; es ist das verschleierte Gegensätzliche, das es zu erkennen gilt, erst dann kann der Mensch Ganzheitlich bestehen. Das beginnt im Kleinsten und findet sich im Größten – alles bedingt sich im Gegenpoligen; wie sehr sich die „Gesichter" auch im ersten Ansehen voneinander unterscheiden mögen. Wenn jemand Schwarz sieht, meint man auch nicht, er sähe eine schwarze Wand oder Ähnliches, man meint damit, er ziehe negative, dunkle Kräfte an und meidet deshalb so einen „Schwarzseher". Wenn dieser Schwarzseher jedoch seiner Intention näher auf den Grund gehen würde, könnte er womöglich schnell erkennen, dass er nur ein von ihm selbst aufgebautes Programm abspult, bei einer immer wieder auftauchenden, adäquaten Situation, mit einem jeweils anderem Gesicht aber eben gleichem Zusammenhang. Hier greift das analoge Verhaltensmuster, das es zu durchschauen gilt."

„Vielleicht habe ich ja meine „Fehlprogrammierung" oder den Fehler im Programm erkannt, weiß aber nicht oder noch nicht, wie ich seinen wahren, unverfälschten Inhalt abrufen kann", brummelte ich nachdenklich.

„Davon ausgehend, dass Sie Ihren Programmfehler erkannt haben – was ich stark annehme in Ihrer Art unserer Kommunikationsführung – sollten Sie nun auch die Konsequenzen daraus ziehen. Da Sie das Glück einer harmonischen Partnerschaftsbeziehung haben, dürfte dies nur noch halb so dramatisch zu verwirklichen sein", blickte er mich interessiert an.

„Um Ihnen meinen Wesensinhalt zum Verstehen meiner Person und meinen Intentionen zu definieren, bedarf es wohl einiger Jahrzehnte, bis wir auf den Kern „der Sache" vordringen würden", warf ich nachdenklich ein. „Außerdem sind meine Gedankengänge oftmals dermaßen mystifiziert und voller Einfälle, um einem Psychiater sicherlich sein viertes Haus zu finanzieren."

Wir lachten beide herzhaft und machten uns wieder auf den Weg.

Es folgte wieder eine Zeit des schweigenden Genießens der Bergwelt – und eine Menge Gedanken zu meinem Wanderpartner. Dass es nicht bei dieser einmaligen Bekanntschaft bleiben würde, fühlte ich ganz massiv. Solche Begegnungen können nicht ohne Folgen bleiben – es sei denn, man wäre förmlich innerlich abgestorben.

Diese seltsame Zeitverlorenheit wie am Morgen stellte sich wieder ein. Es überraschte mich als mein Begleiter „plötzlich" sagte, es sei nun Zeit für eine kräftige Jause und dem langersehnten Biertrunk. Seine Taschenuhr, die er mir hinhielt, zeigte auf 14 Uhr!

Es wurde dringend Zeit, umzukehren, wenn wir nicht nach Einbruch der Dunkelheit auf die Hütte zurückkommen wollten.

Auf unserem Rückweg sprachen wir nicht mehr sonderlich viel. Ich wunderte mich allerdings über seine Kondition – und insbesondere über meine eigene. Erst Monate später sollte ich erfahren, dass sich meine Selbstheilungskräfte in dem Moment aktiviert haben, als ich mich Frater Peter zu öffnen begann. Er hatte gewusst, wie es um mich bestellt war und mich motiviert, selbst-ständig die Eigenverantwortung für mich zu übernehmen. Und er wusste um seine Rolle darin – seine Rolle in meinem Leben; meine Rolle in seinem Leben!

Nach einer 14-Stundenwanderung, innerlich fit und äußerlich nur leicht „angemüdet", nahmen wir vor der Almhütte auf einer alten Holzbank Platz. Unsere Wanderschuhe abstreifend und zufrieden grunzend, bestellten wir uns einen kräftigen Kaffee und einen großen Humpen Bier. Einige Leute saßen relativ erschöpft an den Nebentischen, sahen aber alle zufrieden und glücklich aus. Das Gefühl einer harmonischen Gemeinschaft stellte sich bei mir ein, dem ich auch Ausdruck verlieh.

„Mir geht's einfach gut! Jeden Augenblick genieße ich und ich spüre ringsum von allen anderen Personen ähnliche Strömungen. In solchen seltenen Momenten empfinde ich mich fraglos – einfach und innerlich satt. Ich glaube, das ist es, was mir so manche Buddha-Figur zuerst vermittelt: Eine absolute Sättigung des Seins."

„Mhm – und das ALLES ohne Technik, Computer, Telefon und Nachrichten. Oder gerade deshalb?"

Das ließen wir so stehen.

Thalus von Athos

*

Zum weiteren Verständnis

Die Rolle esoterischer Geheimbünde und okkulter Weltanschauungen, die zu dem Fiasko des Dritten Reiches führten, ist bis Dato eher verschwiegen oder verschämt nur am Rande erwähnt worden. Die Existenz einer „anderen Welt" neben der „stofflich erfahrbaren Welt", war eine der Hauptgrundlagen für die Voraussetzung des Nationalsozialismus. Daneben stellte sich eine Rassenlehre, die bereits 1853 von dem französischen Orientalisten, Graf Joseph Arthur Gonineau (1816 – 82) in Paris veröffentlicht wurde. 1899 propagierte Graf Vacher de Lapuge (1854 – 1936) sein literarisches Hauptwerk „Der Arier und seine gesellschaftliche Bedeutung", worin er die Überlegenheit der nordischen Rasse gegenüber allen anderen stellte. Viele weitere Literaten, Akademiker und Physiologen beharrten auf dem Standpunkt, nur die weiße Rasse sei prädestiniert für die Weltregierung.

Allen war etwas Besonderes gemein: Es waren Geheimbündler und innere Meister der „großen Bruderschaft". Viele europäische Köpfe, darunter Deutsche, dichteten die Bibel ins Germanische um und verwoben sie mit prähistorischen Mythen und Sagen, die bis auf Atlantis, Hyperborea und Thule zurückreichten. Unter dem Einfluss theosophischer Erkenntnisse und einem Wissen über Teilinhalte der Mystikerlehren, entwickelte sich eine „geheime" Ariosophie, eine Genealogie von der Einzigartigkeit der weißen, atlantischen Rasse. Diese „Wissenschaft" entwickelte sich bereits 1881 – zumindest ist sie um diese Zeit belegbar. Und der Umstand, dass Gesamteuropa und Amerika innerhalb dieser „Lehren" agierte, belegt auch, dass Deutschland nicht der alleinige Nährboden für die Konstruktion „Drittes Reich" gewesen sein kann.

(Ein hervorragendes Nachschlagewerk zur Aufschlüsselung dieses Themas, ist **Das schwarze Reich, von E. R. Carmin,** Heyne-Verlag Geheimgesellschaften und Politik im 20. Jahrhundert). Auch, wenn dieser Autor einen enormen Einblick in die Materie aufweist, so erklärte er jedoch nicht, wie sich diese okkulte Kraft und die esoterische Grund-Energetik in diese negative Konstellation hat verfremden können. Scheinbar überlässt es dieser Autor dem Leser, sich seine eigenen Gedanken darüber zu machen; was mir taktischen Gründen als sehr angebracht erscheint! Manche „Dinge" scheinen bis Heute nicht gesagt oder erwähnt werden zu dürfen, da sie so ungeheuerlich wie schockierend in unsere gesellschaftliche Systematik einschlagen würden, dass sich das gesamte Weltbild in kürzester Zeit verändern müsste! Sowohl das Exoterische als auch das Esoterische sind ein Gesamtfakt – das gesamte Weltbild unterliegt diesem Prinzip und kann nicht aus einem Zusammenhang genommen werden, ohne Verfälschungen zu riskieren. Wer eine Erscheinungsweise erforscht, muss die Ursache dafür erforschen – nicht in einer wiederum nur vergangenen Erscheinungsweise, sondern den geistigen Hintergrund; den Plan, die Matrix. Auch wenn unsere Wissenschaft behauptet, dass alles Geschehen nur eine fließende Abfolge vergangener Folgen sind, so besagt das Wort „Folge" doch bereits, dass sie etwas ist, das ihr in einer planerischen Hinsicht voraus geht.

Ein Plan ist zuerst eine Idee, die geistiger Natur ist – ein Ein-Fall aus der energetischen Sphäre – die erst in die materielle Feldebene transportiert und somit manifestiert werden kann. Ein relativ durchlässiger Menschengeist ist denn auch dazu fähig, eine Idee ganzheitlich funktionierend in die stoffliche Ebene zu transferieren; er konstruiert ein „Etwas" daraus, das der Allgemeinheit dienlich sein wird. Fehlerhafte "Übersetzungen" eines Einfalls ziehen denn auch fehlerhafte Konstruktionen nach sich, die, wie man weiß, zerstörender Natur sind. Und gerade unter solchen „Konstrukteuren" finden sich die borniertesten und uneinsichtigsten Menschengeister, die nicht zugeben wollen, dass ihre Forschungsarbeiten und Ergebnisse nicht den Sinn eines Allgemeinwohls beinhalten.

Auf allen Ebenen der Wissenschaften herrscht eine teilweise irrige Ansicht, alle Erfindungen und Verbesserungen seien grundsätzlich erst einmal Allgemeinwohl – es würde sich dann schon herausstellen, ob sie schaden oder nicht. Dieses Verhalten prägt das Gesicht der Erde bereits seit Tausenden von Jahren und lässt sich in allen Geistesäußerungen herausfiltern.

Ein wesentliches „Werkzeug" zur Erkennung von fehlerhaften, für den Menschen und gesamten Planetenorganismus nachteiligen „Errungenschaften", ist eine grundsätzliche Wortkenntnis; etwas wortwörtlich nehmen, heißt, den Bedeutungsinhalt erfassen, um dadurch dem Ursprung der Idee auf die Spur zu kommen. Die Reinheit einer Sprache zeichnet sich dadurch aus, dass sie die Uridee dahinter skizziert und sich ohne große Verbiegungen begreifen lässt. Je mehr eine grundsätzliche Sprache einer Idiomsvermischung unterliegt (was unterliegt, hat sich einem Besieger gebeugt), desto schwieriger wird es, dahinter einen greifbaren und ursprünglichen Sinn zu finden. Ist eine Sprache mit vielen anderen Sprachidiomen vermischt, bedarf es, zur Entschlüsselung der Ur-Sinnigkeit, der Kenntnis aller darin eingemischten Idiome – was sich natürlich als sehr schwierig gestalten kann, wenn es kaum noch Kenner dieser Idiome gibt.

In alten Mystikerschulen – insbesondere in jenen, die sich um die Erhaltung der Sprachmatrix kümmern – finden sich noch einige „Sprachmatrixarchivare", die sich, um nur ein Beispiel zu nennen, als „Vokalalchymisten" bezeichnen. Es sind denn auch ausschließlich nur diese Spezialisten, denen man die Bezeichnung *alchimistischer Adept* zugestehen kann.

Die Alchymie hat in unserer modernen Zeit einen sehr mysteriösen, beinahe unheimlichen Klang, was daran liegt, dass die Alchymie (Alchemie) fälschlicherweise mit dem dunklen Okkultismus und Merlinscher Zauberei gebannt ist. Obwohl alle Wissenschaften der Alchymie entspringen, worin sie noch ganzheitlich eingebettet und wirksam waren, lehnen die heutigen Wissenschaftskollegien diese Bedeutsamkeit zumeist noch immer ab. Letztendlich entstanden durch diese Ablehnung die grässlichsten Entdeckungen, die uns Menschen heute vor diesen weltweiten Vernichtungsapparatismus stellt, den kaum noch jemand überblickt.

Wir alle kennen Menschen, deren Reden uns faszinieren, uns mitreißen und in uns sogenannte „Aha-Erlebnisse" auslösen – dahinter steckt eine sehr gute Wortkenntnis, die nicht mit Psychologie zu verwechseln ist. Und wir kennen Menschen, deren Reden uns Angst machen, uns Sorgen und in uns Gefühle der Machtlosigkeit auslösen – das ist negativ-okkulter Wort-Sprachgebrauch. Auch da können Sie getrost davon ausgehen, dass der/die Redner (oder Redenschreiber) dies in voller Absicht so gestalten!

Wahre Kenner der „Wortgewalt" und wahre Kenner der „Wortenergie", sind zwei unterschiedliche Charaktere, deren Intention grundverschieden ist. In der Wortgewalt liegen schon die Gewalttätigkeit, das Unterdrücken und die gewaltvolle Machtausübung eines Despoten, der die breite Menschenmasse nur befehligen und für eigensüchtige Zwecke missbrauchen will.

In der Wortenergie liegt die Energie, eine dynamische, ganzheitliche Schwingung kosmischen Ausmaßes, die Neutral und somit nicht zerstörerisch wirkt. Der Wortkenner dieser Energetik, wendet sie nicht gegen, sondern für das Wohl einer heilen (oder zu heilenden) Natur an. Sowohl im Schamanismus als auch in der Kosmogenese herrscht diese Energetiksicht vor. Jeder Mensch kann selber testen, wie Worte auf ein Gegenüber wirken; wie wohltuend liebende und wie schmerzlich lieblose wirken. Man sollte sich keineswegs darüber hinweg täuschen lassen, dass dieses unsere „Beherrscher" nicht genauestens wissen und verfolgen. Wenn schon im Kleinen Worte Enormes bewegen können, um wieviel Mehr bewegen im Großen Worte – vergessen Sie das niemals!

Das Dritte Reich ist kennzeichnend für die Macht der Worte und Sprache. Es hätte sich niemals aus einigen braunen Schlägertrupps und einem nur bauernschlauen Hitler heraus so schnell und mächtig entfalten können; und nicht aus einem damaligen fast am Boden liegender deutscher Staat, der heute die Gesamtschuld in der Welt dafür trägt.

Es waren enorm kenntnisreiche staatenübergreifende Strukturen, die über eine längere Vorbereitungszeit auf diese Manifestation hin gewirkt haben; wobei es den Planern vollkommen gleichgültig war, ob sich der Nationalsozialismus namens „Drittes Reich" in Deutschland, Frankreich, England oder Spanien etabliert – die Hauptsache, Europa ließe sich vorbereiten zu einer später folgenden Installation einer Weltregierung. Zugleich sollte dadurch das größte Land der Welt, Russland, langsam aufgeweicht werden, um es „irgendwann" billigst in den Reigen der Weltbeherrscher einzureihen.

Man denke darüber nach, was sich seit geraumer Zeit abspielt! Als die „Konstrukteure", noch vor dem ersten Weltkrieg, erkannten, dass sich Deutschland für die Installation eines „Dritten Reiches" wohl am strategisch klügsten eigne, wurden exakte Vorbereitungen dafür getroffen. Man darf niemals den dahinter liegenden tieferen Sinn aus den Augen verlieren; es sind seit „ewig langen Zeiten" Kräfte und Mächte am Werk, die aus Selbsterhaltungsgründen verhindern müssen, dass die Menschheit ihre ursprüngliche Selbst-Erkenntnis wieder erlangt. Und es sind seit „ewig langen Zeiten" Kräfte und Energien am Wirken, die uns Menschen bisher davor bewahrt haben, aus obigen Gründen, bereits schon vernichtet worden zu sein! Unser derzeitiges Weltbild, das Angesicht der Menschheit, ist hinter einen Schleier der Realitätsverdrehung gezogen worden. Unsere daraus resultierende Sicht und Verhaltensweise entspricht nicht mehr der menschlichen Ursprünglichkeit – das ist die „Austreibung aus dem Paradies", wie es in alten Schriften so bezeichnend dargestellt ist. Es grenzt beinahe an einem selbstverleugnenden Fatalismus, dass dies kaum noch Menschen erkennen; oder erkennen wollen. „Man" spricht heute so gescheit über die grundsätzlichen Prinzipien, wie Positiv und Negativ, Gut und Böse, glaubt an die Personifizierung des Guten, aber nicht an die Personifizierung des Bösen. Ein Prinzip ist stets das, woraus sich Ausschließlichkeit ergibt, sowohl in einer Philosophie als auch in der materiellen Gegebenheit. Das eine Prinzip anerkennen und das andere als Fiktion ablehnen, zeugt wiederum von der Einäugigkeit und Halbwahrheit des heutigen Menschen. Fakt ist, dass Prinzipielles die Bedingung allen Seins ist – man beweise mir das Gegenteil – und so manifestiert sich innerhalb des Kosmos alles Leben. Auch das Leben von Bewusstseinsträgern, deren Intention positiver oder negativer Natur ist. Nicht jeder Bewusstseinsträger muss zwangsläufig innerhalb einer harmonischen Magnetisierung existieren; es gibt sowohl einseitig gepolte „Geistesträger" als auch vielseitig gepolte. Eine Unterscheidungsfähigkeit zwischen „am Leben lassen" und „aus dem Leben bringen", wie bei uns Menschen und einigen anderen Kosmosbewohnern, ist nicht Grundlage einer technisch intelligenten Weltraumrasse. Ist es auch nicht bei Reptilien, Insekten und Raubgetier. Dass eine intelligente Bewusstseinsrasse nur aus den Hominiden entstehen könne, ist lediglich laue und unlogische Spekulation von ignoranten, selbstgefälligen Speziesrassisten.

Die wirklich wortgetreuen Übersetzungen von alten Schriften, die Kenntnisse von echten Sprach- und Wortsetzungen, werden rigoros als Hirngespinste oder „irreales Gerede" unterbunden. Irreal – diese Bezeichnung wird gerne benutzt, um ein Gegenüber schnellsten Mundtot und Unglaubwürdig zu machen. Aber den tieferen Sinn dieses Wortes wollen sie nicht durchschauen – denn es bedeutet in der Tat: Aus dem Irrationalismus kommend, dem „Wesen und Ursprung der Welt des physischen Verstandes unzugänglich". Etwas, das dem Verstand vermeintlich unzugänglich ist, beinhält logischer Weise ein existentes Etwas dahinter, das einem nur nicht so einfach zugänglich ist. Real existierend ist es allemal! (Bedenken Sie, bitteschön, dass jede Münze seine zwei Seiten hat!)

Nun sind wir also so weit, dass wir in Etwa begriffen haben, hinter allem steht eine Realexistenz, die wir im Grunde in der Lage sind, auch zu erkennen, zu fassen und zumeist sogar zu sehen. Wir müssen nur wieder lernen, unsere Sprache und Wortinhalte wortwörtlich zu nehmen und die Angst vor „Unlogik" ablegen. Analogien erwecken zuerst immer den Eindruck von totaler Unlogik, dennoch werden sie in der Psychologie als wichtigstes Werkzeug benutzt, um den menschlichen Geist besser definieren zu können.

(Ich kann gar nicht oft genug betonen: Blicken Sie hinter die Worte, durchleuchten Sie alle Wortinhalte auf das Genaueste und Sie werden sehr bald das Gehör für Wahrheit oder Falschheit darin erlangen. Wenn Sie in Allem so verfahren – Wort, Sprache und Bild – können Sie lernen, Zusammenhänge und Intentionen hinter allen Geschehnissen und Planungen zu erkennen. Sie werden dadurch nicht mehr so leicht erpressbar und können sich von vielen Unterdrückungsmechanismen besser schützen. Dies ermöglicht Ihnen auch eine viel klarsichtigere Lebensplanung und Führung und kann Sie vor Fehlentscheidungen und Fremdbestimmung besser bewahren. Außerdem erlangen Sie dadurch einen „Durchblick" in wesentlichen Lebensbelangen und lassen sich nicht mehr soviel von negativen Finanzjongleuren vormachen. Sie können dies beliebig auf andere „Erscheinungen" ausweiten).

Zurück zum Phänomen Drittes Reich und den daraus bis Heute resultierenden Auswirkungen. Dieses „Phänomen" namens Drittes Reich, ist ein gewaltiger Spiegel, woraus man in direkter und offener Blickrichtung das Wesen der irdischen Niedertracht erkennen kann. Aus einer vormalig grundsehnsüchtigen Bemühung zur Verbesserung der menschlichen Verhältnisse, wurde ein Menschen- und Naturzerstörendes Fiasko konstruiert. Der Zweck dieser unmenschlichen Aktion war, die Dezimierung der Menschheit, die Wiederbelebung des Analphabetismus und die bewusste Rückführung in das Kastensystem „atlantischer Priesterschaft der Apokalypse".

Eine Menschheit, die im Begriff ist, ihr kosmisches Bewusstsein wieder zu erlangen – wie dies von wirklich eingeweihten Wissenden forciert wurde – ist für eine herrschende Priesterschaft der Gewaltausübung glatter Selbstmord. Eine Wiederbegegnung von Erdenmenschen und „Elohim", auf der irdisch-stofflichen Ebene, kann nur dann erfolgen, wenn sich die Menschheit der kosmischen Vielfalt bewusst und dafür gänzlich empfänglich ist. Da die „Elohim" Außerirdische (Anderweltler) höheren Bewusstseins und Schwingungen sind, ist jede Konfrontation mit „weniger" Bewusstsein und niedrigeren Schwingungen für sie lebensbedrohlich.

Im Gegenzug die „El-Shaddai" (auch Anderweltler – jedoch tieferer Schwingung als die Menschen, mit „kälterer Intelligenz"), die sich in einer Energetik (Atmosphäre) von Gewalt, Angst und Machtausübung autorisiert wissen. Diesem autorisierten Wissen fehlt eine wichtige Konstante – der Gegenpol eines Gewissens. Es ist die Natur jener anderen „Menschenwesen" (alle Bewusstseinsträger im Kosmos sind „Menschen" – egal, wie sie physisch aussehen) und hat im Sinne unserer Moralvorstellung von Gut und Böse nichts gemein. Neutral betrachtet, haben sie grundsätzlich eine identische Lebensberechtigung, sind jedoch in unserem Universumsbereich nicht heimisch. Sie handeln nach dem Prinzip der Notwendigkeit, wie es eben Kollektivstaaten, wie der Ameisenstaat, praktizieren.

Die ursprüngliche Erdenmenschheit war vor der Ankunft der „El Shaddai" eine „kosmische Menschheit", in konstanter Verbindung mit anderen Kosmosbewohnern. Die „Raumfahrt", wie wir sie Heute zu kennen glauben, funktioniert anders und hat sehr viel mit der freien Energie, Raumkrümmung und dem Phasenverschiebungseffekt zu tun – was wir heute nicht mehr begreifen. (Jedoch dabei sind „es" wieder zu erfassen!)

Von „El-Shaddai's" verführte und faszinierte Erdenmenschen, liessen sich in einen Verschleierungsokkultismus einweihen und wurden als deren Priesterschaft über alle anderen Menschen eingesetzt. Während sich im Verlaufe von Jahrtausenden die Menschheit davon infizieren ließ, verließen die „Elohim" die Erde und mussten aus Selbsterhaltungsgründen später auch die näheren Kontakte abbrechen. Zwar gibt es noch immer sporadische Kontakte, die jedoch äußerst verdeckt und dennoch seelisch-geistig unterstützend vonstatten gehen. Allerdings im Geheimen.

Die Bezeichnungen „Elohim" und „El-Shaddai" sind der jüdisch-christlichen Mystik entnommen und finden sich in anderen alten kulturellen Überlieferungen in deren Sprach- und Wortkulturen. Innerhalb unseres Kulturkreises finde ich persönlich es vorrangig, auch unsere Mystik und Mythologie der letzten Jahrtausende zu benutzen; vor allen Dingen, weil sich unsere Bibel hervorragend dazu eignet, uns die Augen zu öffnen. Das Buch der Schöpfung – die Heilige Schrift – ist weltweit mit dem Siegel der kosmischen Wahrheit beglaubigt, worauf sich unser Kulturkreis letztendlich aufbaut. Wer den Inhalt und die Aussagen der Bibel teilweise bezweifelt und teilweise als tiefste Wahrheit verteidigt, muss sich fragen lassen, ob er sie richtig verstanden hat. Es gibt nur eine Wahrheit und die zieht sich sowohl durch das Alte als auch durch das Neue Testament. Inhaltlich erklärt die Bibel den Schöpfungsakt, den Fall der bereits geschaffenen und im Paradies (Harmonie) lebenden Menschen, das Zusammenwirken mit anderen Kosmosbewohnern und den Beginn der Priesterschaft, durch das Erscheinen eines plötzlich strafenden und unterdrückenden „Gottes" der Eifersucht, Rache und Mordlust.

Auch der Rückzug der „Elohim" ist deutlich skizziert, sowie deren vielfacher Versuche, die gefallene Menschheit zur Umkehr zu bewegen. Die „Engel Gottes" verkehrten mit Lot, warnten ihn und seine Familie vor der Zerstörung Sodom und Gomohrra durch „die Strafmaßnahme Gottes". Aus dem Zusammenhang gerissen, könnte man meinen, die „Engel des Herrn" wären die Strafenden; bei tieferer Betrachtung erkennt man zwei Kategorien von Wesenheiten, die sich um die irdische Menschheit „gekümmert" haben.

Die fatale Umkehrung der Grundidee zum Dritten Reich resultiert aus den massiven Eingriffen der noch immer amtierenden Priesterschaft (natürlich Nachkommen, der negativ-manipulierenden Mentalitäten), unter Einbeziehung solcher Menschen, die sich innerhalb machtstrategischer Willigkeit bewegen. Das hat sich bis auf den heutigen Tag nicht verändert. Was sich allerdings zu verändern beginnt, ist die Sehnsucht der Menschen nach Frieden, eine aufklärende und immer tiefer greifende Geisteseinstellung, die die kritische Masse des „Selbstgängers" überschritten hat. Das geistige Energiepotential einer immer größer werdenden, erwachenden Menschheit, ist bereits so hoch, dass es sich in den immer härter werdenden „Gegenmaßnahmen" der negativen Kräfte zeigt. Der Drang zur Globalisierung, zur Weltregierung unter einer Regierungsherrschaft, hat bereits eine Größenordnung angenommen, die schon niederschmetternd und für viele Menschen schier unerträglich geworden ist.

Die Weltwirtschaft ist kurz vor dem Kollaps, die Gleichschaltung der Meinungsindustrie schwappt schon auf ganze Völkerschaften über und der Ruf nach einem Führer, der alles wieder ins Lot bringt, dringt aus allen Poren der verwirrten Menschen. Selbst renommierte Kirchen- und Glaubensinstitute hoffen auf das kommende „Reich Gottes auf Erden" und glauben, in der Weltregierung die Wiederkunft Christi erkennen zu können. Dass das „Reich Gottes" das genaue Gegenteil ist, davon will kaum Einer etwas hören, obwohl sie es Schwarz auf Weiß lesen und sich verinnerlichen könnten!

Wir müssen erkennen, dass das Dritte Reich in seinen exoterischen Ausuferungen noch immer besteht – ja, sogar viel ausgefeilter und offen Zutage tretend, in der Maske der Weltdemokratie. So mancher Politiker oder Wirtschaftsweise hat dies irgendwann erkannt, aber, entweder resignierend geschwiegen oder mit ins Jenseits genommen.

Viele weitere Menschen erkennen dahinter die Fratze der Niedertracht, fühlen sich aber nicht in der Lage sich in Überwindung dazu zu bringen. Sich überwinden und für seine innere Überzeugung in die Neutralität des ursprünglichen Menschengeistes (Lichtes) zu gehen, erfordert weder Kampf- noch Gewaltmaßnahmen. Keinen Widerstand – aber auch keine Erpressbarkeit bieten, das ist der erste Schritt zur Selbstverantwortung. Eine in sich geschlossene Menschengruppe, die sich in die neutrale Lebensweise begibt, weder kämpft noch lamentiert und für sich eine autarke Infrastruktur aufbaut, die den anderen, herkömmlichen Gemeinwesen nicht auf der Tasche liegt, kann sich auf den ersten Rückschritt in den ursprünglichen Garten Eden machen.

Es darf nichts gefordert werden und man muss Interessantes und zutiefst Zufriedenstellendes aufweisen können, dann greift diese „Neutrale Wirtschaftspolitik" in schnellen Schritten um sich. Sämtliche Gegebenheiten dafür sind bereits vorhanden – zwar in den unterschiedlichsten Formulierungen und Testphasen – man muss sie nur noch in ihrer „sprachlichen Unterschiedlichkeit" in ein Gesamtprogramm zusammen führen, eine „gemeinsame Sprache" finden.

Dazu später mehr.

Alfons E. Jasinski

*

Juni 2002 – Die Alpen und Frater Peter

Noch weitere drei Tage verbrachte ich mit meinem neuen Freund, Frater Peter, in den bayrischen Alpen. Eine enorme Fülle von ihm persönlich erfahrenen Erkenntnissen und Hintergründen über Esoterik, Mystik und Geheimgesellschaften floss in mich ein. Viele Notizen füllten mein Tagebuch und mit seiner Erlaubnis könne ich diese gerne für mich verwerten – in welcher Form auch immer.

Seiner Meinung nach bestünde sicherlich das Interesse eines bestimmten Publikums, wenn ich mich eines Tages dazu überwinden könne, das zu tun, was an meine früheren Leben anknüpfen würde. Er drückte sich manchmal etwas undurchsichtig aus, dessen Sinn ich erst nach seinem Ableben langsam zu begreifen begann.

Er war der bisher interessanteste und authentischste Mensch, der mir begegnet ist, was mir eine völlig neue Form der Sichtweise eröffnete. Möglicherweise war er der letztendliche Auslöser, mich ab dieser Zeit bewusster und eingehender mit meinem Umfeld und dessen Erscheinungen zu befassen.

Die Tatsache meiner raschen Genesung und Stärkung meines Selbstbewusstseins lässt sich grundsätzlich von seinem Eintritt in mein Leben ableiten. In den folgenden 10 Monaten seines restlichen Lebens, wurde ich von ihm immer wieder auf die Ursprünglichkeit eines individuellen Menschendaseins hingewiesen; dass es einer einmal inkarnierten Seele nur individuell möglich wäre, sich innerhalb ihres Profils zu entfalten. Jedes einzelne Individuum sei einen „Deut" anders als das andere und innerhalb dieser Kriterien müsse sie sich bis zur Göttlichen Wiedervereinigung immer wieder inkarnieren.

Erst bei der letzten individuellen Inkarnation, könne die bewusste Sohn/Tochterschaft in die Vollendung gebracht werden. Das „Christusprinzip" sei somit erreicht. Einer Christusseele stünde es im Anschluss frei, sich kosmisch durch alle Gegebenheiten gleichzeitig zu bewegen, oder in einer beliebigen Dimension sich zu manifestieren, um den unterschiedlichsten Dimensionsbewohnern Unterstützung zu gewähren.

Dies übersteigt unseren menschlichen Geist, weil wir dafür (noch) keine Definition besitzen und das Ausmaß nur umschreiben können. Wir haben zwar eine innere Autorisierung dazu, sind aber erst „zu gegebener Zeit" dazu in der Lage, das „Siegel des Testamentes" zu brechen und den Inhalt einzusehen.

Frater Peter, ein ehemaliger SS-Offizier und größtenteils Eingeweihter des inneren Kerns des SS-Ordens, begriff erst Anfang 1944 die volle Tragik des Dritten Reiches. Nachdem er aus dem inneren Kern der SS (Orden der Schwarzen Sonne) und aus dem äußeren Orden (Thuleorden) ausgetreten war, wurde er vor die Wahl gestellt, Selbstentleibung zu begehen oder man würde seine gesamte Familie auslöschen. Im Falle der Selbstentleibung würde für seine Familie gesorgt werden, wie das so die interne Regelung dieser „Gesellschaft" zeichnete. Er habe 24 Stunden Bedenkzeit.

Frater Peter glaubte nicht so richtig an die Drohung des „Ordens" und versuchte sich ins europäische Ausland abzusetzen. Als er nach drei Tagen, in einem kleinen Dorf auf Sardinien schon glaubte in Sicherheit zu sein, erreichte ihn die Nachricht, seine Eltern, zwei Schwestern, die Gattin und seine beiden kleinen Söhne seien genau nach Ablauf der 24-Stundenfrist, „den Regeln gemäß", entleibt worden. Wie sich später heraus stellte, wurden sie in den unterschiedlichsten Wohnorten zur selben Zeit per Genickschuss hingerichtet.

Frater Peter selbst entging einem Mordanschlag bei der tragischen Nachrichtüberbringung nur durch einen Akt der Vorsehung – der Täter schoss ihn von Vorne dreimal in die linke Brust. Im Trubel der herbeieilenden Dorfbewohner musste der Täter fliehen und konnte den Genickschuss nicht mehr anbringen. Schwer verwundet verbrachte man Frater Peter zu einem Arzt, der verwundert feststellen musste, dass sein Patient einer der seltenen Menschen ist, dessen Herz im rechten Brustraum schlägt!

Mit Mühe überlebte der spätere Franziskanerpater und benötigte über ein halbes Jahr, um wieder auf die Beine zu kommen. Sardische Separatisten brachten ihn im August 1944 mit einem Fischerboot nach Portugal, wo er im September 1944 in einem kleinen Franziskanerorden Unterschlupf fand.

Das Schicksal brachte es mit sich, dass er 26 Jahre in diesem Kloster verblieb und einer der belesensten Schriftenforscher Portugals wurde. 1970 wurde er nach Argentinien gerufen, wo er die Archive eines großen Franziskanerordens auf Vordermann bringen sollte. Hier traf er auf einen deutschen Pater, der an einer Abhandlung über den deutschen Nationalsozialismus, aus Sicht der Franziskaner, schrieb – eine Auftragsarbeit des Vatikans, unter kompletter Auslassung aller tatsächlichen Hintergründe. Er konnte und wollte nicht begreifen, wie man so eine Publikation vom Vatikan fordern konnte und reiste Anfang 1971, gesponsert vom Abt des Klosters, nach Rom, zu einer Papstaudienz. Hier erfuhr er, eine wahrhaftige Aufklärung über die Hintergründe des Dritten Reiches, „sei nicht im Sinne der Kirche und Gotteslästerung".

Er bekam wieder eine Drohung mit auf seinem Rückweg nach Argentinien, die er wie folgt schilderte:

„Der heilige Vater, sein Camerlengo und ein mir bis Dato unbekannter Zivilist, schilderten mir bis ins Detail, warum Deutschland nie wieder rein zu waschen sei. Aus dem Charakter des deutschen Wesens, das schon seine Sprache skizziere und seine literarischen Werke belege, spräche eine so große Gefahr für den Weltglauben und die Sicherheit Israels, dass man dieses Volk entweder in ewiger Schuld halten oder auslöschen müsse. Es sei nur dem Vatikan zu verdanken, dass so etwas, wie ein deutsches Volk, überhaupt noch existiere. Nur unter der Bedingung, die tieferen Hintergründe des Dritten Reiches, aus den eigenen Reihen heraus, niemals der Weltöffentlichkeit zugänglich zu machen, konnte der Vatikan die vollständige Einebnung Deutschlands durch die Alliierten verhindern. Nur acht Personen insgesamt, hätten dies zu entscheiden gehabt. Hieraus müsse Frater Peter den tieferen Ernst und die Tragik der Machtverhältnisse auf der Erde doch unschwer ersehen können. Außerdem habe dieses Gespräch, in dieser Form, niemals stattgefunden und er sei nun in Frieden und im Segen Gottes entlassen."

Selbst nach so vielen Jahren Abstand zwischen diesem Erlebnis in 1971 zu 2002, bemerkte ich seine innere Anspannung und damalige Fassungslosigkeit förmlich körperlich. Es schien ihn im Moment seiner Erinnerungen fast innerlich zu verbrennen.

„Ich sage Ihnen, mein junger Freund – Macht und Gewalt sind die stärksten Druckmittel; sie können selbst den stärksten Charakter, schon bei der bloßen Erwähnung in der richtigen Wortfolge, zerbrechen. Viele Staatsmänner mit einem sprichwörtlich eisernen Willen, sind an solcher „Magie" zerschellt! Es ist die „Magie der Priesterschaft", der Handlanger und Erfüllungsgehilfen dunkelster Kräfte, die uns Menschen nur als eine Spezies unter Myriaden betrachten – ohne Gefühlsregung, wie ein Mensch einen Ameisenhaufen betrachtet. Welcher Mensch würde schon auf die Idee kommen, sich um die Belange und Gefühle einer Ameise zu kümmern?

Wir müssen uns immer wieder vor Augen führen, dass Moral nur eine irdisch menschliche Bezeichnung für Verhaltensregeln untereinander und Gewissensfragen etwas vollkommen Unbegreifliches für diese Mächte ist. Wir müssen unsere Vorstellungen relativieren, wenn es um eine andere Spezies geht – uns in sie hinein zu versetzen versuchen, um deren Intentionen auch nur annähernd betasten zu können. Das geht nur mittels Studien von Aufzeichnungen deren Betätigungen innerhalb unserer menschlichen Kulturkreise. Man findet sie in der Bibel und anderen alten „heiligen Schriften", in geheimen mündlichen Überlieferungen und in der Urerinnerung unserer Vergangenheit, die in unseren Genen verankert sind. Und wer es schaffen kann, in der morphogenetischen Feldebene „lesen" zu können, der soll es denn auch tun!

Wir Menschen sind nicht so machtlos, wie es im Allgemeinen den Anschein erweckt – wir sind nur zu faul und zu feige geworden, unsere innere Blockade zu überwinden. Nur eine einzige Blockade trennt uns vom wahren Erkennen aller tieferen Hintergründe unseres menschlichen Dilemmas: Die Erkenntnis unserer simplen Bestimmung."

Er blickte mich lächelnd an, zündete sich eine seiner stinkenden Zigarren an und blies den Rauch aus vollen Backen in die Nachtluft hinaus.

„Ist unsere Bestimmung simpel?", fragte ich irritiert.

„Und wie simpel!"

„(!???)"

„Das müssen Sie selber herausfinden Das kann Ihnen Niemand in Ihr selbst erkennendes Bewusstsein lehren – Sie selbst müssen die Antwort erfahren, erleben – ansonsten taugt die Antwort nur für weitere unfruchtbare und verwirrende Spekulationen", brummte er etwas ungehalten.

„Hierin zeichnet sich wohl auch die treffende Aussage, dass ein wahrer Lehrer und erkennender Weiser schweigt und nur der Unwissende spricht", stichelte ich nun etwas unwillig.

„Wie Sie sagten. Ein Weiser schweigt, um seinen Schüler von sich selbst heraus Weise werden zu lassen – das ist schlicht die sprichwörtliche Sache mit den Erfahrungswerten, die einen Menschen reifer werden lassen."

Ein kurzzeitiges Schweigen stellte sich ein und ich hing dem Gehörten nach, die im Moment meine Gedanken bestimmten. Irgendwie fühlte ich mich befremdet – oder meine Gedanken durchrieselten „fremde" Sequenzen, die ich früher als „störendes Hintergrundraunen" unterdrückte.

Die hereindringende Nacht mit ihrer fast schwarzen Dunkelheit, schien dazu gerade das passende Szenario zu schaffen. Dennoch empfand ich nichts Ungutes oder wesentlich Störendes in meinen Gedankengängen zu dieser nachtschlafenden Zeit um 02 Uhr morgens. Mir erschien dieser Augenblick sogar als eine willkommene Gelegenheit, eine Nacht „hindurch" Denken zu können, im Beisein eines seelisch vertrauten Menschen. Es war eine ungewöhnliche und andere Art der seelischen

Vertrautheit – eine, die für mich neu und lehrreich schien.

Ich sah ihn von der Seite her an, erkannte nur einen schattenhaften Umriss seiner Person und mir schien, als blicke er mich an. Tatsächlich sah ich zwei winzige Lichtpunkte in Höhe seiner Augenpartie, was den Ausschlag gab, ihn anzusprechen.

„Bisher war ich der Überzeugung als Rosenkreuzer und Athosordensmitglied nun doch ein bisschen mehr zu wissen, als die Mehrheit meiner Mitbürger. Nun muss ich feststellen, dieses Wissen ist nur eine winzige Grundlage einer langen Treppe, die ich erst noch zu begehen habe."

Aus einer völlig anderen Richtung, etwas entfernt, entgegnete er zu meinem Gruseln: "Vielleicht haben Sie ja unbewusst schon einige Stufen beschritten und sollten nur mal kurz umblicken, was Sie dabei übersehen haben. Manchmal hilft dabei auch, sich nicht auf eine scheinbare Tatsache zu fixieren, sondern sie zu berühren", stieß er mich nun feixend an und leuchtete mir seiner Taschenlampe auf die Stelle neben mich, wo ich ihn vorher noch wähnte. „Sie glaubten, mich noch da sitzen zu sehen in der Dunkelheit, weil das Ihrer momentanen Logik entsprach. Doch ich entzog mich Ihrer Annahme und mit Ihrer Logik war es futsch", kicherte er vergnügt und setzte sich wieder neben mich.

„Unsere Logik spielt uns ständig neue Streiche, weil wir sie nicht richtig handhaben. Wir handhaben unsere Logik nicht logisch – das muss man sich mal so richtig zur Gemüte führen, um zu verstehen, wie sehr wir bereits von folgerichtigen Ursächlichkeiten entfernt sind."

Wieder regte sich in mir Unwilligkeit. Aber ich erkannte sie nun als eine egoistische Trotzphase, weil Frater Peter meine Beobachtungsgabe, worauf ich immer recht stolz war, kritisiert und zerpflückt hatte. Mein Stolz wurde dadurch angekratzt, jedoch nichts Wesentliches verletzt. Im Gegenteil – er zeigte mir damit, wie unwesentlich und auf Sand gebaut der menschliche Stolz ist. Schon bei der geringsten Erschütterung kann er zerbröseln wie morscher Sandstein!

Um wie viel leichter müsste es sein, einen durch und durch stolzen Menschen zu erschüttern, der nichts außerdem besitzt. Und unser Gesellschaftswesen ist durchdrungen von Stolz und Hochmut!

*

Der letzte Tag meines kurzen Erholungsurlaubs neigte sich dem Ende zu. Frater Peter und ich kehrten von einer kurzen Wanderung auf die Almhütte zurück, tauschten Adressen und versprachen uns ein baldiges Wiedersehen.

Dieser, für mich letzter Tag war weniger tiefschürfend und bereits mit einer Freude des Heimkommens zu meiner Gattin angereichert. Peter und ich hatten uns in wenigen Tagen mehr gesagt, als sich manche Menschen in zwei Monaten erzählen. Und ich hatte Erkenntnisse von Jahren daraus gezogen.

Der Franziskaner blickte mir nach als ich festen Schrittes bergab ins Tal wanderte – seinen Blick spürte ich förmlich im Rücken. Nach einer scharfen Biegung des Weges beschleunigte ich meine Schritte zu einem Laufschritt – in diesem Sinne spulte mein Gehirn die vergangenen Tage noch einmal herunter. Obwohl ich überzeugt war, einer „besonderen" Geschichte auf die Spur gekommen zu sein, weigerte sich mein Innerstes, dies so zu akzeptieren. Irgendwie machte sich in mir ein Gefühl breit, ich könne noch gar nicht definieren, was ich denn nun eigentlich wolle. Da durchliefen mich so gewisse Sequenzen des Gehörten und bereits wesentlich Erkannten, die sich vor meinem inneren Auge noch nicht zu einem beschreibbaren Gebilde formen konnten. Etwas wie ein Tabubruch geisterte durch meinen Verstand, den ich begehen würde, wenn ich alles zu Papier brächte. Eine wirkliche Definition jedoch konnte ich dafür nicht finden.

Meinem „Gefühl" entsprechend, entschloss ich mich, meine Tagebuchaufzeichnungen zuerst noch ruhen zu lassen, bis ich eine innerliche Autorisierung für eine Veröffentlichung erhielte. Welche das auch immer sein mochte. Kopfschüttelnd über meine Überlegungen, die mir völlig neu waren, versuchte ich meine Gedanken abzuschütteln.

Während der Heimfahrt über die Autobahn fand ich dann einen „Konsens" für mich: Ich gab mir 3 Monate Bedenkzeit, um mein „Problem" aufzuarbeiten. Diese Zeit schien mir angebracht zu sein, einen gewissen Durchblick zu erhalten.

*

Nachtrag: Heute, zwei Jahre später, kann ich darüber nur noch lächeln. Einen generellen Durchblick erhielt ich bis heute nicht – nur eine kleine Einsicht in ein Mysterium, das wohl ein menschlicher Geist nie in seiner Gänze überblicken kann!

*

Kurze Rückblende – März 2002

Die Zusammenkunft von drei Ordensmitgliedern gestaltete sich zu einer heißen Diskussion über Sinn und Zweck einer Öffnung in die profane Außenwelt. Waren nun bereits schon Frauen im Orden aufgenommen worden – freilich nur in einer Funktion demütigen Dankes – so bereitete den Leitern des Ordens eine inhaltliche Öffnung nach Außen massivste Probleme. Jahrhunderte altes Wissen, die absolute Grundlage einer Jahrtausende alten Priestertradition, standen auf dem Spiel; die Machterhaltung über das Auswahlverfahren eines Kandidaten würde dadurch langsam zerbröckeln und die Welt sei einfach noch nicht reif genug, mit ihrem Ursprung erneut konfrontiert zu werden. Die letzte Konfrontation skizzierte exakt die große Gefahr einer inhaltlichen Verdrehung durch „Profane" und die dadurch selbstzerstörerische Tendenz einer exoterischen Auslegung.

Der 86-jährige Großmeister des Ordens erzitterte heftig unter den Argumenten seines jüngeren Postenanwärters von 71 Jahren, der soeben zu seinem Nachbarn, einem 90-jährigen, abgeklärten „Ehrengroßritter" sagte: „Tatsache ist doch, Sie und der Kader Ihrer Altersklasse, waren am Scheitern der Grundidee zum Dritten Reich maßgeblich beteiligt. Das Zulassen eines Zweigordens innerhalb unserer Reihen, forderte doch geradezu den rivalisierenden Aspekt heraus."

Der eisgraue Blick des Ehrengroßritters richtete sich auf den Sprecher und lächelte hintergründig.

„Der Kader meiner Altersklasse, wie Sie sich ausdrücken, hatte nicht soviel zu melden, wie Sie glauben. Es waren Eingeweihte des 19. Jahrhunderts, die den Lauf der Dinge skizziert haben. Als das Dritte Reich zu greifen begann, war ich noch nicht einmal geboren. Mitglieder meines Alters trafen bereits auf bestehende innere Strukturen, die zu durchschauen wir als junge Männer noch nicht fähig waren."

„Jeder von uns weiß bei Eintritt in den inneren Kern, zu welchen Zwecken unser Orden steht – da müssten Sie doch bereits gespürt haben, was da falsch zu laufen begann", entgegnete der Vizegroßmeister unwillig.

„In den inneren Kern gelangte ich erst nach dem zweiten Weltkrieg, mein Freund. Und Sie werden heute auch kaum noch einen finden, der dies davor erlebte. 1934, als sich der Thuleorden, für die Öffentlichkeit, aufzulösen begann, war es für die Initiatoren auch an der Zeit, sich anderer Projekte anzunehmen. Einen noch lebenden absolut Wissenden der damaligen Szene werden wir heute wohl kaum noch fragen können", brummte der „Ritter".

„Das ist doch unsinnig", widersetzte sich der „Jüngere" brummig. „In unseren internen Überlieferungen finden wir reichlich Aufklärung, wie damals alles begann und zu welchen Zwecken. So wissen wir doch heute ganz exakt die ganzen Machenschaften. Wir könnten die Welt endlich aufklären; allen Menschen sagen, dass fast die gesamten historischen Umstände, die zu dem Deutschland-Desaster führten, verdreht und absichtlich in die Welt gesetzt wurden."

„Und, bitteschön, was würde das am heutigen Weltbild verändern?", murrte der Großmeister ironisch.

„Es würde zumindest die Schuld der Deutschen schmälern", warf der Vizegroßmeister ein.

„Schmälern? Sie Phantast! Das würde einen erneuten Weltkrieg vom Zaun brechen – bestimmte Mächte würden sofort die Konsequenzen ziehen. Eine Schuld, die einmal von der gesamten Welt erteilt wurde, in einem Verständnis der Fehlerhaftigkeit, wieder zurück zu nehmen, können Sie nicht erwarten. Nicht Heute und nicht Morgen – vielleicht einmal, wenn die Dunkelmächte an Einfluss verlieren und die Menschheit mal aus ihrem Dornröschenschlaf erwacht", winkte der Ritter ablehnend ab.

„Und wir nähren diese Dunkelmächte auch noch weiterhin – eine Schande!", wetterte der Vize.

„Wir persönlich sind bereits schon zu alt, um daran etwas zu verändern. Das ist den jüngeren und jungen Nachkommen unseres Ordens vorbehalten."

Der Zynismus, aber auch eine Warnung in der Stimme des Ehrenritters war unüberhörbar. Der Vizegroßmeister horchte auf. Ihm wollte nicht einleuchten, was er zu hören glaubte und fragte nach.

„Heißt das, jeder, der über den wahren Sachverhalt spricht, wird als Paria behandelt?"

„Nicht nur dies. Wer Interna des inneren Kreises nach Außen trägt – und das wissen Sie selbst ganz genau – gilt als Schädling unserer Sache; er wird, im harmlosesten Falle, ausgestoßen, im schlimmsten Falle mundtot gemacht."

Der Sprecher dieser Worte betrat soeben den Raum und begrüßte seine Ordensbrüder. Zum Vizegroßmeister richteten sich die folgenden weiteren Worte: „Verehrter Frater M., in meiner Eigenschaft als Verbindungsoffizier von sieben großen Orden, kennen Sie sicherlich meine Vollmachten. Auch wenn Sie zu glauben scheinen, die Zeit wäre nun reif für Veränderungen und mit den Gedanken spielen, sich für die Öffentlichkeit zu rüsten, dürfen Sie nicht übersehen, auf welche Gratwanderung Sie sich damit begeben könnten.

Derartige Interna der Öffentlichkeit zugänglich machen, würden alle Orden in Verruf und in den Verdacht der Verschwörungstätigkeiten gelangen. Nicht nur, dass dies eventuell das Ende der Ordensziele wäre – viel mehr besteht in der Tat die große Gefahr, dass alle „derartigen" Ordensmitglieder einer vernichtenden Verfolgung ausgesetzt würden. Unser aller Wissen über die Jahrtausende verlaufende Vergangenheit würde zu einem Flächenbrand der menschlichen Spezies werden. Wir wollen mittlerweile ja, dass die Wahrheit der gesamten Vergangenheit in die Öffentlichkeit gelangt – aber in einer leichteren, fast „homöopathischen" Form kleinster Tröpfchen. Die Tragweite kann nur nach und nach verabreicht werden – nicht innerhalb einer Menschengeneration. So, wie Sie es vorhaben, kann es nicht ohne erneutes Desaster fruchten.

Halten Sie sich persönlich nicht für so überragend wichtig, Ihre Intention als ein Allerheilmittel zu sehen. Alleingänge sind gefährlich und haben einen bitteren Beigeschmack des Stolperns – bis hin zum Genickbruch. Das ist keine persönliche Warnung in Ihre Richtung. Verstehen Sie mich richtig – bleiben Sie bei Ihrer „Tröpfchenarbeit" wie bisher und Sie haben unser aller Zustimmung."

Erbleichend wich der Vizegroßmeister etwas zurück, fasste sich jedoch schnell wieder.

„Dann wissen Sie, dass ich Mitgliedern des äußeren Kerns bereits Internes berichtet habe?"

„Ja. Wir haben Sie nicht umsonst gewähren lassen – außerdem haben wir dafür gesorgt, dass ein Typ wie Sie in unseren inneren Kern gelangt; und Sie sorgen weiter, dass Jüngere herein kommen, deren Aufgabenbereiche sich in Ihrer „Art" weiter teilen und geballter nach Außen dringen können", entgegnete der Verbindungsoffizier.

Aus seinen gelblich-grünen Augen blitzten Humorlichter, aber auch eine hintergründige Gefährlichkeit dieses Mannes. Nicht umsonst umgab ihn der Habitus eines Inquisitors – und man nannte ihn Intern auch so.

Frater M. der Vize, begann nun zu lächeln.

„Ich fragte mich oft, warum man ausgerechnet mich, einen für den Orden etwas unbeholfenen Geist, in den inneren Kern holte. Meine spirituelle Gabe ist sehr bescheiden und für die Leitung eines Ordens kann ich mich innerlich nicht zeichnen. Vielleicht ist es meine Art, Dinge zu betrachten und in Zusammenhang zu bringen, der sich dann auch stimmig und treffend erweist."

„Exakt, werter Bruder – Sie betrachten die Dinge aus einem anderen Blickwinkel. Sie glauben sehr an das Gute im Menschen erachten jedoch das Böse als unübersehbare Tatsache in einer physischen Form. Nicht nur im Sinne einer Allegorie oder Energie, sondern eben so existent, wie das wesentlich Gute. Sie wenden sich beiden Aspekten zu, durchleuchten sie und kommen zu dem Ergebnis, dass unser Weltbild ein Zerrbild der tatsächlichen Realität ist. Dem ist auch so. Was ich Ihnen noch mit auf Ihrem Weg geben möchte: Bedenken Sie immer, dass sie mit ihrem „Internaverrat" auch denjenigen Menschen eine Verantwortung auferlegen, die sie möglicherweise nicht tragen können. Sie bewirken dadurch eine Konfrontation des „Aufgeklärten" mit der Wirk-lichkeit; die erkennende Wirklichkeit beginnt ihre Wirkung zu zeigen und das kann für einen nicht so starken Menschengeist unerträglich werden. Hierin liegt auch der Grund, weshalb wir wirkliche Interna hüten und einer breiten Öffentlichkeit nicht, noch nicht, zugänglich machen. Wenn Sie auf einen Kandidaten stoßen, der Ihnen dafür charakterlich und seelisch geeignet erscheint, so beobachten Sie ihn über einen längeren Zeitraum, finden heraus, was ihn bewegt und ob er gesellschaftlich relativ frei oder stark eingebunden lebt. Stark eingebundene sind mit Vorsicht zu genießen.

Freigeister dagegen sind meist aus ihrer Mentalität heraus schon zu erkennen in ihrer Art und Weise der Respektlosigkeit gegenüber jeglicher Obrigkeit. Sie hinterfragen vieles und lassen sich nicht leicht einen Bären aufbinden. Und meist handelt es sich auch um sogenannte „schrullige, verkrachte oder aneckende" Typen – nicht unbedingt in einem nachteiligen Sinne gemeint."

Nach dieser Rede verabschiedeten sich alle vier Personen voneinander. Ihre nächste Zusammenkunft in einem Monat würde in der Schweiz stattfinden.

Der Vizegroßmeister fand in der kommenden Nacht kaum Schlaf. Innerlich aufgewühlt setzte er sich an seinen Computer und notierte sich einige Punkte in seinem „Lageplan" und löschte ganze Seiten voller umständlicher Bemühungen, sein Wissen an die Öffentlichkeit zu bringen.

Gegen 04 Uhr morgens legte er sich zu Bett, überlegte noch kurz über einen geeigneten Kandidaten und kam zu dem Ergebnis, mit diesem nähere Tuchfüllung aufzunehmen. Dafür musste er Frater Peter aktivieren – dieser alte und gerissene Fuchs beherrschte die Gabe des Ausdrucks und der Eindringlichkeit. Mit einem Lächeln der Zufriedenheit schlief er ein.

Oktober 2002 - Unterwegs zu einem „geheimen Treffpunkt"

Die vielfachen Treffen mit Frater Peter forderten von mir im Verlaufe der vergangenen Monate viel Aufmerksamkeit und ein neues Denkschema. Er brachte mich mit weiteren Franziskanern, Jesuiten und Forscher der „geistlichen Fakultät" zusammen. Die Vielfalt von Informationen, die ich von dieser illustren Gesellschaft erhielt, nahmen meine gesamte Aufmerksamkeit in Anspruch – zumal es innerhalb dieser Informationen nur so von Fachtermini wimmelte. Im Gesamten lag das Hauptaugenmerk auf meiner Person, wie man mir die Zusammenhänge so erklären konnte, dass ich sie als Laien-Mystiker wenigstens am Rande begreifen konnte.

Während dieser Zeit pflegte ich zudem regen Umgang zu meinen Kollegen aus dem Athos- Orden und meine stufenweisen „Einweihungen" erwiesen sich sehr hilfreich innerhalb alchemistischer Fachtermini. Schon bald erkannte ich Zusammenhänge unter allen Religionen, Weisheitslehren und Geheimlehren. Es grenzte beinahe an die alte Geschichte mit den Illuminaten: Alles hängt mit Allem zusammen und Nichts ist Zufall!

Worüber ich mich früher lustig gemacht habe, verstand ich nun aus einem höheren Verständnis heraus, ließ mich erkennen, nichts in der Welt erscheint ohne tieferen Sinn. Zu sagen, der Mensch sei ein individuelles Einzelbewusstsein, vollkommen unabhängig von seinen Artgenossen, stimmt in dieser Betrachtung nicht mehr. Der Einzelmensch ist zwar in sich ein individuelles Wesen, aber dennoch ein Bestandteil des Kollektivs namens Mensch und demgemäß unterliegt er in einer ständigen Wechselwirkung **allen** Gedankenströmen der Menschheit. Jede Begegnung mit anderen Menschen, hinterlässt Eindrücke deren Individualität, so dass wir zwangsläufig nicht absolut Herr unserer Sinne sind. Eine absolute Entscheidungsfreiheit, wie wir sie gerne skizzieren in unserer „freigeistigen" Selbstüberschätzung, gibt es nicht. Selbst das

Zusammentreffen mit Tieren hinterlässt gewisse „Spuren" – die gesamte Natur ist mit uns in ständiger Wechselwirkung. Wenn wir wieder zu lernen beginnen, den Stimmen *aller* Lebenserscheinungen zu lauschen, können wir sogar daraus „lesen". Das Wort und die menschliche Sprache sind keine biologischen Erscheinungsweisen unseres Gehirns, sondern die Erfassung und Transformierung kosmischer Schwingungen, sowie deren akustischer Darlegungen in der Welt der Schallwellen.

Man vermittelte mir, der Mensch könne die freie kosmische Energie benutzen – aber ich verstehe nicht, wie sie sich in unseren Alltag integrieren lassen könnte. Es soll Menschen geben, die das konnten und können – aber sie scheinen sich „in die Versenkung" begeben zu haben!

Tja – und es soll „andere Menschen" hier auf unserer Erde geben, die eben JENES beherrschen, mit einigen Menschen und den unterschiedlichsten Mentalitäten auf und innerhalb der Erde zusammenarbeiten. Immer wieder stoße ich in den alten Schriften förmlich darüber – und immer wieder versuchen andere Menschen, dies mit Hirn-gespinsten oder „mythologischen Märchen" zu *„erklären".*

Wenn man sich einmal den Umstand vor Augen hält, was da erklärt wird, muss man sich im Grunde fragen, ob jene „Erklärer" überhaupt wissen, was sie da sagen. Die pur spekulative Annahme, wir Erdenmenschen seien die einzige Spezies im Universum, ist sogar der Schlüssel für die Lebensvielfalt im Kosmos – und der Schlüssel zum Verständnis der gewollten Negation. In allen Geheimlehren, egal welcher Art und Intention, liegt die Antwort klar vor Augen: Wir sind auf unserer Erde nicht die einheitliche Menschenspezies, wie wir sie so gerne definieren.

Für mich persönlich bedeutete diese Erkenntnis zuerst einmal nur eine innere Selbstbestätigung meiner lebenslangen Annahmen über bestehende „Andere". Dann machte sich in mir ein Gefühl breit, man müsse dies doch allen Menschen *irgendwie* bewusst machen!

Das *Irgendwie* scheint jedoch ein so seltsames „Innenleben" zu besitzen, dass es sich einfach nicht aufzeigen mag. Scheinbar die ganze Welt

„kämpft" dagegen – sie will nicht, dass wir Brüder und Schwestern höheren Wissens haben – sie will keine Gemeinschaft der Mentalitätsvielfalt – sie will noch nicht mal eine Einigung der herkömmlichen irdischen Spezies!

Da werden mit härtesten Bandagen gekämpft, die da heißen: Wortverbot, Inhaftierung, Psychotherapie (Zwangstherapierung), Existenzvernichtung, Zensur, Morddrohung bis Ausführung und, wenn gar nichts mehr „fruchtet" innerhalb der Verschleierungstaktiken, medienmäßig totgeschwiegen oder ins Lächerliche gezogen.

Ich kann heute einen hochstehenden Politiker ungestraft einen Lügner, Betrüger und Hurensohn beschimpfen – aber eine über dem Durchschnitt stehende Menschenmentalität ankündigen, bedeutet Hochverrat an der menschlichen Engstirnigkeit!

Dieses „Raum- und Zeitphänomen" hat geflissentlich innerhalb einer Unterhaltungsindustrie zu verbleiben und auch da nur, wenn es sich um Mutanten handelt, die uns etwas anhaben wollen und wir obsiegen als die Krone der Schöpfung.

Der tiefere Sinn hinter allem heißt: Mensch, bleib Dumm und Träume schön weiter, was wir Dir eingeben! So sehr wir uns fragen, warum uns wenigstens die Geheimorden, die darüber Bescheid wissen, nichts sagen, so sehr scheinen sie dennoch zu sprechen. Selbst hinter den gerissensten Verschleierungslogen stehen noch immer das Wort, die Sprache und deren Schwingungen; diese lassen sich nicht „verbieten".

Wie bereits Eingangs erwähnt, finden sich in allen heiligen Schriften eindringliche Hinweise auf die „himmlischen Söhne", „Engel des Herrn", „Meister" und „Dämonen". Sowohl in energetischer als auch in materieller Form, tauchen sie immer wieder in die Menschheitsgeschichte ein, hinterlassen neue Erkenntnisse und sogar „Codierungen", um sie kontaktieren zu können. Auch erfolgen Warnungen vor den „gefallenen Engeln", deren Ziel es ist, die Menschengeschlechter zu knechten und in die Dunkelheit zu ziehen.

Wären dies pure Allegorien oder nur mythologische Phantastereien, säßen wir sicherlich noch in unseren kalten Höhlen und malten kleine Tierchen an die Wände.

Fakt ist, wir Menschen sind ein körperliches Gefäß für einen kosmischen Schöpfergeist, der sich durch alle Erscheinungen und Energien zeigt, spricht und behutsam auffordert, „Wortgetreu" zu SEIN. Dies gilt sowohl für die lichten als auch für die dunklen Kräfte und Mächte. Der Abfall vom Ursprungswort, der Urbedeutung Gottes ersten Ausdrucks, führt uns denn auch immer weiter fort von unserer menschlichen Ursprünglichkeit. Der „Fortschritt", wie er uns seit knapp 200 Jahren vorgegaukelt wird, ist ein künstliches Gebilde von Kräften (und Wesenheiten), die sich aus dessen energetischen Ausflüssen nähren. Unsere gesamte High- Tech-Ära zerfrisst unsere Mentalität, schädigt die Seelenkräfte und macht uns massenhaft krank, weil wir sie maßlos überbeanspruchen.

Naturvölker, die es noch immer (wenn auch, leider, nur noch in bescheidenem Ausmaß) gibt, sind weder „dümmer" noch „ärmer" als wir; sie sind auf einer ursprünglichen Schiene der kosmischen Intelligenz hoch spirituell veranlagt, beherrschen eine höhere Spracheinfassung als wir und wissen um „die Knechter" der Menschheit. Im Schamanismus gilt der Mensch als eine Spezies unter vielen, von kosmischen Mächten einst erweckt und von anderen kosmischen Mächten befallen worden. Ein Schamane bezeichnet den „Befall" als „der aus dem Ei geschlüpfte Chitauri oder Chitaulis" – eine nicht nur pur humanoide Spezies „aus den gleichen Himmeln der Götter".

In einer alten Schrift der „Mystiker von Salem", sind der Teufel und Konsorten „aus dem Kriechgetier der Echsenhaftigkeit" – ohne Gewissen und voller Expansionsdrang. „Nicht die Echsenhaftigkeit ist voller Laster – der Teufel mit seinen dunklen Heerscharen erscheint nur in deren Form".

Da gibt es sogleich ein „Gegenrezept", um „sie" zu bändigen: „Friede, Liebe und Glaube in die lichten himmlischen Heerscharen". Ein Mensch, der friedvoll, liebend und im Glauben in die lichten Welten lebt, entzieht dem „satanischen Prinzip in all seinen Erscheinungen" die Grundlage.

Wie ein positiver (wir sagen heute: harmonisierter) Mensch auf seine Umgebung wirkt, hat wohl fast schon jeder von uns feststellen können. So ein Mensch strahlt Wissen, Güte und eine große Anziehung aus – man möchte gerne in seiner Nähe sein und hört ihm einfach gerne, friedlich und ausgeglichen zu. Seinen Worten kann man Wahrheit und Wesentlichkeit, Authentizität und Autorisation entnehmen – er wirkt ein-fach in sich stimmig und absolut glaubwürdig.

Frater Peter ist einer jener Menschen. Und einige seiner Freunde sind ihm sehr ähnlich.

*

Der schwarze Kleinbus hielt an der Parkausbuchtung und Frater Peter entstieg ihm lächelnd.

„Hallo, mein Freund! Wenn Sie bereit sind, können wir fahren."

Ob ich bereit war, konnte ich beim besten Willen nicht behaupten – aber neugierig auf diese kommende Zusammenkunft mit „außergewöhnlichen Menschen" war ich jedenfalls; was ich ihm sagte.

„Neugierig – hm – klingt aber nicht besonders geistreich", foppte er mich in seiner unnachahmlichen Art. „Sie sollten vor Aufregung zittern und sich auch fragen, ob denn nun auch alles mit rechten Dingen zugehe!"

„Wie sollte ich vor Aufregung zittern, wenn ich bis jetzt nur weiß, dass Sie mich zu Leuten führen werden, die mir einiges über den menschlichen Werdegang erklären können – was ist denn daran nun so aufregend", grinst ich ihn etwas unsicher an.

„Alleine schon die Tatsache, dass dies ein Mensch überhaupt könnte", entgegnete er undurchsichtig.

Wir stiegen in den Kleinbus und Frater Peter steuerte den Wagen in südlicher Richtung aus der Stadt. Nach einer Weile nahm er den Faden wieder auf.

„Mir ist so, als wären Sie in der letzten Zeit wieder etwas in den Mechanismus der Großstadt einverleibt worden. Sie scheinen gewisse Sequenzen in der Kommunikation nicht so bewusst wahrhaben zu können, ansonsten hätten Sie hinter meinen Worten erkannt, dass Sie etwas wahrhaft Besonderes erwartet."

Er blickte mich kurz von der Seite her an und blinzelte vergnügt.

„Es ist richtig – zurzeit scheine ich wieder etwas im Fahrwasser des Alltags zu schwimmen. Ehrlich gesagt, bin ich seit unserer Bergbegegnung nicht mehr so richtig bereit, mich vollends wieder meinem Alltag hinzugeben, aber auch nicht bereit, etwas vollkommen anderes zu tun. Mein Laden floriert nicht und ich kann mich nicht aufraffen, dahingehend etwas Antreibendes zu tun.

Jegliche Form von Werbung für meine Vertriebsprodukte empfinde ich im Grunde als eine verlogene – oder besser gesagte, sinnlose Zeitverschwendung. Was ich da tue, kann ich nicht mehr als eine sinnvolle Beschäftigung sehen und so empfinde ich mich im Gesamten ziemlich aus meinem Ruder. Und meine Tätigkeiten auf dem Ordenssektor füllen mich auch nicht sonderlich aus."

„Könnten Sie sich vorstellen, einer Betätigung nachzugehen, die Sie mehr befriedigt, die Sie ausfüllt und Ihnen ganz neue Horizonte eröffnet?", fragte er.

„Sicherlich! Allerdings fällt mir nichts ein! Es ist, als stünde ich in einer Ecke, könne mich nicht umdrehen und müsse nun so in dieser verzwackten Haltung ausharren", brummte ich missvergnügt.

„Dabei haben Sie so viele Talente, Erfahrungen und Einsichten – warum nutzen Sie diese nicht endlich!?"

Achselzuckend erwiderte ich: „Vielleicht kann ich all dies einfach nicht richtig einordnen; finde keinen Anhaltspunkt für Veränderungen."

„Vielleicht sollten Sie einmal über den Faktor Finanzen nachdenken – was Ihnen Geld und dessen Kraft bedeutet. Wie weit stecken Sie in der Systematik „Geld beherrscht das Leben" und wie weit lassen Sie sich davon beherrschen."

„Bisher kämpfe ich stets um diese Beute namens Geld und bin darin mehr oder weniger erfolgreich sowie erfolglos. Im Grunde bestimmt Geld meinen Alltag, dringt in meine Ehe mit ein – es bestimmt sogar fast alles in meinem Leben", presste ich genervt hervor.

„Solange Geld als Triebfeder im Vordergrund steht und nicht die Tätigkeit, ist der Mensch Sklave seines Trachtens. Steht die Tätigkeit im Vordergrund, fällt auch das Geld zum wesentlichen Lebensunterhalt an. Ist eine Tätigkeit aus einer Herzensangelegenheit aufgebaut, werden Sie sehr schnell erkennen, wie wenig Geld man im Grunde zum Leben benötigt. Drei bis vier Stunden „Arbeit" täglich, und vollkommen ohne Stress, reichen aus, um sich sein Leben gesund und frei zu gestalten", warf der Franziskaner lakonisch ein.

„Diese Gedanken hegen meine Gattin und ich seit geraumer Zeit. Es ist uns nun auch bewusst. Das Problem sind unsere finanziellen Schulden, die uns den Atem nehmen und fast täglich neue Mahnbriefe in den Postkasten bescheren."

„Wenn es berechtigte Schulden sind, werden Sie sie eines Tages begleichen können – eines Tages und ohne Druck, wenn Sie absolut frei vor dessen Sorge agieren können. Unberechtigte Schulden mit hohen Mahngebühren, Zins- und Zinseszins, lassen sich auch sehr leicht verkleinern – durch eine Vergleichszahlung, womit wohl jeder Gläubiger einverstanden ist, wenn er bereits lange Zeit warten musste.

Machen Sie sich das System zunutze – arbeiten Sie genau so, wie dieses Wuchersystem und Sie werden sehen, wie schnell Sie daraus ihren wesentlichen Vorteil herausziehen können. Daran ist nichts

Schlechtes, das wird einem nur suggeriert, um einen Klein und in Angst zu halten", erklärte Frater Peter ruhig und bestimmt.

„Und wenn dann die Androhungen kommen?", warf ich skeptisch ein.

„Mit ein bisschen Menschenverstand werden Sie begreifen, dass diese nur dann greifen können, wenn Sie tatsächlich wissentlich sich bereichert hätten. Da Sie das nicht gemacht haben, wird Ihnen auch dahingehend nichts geschehen. Schalten Sie endlich Ihren gesunden Menschenverstand ein und beginnen Sie Ihr Leben mit einer Tätigkeit, die Ihrem Wesen entspricht, Ihre Talente fördert und anderen Menschen als Unterstützung dienen kann."

Nachdenklich wiegte ich meinen Kopf.

„Frater Peter, Sie haben leicht Reden – Ihr Leben ist bereits in Bahnen spiritueller Sicherheiten; Sie befinden sich innerhalb Ihrer erkannten und ausfüllenden Tätigkeit."

„Genau! Und weil ich deshalb ein leichtes Reden von mir geben kann, sollten Sie dahinter auch erkennen, dass das Leben innerhalb einer wahren Tätigkeit auch ein Leichteres ist als das Leben innerhalb konventioneller Alltäglichkeit. Der Einstieg dazu ist eine innere Bescheidenheit – eine Besinnung auf seine wesentlichsten Bedürfnisse. Besitztum im Übermaß und Zerstreuung in all dem Krampf unseres Zeitgeistes, sind die größten Hemmnisse zu einem wirklich freien Leben. Auch, wenn es mal am Geld etwas knappst, sich eine zeitgeistige Besonderheit zu leisten, liegt darin keine Spur von Armut, sondern nur eine momentane Unpässlichkeit, die bei wirklicher Bedürftigkeit sich von selber erfüllen wird. Es ist nur das erste Jahr der „eigenen Reformierung", oder vielleicht zwei Jahre, etwas schwierig und erfordert eine vermehrte Selbstüberwachung, nicht mehr rückfällig zu werden. Ist diese „Durststrecke" einmal überwunden, werden Sie sich wundern, wie leicht plötzlich Ihr Leben wird."

Mir leuchteten seine Worte zwar ein – sie erfüllten mich auch mit einem enormen Erkennen der tieferen Wahrheit dahinter – allerdings zweifelte ich daran, dass ich mich für „so ein Leben" eignen könne. Wenn ich nur daran dachte, mir kaum noch die Freude eines kühlen Bieres im Biergarten leisten zu können, bekam ich ein ungutes Ziehen im Nacken!

Frater Peter lachte lauthals über meine Argumentation und meinte: „Sie verbogener Menschensohn – ja glauben Sie denn im Ernst, ein Bierchen in Ehr und freier Natur sei nur dem gestressten Alltagsbürger gestattet!? Wie kleingläubig Sie nun wirken. Richtig gelebt, können Sie auch dies ohne große Probleme sich leisten; mit Maß und Ziel. Vielleicht sollte ich Ihnen mal zeigen, wie Menschen leben, die so „leicht" und „frei" sind, sich ihre wahre Tätigkeit zu leisten. Mal sehen – ja; alle Menschen, die ihre individuelle Betätigung (Berufung) gefunden haben und sie auch leben, sind in ihren Bedürfnissen bescheiden. Viele von ihnen verdienen soviel Geld, wie sie vorher nicht geglaubt hätten, als sie noch um des Geldes Willen gekämpft haben. Sie können abgeben aus ihrer Fülle – an jene, die Bedürftig und Leidend sind. Sie geben nicht ab an jene, deren Bedürftigkeit nur aus Egoismus besteht."

Mir begann der Kopf zu rauchen. Wir schwiegen während der Weiterfahrt, hingen unseren Gedanken nach. Ich fragte mich allen Ernstes, ob ich es schaffen könne, über meinen eigenen Schatten zu springen – den Mut aufbrächte, mich von den meisten Zwängen einer Wohlstandsgesellschaft zu befreien. Nach und nach begann ich diese Wohlstandsgesellschaft zu analysieren und musste immer wieder feststellen, wie sehr das Wort **Wohlstand** in einer Verdrehung des Inhalts in unserer Sprache auftaucht. Weder das körperliche noch das seelische Wohl fanden sich darin sonderlich stimmig eingebettet – nur das Wohl eines bestimmten Standes: Kontostand! Die Sorge um das tatsächliche Wohl eines Menschen, resultiert fast ausschließlich nur aus seiner Leistungsfähigkeit für andere und nicht nur für sich selbst. Das gesamte Gesellschaftssystem baut auf einer Massenleistungsfähigkeit für eine Gewinnminderheit. Als Brosamen erhält dann der leistungsfähige Arbeiter gerade soviel, dass er sich alle Zerstreuungs- und Verblendungsmechanismen leisten kann, um ihn bei der Stange zu halten. Wer aus diesem System aussteigen möchte, bekommt es mit einem Apparat der „moralischen Abmahnung" zu tun; angefangen aus der eigenen

Sippe, bis hin zur gesellschaftlichen Abstrafung mittels „Außenseitertum". Wer das System durchschaut, hat allerdings noch lange nicht dessen Überwindung für sich ergattert. Er weiß, dass es anders und freier ginge und ist in diesem Wissen oftmals ein einsamer Mensch – er reagiert bereits „Außenseitig", obwohl noch „Innseitig" agierend. In diesem Dilemma stecke ich nun, dachte ich dabei. Als hätte Frater Peter meine Gedanken gehört, brach er die Stille.

„Sie sind ja bereits auf dem Weg einer Selbstbefreiung, wenngleich Sie noch nicht definieren können, wie denn nun diese im Detail aussehen könnten. Auch Ihre Interessen und Zugehörigkeiten zu Weisheitslehren und Orden, weisen auf eine Selbstbefreiung hin. Ihr Forscherdrang, hinter die Kulissen dieser Weltordnung zu blicken – Ihr tiefes Bedürfnis, mystische Geheimnisse zu lüften, ist bereits ein großer Schritt in die befreiende Richtung. Sie würden heute nicht mit mir ins **Blaue** fahren, wenn Sie nur alleine neugierig wären. Sie wittern neues Terrain, eine neue Erfahrung, die Ihnen wieder einmal neue Möglichkeiten und Antworten bringen können. Im Grunde sind Sie für mich und meine Freunde relativ leicht zu durchschauen, weil Sie uns wesentlich ähnlicher sind. Und Sie besitzen ein inneres Wissen um „das Mehr im kosmischen Reigen", das Sie bisher nur noch nicht angezapft haben – oder nicht wagten, es anzuzapfen. Sie wissen mehr als Sie zugeben möchten!"

„Ich sage mir immer, der Mensch wird immer wieder aufs Neue geboren, weil seine Wiedergeburten einen wesentlichen Sinn innehaben – und diesen Sinn möchte ich einfach erfassen können. Es widerstrebt mir, zu glauben, wir Menschen seien nur eine Spezies, die „im Schweiße ihres Angesichts" dahin vegetieren muss, weil es ein eifersüchtiger und rachsüchtiger Gott so will. Diese Konstellation eines strafenden Gottes ist völlig widersprüchlich mit der Natur kosmischer Tatsachen. Das Leben an sich kennt keine persönliche Erniedrigung einer Menschenmasse, zum Zwecke einer persönlichen Erhöhung einer Menschenminderheit. Derartige Behauptungen entspringen einem kranken Machtanspruch „der Priester des eifersüchtigen, strafenden Gottes" und bestimmen unser Weltbild."

Langsam fühlte ich wieder meine innere Sicherheit zurückkehren – meine profanen Alltagssorgen schienen abzufallen und sich weitenden Gedanken Platz zu machen. Kann es sein, dass mich meine Alltagssorgen so sehr in ein beschränktes Denken und Handeln hinein zogen, dass ich schier Blind und Taub davon werde?

„Diese Fahrt heute, wird für Sie – wenn Sie dies möchten – zu einem großen Abenteuer werden. Allerdings möchte ich Sie nun warnen vor den Konsequenzen, die sich daraus für Sie ergeben können. Wir treffen in einigen Minuten bei einem Freund von mir ein, der Ihnen dazu mehr sagen wird. Letztendlich jedoch bleibt es Ihnen überlassen, ob sie anschließend eine dargebotene Türe öffnen."

Frater Peters Worte erreichten mich tiefgehend und das Gefühl von Nervosität breitete sich in mir aus.

Die letzte Wegstrecke führte über einen schmalen Feldweg zu einem kleinen landwirtschaftlichen Anwesen, das sich in den anschließenden Wald duckte. Einige Hühner, Gänse und ein alter Dobermann empfingen uns. Der Hund zockelte erfreut auf Frater Peter zu und leckte ihm die Hand. Anschließend trabte er auf mich zu, beschnüffelte mich und schien mich für eintrittstauglich zu halten.

„Hallo, Peter", rief von weitem eine tiefe Männerstimme. Der Besitzer, ein etwas dicklicher und kleiner Mann in einer alten abgewetzten Cordhose mit Karohemd stapfte in Gummistiefeln auf uns zu. Die beiden Freunde umarmten sich und schlugen sich leicht auf den Rücken.

„Das ist er also", sagte der Mann und trat auf mich zu.

„Das ist er", lachte Frater Peter, der mein Erröten bemerkte. „Er ist noch recht unsicher auf seinen mystischen Beinen."

„Wer ist sich denn schon wirklich ganz sicher auf seinen irdisch-stofflichen Extremitäten", begrüßte er mich per Handschlag. „Wie ich sehe, sind Sie trotzdem unversehrt hier angekommen – ich meine, Peters Fahrkünste eignen sich mehr fürs Fahrrad", grinste er listig und hakte mich unter.

„Sie sehen, ich lebe hier nicht unbedingt Ihren Traum vom Leben – aber meinen. Die Viecher sterben hier an Altersschwäche und nur das Gemüse wandert den Weg des Verdauens. Natürlich lebe ich hier nur einen Teil meiner „Raumzeittätigkeit", den anderen Teil von drei Tagen in der Woche, gehe ich der profanen Tätigkeit eines Programmierers nach", plapperte er vergnügt und führte uns in eine niedrige Wohnküche.

Alles war alt, gebraucht und zeugte von einer stetigen Benutzung – aber einer Benutzung in Freude und Bewusstheit. Im Küchenherd knisterte ein Feuer, das einen alten Wasserkessel erhitzte.

„Kaffee oder Tee?", fragte er.

Kaffee erschien uns allen für den Moment angebracht. Der Mann, dessen richtigen Namen ich bis heute nicht weiß, nannte sich „der Kramer". Aus seinen Augen blitzte ein scharfer Verstand und seinen Bewegungen war anzumerken, dass es sich um einen agilen und kerngesunden Menschen handelt. Seine feingliedrigen Finger wiesen dennoch Kraft auf, was auf ein Zupacken schließen ließ. Meine anfänglich kurze Scheu fiel schnell ab, da ich eine Wesensähnlichkeit feststellte. Auch, wenn er eine etwas andere Ausdrucksform benutzte, die auf einen Südtiroler hinwies, so sprachen wir dennoch „eine Sprache".

„Peter und unsere anderen Freunde sind der Meinung, Sie könnten eventuell an Informationen interessiert sein, wie man sie ansonsten in unserer Welt nicht so leicht erhält. Nun – ich weiß schon so einiges von Ihnen, wie Sie leben, was an Ihnen nagt und wohin Sie tendieren, worin so Ihre gewissen Stärken liegen und woran es noch hapert."

Er blickte mir direkt ins Gesicht, kratzte sich an seiner Wange und nahm einen Schluck aus seiner Tasse.

„Da wissen Sie scheinbar schon mehr als ich", entgegnete ich unsicher grinsend.

„Lassen wir solche Spielchen, mein junger Freund. Kommen wir zur Sache. Sie wissen vieles um unsere Welt, haben sich so Ihren Reim daraus gemacht, frequentieren Weisheitsschulen, sind auch aufgenommen worden vom MOHLA, dem Athosorden und haben darin eine mittelhohe „Wertigkeit" erreicht. Weiter – Sie erkennen Zusammenhänge, wissen, zumindest im Ansatz, um den Sinn solcher Weisheitsorden und haben natürlich Fragen über Fragen, die Ihnen keiner so leicht beantworten kann. Ihre Informationssuche wird immer dringender und in diesen Kriterien werden Sie immer unwilliger, weil Sie keine weiteren mehr zu finden glauben.

Es gibt kaum noch Bücher, die Ihnen weiterhelfen, weil sie inhaltlich nicht an das Wissen heran reichen, das Sie bereits erreicht haben. Wissenschaftliche Abhandlungen, so haben Sie festgestellt, sind durchdrungen von irrwitzigen Redewendungen inhaltsloser Papiervergeudung und in der gängigen Literatur wimmelt es nur so von mannigfaltigen Spekulationen, in Ermangelung von tatsächlicher Aufklärung. Kurzum – Sie sind im Moment so ziemlich am Ende Ihrer Suche, wovon Sie im Grunde wissen, dass sie erst der wirkliche Beginn ist. Habe ich Recht? Ich habe Recht! Nun sitzen Sie hier in meiner guten alten Stube und fragen sich, was sich nun zusammenbrauen würde. Gute Frage! Und die Antwort kommt sogleich: Sie erfahren hier eine Art der Einweihung in die nächste Denkdimension."

Ich muss seinen Worten so andächtig gelauscht haben, dass ich zuerst gar nicht bemerkte, wie er mich grinsend fixierte.

„Ach ja – die nächste Denkdimension", brabbelte ich unbeholfen hervor.

„Sicher doch – die nächste Denkdimension. Wir verknüpfen Ihr bisheriges Weltbild mit einem nächst höher vorhandenen Weltbildnis und Sie erarbeiten sich dann eine weitere Eintrittskarte in die nächste Dimension. So geht das", feixte er.

„Das geht dann soweit, dass ich mich eines Tages irgendwo in einem Weltbildnis befinde, das mit dem heutigen gar nichts mehr zu tun hat", knurrte ich nun ungehalten.

„Ha! Sie haben einen bissigen Humor – das gefällt mir; macht so manche Sache einfacher", warf er hin und ging in einen Nebenraum.

„Frater Peter – im Moment weiß ich wirklich nicht, was ich von diesem „Kramer" halten soll. Sind Sie tatsächlich der Meinung, hier für mich an der richtigen Adresse zu sein?"

„Ja. Er ist in der Tat ein äußerst intelligenter und wissender Mensch. Seine Eigenart ist nur aufgesetzt, um eine Atmosphäre geistiger Erregung zu schaffen. Ist der Geist erst einmal angeregt – in welcher Form auch immer – ist man offener für wahrhaftige Äußerungen seines innersten Wesens."

„Und man zeigt sich dadurch in seinem wahren Gesicht – lässt somit auch seine Maske leichter fallen", kehrte „Kramer" wieder zurück.

Er entnahm einem vergilbten Kuvert einige alte Fotos, platzierte sie vor mich hin und sagte dabei: „Sehen Sie sich bitte diese Fotografien sehr genau an. Sie sind bereits über einhundert Jahre alt. Sagen Sie mir, wenn Sie sich ganz sicher sind, was Sie da erkennen."

Die Fotos zeigten eine Gruppe von Menschen in Tropenkleidung vor einer Strohhütte, irgendwo in Afrika. Zwei Personen reichten sich die Hände und die umstehenden blickten gebannt auf diese Szene. Bei genauerer Betrachtung erschien die eine Person etwas größer und in ihren Gesichtszügen feiner zu sein. Sie wies halblange, helle Haare auf und die eine, sichtbare Augenpartie zeichnete sich etwas schräg. Ein außergewöhnliches Gesicht, wie mir schien.

„Kramer" reichte mir nun eine Vergrößerung, die er an einem Computer verfeinert hatte. Darauf erkannte ich sofort, dass es sich bei dieser Person um einen ungewöhnlichen Menschen handeln musste.

„Kommt mir ätherisch vor – wie soll ich sagen – ja, Elfenhaft oder ein Engelsgesicht", staunte ich.

„Wie man sich eben so einen Elberich oder ein Engelwesen vorstellt – hm!? Nur mit dem Unterschied, dass es sich hier um eine Aufnahme von 1901 handelt und sie keine Fälschung darstellt. Wenn ich Ihnen sage, es handle sich hierbei um ein Menschenwesen von innerhalb der Erde – was würde Sie mir antworten!?"

„Phänomenal! Aber auch, dass ich davon überzeugt bin, dass in vielen Mythen über die hohle Erde mehr steckt, als wir ins im Moment vorstellen können", erwiderte ich schlagartig.

„Richtig. Und nun dieses Foto von 1927. Es handelt sich um eine Aufnahme aus einer Parlamentssitzung in Washington."

Ungläubig starrte ich auf die Aufnahme. Da saß ganz deutlich diese Person neben dem amerikanischen Präsidenten.

„Was bedeutet das?", fragte ich.

„Das bedeutet entweder, diese Person gehörte zu der damaligen amerikanischen Politikerriege oder die Amerikaner hatten Besuch von dieser Person, die alterslos erscheint", schmunzelte Frater Peter nun.

„Kann es sich nicht nur um eine frappierende Ähnlichkeit handeln?", warf ich nachdenklich ein.

„Nein. Ich habe die Physiognomie mittels Computeranalyse schon vor 9 Jahren exakt in Einklang bringen müssen. Ich betone, „müssen", weil ich alles versuchte, um eine Zufälligkeit oder Fälschung zu finden. Auch von anderen Analytikern, die nichts über die wahren Hintergründe wussten, erhielt ich das einstimmige Ergebnis: Identische Person."

„Kramer" nippte an seinem Kaffee und zog anschließend ein weiteres Foto aus dem Jahre 1968 hervor. Darauf befindet sich diese Person neben einer deutschen Persönlichkeit, die soeben einen hohen russischen Gesandten begrüßte.

„Nun zeichnet sich eine gewisse „Alterserscheinung" ab, die sich allerdings auf höchstens 10 Jahre bezieht. Alle Aufnahmen erhielt ich 1990 auf einer Esoteriktagung in Brüssel von einer älteren Dame, die einer theosophischen Gemeinschaft zugehörig ist. Sie sagte mir damals, im Zuge meiner neugierigen Nachforschungen über die menschliche Spezies und ihrer Eigenarten, solle ich mir Gedanken darüber machen. Ich machte mir Gedanken – ja! Und die alte Dame konnte ich bisher auch nicht mehr finden. Was ich im Zuge meiner Recherchen allerdings fand, war diese Person auf den Fotos."

„Kramer" und Frater Peter blickten mich nun interessiert an. Mir kamen die Beiden vor wie Spinnen, die ihrer Beute ansichtig wurden!

„Soll das heißen, Sie haben diese scheinbar nicht wesentlich alternde Person gefunden und mit ihr Kontakt bekommen? Wer ist sie?", stieß ich meine Frage laut hervor.

„Diese Person heißt Ulluer, ist ein Vrilmensch – einer jener Nachkommen, die aus den Elohim hervorgegangen sind", sagte Frater Peter nun süffisant lächelnd.

„Und diese Person gehört zu jenen Mentalitäten, die den Werdegang der Erdenmenschheit im Auge behält. Schließlich möchte „man" ja gerne wissen, was denn die Kinderchen den lieben langen Kosmostag so anstellen."

Kramer brummte dies und schlug seine Hände über seinem Bauch übereinander. Er blickte mich an und harrte scheinbar eines Kommentars von mir. Damit konnte ich dienen.

„Ist diese Spezies – falls ich Ihnen Glauben schenke – jener „Schöpfermythos" über unsere menschliche Erschaffung?", stellte ich meine Frage in den Raum.

„Nur zum Teil. Welche Spezies uns letztendlich mittels genetischer Auslese zu dem gemacht hat, was wir heute sind, lässt sich auch von den Vril nicht mehr genau eruieren. Die „Elohim" verfeinerten die damaligen Menschen, indem sie einen Teil ihrer genetischen Anlagen mit denen der unsrigen vermischte. Über einen Zeitraum von ungefähr 500000 Jahren entwickelte sich der Mensch zur dominanten Spezies auf Erden. Das „Vorprodukt" gleichen namens Mensch, wich der neuen menschlichen Population, zog sich vermehrt in das innere der Erde zurück. „Esau und Jakob" vertrugen sich nicht mehr miteinander! Das „Urprinzip" Mensch war mehr reptiloider Art, der heutige dominante Mensch stellt sich auf seiner humanoiden Art vor. Von Statur ähnlich, mit zwei Beinen, zwei Armen, fünf Fingern, usw., waren wir dennoch unterschiedliche Spezies geworden, deren Mentalitäten sich in zwei unterschiedlichen Linien bewegten. Das Vrilerbe, ein stark dominantes Lebewesen in unserer Galaxis, überlagerte das Reptoerbe, ein dominantes Lebewesen aus einer anderen Galaxis. So besehen, sind wir Menschen aus zwei unterschiedlichen Spezies geschaffen worden, worin sich die ursprünglich irdische Spezies als Ausgangspunkt des dritten Faktors zeichnet. Dieser Ulluer ist also ein Nachkomme jener Weltraumwesen, die die menschliche Entwicklung auf Erden beschleunigt haben – aber die noch hier verweilenden Nachkommen haben keine Verbindung mehr zu ihrer Spezies und gehören seit Jahrtausenden zu den Erdenmenschen – sie sind nur ein bisschen anders. Aber dieses „Anderssein" ist nicht äußerlich abzulesen, wenn man mal von der etwas feingliederigen Physiognomie absieht."

Frater Peter, der mir diese Ansprache hielt, blickte mich an, ob er fortfahren könne. Da ich nichts sagte, fuhr er fort.

„Die unterschiedlichen Galaxien in unserem Universum, haben zum Teil Verbindungen zueinander. Nicht allen Spezies sind Kontaktaufnahmen möglich. Aber bei denen, wo die Möglichkeit besteht, wird sie auch rege betrieben. So gesehen, fanden und finden sich immer mehr der unterschiedlichsten Spezies zusammen, die gelegentlich ineinander genetisch vermischt sind. Dies scheint wohl eine gängige Form der kosmischen Einordnung zu sein, die wir Erdenmenschen jedoch völlig falsch in unseren gentechnischen Feldversuchen interpretieren."

Kramer übernahm übergangslos die weitere Kommentierung.

„Eine Spezies, die kosmische Einordnung erhielt – ob nun genetisch oder natürlich gewachsen – wird in ihrer spezifischen Art nicht mehr „berührt". Das heißt, sobald eine Spezies sich aufgerappelt hat, sich nicht mehr selbst zu verfolgen (!) und ihren Blick in den vieldimensionalen Kosmos gerichtet hat, erfolgen erste, kleinere Kontakte. Ein Plan beginnt zu greifen, der besagt, die kosmische „Einbürgerung in ihrer Testform" zu überwachen, die Schwingungsebene des gesamten Planeten mit all ihren Lebewesen zu erhöhen und dadurch das kosmische Verständnis zu öffnen. In diesen Übergangszeiten, die bis zu Jahrzehntausenden heranreichen können, wird sich die Psyche der jeweiligen Kandidaten festigen und kosmische Mentalitäten daraus entwickeln. Physiognomische Veränderungen sind dabei von Außen nicht mehr möglich und auch nicht mehr erlaubt – lediglich das menschliche Bewusstsein erfährt eine konstante Schwingungserhöhung, die sich in den Äußerungen und Lebensansätzen von Menschen zeigen können. Die letzten „Zeiten" der Entwicklung zum kosmischen Mitglied bringen dann auch „Kinder auf den Weg", die oftmals von ihren Eltern nicht mehr so recht begriffen werden. Es ist dies die „Zeit der Wende", wovon alle heiligen Schriften zeugen. Und das Erbe der Vril kommt nun stärker zum Tragen."

„Wenn ich dem nun allem Glauben schenken soll, so dürfte es sich um diese „Wendekinder" wohl um die sogenannten „Indigokinder" handeln?!?", fragte ich vorsichtig.

„Richtig", entgegnete nun Frater Peter, „heute nennt man sie so. Aber bereits schon früher gab es „Kinder der Wende", wenngleich nicht in einem solchen Umfange, wie heute. Solche Menschen haben es oftmals schwer innerhalb ihrer Umwelt, fühlen sich missverstanden oder fehl am Platze und nehmen gelegentlich eine sehr oppositionelle Haltung gegenüber ihren Mitmenschen ein. Doch die kosmische Natur sorgt dafür, dass sie nicht daran verzweifeln. Wie, das werden wir Ihnen schon noch aufklären. Zudem muss ich vermelden, nicht alle von Menschen titulierte Indigokinder sind auch welche. Hier wird vielfach einfach einiges falsch interpretiert.

Mit der Steigerung der Planetenschwingungsfrequenz wird bei vielen Menschen auch eine Erhöhung ihrer Spiritualität erkennbar. Nur die tatsächlich „in sich verbohrten" Menschen, die aus lauter Egoismus von alledem nichts wissen wollen, verspielen sich dadurch in diesem Leben eine Möglichkeit der inneren Vorbereitung für eine befreite nachfolgende Inkarnation. Vorherrschende Mentalkräfte der menschlichen Machthaber und uns negativ gesinnte Mentalitäten, beginnen langsam an die Oberfläche des Erkennens zu kommen. Es sind weitaus weniger Negativgeister am Wirken, als sie uns das Glauben machen wollen. Durch ihre Jahrtausende hindurch wirksame Verschleierung der Wirklichkeit mittels einer „dominanten Priesterschaft des strafenden Gottes", blitzt bereits das Licht der Wahrheit. Aufschlüsse darüber geben uns ebenso die alten Schriften, wie neuere Erkenntnisse über die Hintergründe einer Globalisierungspolitik. Die rasante Geschwindigkeit, wie sich Techniken und neue Energien entwickeln und sich dem klaren Menschenverstand entgegen stemmen, kann es dennoch nicht mit der Geschwindigkeit des freien, kosmischen „Verstandes" aufnehmen. Wirklich frei zu Denken beginnende Menschen – wovon es immer mehr gibt – können eine enorm hohe Denkgeschwindigkeit anpeilen, dem ein „herkömmlicher" Technik- und Elektronikgläubiger Verstand nichts Vergleichbares entgegenzusetzen vermag. Es sind denn auch solche Menschen, die sich bewusst aus der derzeitigen Systematik zurückziehen und neue Wege zu formieren versuchen. Und wiederum einigen von ihnen, die sich mehr innerhalb der spirituellen Wegschiene bewegen, werden dann auch Erkenntnisse vermittelt, die sie in die Lage einer „Wortverbreitung" bringt. Wer sie dann auch wirklich annimmt und wer daraus etwas Positives macht, können wir natürlich nicht vorhersehen. Sollte jemand etwas wirklich Negatives daraus machen wollen, dem können wir problemlos Einhalt gebieten – aber, wer bis hierher und einen Schritt weiter gekommen ist, wird kaum noch etwas Negatives bewirken wollen!"

Das gehörte schien in mir ein Eigenleben zu entwickeln – es begann zu kreisen, ordnete sich ein und erstellte ein Bildnis, ein Muster, dass es so nur richtig sein könne. Einerseits empfand ich eine merkwürdige Gelassenheit, andererseits verspürte ich ein massives Kribbeln im Herzen – das Zeichen für mich, hier einer tieferen Wahrheit begegnet zu sein. Wenngleich mein Ego sich auf seinem „Krone der Schöpfung-Thron" sträubte und mir einflüsterte, äußerst vorsichtig zu sein, konnte ich mir ein lautes Auflachen nicht verwehren.

Die beiden Freunde blickten mich erwartungsvoll an.

„Ich habe nur mit meinem Alltagsbeherrscher namens Ego kurz diskutiert – er ist der Ansicht, der Mensch sei die Krone der Schöpfung und alles andere sei nur Beiwerk", grinste ich.

„Das gefällt mir! Sie scheinen wohl Ihren inneren Widersacher ziemlich gut zu kennen – haben sie ihn auch immer im Griff!?"

„Nicht immer Herr „Kramer" – aber ich erkenne mein Ego immer dann in seinen niedrigen Beweggründen, wenn es mir vorgaukeln will, mich schützen zu müssen. Wenn es sich schon bei einem bloßen Gedanken so aufplustert, weiß ich zumeist, dass der Gedanke seelischen Ursprungs ist – und ich gebe seelischen Inhalten die Vorherrschaft", versuchte ich meine inneren Beweggründe zu schildern.

„Zu unterscheiden, ob es eine Gewissenssache oder eine Egosache ist, gehört zu den großen Meisterschaften eines Menschenlebens. Wie mir Frater Peter bereits schon vor einiger Zeit mitteilte, scheinen Sie schwer an sich zu arbeiten – auch da möchten wir Ihnen gerne geistige und seelische Unterstützung geben, soweit uns dies möglich ist. Außerdem möchte Sie noch jemand kennenlernen, der in dieser Beziehung wohl geeigneter ist als wir beiden alten Männer zusammen. Bevor Sie allerdings mit diesem Freund von uns bekannt gemacht werden, wird Sie demnächst unser Frater Fresenius unter seine Fittiche nehmen. Ich persönlich werde mich wohl bald auf meine letzte Reise machen – sagen Sie nichts, ich weiß, dass meine Lebensspanne nicht mehr über ein Jahr hinaus reicht. Nehmen Sie es gelassen, wenn ich Ihnen sage, wir Menschen können es erkennen, wenn unsere Zeit zum Dimensionswechsel gekommen ist. In der „Regel" wären wir dazu imstande es bis zu einigen Stunden hin erfassen zu können – schon ein Jahr vorher, um seine letzten Angelegenheiten bis zum Ableben erledigen zu können. Es ist dem Menschen ursprünglich eingelagert, seine „große Transition" vorzubereiten, um seine anschließende Wiederverkörperung im Wesentlichen zu planen. Auch ist es möglich, noch zu Lebzeiten einen

Rufer für seine spätere Wiedergeburt zu finden – bzw., einem Rufer ist es möglich, mich zu einer Wiedergeburt in seiner Sippschaft einzuladen."

Frater Peter nickte lächelnd. Mir lief ein Schauer über den Rücken, weil ich die Tragweite dieser Worte damals noch nicht begreifen konnte. So über das Sterben zu reden, war mir „ungewohnt", würde sich jedoch in den folgenden Jahren in eine Form der „Gewöhnung" umwandeln, wurde mit vermittelt.

Die gesamte Atmosphäre in der alten Bauernküche erschien in diesem Moment geschwängert mit einem großen Mysterium, das sich vor mich aufbaute, wie um zu sagen: „Nimm mich doch an ohne Furcht – das ist die reine Wirklichkeit". Wie durch eine Nebelwand vernahm ich noch die Worte von „Kramer", der mit Frater Peter über unser nächstes Treffen mit besagtem Frater Fresenius sprach. Dass er, „Kramer", keinen weiteren Kontakt mit mir benötige, sei ein gutes Zeichen für Weiteres, erklärte mir Frater Peter im Hinausgehen.

Ich kann mich nicht mehr erinnern, mit „Kramer" noch ein weiteres Wort gewechselt zu haben. Meine Erinnerung setzt erst wieder auf der Heimfahrt ein, als mich Frater Peter leicht anstieß und sagte, der Tag sei wohl doch etwas zu viel für mich gewesen.

„Das kann man wohl sagen! Obwohl ich in allen Zellen spüre, dass alles stimmt, weigert sich mein Egoverstand vehement gegen das Gehörte und Gesehene. Dies scheint wohl auch so seine Bewandtnis mit bestimmten Meditationserkenntnissen zu haben – der Verstand weigert sich zunächst, seine Vormachtstellung aufgeben zu müssen", brummte ich.

*

Dezember 2002 – Ein Widerstand taucht auf

Die vergangenen vier Wochen beschäftigte ich mich zum Großteil, neben meiner Ladentätigkeit, mit Sammeln von Informationen über sogenannte „andersartige Menschen". Die Fülle an Informationsmaterial, die mich erreichte, war beinahe erschlagend! Mir war bisher nicht bewusst, welche Fülle an Material über die „Anderen" ganz offen zu beziehen sind, abgesehen von einer schier unüberblickbaren Literatur mannigfaltigen Inhalts. Das Aussortieren von „brauchbarem" Material gestaltete sich zu einer „Papierschlacht" sondergleichen.

Anfang Dezember 2002 kam ich in Kontakt mit einem ehemaligen EU-Politiker, der es sich zur Aufgabe gemacht hat, sämtlichen Spuren „andersirdischer Sequenzen" nachzugehen; seine Publikationen handelten auch von freier Energie, Haarp-Technik, Logeneinflüssen, Channeling, Naturwissenschaft und Genmanipulation. Ein erster Kontakt fand über eine Fax- Kommunikation statt – die Kontaktnummer erhielt ich von einem Jesuitenpater, der Athosmitglied ist.

Zuerst gestaltete sich der Kontakt zu einem Nebeneinandersenden und Empfangen, wobei wir zuerst nicht wussten, wodurch diese „Kontaktverschiebungen" zustande kamen. Nach einigen Tagen vergeblicher Telefonkontaktaufnahme, erhielt ich ein Fax (04.12.2002 – 19:59) mit folgendem Inhalt:

Guten Abend, Herr Thalus,

da haben Sie leider recht in Ihrer Annahme, hier könne eine bewusste Störung unserer Kontaktierung stattfinden. Mein Provider teilte mir soeben mit, dass meine gesamte Kommunikationstechnik nicht „astrein" sei. So hoffe ich, dass dieses Fax nun durchgeht.

Die wochenlangen PC-Ausfälle und Störungen, sowie zahlreiche Unzu-

länglichkeiten, die nach und nach beseitigt werden müssen, werfen mich in meiner Arbeit zurück. Außerdem etwa 150 Nachrichten über Internet, die sich scheinbar nicht mehr abrufen lassen oder bei Abruf sich einfach auflösen.

Aber dessen ungeachtet – ich habe Ihre schriftlichen Mitteilungen mit größtem Interesse und Anteilnahme gelesen und kann Ihnen nur zustimmen, dass Sie sich auf ein „heißes Pflaster" begeben haben. Ihre vorsichtige Anfrage, betreffs der „Anderen", kann ich Ihnen nur am Rande beantworten: Die unterschiedlichen Bezeichnungen von „Anderen" resultiert aus den unterschiedlichsten Sprachidiomen heraus – je nachdem, welcher Sprachbereich Kontakte mit IHNEN hatte, spricht und schreibt Benennungen eben in seiner Semantik und Akustik nieder. Ich persönlich habe von Vrils gehört, im Zusammenhang mit Antarius, was allerdings nicht unbedingt treffend stimmen muss.

Ich sende Ihnen eine Kopie eines alten Scripts (1913), das ein deutscher Regimentshauptmann in Südafrika, kurz vor seinem Tode verfasst hat. Es bestand einer „Echtheitsuntersuchung", sowohl im Alter des Papiers und der Schreibtinte. Nachfolgend.

Viele liebe Grüße, Ihr H.P...

Script des Regimenthauptmannes:

Liebe Adelinde, diese Zeilen hinterlasse ich Dir und Doktor Strasser, verbunden mir einer Bitte in Gottes Gnade. Vor einiger Zeit ritt ich abends zu einem benachbarten Freund, dessen Farm ein Treffpunkt vieler Regimentskameraden ist. Unterwegs hielt mich ein weißer Mann mittleren Alters auf. Er schien Probleme mit seinem störrischen Pferd zu haben. Der Araberhengst schien zu lahmen und ließ keinen an sich heran. Mir fiel an dem Manne seine blonde Mähne auf und ich sprach ihn abfällig darauf an. Lächelnd erwiderte er, es käme nicht auf einen Maßstab der Betrachtungsweisen an, sondern vielmehr auf die innere Form des Geistes.

Seine Stimme klang sonor und aus seinen grauen Augen (oder waren sie hellblau?) blitzte der Schalk. Unweigerlich erzwang er mir ein Lächeln, obwohl ich innerlich über seine Worte erzürnt war. Ein so zwiespältiges Gefühl war selbst mir neu! Ich achtete auch nicht mehr auf den Hengst, der sich wohl in die Büsche geschlagen hatte und horchte vielmehr auf die Worte meines seltsamen Gegenübers. Er erzählte mir, ich solle dringend alle meine Kameraden aus der nahen Farm warnen, dass in einigen Stunden ein Überfall von Rebellen geplant sei und wir dabei alle sterben würden. Es sei notabene nicht von Sinn, in einer derart gestalteten Situation sein Leben auszuhauchen, wenn es sich anderweitig sinnvoller gestalten ließe.

Seine Worte begriff ich damals nicht und ich erwiderte ungehalten, er solle sich doch um seine Angelegenheiten kümmern und die Rebellen geflissentlich uns überlassen. Er blickte mich durchdringend an und sagte: „Nicht Sie bestimmen über Sinn oder Unsinn Ihres Lebens, sondern das Schicksal Ihrer gesamten Kameradengruppe. Der Allvater hat Euch ein Gewissen gegeben, das Euch Euer Schicksal bewusst machen kann und wodurch Ihr in diesem Leben viel aufarbeiten könntet. Euer aller Schicksal ist miteinander verbunden und im gerechten kosmischen Gang ist es sinnlos, heute und hier den Heldentod zu sterben – Ihr habt eine andere Aufgabe zu erfüllen."

In mir sträubte sich alles gegen diese Aussage und ich dachte mir, das sei bestimmt einer jener Wanderprediger, die in den letzten Zeiten überall auftauchten. Aber er versicherte mir, kein Prediger zu sein. Er sei ein Botschafter und ein Bruder der Menschen.

Das war mir nun doch zu viel des Guten und ich bedrohte ihn mit Züchtigung, wenn er sich mir weiterhin so blasphemisch nähern würde. Darauf entgegnete er: „Mein Freund, Du musst Deinen Weg richtig gehen, ansonsten gehörst auch Du zu den Grundpfeilern eines nahen und grausamen Krieges, der Eure gesamte Welt an den Abgrund führen kann. Du bist doch auch Kommandant einer Eurer Freimaurercorps, und solltest wissen, wohin Eure Bemühungen führen können."

Woher wusste der dies alles?! Ich fragte ihn neugierig. „Ich weiß viel über Eure, fälschlicherweise ausgelegte, esoterischen Grundzüge einer einzigen Weltregierung. Ihr müsst die Rebellen unterstützen und Euch nicht als Feinde betrachten; nur so könnt Ihr noch das Ruder herumreißen." Zornig erhob ich meine Faust und wollte ihn niederschlagen – aber er war plötzlich in ein helles Licht getaucht, zeigte mit seinem rechten Finger auf mich und ich verlor das Bewusstsein. Nach einiger Zeit erwachte ich wieder, stellte einen faustgroßen Brandfleck auf meiner Brust fest, hatte aber, außer einem großen roten Druckmal keine äußeren Verletzungen. Verwirrt und sehr nachdenklich ritt ich zu der nahen Farm und erzählte meinen Regimentskameraden von meinem seltsamen Erlebnis. Es stellte sich heraus, das jeder einzelne von ihnen, innerhalb der vergangenen zwei Tagen, ein identisches Erlebnis hatte!

Wir kamen überein, dieses Erlebnis als eine Massenbeeinflussung durch irgendwelche Belastungssyndrome einfach zu vergessen. Dennoch erklärten wir uns bereit, die Farm geschlossen zu verlassen und uns in unmittelbarer Nähe auf die Lauer zu legen. Gegen Mitternacht erspähten wir unseren Feind, eröffneten das Feuer und schlugen sie vernichtend. Leider sind sieben Kameraden dabei ums Leben gekommen und ich wurde schwer verletzt.

Die Prophezeiung jenes blonden Mannes, der sich Ragnar nannte, ist so nicht eingetroffen. Wir sind nicht alle gefallen, der Großteil meiner Kameraden hat überlegt und wir haben gesiegt.

Jetzt, da ich diese Zeilen niederschreibe, spüre ich wieder starke Schmerzen in meiner Lunge und frage mich, ob ich die Schusswunde überleben werde. Auch stelle ich in Frage, noch das Kommando über das Bewachungsbataillon unseres Thronfolgers, Franz Ferdinand, im Juni 1914 in Sarajevo erhalten zu können. Vier meiner Kameraden, die mit mir dafür vorgesehen waren sind gefallen und ich werde, wie ich mir ansichtig bin, vielleicht die folgenden Wochen nicht überleben.

Sollte es tatsächlich diese Menschenbrüder geben – wie sonst hätte dieser Mann mich mit einem Fingerzeig außer Gefecht setzen können; diese feurige Macht – so frage ich mich, warum nicht sie dafür sorgen, dass die Menschen friedliebender werden?

Liebste Adelinde, so ersuche ich Dich denn auch, meinen Zeilen Glauben zu schenken und darauf zu achten, ob sich jener große Krieg tatsächlich ereignet. Kommt es so, dann gehe so schnell wie möglich nach Deutschland oder Italien und bringe Dich in Sicherheit. Ich bete zu Gott und schicke Dir meine ganze Liebe.

Ergebenst Freiherr von Stein, Gunther-Philipp

*

Geschichtliches Resumé von Alfons Jasinski

Am 28. Juni 1914 erschoss der Belgrader Student Gavrilo Prinzip (!), einer von sieben Verschwörern aus der Gruppe „Schwarze Hand", den Österreichischen Thronfolger Franz Ferdinand und seine Gattin Sophie. Die Sicherheitstruppe war äußerst schwach bestellt und der damalige Hauptmann, ein bereits alter Mann, erklärte lapidar, da könne man nix machen! Der Auslöser für den ersten Weltkrieg, wie man es heute noch so gerne darstellt, war installiert. Faktisch jedoch war dieser Krieg lange vorher geplant und zur Ausführung gedrängt worden. Es war ein „Testlauf" zur Vorbereitung einer „sozialistischen Weltführung", unter dem Deckmantel „Nationalsozialismus".

Die damalige Tatwaffe war lange Zeit verschwunden – eine Browning – und der „vernehmliche" Attentäter, Gavrilo Prinzip, schrie noch vor seiner Hinrichtung: „Fragt den Jesuiten – er weiß doch, dass ich es nicht habe sein können." Jener Jesuit, ein gewisser Pater Anton Puntigam, nahm damals auch die Browning an sich – so die öffentliche Version. Aber, warum konnte ein Jesuitenpater die Mordwaffe an sich nehmen; warum lag sie nicht bei den Behörden? Auch war es jener Jesuitenpater der dem ermordeten Thronfolgerpaar die letzte Ölung erteilt hatte – wie passt dies alles zusammen!?

Gavrilo Princip – ein ausgefallener Name, der entschlüsselt lautet: April-Prinzip. Das Prinzip des Monats April liegt in seiner anfänglichen (1. April) Tatsachenverdrehung; Aprilscherze sind von jeher verbogene oder erdachte „Wahrheiten", worauf andere hereinfallen sollen! Gavrilo Princip war denn auch ein Codename innerhalb einer englischen Großloge, für die Bezeichnung *Prinzip der Manipulation.*

Wir können also als Gesichert annehmen, dass sowohl der Jesuitenpater Anton Puntigam als auch jener Gavrilo Princip zumindest Marionetten in einem größeren Spiel waren. Ob sich bewusst darüber oder nicht – die Namen der beteiligten Personen sind keines „natürlichen Namensgebildes".

Frater Fritz

Im weiteren Verlauf von Dezember 2002 – März 2003 korrespondierte ich mit H.P. in einer ausgiebigen und informativen Form. Das zusammengetragene Material auswertend, erschien mir das nahende Weihnachtsfest fast als störend. Am 22.12.02 erfolgte ein erneutes Treffen mit Frater Peter, der mich mit Frater Fresenius bekannt machte.

In einem kleinen Café in Augsburg, stellte uns Frater Peter einander vor. Frater Fresenius, den ich Fritz nenne solle, zeigte sich als kleiner, dicker und fast glatzköpfiger Mann über 60, der scheinbar einen unstillbaren Hunger auswies. Sein Humor war enorm und man hatte bei ihm das Gefühl, ihm sei nichts heilig und alles nur eine Spielvariante eines großen Schauspiels. Schon bald konnte ich mich allerdings davon überzeugen, dass er ein exzellenter Kenner der Mystik und der Theosophie in ihrer Urform sei. Auch er war ein Franziskaner, aber einer von jener Sorte, die keinem Kloster oder einer „festen" Kongregation angehört. Seine Kenntnisse über Geheimgesellschaften waren enorm und er wusste über alles eine Antwort. Später erfuhr ich, dass er ein Virtuose in Aramäisch, Hebräisch und Altlatein war, dass er Bücher übersetzte und seine eigenen Studien über die alten Heiligen Schriften anstellte.

„Lieber Thalus", begrüßte er mich lächelnd und auf einem Nusshörnchen kauend, „Sie wissen schon, dass Sie in Zukunft in meinen Besitztum übergehen werden!?"

„Ich wusste bis jetzt nach gar nicht, dass ich irgendjemandem gehöre", warf ich locker zurück.

„Nun wissen Sie's! Spaß beiseite – unser Peter ist ja so etwas wie Ihr „geistiger Berater", wobei ich in anderer Hinsicht Ihr freundschaftlicher Unterstützer gelten kann. Auch wenn Sie, wie Sie noch immer betonen, nicht wissen, was Sie denn aus all dem machen sollen und dies in Ihr Leben integrieren können, fahren wir einfach fort – wenn Sie dies möchten", ließ er sich verlauten. Dabei blickte er mich interessiert an.

„Sagen wir mal so: Ich interessiere mich enorm, bin in einigen weiteren Kontakten, die ich aus mir heraus selber geknüpft habe und möchte soviel wie nur möglich Informationen sammeln. Was ich letztendlich daraus mache, weiß ich beim besten Willen noch nicht."

„Nun, Sie werden veröffentlichen – Sie wissen nur noch keinen Anfang, weil das Brett vor Ihrem Kopf noch mächtig dick und frisch ist. Aber auch das lässt sich beseitigen. Was glauben Sie denn, warum wir uns mit Ihnen befassen – außer jetzt mal von Peter abgesehen, der Sie auch so einfach gerne mag?"

„Diese Frage habe ich mir bereits selber oft gestellt, aber keine Antwort darauf gefunden."

„Sie haben sicherlich eine Antwort, oder sogar mehrere darauf gefunden – Sie wollen sie nur nicht gerne für sich erörtern. Betrachten Sie uns einfach mal von dieser Seite: Wir sind Ihre Mentoren, erwarten uns von Ihnen nichts, aber Sie können von uns Vieles erwarten", brummte Frater „Fritz" zwischen zwei kräftigen Bissen in ein weiteres Hörnchen. „Dass wir untereinander in einer besonderen Konstellation stehen, die man nicht als alltäglich bezeichnen kann, dürfte Ihnen auch schon aufgefallen sein."

„Ich glaube, so was bezeichnet man als **Interaktion** oder als Wechselwirkung zwischen gleichschwingenden Geistern", stellte ich in den Raum.

„Genau. Da unsere Welt auf einem dynamischen Interaktionsfeld beruht, können wir auch davon ausgehen, dass sich dies bei Menschen, bei allen Bewusstseinsträgern, gleichermaßen zuträgt. Dieses Interaktionsfeld durchzieht den gesamten Kosmos, ist Bestandteil „Gottes erster Emanation" – einfacher gesagt, eine Schwingungsebene des Wort Gottes. Wie dies nun von unseren klugen Wissenschaftsbrüdern auch bezeichnet werden mag – kosmische Hintergrundstrahlung, Elektronen- oder Neutrinopower – ist völlig belanglos; wir nehmen Bezeichnungen, die wir geistig und seelisch zugleich erfassen können. Im Grunde macht die Schulwissenschaft weiter nichts her, als Altherkömmliches in neue

Wortgewänder zu stecken, worin sie vor lauter Unmengen von Kleidungsschichten den Inhalt nicht mehr fasst. Wir versuchen, den Inhalt zu fassen, ohne ihn nun völlig zu entkleiden – denn das würfe wiederum nur Sprachlosigkeit auf", dozierte der Dicke gelassen.

„Soweit kann ich Ihnen schon folgen. Dennoch frage ich mich, welchen Sinn hat es denn, einer Menschheit heutiger Erscheinung den ursprünglichen Sinn des Wortes nahe zu bringen? Wenn sie nicht mal den biblischen Inhalt begreifen oder ihn willkürlich verkehrt interpretieren, sowie das Interesse nur noch auf Ablenkung steht – wie kann man diesen Menschen den tatsächlichen Inhalt des Lebens vermitteln?"

„Tja – das ist natürlich eine Kunst für sich. Dennoch bemühen sich viele Literaten, sich an die Aufklärung der Menschen heran zu wagen – wenn auch nur meist mit mäßigem Erfolg. Tatsache jedoch ist, diese Menschen der Tat tun etwas Wesentliches – und wenn es in erster Linie nur für sie selber sein mag. Meist jedoch bleibt bei einigen Lesern etwas hängen, das an ihnen rüttelt und sie zum Nachdenken bewegt. Sie können ja an der Fülle von Publikationen ersehen, wohin der Trend des Lesers geht und wie sehr die Menschen nach einer seelisch- spirituellen Aufklärung gieren. Diese „Gier" ist keine egomanische, sondern ein seelisches Bedürfnis, sich entfalten zu können. Selbst der analytische Verstand muss passen, wenn sich eine Logik seelischer Inhalte im Geiste ergießt. Die spirituelle Welt, die Basis unserer Seele, ist schon zu lange zugeschüttet worden, um sich nun nicht vehement ihrer Grundlagen zu erinnern. Es ist diese Er-Innerung unserer tatsächlichen Herkunft – selbst, wenn unsere Körper immer wieder mal „optimiert" wurden."

„Also, ist es im Grunde auch zweitrangig, sich auf unsere Optimierung und unseren Optimierern zu besinnen, sondern erstrangig auf das ursprünglich dahinter liegende Prinzip?!" fragte ich etwas irritiert.

„Richtig! Um so einiges zu verstehen, müssen wir uns dennoch mit unseren kosmischen Brüdern und Schwestern befassen, da sie ja zu dem hintergründigen Urprinzip zählen. Wir können nicht unbesehen vorbei an den „Engeln", „Dämonen" und den mannigfaltigen Erscheinungen eines vielschichtigen Kosmosgebildes. Nur, wenn wir den Sinn einer kosmischen Hierarchie erkennen, können wir auch begreifen, dass diese Hierarchie keine Wertigkeiten aufstellt. Mehr oder weniger Intelligent, ist nur eine unwissende Bezeichnung für den Schulintellekt, der nichts mit der inneren Urintelligenz gemein hat. Wer seine Urintelligenz benutzen kann, ist hierarchisch integriert – er zählt zum kosmischen Menschen."

Fritz bestellte sich nun ein Weißbier, um, wie er sagte, seinen Sprechapparatismus zu schmieren.

„Vielleicht haben Sie schon einmal feststellen können, wie sehr sich die Sichtweisen der Menschen voneinander unterscheiden. Das Subjektive eines jeden einzelnen Menschen erschafft sich auch sein eigenes Objektives, das für ein anderes Subjekt erst mal gar nicht existent (objektiv) erscheint. Nur in einer dynamischen Interaktion untereinander, entstehen Objektivgebilde, die dann von allen „Mitinteraktiven" gleichsam „gesehen" werden können. So ist es auch mit unserer Gedankenwelt, deren Ursprünglichkeit massivst von Objekten überlagert ist, die gar nicht zur eigenen Subjektivität passen. Hier gilt es nun, die ursprünglich individuelle Subjektivität wieder zu finden (re-ligio), um die objektive Gestaltenwelt zu überblicken. Erst daraus lässt sich erkennen, welche „Objekte" echt menschlicher Natur oder unmenschlicher Natur sind. In Neudeutsch würde man jetzt sagen: Die Matrix überblicken", referierte Frater Fritz vergnügt.

„Das würde sicherlich auch bedeuten, sogenannte Anderweltler, Außerirdische und deren Artefakte oder Basen zu erkennen – wenn ich Sie nun inhaltlich treffend formuliere. Und dies könnte uns einen Kontakt mit ihnen ermöglichen, ohne einen Kulturschock davontragen zu müssen", führte ich weiter.

„Das geht sogar so weit, dass ein Kontakt stattfinden könnte, inmitten von Menschenmassen, ohne dass diese es mitbekommen würden. Nur ein Re-Formierter, wie wir das bezeichnen, könnte dies sofort erkennen, aber kein Durchschnittsmensch", erklärte Frater Peter zum Nicken Frater Fritz'.

„Liegt darin auch mit ein Grund, weshalb Kleinkinder oftmals Wesen sehen, die Erwachsene meist als Hirngespinste abwerten? Weil Kinder noch nicht so objektiv zugeschüttet sind, wie wir Erwachsenen?"

„Thalus, Du hast es exakt erfasst! ‚Wenn Ihr nicht werdet, wie die Kinder, werdet Ihr mein Himmelreich nicht sehen', sagte vor 2000 Jahren schon jener Nazarener, der zum Christus wurde. Natürlich spielt dabei auch eine große Rolle, wie die Eltern eines Kindes vom ersten Augenblick an auf ihr Kind einwirken; da sind auch mentale Strömungen bereits ein erster Schritt, ob das Kind relativ offen oder bereits schon für eine Mentalschließung vorbereitet, zugeschüttet wird. Der zweite Punkt der Zuschüttung beginnt mit dem Kindergarten, Vorschule usw. Es ist eine enorme Aufgabe, junge Menschen von ihren Zuschüttungen wieder zu befreien! Der „Weltengeist" wird sich dagegen stemmen, das kann ich Ihnen aus eigenen Erfahrungen versichern. Denn der „Weltengeist", das morphogenetische Feld, ist die Matrix, die es zu überwinden gilt. Diese Matrix ist keine Erfindung von bösen Außerirdischen – sofern sie sich auf unserem Planeten befinden – sondern unser menschliches Planetenbewusstsein, dass kein anderer Kosmosbewohner beeinflussen noch beheben kann, jedoch überschatten. Da die kosmischen Brüder um dieses Phänomen einer jeden Planetenrasse wissen, können sie lediglich nur aus ihrer eigenen, bereits befreiten Sicht, Unterstützung geben, aber nicht persönlich eingreifen. Jede Planetenmatrix hat seine eigene individuelle Struktur, die nur die dazugehörige Spezies auflösen kann. Das ist das kosmische Prinzip der Souveränität einer jeglichen Spezies. Selbst die „Erzengelmächte" haben keine Befugnisse (Kenntnisse) dies umgehen zu können. Obwohl es immer wieder kosmische „Verwandte" gibt, die das bewerkstelligen möchten, dabei kläglich scheitern und Scherben hinterlassen. Auch jene kosmischen „Brüder" hängen noch immer bis zu einem gewissen Grad in ihrer eigenen Matrix verwoben."

Fritz legte seine Hände hinter den Kopf, streckte seine kurzen Beine aus. Ihm schienen diese Erklärungen so fließend über die Lippen zu gehen, als würde er sie täglich wiederholen. Sowohl er als auch Frater Peter wirkten auf mich weder aufgesetzt noch vergeistigt, wie man sich Menschen ihrer „Forschungsart" vorstellt. Beiden haftet eine hohe

Spiritualität an, ein enormes Wissen über Zusammenhänge und dennoch wirken sie wie ganz gewöhnliche Menschen; essen, trinken, scherzen und lachen oftmals über ihre eigenen Wortstolpereien, wenn inhaltlich der Sprachschatz nicht mehr zu einer Definition ausreicht.

Mir gefielen diese Menschen ausnehmend gut, weil sie sich selber nicht halbwegs so ernst nehmen und benahmen, wie sich gewöhnlicherweise Gelehrte zu benehmen gehaben!

„Diese Fülle an Informationen, die ich von anderer Seite erhalte, weist ebenso in Ihre Richtung, so dass ich mich wohl innerhalb eines breiten Spektrums bewegen muss bzw. kann."

Dies war einerseits eine Feststellung von mir andererseits ein wenig in Frage gekleidet. Fritz hat dies sofort erfasst.

„Aber sicher doch, Thalus. Alle „Fädensucher- und Knüpfer" haben im Grunde nur Eines im Sinn: Antworten auf ihre Fragen zu finden, sich auszutauschen, um mehr Durchblick zu erhalten. Natürlich ist keiner dabei, der alle Fragen beantworten kann – das könnte nur ein absoluter „Christus" – aber manchmal einer, der kurz vor einer gravierenden Erkenntnis steht, die der Menschheit dienlich wäre. Das ist auch der Grund, warum geforscht, spekuliert und geschrieben wird. Es gibt keine falschen Schriften – nur einen Mangel an lichter Transformation und einen weiteren Mangel an lichter Auffassungsfähigkeit. Selbst in den „dunkelsten Schriften" findet sich das Licht eines Wahrheitssuchenden, der nur noch nicht weiß, wie er es formulieren, bzw., einordnen soll. Sich vor sogenannten „negativen Schriften" zu fürchten, heißt zugleich auch, innerhalb dieser Ängste zu stecken, die er mit einer aufgesetzten positiven Verhaltensweise überspielen möchte. Beobachte einmal so einen esoterischen Positivisten, wie er sich herauszuwinden versucht, wenn ihm ein für ihn unangenehmes Thema unterkommt. Er hat es nicht verarbeitet, lehnt eine weitere Verarbeitung des Themas ab und bleibt in dieser immer wiederkehrenden Programmschleife hängen. Für ihn ist „so was" etwas Negatives, das ihm schaden könnte, ohne zu wissen, dass ihm dieses angeblich Negative nicht schaden kann, sondern nur Nutzen für Zukünftiges bringen wird."

„Es stellt sich eben nur die Frage, ob so ein Mensch überhaupt im Sinne hat, eine wirkliche Wahrheit erfassen zu wollen. Vielleicht fühlt sich sein Ego viel wohler, innerhalb seiner Verschüttungsmechanik weiter als Throninhaber zu fungieren – die Seele einmal außer Acht lassend. Die Seele wird sich schon eines Tages mal wölben und ihre Rechte geltend machen – wenn nicht in diesem Leben, dann eben in einem der folgenden", sinnierte ich nachdenklich.

„Voll ins Schwarze getroffen, mein Freund! Hierin findet sich auch der Grund des menschlichen Rollenverhaltens. Ein wahrhaft individueller Mensch benötigt keine Rollenspiele mehr; es sind nur jene, deren Individualität nicht richtig zum Greifen gelangt. Sie interessieren sich zwar für esoterische Inhalte, nehmen sich daraus das für sie am Einfachsten und sind der Meinung, den Begriff von Esoterik definiert zu haben. Immerhin bereits Menschen, die einen Teilbereich inneren Geschehens erfassen können und dies dann auch positiv in ihre Verhaltensweisen integrieren. Sie sind friedlicher Natur, oftmals ausschließlich in sogenannten „Alternativmöglichkeiten" zu finden, vielfach Vegetarier und ansonsten recht kluge Zeitgenossen. Wenn sich ihre Interessen allerdings nur auf das bereits Erkannte reduziert, besteht auch hier eine mentale Stagnation. Ich will nun nicht behaupten, ein Mystiker könne dynamischer agieren, aber er kann sicherlich keine Stagnation ertragen. Er lässt sich nicht in den Sog einer Determinierung hineinziehen und ist somit oftmals für seine Umgebung ein Buch mit sieben Siegeln. Man kann ihm auch „von Staatswegen" oder aus moralischen Erwägungen heraus nichts verbieten – niemand vermag ihn zu bremsen, wenn er einmal das Stadium eines beginnenden Mystikers erreicht hat. Nicht einmal Todesdrohungen halten ihn von seinen Forschungsarbeiten ab, weil er definitiv weiß, nur sein Körper, nicht sein Geist und sein Wissen, sind zu zerstören. Was er heute nicht vollenden kann, vollendet er eben in einem folgenden Leben."

Fritz machte exakt diesen Charaktereindruck auf mich! Diese beiden Mystiker besaßen genau die Prägung, wie man sie vielfach früheren Märtyrern nachsagte. Was mich an unserem Gespräch noch immer irritierte, war der Grund für unser Zusammenkommen. Ich wusste bisher noch immer nicht, was genau sie von mir wollten. Nun musste ich dies einfließen lassen, um zumindest für mich persönlich einen zusammenhängenden Sinn zu erkennen.

„Seltsam", erwiderte Fritz nun selbst etwas irritiert und wandte sich an Frater Peter, „Ich dachte er wüsste, warum wir zusammenkommen und was unsere Intention ist!"

„Er weiß es," entgegnete Peter ihm, als wäre ich nicht anwesend, „will es sich aber selbst noch nicht eingestehen." Zu mir gewandt sprach er: „Gleich hinter Ihrer Schädeldecke, rechts, sitzt ein Gedanke, der Ihre gesamten Nervenbahnen scheinbar blockiert – oder anders ausgedrückt, beseitigen Sie Ihre Skepsis, überwinden Sie Ihre konventionelle Sicht der sich darstellenden Realität und trauen Sie sich doch endlich das zu fragen, was Sie schon seit Oktober insgeheim wurmt." (Immer wieder fielen wir vom Sie ins Du und umgekehrt.)

Frater Peter blickte mich durchdringend an, wobei in mir Gedanken auftauchten, die sehr wohl erklärten, worauf unsere Gespräche hin zielten. Ich wagte nun einfach einen ungelenken Versuch.

„Im Grunde juckt es mich zu erfahren, ob jemand von Euch Kontakte mit Außerirdischen hat, oder vielleicht einer ist."

„Na also! Jetzt ist es heraus und hat gar nicht wehgetan – oder!?", grinsten beide faunisch. „Einige von uns haben Kontakte zu deren Nachkommen, die hier auf der Erde und unter der Erdoberfläche verweilen. Und einige von uns fungieren „nur" als Beobachter dieser Tatsache, indem sie eins und eins zusammenzählen – sowohl aus alten Schriften als auch aus neueren Begebenheiten. Und wieder einige von uns überblicken bereits ein wenig den Horizont unserer Matrix. Es ist nicht so, dass daran etwas Besonderes wäre – das ist eine kosmische und ganz logische Gegebenheit der Lebensvielfalt im Universum. Das „Besondere" wird nur von jenen daraus gemacht, die entweder keine Ahnung von lichterer Präsenz haben oder sie einfach aus niedrigen Beweggründen ablehnen. Auch geht es nicht um Techniken, die uns so dermaßen Fremd sein müssten, dass wir sie gar nicht erst begreifen könnten; das ist völliger Unsinn. Wir können wohl Enormes begreifen und auch handhaben, allerdings nur im kosmisch friedfertigen Sinne. Diese „Technik" der Anderweltler lässt sich nicht in ein Waffen- oder Angriffsarsenal verwandeln, weil die gesamte Energetik auf der Basis von Nullenergie funktioniert. Die wirkliche Raumfahrt erfolgt durch ein Ereignisfeld, in das sich weder mit Waffen noch mit Explosivantrieben eintreten lässt. Es ist alles Wirkung – und eine Wirkung ist immaterieller Natur; beinhält eine physikalische Note der „Halbmaterie". Materie, die aus einem Planenergiefeld hervorgeht und sich noch nicht verfestigt hat (Partikelströmungseffekt), fungiert als „Gefährt" durch das Ereignisfeld. Und nein – wir beide sind bloß Erdenmenschen", dozierte Frater Peter.

„Und jede „Weltraumspezies" der „freien Matrix" reist so durchs Universum. Natürlich sind dem auch gewisse Grenzen gesetzt – aber das führt hier nun im Moment zu weit", ergänzte Fritz.

„Wäre es mir möglich, mit Außerirdischen in Kontakt zu kommen", fragte ich leichthin.

Irgendwie empfand ich mich in einer völlig verdrehten Atmosphäre, so dass mir schien, ich könne nun ALLES fragen.

„Nicht mit Außerirdischen im sprichwörtlichen Sinne – aber mit Nachkommen, die seit Jahrtausenden auf der Erde leben und als Botschafter dienen, ja", warf Frater Peter lapidar in den Raum. „Und jenen, die tatsächlich außerirdischer Herkunft sind und momentan bei uns verkehren, sollte man besser nicht begegnen."

„?!?"

„Naja, intuitiv bist Du (er nannte mich nun definitiv Du) bereits fähig dafür – seelisch würde es Dich nicht verwundern – nur Dein Verstand scheint sich noch sehr in den „Vernunftswirbeln" zu sträuben. Auch dieses wird sich glätten lassen zu einer gleichmäßigen Wirbelströmung, um Deine gesamte Schwingung auszugleichen. Viel vorrangiger ist es, sich mit den Vrlnachkommen zu befassen und sie, wenn möglich, zu frequentieren", folgerte Frater Fritz, als handle es sich nur um eine schlichte Begegnung mit einem netten Nachbarn.

„Du hattest doch im Januar Deine Einweihung zum vierten Bewertungsgrat eines Vormeisters. Hierbei stellte sich bereits heraus, ob Du die Anlagen zu einem Meisterfrater inne hast und ob sich Dein Ego an die Gegebenheiten anpassen kann", erklärte Frater Peter.

„Mir geht nun so Vieles durch den Kopf – vor allem, wie wir Menschen im Grunde doch manipuliert sind, werden und uns gegenseitig weiterhin konstant manipulieren. Ist es denn nicht auch nur eine weitere Manipulation meiner Person, was sich zurzeit bei und in mir abspielt?", befürchtete ich grüblerisch.

„Manipuliert fühlt sich nur der, der die Impulse dazu nicht überblickt. Impulse können öffnen aber auch einsperren; es kommt nur darauf an, sich seelisch und verstandesgemäß in ein ganzheitliches Verstehen zu öffnen. Wovor Angst haben; was kann uns denn schlimmstenfalls geschehen? Doch nur der physische Tod, und der trifft eines Tages jeden. Wer, wie Du, um eine Folgeinkarnation weiß – nicht nur glaubt – kann eigentlich nur noch eine pur kreatürliche Furcht vor dem Sterbevorgang haben. Dieser jedoch ist zeitlich, materiell bedingt und trifft nicht auf die Mental-Seelenebenen zu. Warum sollte Dich also Jemand töten wollen, und vor allen Dingen, wofür!? Wer die ständige vorhandene Angst vor dem physischen Sterben vor Augen hat, wird nie freigeistig sein Leben begehen können."

Frater Peter blickte mich kopfschüttelnd an und fuhr fort: „Überlege doch einmal, welchen Aufwand wir machen, nur um Dich eventuell in den physischen Tod zu schicken. Das ließe sich einfacher, schneller und unauffälliger bewerkstelligen, wie Du dies erkennen könntest.

Nein, mein Freund – Dein derzeitiges Leben ist lediglich eine Anknüpfung an frühere Leben, worin die „Anderen" und Dein bereits freier Geist zu Deinem Alltag gehörten. Wir wollen Dich ja auch nicht zu Etwas drängen, was Du selbst nicht willst. Und Du entscheidest bewusst sowie unbewusst, wie es für Dich am Besten ist. Natürlich denkst Du an Deine Familie und an Dein weiteres Leben, das sich dadurch ziemlich verändern kann. Du bist stark genug, auch für Dich alleine die nötigen Schritte zu tun. Wenn Deine Partnerin Deinem Seeleninhalt adäquat ist und Du ihrem, wird sie Dich dabei sogar halten, auch wenn sie selber eventuell nicht auf dieser Ebene ein Miterleben aufweist. Ich glaube, was ich bisher durch Dich von ihr gehört habe, wir sie sogar für sich selbst daran reifen können. Und sie wird, wenn das zutrifft, in anderen Leben bereits schon Deine Partnerin oder Ähnliches gewesen sein. Du musst nichts riskieren – Du kannst nur das tun, was Dir Dein Herz, Deine innere Seelenstimme sagt."

Seine Worte drangen tief in mich hinein. Das Bildnis meiner Frau erschien vor meinem innerem Auge und ich spürte förmlich ihren Blick, der zu sagen schien: "Vertraue mir und vertraue in uns." Diese „Worte" durchströmten mich warm und ich wusste augenblicklich, dass ich nicht mehr zurück konnte.

Es kam jedoch eine völlig andere Äußerung aus mir heraus.

„Stimmt es, dass sich innerhalb der Erde Basen befinden, die von Außerirdischen, Erdenmenschen und anderen „Mentalitäten" benutzt werden? Und was hat es mit den Reichsdeutschen auf sich?"

„Nimm es gelassen hin, es ist einiges sogar sehr wahr – wenngleich weniger spektakulär, wie es gewisse Autoren verbreiten. Tatsache ist, dass die Erde über große Hohlräume verfügt, sogenannten Blasen, wohin sich die „erste Menschheit" zurückzog – die Reptiloiden. Außerirdische Freunde dieser ersten Spezies unterstützten sie, bis sie wieder die Erde verließen, wie immer wieder auch nachfolgende Menschengruppen der „zweiten Art", die sich dazu „eigneten". Darunter auch „Reichsdeutsche" der spirituellen Art (keine Mördermentalitäten), ganze Indianerpopulationen, Hunzavolkseinheiten, urwedische Menschen und andere, längst „vergessene" Kleingruppen. Sie leben und wirken (arbeiten) allerdings nicht nur „unterirdisch" sondern auch „oberirdisch". Unser Planet ist ein wahrhaft ausgefeiltes System seiner geistigen wie körperlichen Arterhaltung. Dadurch wird die Menschheit niemals durch eine Oberflächenkatastrophe in „eigenen Gnaden" gänzlich verschwinden. Es ist dies ein „Depot", um aus einer Fülle von

Artenerhaltung einer „oberflächlichen" Apokalypse vorzubeugen. Ein irdischer Neuanfang ist damit garantiert. Eigentümlich ist nur, dass die „obere" Menschheit das nicht weiß – steht dies doch in vielen religiösen Schriften und zeichnet sich zwingend logisch. Die Nachkommen der vor langer Zeit wieder verschwundenen Außerirdischen sorgen dafür, dass sich zumindest in der hohlen Erde kein „Oberflächensystem" bilden kann. Es sind im Grunde keine Außerirdischen mehr, also werden sie seit langer Zeit auch als *die anderen Menschen* bezeichnet."

„Vielleicht sind wir mittlerweile so verblendet, nicht mehr richtig Lesen zu können – inhaltliche Fixierungen nicht mehr erfassen zu wollen", warf ich etwas atemlos ein. „Mir selbst fällt immer wieder auf, beim Lesen vieler Literatur, insbesondere der „Heiligen Schriften" aller Völker, dass die Interpretation von **Unten** wie **Oben** meist nur im Sinne von Makro- und Mikrokosmos gewonnen werden. Nimmt man nun diese Bezeichnung tatsächlich auf die irdische Wortbedeutung, heißt das zweifellos, wir leben sowohl Ober- als auch Unterirdisch."

Mein Herz klopfte dabei verdächtig erregt.

„Ja! Ja – hier kommt's – das ist wirkliches, vorurteilsfreies Denken! Jetzt nimm sämtliche Informationen über die „Innerwelten", vergleiche sie mit den Aussagen vieler „Geheimlehren" – was kommt dabei heraus?", forderte mich Fritz nun ersichtlich erregt heraus.

„Dass „man" uns dies bewusst wissen lässt – dass man uns dieses „Objekt" sozusagen vor unseren Augen schiebt", entgegnete ich gespannt.

„Exakt! Und hier greift nun auch die Phänomenologie der Pyramiden, Dolme, Ley-Lines, mythologischer Sagenwelten und nicht zuletzt der Kathedralbau der Gotik, nach dem Muster der kabbalistischen Sephirotanordnungen. Und hier findest Du auch den Urgrund der theosophischen Aussagen einer Blavatsky, die das begriffen und einige Vrils, Meister, kontaktiert hatte. Und – Du wirst dabei auch erfassen können, was alle Geheimlehren in sich verborgen halten. Selbst, wenn innerhalb dieser Strukturen die Ausübung der Verschleierung der „hohen Siebenerpriesterschaft" die scheinbare Vorherrschaft ausübt – dahinter befindet sich der wahre Urgrund. Sie können ihn nicht beseitigen, ohne sich damit selbst zu beseitigen! Also wird gebogen auf Teufel komm raus. Die paar Menschen, die dies durchschauen – na, auf die kann „man" verzichten; Hauptsache, die große Masse bleibt Untertan."

„Dies wirft ein völlig anderes Licht auf alle Geschehnisse in der Welt", ereiferte ich mich, "Dies beweist geradezu, dass wir Menschen von absolut blinden und gottlosen Kräften in einer adäquaten Blindheit und Abhängigkeit von unendlichem Schmerz und Kraftlosigkeit gehalten werden; um dieser „satanischen Energie" in ihrer eigenen Schmerzhaftigkeit und Kraftlosigkeit zu dienen. In Wirk-lichkeit ist doch „Lucifer" zu bedauern! Sein Schmerz als abgefallenes Prinzip, kann sich doch nur in einer Feuersbrunst außerhalb seines Schöpfers wälzen. Könnte es nicht sein, dass alles „Teuflische" nur ein schwacher Abklatsch göttlichen Glanzes ist? Dass das luciferische Prinzip durch alle Schwingungsebenen des Universums gleichermaßen alle Dimensionen durchdringt und alles „Leben" beeinträchtigt? Dass dieses Prinzip sich „höllisch" sehnt, wieder zu seinem Schöpfer zu gelangen, aber in seinem „Spiegelsphärenverhalten" dies aus sich selbst heraus nicht erkennt? Dass es dazu uns Bewusstseinsträger bedarf, um einen Weg zurück zu finden?"

Beide Franziskaner blickten mich ernst und scheinbar atemlos an. Mir schien in diesem Moment, als könne ich etwas ganz „Epochales" oder auch etwas ganz „Profanes" gesagt haben; dennoch empfand ich keine Scham.

„Himmel – er ist näher und treffsicherer als wir dachten", prustete Frater Fritz erregt hervor. „Dennoch solltest Du weniger in einem biblischen Jargon denken, sondern Dir einfach vor Augen halten, dass alte Schriften von Leuten geschrieben wurden, die sich der damaligen Linguistik bedienten, die eben religiös durchsetzt war. Aber – Du bist schon sehr nahe am Kern."

„Das war wahrscheinlich der Grund, warum uns der werte Großmeister

Marconi auf ihn aufmerksam gemacht hat. Vor einiger Zeit, als er noch Vize-Großmeister war, ließ er mich das wissen", brummte nun Frater Peter nachdenklich.

Im Verlaufe der nächsten zwei Stunden klärte Frater Peter mich auf, dass das „Bergwandertreffen" mit mir konstruiert war. Der damalige Vizegroßmeister und derzeitige Großmeister Marconi hatten dies initiiert.

Ich kann mich heute, beim Niederschreiben dieser Zeilen, nicht mehr genau an unsere weitere Unterhaltung erinnern. Ich weiß nur noch, dass ich vollkommen erledigt und ausgelaugt nach Hause kam und mich „beizeiten" ins Bett gelegt habe. Aber an eine „Sache" erinnere ich mich noch. Meine Frau fragte mich, wie das Treffen denn so war und ich erwiderte: „Da kommt noch etwas auf uns zu, das ich im Moment weder definieren noch forcieren kann." Worauf sie erwiderte: „Ich bin schon neugierig, wie es weiter geht."

Das sagt keine Gefährtin, die nicht zumindest eine gewisse Ahnung über meinen Seeleninhalt hat!

*

April 2003 – „Einweihung"

Versuch einer Erklärung über die inhaltliche Bedeutung einer Einweihung.

EINWEIHUNG klingt nach „Geheimwissenschaft", die nur an jene weiter gegeben wird, die innerhalb ihrer inneren intellektuellen Reife das Begriffsvermögen dafür besitzen. Doch das ist so nicht richtig. Die Einweihungen innerhalb der Weisheitsschulen und mystischen Orden wird „Initiation" genannt, was Folgendes bedeutet: *Anregung von Schritten in einer geistigen Angelegenheit, zu einem Beginn einer klugpositiv tätigen Handlung innerhalb des Lebens.*

Eine Einweihung ist zuerst weiter nichts als ein geistiges Training zur Intensivierung der eigenen, innewohnenden Geistesinhalte und seiner Phantasie. Es ist ein Bewusstseinstraining, das sich langsam in ein Training zum Unterbewusstsein umwandelt (transformiert). Diese Verwandlung (auch Metamorphose bezeichnet) ist weder mysteriöser noch körperlicher Natur, sondern vielmehr eine innere Verknüpfung, um sein Geistespotential besser ausschöpfen zu können.

Mittels Symbolen, Ritualen, Meditation und Wortintonierungen können die inneren Ebenen angeregt werden, in Form von Ideen (Einfällen) in das Normalbewusstsein zu fließen. Immer wieder finden sich jedoch auch Menschen darunter, die solche „Mittelswerkzeuge", wie oben beschrieben, nicht benötigen – deren Verknüpfungen oftmals relativ einfach erfolgen.

Ein „Eingeweihter" verliert jegliche Sensationslust, darin etwas Ungewöhnliches oder gar Mystifiziertes zu vermuten; er gewinnt an Wissen und erkennt dahinter das Prinzip der „harmonischen Wahrheit", das unumstößlich ist. Was nun oftmals zu einer „Geheimhaltung" führt, ist die Tatsache, dass so ein Eingeweihter von Nichteingeweihten verhältnismäßig feindselig betrachtet wird. Der Grund liegt, wie immer, in einem oftmals nur unbewussten Neid des Uneingeweihten. Wer etwas beneidet, was er selber im Moment nicht besitzt, steht sich jedoch selber im Wege, es sich zu beschaffen, zu erarbeiten.

Einweihungen finden oftmals auch im Alltag statt, aber man bemerkt sie bisweilen überhaupt nicht. Doch jede Begegnung hat einen Einweihungscharakter, dessen man sich oftmals erst nach geraumer Zeit bewusst wird. In einer Weisheitsschule finden solche Einweihungen in einer bewusst gemachten Atmosphäre statt, um sie zu forcieren. Es ist dies ein gezieltes Erlernen, Eindrücke sofort richtig einzuordnen und sie einer bereits vorhandenen „Gesamtspeicherkapazität" einzuverleiben. Hieraus können sich enorme Wissensinhalte bilden, die sich im Alltagsleben stets einer raschen Auffassungsgabe erfreuen. Das Denken wird „beschleunigt", das Gesichtsfeld erweitert sich und man erkennt hinter Allem eine größere Ordnung, ein Schöpfungsprinzip der Unübertrefflichkeit. Daraus wiederum entwickeln sich alle Sinne in ihrer Schärfe, der Körper schwingt in einer höheren Frequenz und das Gehirn erfasst „rechnerisch verwertbar", was andere Menschen in eine Phänomenologie verweisen. Ein Phänomen ist allerdings etwas nur so lange, bis man es inhaltlich begriffen und in der Welt der Erscheinungen logisch eingeordnet hat. Was für den einen ein Phänomen, ist für den anderen „einfach logisch".

Eine „Logenhafte Einweihung" ist allerdings nur so lange von positivem Vorteil, wie sie nicht von den Mitgliedern als ein Machtinstrument ausgenutzt wird. Innerhalb jeder Loge, Geheimgesellschaft, Weisheitsschule, Mystikerorden und spirituellen Vereinigung besteht die Gefahr der „magischen Spannungsfelder". Das sind jene „Felder", die eine Erkenntnis auch zu negativen Selbstzwecken benutzen, um sich eine Machtposition zu verschaffen. So finden sich in alten mystischen Orden oftmals auch sehr alte Überlieferungen, deren Inhalt für die heutige Zeit ziemlich einschneidende Maßnahmen heraufbeschwören könnte.

Wie bereits vorher schon mal skizziert, scheiden sich innerhalb solcher „Schulen" die Geister; Machtbesessene gehen einen anderen Weg als die innerlich Harmonisierten. Die Verflochtenheit von solchen Logen ist enorm. Der tatsächliche Selbstzweck einer jeden Loge ist, die Mehrung gleichgesinnter Geister, um ein geistiges „Kraftfeld" zu erstellen.

(Ein enormes Kraftfeld besitzt die katholische Kirche, wie auch andere „Religionsinstitutionen"). Alle Kraftfelder (Archonten) zusammen bilden ein erdumspannendes Kraftfeld (Äon), das die menschliche Psyche beeinträchtigt und den einzelnen Menschengeist nicht in wirklicher Freiheit Denken und Handeln lässt. Der Ursprung dieses Kraftfelds liegt weit zurück, kann aber vom Menschen durchbrochen, überwunden werden, wenn er sich dessen vollends bewusst geworden ist. Man spricht in gewissen Kreisen vom „Siebengestirn" oder der „Siebenerpriesterschaft" – auch gelegentlich von den „Siebensinnigen". Diese Bezeichnung steht allerdings nur noch als ein Gehäuse für Etwas, wovon wir heute kaum noch eine Ahnung haben.

In einer alten Schrift werden die lemurischen und atlantischen Menschenspezies verantwortlich gezeichnet, deren „Untergangsmentalität" bis in unsere heutige Zeit „herüber gerettet" zu haben. Die gesamte Mentalitätssystematik, die bereits zwei (vielleicht mehr; „gesprochen wird von bis zu fünf – wir wissen es nicht) Spezies vernichtend geschlagen hat, zeigt ihre zerstörerische Wirkung bereits bei unserer Spezies. Verfechter dieser „Siebenermacht" wollen nicht, dass die Menschheit frei wird – sie benötigen den unfreien Menschen, um ihre „magische Macht" zu behalten. Es gibt kein Volk auf der Erde, das nicht davon beeinflusst wäre.

In „neuerer" Zeit hören wir hin und wieder von Menschen und kleinen Menschengruppen, die all dies durchschauen und ihr Leben in einer ursprünglichen Art ausgerichtet haben. Die Anastasiabücher zeugen ebenfalls davon.

Die Befreiung des menschlichen Geistes gestaltet sich dennoch als äußerst schwierig, weil alle Gesetzgebungen auf unserem Planeten innerhalb der „Siebenersystematik" aufgebaut sind. Völlig egal, welches politisches Gebilde sich in den Ländern dominant manifestiert haben – sie dienen allen zur Kleinhaltung der Menschenmasse. Eine unglaublich kleine Minderheit bestimmt und lenkt eine übergroße Mehrheit, die sich dies alles auch noch resigniert gefallen lässt! „Da kann man nix machen – das System ist halt so", ist die häufigste Aussage, was exakt die Massenresignation beweist. Gehirnwäsche in einem enormen Ausmaß findet hier unablässig statt!

Wenn irgendwann einmal eine Fußgängersteuer oder eine Herzschlagsteuer erhoben wird, nickt die Masse nur ergeben und meint lapidar: „Kann man nix machen – ist halt so." Dann steht der Sieger über die Erde fest: das luziferische Prinzip der Siebenerpriesterschaft; auch Asuras genannt!

Eine „Einweihung" kann sich der einzelne Mensch jedoch selber erwirken, wenn er beginnt, seinen Verstand einzusetzen, seine „Leistungsfähigkeit" nicht mehr zur eigenen Selbstzerstörung, sondern nur zur Lebenserhaltung gibt (3-4 Stunden Arbeit täglich reicht aus, um seine Grundbedürfnisse reichlich zu decken) und sich erlaubt, über sich selbst und über das kosmische Geschehen nachzudenken. Selbst sich ein Bild machen und nicht über eine verfälschte und allzu peinliche Medienberichterstattung und Zerstreuungsmechanismus sein eigenes Bild verfälschen lassen. Wieder begreifen, was „Ebenbild Gottes" heißt und weshalb uns immer wieder kosmische Meister (Christus, Buddha, Krishna, usw.) versuchen wachzurütteln.

Im Grunde spürt doch bereits jeder Mensch, dass etwas völlig falsch läuft – wie sehr sich die Kluft zwischen „wahnsinnig Reich" und „abartig Arm" aufgetan hat und wie es sich offenbart, was unsere politischen und wirtschaftlichen Führer in Wirklichkeit für ihre Bürger machen. Wer Wasser predigt, aber Wein säuft, ist ein Pharisäer und Verräter an der Mitmenschlichkeit – wer möchte schon von einem Verräter und unmenschlichen „Systematiker" beherrscht werden?!

Es gilt, sich selbst in dieser Welt der mannigfaltigen Erscheinungen zu informieren; sich persönlich am Schauplatz des Geschehens seine eigenen Informationen zu holen, anstatt sie sich von „Systemkonformen" völlig verdreht aufhalsen zu lassen. Einweihung ist Information und ein Eingeweihter weiß über seine persönlich eingeholten Informationen, ob sie wahr oder getürkt sind. Nur durch Erleben findet sich die Erkenntnis zum Wissen.

Unsere deutsche Sprache eignet sich doch hervorragend, um die Wahrheit von der Lüge unterscheiden zu können – man muss nur aufmerksam hin Hören, hin Sehen und hin Fühlen, wessen Zunge da spricht. Wer sich jedoch, wieder besseren Wissens, gerne einer gespaltenen Zunge hingibt, ist weiter nichts als ein Diener der Verwerflichkeit.

*

Am 27. April 2003 fuhr ich zu einem Treffen im Athos-Orden. Großmeister Marconi fühlte sich veranlasst, mich zu sehen. Das Treffen erfolgte in einer schwäbischen Kleinstadt, in einem kleinen Zentrum des Athosordens, worin monatliche Zusammenkünfte der Mitglieder für den Bereich Mittelschwaben abgehalten wurden. Mir wurde mitgeteilt, diese Gruppe als Leiter übernehmen zu können, unter der Voraussetzung der inneren Strukturen und strikten Anweisungen des deutschen Großmeisters. So sollte dieses Treffen zugleich auch eine „Einweihung" in den inneren Logenkern beinhalten – eine Prüfung meiner inneren Festigkeit und Statuten-Loyalität...

Vierzehn Mitglieder, die ich bereits aus regelmäßigen Zusammenkünften kannte, und der werte Großmeister Marconi begrüßten mich herzlich und luden mich zu einem Kaffee ein. Ein weibliches Mitglied, Sorores Martina, eine ältere Dame aus „besseren Kreisen", übernahm unser aller Bedienung.

Ich fragte sie, warum sie dies mache. „Das gehört zu meinen Aufgaben", erwiderte sie lächelnd.

„Gehört es nicht vielmehr zu unseren Aufgaben, dass ein jeder selbst sich bedient, um keinem anderen das Gefühl der Ausnutzung zu geben", fragte ich interessiert zurück.

„Es ist von jeher innerhalb des Ordens Aufgabe der Frau, zu dienen", wies mich der Großmeister kurz zurecht.

„Es ist Aufgabe, dass alle Menschen untereinander dienen und dass keine Unterschiede zwischen Weiblich und Männlich gemacht werden", entgegnete ich unwillig.

„Es gehört nicht zu Ihren Aufgaben, unsere internen Regeln zu kritisieren", brummte der Großmeister mich anherrschend.

„Es gehört sehr wohl zu meinen Aufgaben, mich dem Urgrund des Athos-Ordens zu erinnern, der besagt, es gibt prinzipiell keinen Wertigkeitsunterschied zwischen Frau und Mann – es heißt da wortwörtlich: `Beide Geschlechter sind vor Gott identisch in ihrer Berechtigung´. Mich stört schon seit längerem, dass Athosintern sowie MOHLA-Intern die Ordensprinzipien so patriarchalisch und hierarchisch ausgelegt werden."

Der Großmeister fixierte mich und alle Anwesenden hielten den Atem an.

„Frater Thalus – Sie wandern auf einem schmalen Grat Ihrer Autorisation! Wollen Sie mir sagen, wie ich den Orden zu leiten habe?", fauchte er nun erbost.

„Ja. Sie haben ihn grundsätzlich, also prinzipiell zu leiten, ohne Standesdünkel und Ansehen der darin eingegliederten Mitglieder. Handeln Sie anders, widersprechen Sie aller Inhaltlichkeit der ursprünglichen Lehre", warf ich bitter ein.

„Denken Sie, mit so einer Einstellung die Leitung einer Städtegruppe übertragen zu bekommen?"

„Gerade mit dieser Einstellung prinzipiellen Inhalts, eigne ich mich dafür. Aber, ich habe auch gar nicht vor die Leitung zu übernehmen, wenn hier mit zweierlei Maßstäben gemessen wird", stellte ich zornig fest.

„Mein junger Freund, es steht selbst in der Bibel, dass Gott die Frau unter die Würde des Mannes gestellt hat – dass der Mann die gebietende Herrschaft in göttlicher Autorisation besitzt."

„Diesen Passus kenne ich wohl. Er besagt im Kern allerdings etwas anderes – Der Mann sei der Hüter des Weiblichen. Und, vor Gott sind alle Menschen gleich", erinnerte ich ihn.

„Tja, da hat einer seine Hausaufgaben gemacht", grinste der Großmeister sarkastisch, „ aber dabei vergessen, dass die Frau auch als Unrein in ihrer Monatsblutung bezeichnet wird."

„Dieses „Unrein" bezieht sich lediglich auf eine falsche Interpretation der wahren Hintergründe, die da besagen: `Ein Mann solle nicht einer Frau Beischlafen, wenn sie ihre monatliche Reinigungsphase hat; es könne daraus nur eine abartige Triebbefriedigung und keine Achtung für das Weibliche entstehen´. Sollten Sie nicht des Lesens mächtig sein?"

„Das kann man so oder so interpretieren – wir interpretieren es so, wie es für uns Intern am Vernünftigsten erscheint", bellte er zurück.

„Man sieht ja, was daraus erwächst, wenn man interpretiert auf Teufel komm raus. Wie heute der Talmud, der Koran und die Bibel interpretiert werden, entsteht daraus immer wieder Kampf, Krieg und menschliche Erniedrigung", dozierte ich, nun relativ gelassen – ich wusste mich in einer wesentlichen Sicherheit von offensichtlichen Tatsachen.

Großmeister Marconi hieß mich mit einer barschen Handbewegung schweigen und herrschte mich an: „ Wenn Sie ein so großer Kenner des Wortes sind, warum gehen Sie dann nicht in die Politik!"

„Wo liegt da der Unterschied zu Ihrem Pharisäertum? Mir scheint eher, Sie eigneten sich besser dafür", erhob ich mich nun und schickte mich zum Gehen an.

„Halt! Bleiben Sie doch hier, Frater Thalus. Ihre Einweihung haben Sie sehr gut bestanden – wenngleich Sie Ihre Beherrschung noch etwas mehr üben müssen!"

Im Moment wusste ich nicht so recht, wie ich dies auffassen sollte. Bevor ich etwas antworten konnte, fuhr er fort: „Sie eignen sich hervorragend für eine leitende Position, werter Frater Thalus. Allerdings wäre dies eine Vergeudung Ihrer wirklichen Fähigkeiten. Es ist einigen von uns bewusst, dass Sie innerhalb eines Ordens Ihre wahren Fähigkeiten nur begrenzt ausüben könnten – und eine Begrenzung Ihrer Mentalität käme einer Kastrierung gleich. Wie mir Frater Peter und Frater Fresenius bereits eingehend bestätigt haben, könnte Ihnen eine starre Ordensmitgliedschaft kaum weitere Entwicklungsmöglichkeiten eröffnen. Außerdem sollten Sie sich nie festlegen, einem Gebilde anzugehören – selbst wenn dieses Gebilde einen noch so hehren Charakter aufweist. Wir können Ihnen die Gelegenheit bieten, als Fratermeister zu fungieren, ohne feste Mitgliedschaft, das eröffnet Ihnen noch andere Möglichkeiten, worin Sie sich „umsehen" und Ihr Wissen erweitern können. Liegt dies mehr in Ihrem Ermessen?"

„Spontan gesagt: Ja!" beeilte ich mich zu erklären. „Ich bin nicht die Persönlichkeit eines Führers; eher eine individuelle Person, einem Tatsächlichen Führer in seinen Intentionen Unterstützung bringen zu können."

„Eine „graue Eminenz", die sich hier zu gebären scheint", lächelte der werte Großmeister Marconi nun kopfnickend.

„Das kann ich nicht beurteilen. In jedem Fall aber ein Mensch, der etwas anderes zu tun hat, als in einer leitenden Position zu thronen", lächelte ich erleichtert zurück.

„Sie sind ein merkwürdiger Mann, Frater Thalus. Zum einen machen Sie den Eindruck eines Leitwolfes und zum anderen den eines freiwilligen Zweitwolfes. Eine Freiwilligkeit des Zweitwolfes hat immer zum Inhalt, dass dieser im Grunde stressfreier und umsichtiger agieren kann als der herrschende Leitwolf. Solche „Typen", die sich ihrer inneren Bedeutung bewusst sind, gibt es leider nicht viele. In jedem Falle erhalten Sie von uns Unterstützung, wenn Sie sie jemals in irgendeiner Form von Informationen benötigen – das sollten Sie nie vergessen."

Ich wurde entlassen. Das heißt, der Großmeister verabschiedete sich, wünschte uns noch einen schönen und besinnlichen Tag und übertrug es mir, einen geeigneten Kandidaten für das mittelschwäbische Athoszentrum zu bestimmen.

Wir saßen noch zwei Stunden zusammen, in denen wir viel über das Für und Wider einer Leitung diskutierten. Zum Schluss einigten wir uns darauf, Frater Walter als Leiter vorzuschlagen. Er nahm die Kandidatur gerne an und würde sicherlich einen eifrigen Zentrumsleiter abgeben. In seiner „weltlichen" Eigenschaft als Mathematik- und Deutschlehrer zeichnete er sich geradezu „vollends geeignet" dafür!

30. April 2003 – Die erste Begegnung oder: Wie real ist unsere alltägliche Realität!?

Gegen 05 Uhr 15 am Morgen des 30. April 2003 riss mich das Klingeln meines „Handys" aus dem Schlaf. Obwohl ich es stets beim Zubettgehen ausschalte, musste es sich (aus bisher unerfindlichen Gründen) von selber aktiviert haben. Der Anruf kam von Frater Fritz, aus dem Klinikum Augsburg und war dringlich.

„Frater Thalus – Frater Peter ersucht Dich dringlich, zu Ihm ans Krankenbett zu kommen; er liegt seit einer Stunde im Sterben; er möchte Dir noch einiges sagen, bevor er in die große Transition eingeht."

Siedend heiß durchfuhr mich diese Nachricht. Halb betäubt kleidete ich mich schnell an, sagte meiner Gattin kurz Bescheid und fuhr mit dem Pkw ins Klinikum. Ich fürchtete mich, meinen alten Freund und geliebten Mentor zu verlieren; wollte nicht glauben, dass er mich nun alleine zurücklassen würde. Enorm Vieles musste er mir doch noch „beibringen".

Wie in Trance ging ich auf das Krankenzimmer zu und wollte nicht eintreten. Ein groß gewachsener Mann trat aus dem Zimmer, fixierte mich kurz und sagte: „Thalus – bitte ... er wartet bereits auf Dich."

Frater Peter lag halb aufgerichtet im Krankenbett und lächelte mich blass an. Er winkte mich näher und murmelte: „Nun nimm es doch schon zur Kenntnis, dass ich weiß, wann ich abgehe – und nun ist es eben soweit."

Mit einer leichten Handbewegung, die ihm sichtlich schwer fiel, bedeutete er den anderen im Zimmer, sie sollen uns alleine lassen.

„Was ich Dir jetzt noch sagen möchte, muss kein anderer hören, bzw. ist in seiner Zusammenstellung nur für Dich bestimmt."

Sein Atem rasselte, aber er habe keine Schmerzen, beteuerte er, als ich mich darüber besorgt äußerte.

„Wir haben nicht mehr viel Zeit und ich hoffe, Du teilst diese mit mir bis zu meinem physischen Ende. Es soll Dir bewusst werden, dass Sterben ein natürlicher Vorgang ist – ein Vor-Gang in eine andere Sphäre, der auch Dir eines Tages beschieden sein wird, falls Du es Dir bis dahin nicht anders einprogrammiert hast."

Mit kleinen Unterbrechungen, wobei er immer wieder kurz in eine Art somnambulen Zustand verfiel, den er mir als „Einschwingung" in die körperliche Abnabelung erklärte, teilte er mir folgendes mit:

„Wir haben beschlossen, Dich in Dinge einzuweihen, die Dir anfänglich Irreal und Unmöglich erscheinen können. Es gehört jedoch zu Deinem Leben, wie es bereits zu einigen Deiner früheren Leben gehörte. Ohne es bewusst zu wissen, bist Du ein findiger Mensch, der gewissen Geheimnissen schon in früheren Leben auf die Spur gekommen ist. In einem Deiner früheren Existenzen warst Du ein rebellischer Bischof, nicht besonders tüchtig in kirchlichen Belangen, dafür allerdings besonders tüchtig in Logenbelangen. Als Du hinter ein Geheimnis um die Siebenerpriesterschaft gekommen bist, wurde es für Dich äußerst gefährlich. Deine Erkenntnis, dass sich hinter den Kulissen des Weltgeschehens eine sehr wirksame Kraft als die der obersten „Regierung" verbarg, hast Du dies an die Öffentlichkeit gebracht. In den damaligen „Medien", von vor ungefähr 120 Jahren, zeitigte sich dies allerdings nicht einschlagend, so dass Du Dich mit einem Kardinal aus Florenz kurzgeschlossen hast. Dieser veranlasste – aus Sorge um die Kirche – dass Du exkommuniziert und getötet wurdest. Das war nicht sein Werk; es war das Werk der Loge, woraus Du Deine Erkenntnisse gezogen hast! An einem Freitag wurdest Du von drei „Meuchelmördern" von einem hohen Felsen hinuntergestürzt. So wurde es uns überliefert. Auch wurde uns überliefert, dass jeder einzelne Menschengeist seine individuelle Schwingungsfrequenz (Signatur) besitzt, mittels der man eine „Identifizierung" in einer späteren Inkarnierung vornehmen kann. Schon vor über 20 Jahren bist Du „lokalisiert" worden – per „Zufall." Diese Lokalisation fand bei Deiner Inhaftierung statt, als Du damals für einige „verwirrende Taten" zu einer Haftstrafe verurteilt wurdest. Ein höherer Beamter in „Deiner" Justizvollzugsanstalt erkannte in Dir sehr schnell einen hellen und wachen Geist, der allerdings um Hilfe schrie. Dieser Mann erzählte seinen Freunden, einer Gemeinschaft von „Schwingungsforschern", von Dir, die ihn beauftragten, sich eingehender mit Dir zu befassen. Nach drei Jahren Haft, wovon Du zweimal ausgebrochen warst und Dir selbst „Urlaub" genommen hast, wie Du nach Deiner Rückkehr in die Haftanstalt so treffend erklärtest, konnte Dich dieser Mann „definieren". Vielleicht erinnerst Du Dich noch an eine treffende Aussage dieses Mannes, als Du von Deinem 13-monatigem „Urlaub" freiwillig wieder in die Arrestierung zurückgekehrt bist. Er sagte damals zu Dir: „Es ist schon ein erhebendes Gefühl, zu wissen, dass man sich scheinbar unsichtbar machen kann, wenn einem nach Urlaub zumute ist – oder!?"

Möglicherweise hast Du das damals nicht sinnig verstanden; es hieß soviel, dass „Sie" stets wussten, wo Du Dich befindest, was Du machst und worin Du Dein „Lehrprogramm" intuitiv gesucht hast. Nicht die Justiz wusste davon – dieser Mann mit seinen Freunden wusste davon!

Deine Aufenthalte in Holland, Deine Reise mit einem holländischen Journalisten nach Äthiopien, Sudan und Senegal, Deine Bekanntschaft mit dem Sohn eines Senegalesischen Politikers, eines jungen Sheikhs, Deine Kurzreise nach Tel-Aviv und alle Deine Eindrücke daraus, haben Dich in eine Rohform, „zugehobelt", um Dein Begriffsvermögen für das Weltgeschehen zu schärfen. Du hättest es anders, bequemer und weniger abenteuerlich haben können – aber Du musstest deine Zuschüttungen niederreißen, Deinen Zorn und Deine inneren Ängste in den Griff bekommen. Du kamst als ein anderer Mensch wieder in die Haft zurück – so haben wir erfahren. In Dir leuchtete ein Erkennen über Zusammenhänge und hast begonnen, auch über diesen Mann in der Haftanstalt zu überlegen; hast Dich mit ihm sozusagen angelegt, um ihn auszuforschen, warum er Dich so intensiv frequentiert. Dies war das Zeichen für den Mann, sich von Dir zurückzuziehen – Dich Deinem Restaufenthalt in Haft zu überlassen. Aus dem Hintergrund jedoch ermöglichte er Dir, jede Literatur zu bekommen, die Du gewünscht hast – über den Anstaltspfarrer, so dass es nicht auffiel.

Kurz vor Deiner Haftentlassung bist Du noch einmal auf besagten Mann gestoßen, da auch er dafür verantwortlich war, dass Du 4 Monate vor Haftende auf Bewährung entlassen wurdest – was Du aber nicht wolltest. Du sagtest, Du möchtest Deine Zeit bis zur letzten Minute ableisten, um weder Staat noch "sonst wem" etwas schuldig zu sein. Deine Weigerung wurde nicht akzeptiert und Du am 06. Dezember 1988 auf Bewährung entlassen. Schon nach zwei Monaten hast Du Dich Deiner Bewährungsauflagen entzogen, bist zuerst nach Spanien und anschließend nach Holland gegangen, wo Du ein knappes Jahr gelebt hast. Dies war die Zeit Deiner inneren Stärkung, wobei Du viele Informationen über Deine persönlichen Stärken und Schwächen gesammelt hast. Und innerhalb dieser Zeit bist Du Leuten begegnet, denen Du demnächst wieder begegnen wirst. Diesmal bewusst und auch in ihrer individuellen „Beschaffenheit". Es gibt zig-Zehntausende Deiner „Art", Frater Thalus. Aber jeder von Euch ist ein bisschen anders. Ihr habt Eins gemeinsam: Ihr werdet Euch bewusst über kosmische Zusammenhänge und den irdischen Verhältnissen."

Frater Peters Worte wurden immer leiser und er flüsterte noch kurz: „Freund – ich gehe jetzt meiner nächsten Inkarnation entgegen, die nicht mehr hier auf der Erde sein wird. Freue Dich mit mir, lege Deine Furcht vor dem Sterbevorgang ab und begleite mich noch eine Stunde, auch, wenn ich meinen Körper bereits verlassen habe. Achte auf alles und sei mein Führer aus dieser Welt in eine andere."

Seine Gesichtszüge veränderten sich rasch. Zuerst verlief eine kurze Blässe über sein Gesicht, der Blick seiner Augen, die auf mich gerichtet waren, verlor sich und sein Körper zuckte kurz zusammen. Ein langes und endgültiges Ausatmen ließ seinen Körper schlaff werden. Eine leichte Röte überflutete sein Gesicht, das sich leicht lächelnd entspannte.

Frater Peter war verstorben und sein Körper ein deutlicher Beweis, dass dieser „Akt" ein vollkommen natürliches Geschehen in der „natürlichen" Welt sei.

Eine Krankenschwester und ein Arzt stellten kurz darauf seinen Tod fest und wollten mich hinaus bitten – es sei nun an der Zeit, „ihre Arbeit" fortzusetzen. Ich erklärte Frater Peters Wunsch, noch eine Stunde bei ihm zu verweilen, worauf sie äußerst mürrisch eingingen.

Die Stunde verging in unsäglichen Gedanken zwischen Trauer und Verstehen. Mein bisher „größter" Freund war nicht mehr und dennoch wird er immer sein. Die Empfindungen, die uns beim Ableben einer geliebten Person überschwemmen, sind oftmals kreatürlicher Natur, aber auch seelischer Komponenten. Auf der seelischen Basis verstand ich alles; war bei dem Individualgeist „Frater Peter" und spürte eine höhere Ordnung, die in diesem Moment auch mich warm umfing.

Peters Rosenkranz und seinen Siegelring gab ich anschließend Frater Fritz, der mir den Rosenkranz als Andenken überreichte.

Gegen Mittag kam ich wieder nach Hause. Ich war aufgewühlt und dennoch in keiner Weise schockiert. Mir war etwas eröffnet worden, das ich als etwas sehr Großes und Erhebendes durch mein ganzes Leben werde tragen können.

Die Kenntnisse um meine Person, wie ich sie an Frater Peters Sterbebett erfuhr, wunderten mich kaum noch. Irgendwie erschien es mir logisch, dass sich innerhalb meines Lebens etwas abspielte, was mich immer mehr in ein lichteres und breiteres Bewusstsein bringen wird.

*

Einige Tage später, bei dem gemeinschaftlichen Abschied von Frater Peter, im Kreise seiner Freunde, trat der Mann auf mich zu, den ich aus Frater Peters Sterbezimmer kommen sah. Er begrüßte mich herzlich und stellte sich als „Bruder Ulluer" vor. Irgendetwas erinnerte in seinem Namen daran, ihn schon einmal gehört zu haben, bezog dies jedoch auf einen „verbalen Zufall".

Die Abschiedsfeier war ausgefüllt mit andächtigen, aber humorvollen Anekdoten aus Peters Leben. Es war eine Zusammenkunft von Freunden, wie sie mir bei „Beerdigungen" neu, aber sehr angenehm war.

Frater Fritz nahm mich unter seine „Fittiche", wie er sich ausdrückte, da er nun für eine gewisse Zeit mein „Teilmentor" sein würde.

„Als unterstützender Faktor, wenn Du mal ins Schleudern geraten solltest", klopfte er mir freundschaftlich auf die Schulter.

„Wenn Du möchtest, stelle ich Dich einem Mann und einer Frau vor, die Frater Peter sehr lange kannten. Der eine ist jener, der sich Ulluer nennt, und die Frau heißt Mara. Sie können Dir so einiges erzählen, was kosmische Wahrnehmung bedeutet und woraus diese sich zusammensetzt", stellte Fritz, mich neugierig betrachtend, in den Raum.

Mir war danach zumute.

Der Mann und die Frau hoben sich etwas von den anderen Anwesenden hervor – mir kamen sie sehr ruhig und alles beobachtend vor. Auch ihr Aussehen hatte etwas „Feineres", als man es vom Durchschnittsmenschen gewohnt ist – beinahe etwas Vergeistigtes, dachte ich dabei. Und sie schienen mir irgendwie vertraut – besonders er. Doch ich kam nicht darauf. Wir unterhielten uns eine geraume Zeit, wobei ich feststellen konnte, wie sehr ihr Vokabular in einer schier glänzenden Sauberkeit vibrierte. Er hatte ein wenig Ähnlichkeit mit David Bowie, dem Multikünstler unserer Zeit und trug einen schönen Gehstock, den ich bewunderte.

„Das ist eine meiner großen Schwächen – ich sammle diese schönen Stücke, benutze sie nur aus einer Laune der Eitelkeit heraus – ich bin hierin wohl ein Snob, wie die Menschen sagen", lächelte er.

„Ich sammle Gürtel", folgerte Mara, „in jeder nur erdenklichen Aufmachung – aber sie müssen Handarbeit sein, woraus man noch die Aura des Meisters dieser Kunst ziehen kann. Wissen Sie, dass echte und reine Handarbeit einen Teil des Seeleninhalts des Herstellers beherbergt?"

„Möglicherweise übt genau das die Faszination einer Handarbeit aus – man spürt förmlich die Gedanken des Handwerkers in seiner Arbeitskonzentration", entgegnete ich.

„Ja. Es ist allerdings eine seelische Gedankenkonzentration von schöner und positiver Wirkung. Viele „Gegenstände" schwingen zumeist nur in einer traurigen und negativen Schwingung – gerade so als hätte der Hersteller dies nur aus purem Egoismus und Herzlosigkeit anfertigen müssen", warf Mara ein und nippte an ihrem Pfefferminztee.

„Nun – das nennt man, glaube ich, „alltäglicher Brotverdienst" – Arbeiten gehen – seine Pflicht tun und darüber hinaus nicht länger Nachdenken, welchen Sinn diese Tätigkeit überhaupt auf das eigene Leben wirft", fügte ich nachdenklich hinzu und fragte mich plötzlich, wie ich auf diese Idee kam!

Die beiden blickten mich aufmerksam an, so dass ich fast verlegen wurde. Ulluer bemerkte das und meinte, meine Überlegungen seien wesentlich und der Mensch solle doch im Grunde nur das Wesentliche tun.

„Der Sinn einer Tätigkeit wirft ein Licht auf den „Betätiger", das entweder wesentlich oder unwesentlich ist. Ein anderes Wort für Wesentlich wäre in Ihrer Sprache vielleicht: Achtungsvoll oder Erbaulich. In meiner Sprache klingt dies zumindest in dieser Richtung."

„Und welche Sprache ist Ihre Muttersprache?", fragte ich ihn interessiert, doch Frater Fritz wieselte mit der Nachricht dazwischen, wir sollten nun die kurze Andacht abhalten.

Obwohl ich im Anschluss versuchte das interessante „Pärchen" nochmals zu kontaktieren, schienen sie bereits gegangen zu sein. Etwas enttäuscht brummte ich Frater Fritz an, er sei genau im falschen Moment in unsere Unterhaltung hinein getrampelt.

„War sie so interessant?", fragte er grinsend.

„Ja!"

„Naja – dann machen wir eben ein erneutes Treffen mit ihnen aus! „

„Wer sind die denn eigentlich?", stellte ich ihm diese Frage.

„Die? Ach, das sind zwei Vrilmenschen", ließ er mich stehen und begab sich schnell zu einer kleinen Gruppe, die sich auf den Heimweg machen wollten

Ich blickte ihm wohl ziemlich dämlich nach, war wie vom Donner gerührt und verspürte langsam einen in mir hochsteigenden Zorn, der sich in einem unwilligen Kopfschütteln und „Du scheinst ja Plemplem zu sein" herausrutschte.

Hinter mir lachte eine Frau, die zu mir sagte, ich solle Frater Fritz nicht so titulieren – er könne sich darauf sicherlich noch mehr einbilden!

„Wissen Sie, er ist einer jener Menschen, der furchtbar stolz ist auf seine Äußerungen – besonders auf die, die anderen auf das Gemüt schlagen."

„Das scheint auch der gravierende Unterschied zwischen ihm und Frater Peter zu sein", maulte ich ungehalten, „ihm fehlt die gewisse Note der eindringlichen Feinsinnigkeit."

„Sagen Sie das nicht; Frater Fresenius (Fritz) ist ein hervorragender Kenner der Sprachschwingungen! Seinen Worten liegt meist ein besonderer Tiefgang zugrunde, den man sich erst mal selber erarbeiten muss", lächelte die dunkelhäutige Frau. Ein schwer zu schätzendes Alter, leicht ergrauende Haare, ein herbes Gesicht mit einer hohen Intelligenz, die aus ihren grauen Augen leuchtete. „Möglicherweise sind Sie mit dem Ableben Peters noch nicht im Reinen, weil Sie nun Fritz als so „Anders und Unakzeptabel" betrachten. Nehmen Sie ihn doch einfach als einen völlig anderen Charakter; einen Menschen, der anders gestrickt ist als Peter, weil Sie persönlich dies nun auch benötigen."

„Woher wollen Sie wissen, was ich benötige?"

„Das sehe ich doch. Sie benötigen eine Gegenüberstellung der Geistesinhalte Frater Peters – sozusagen das Diametrale einer Heiligenfigur", äußerte sie sich nun ernster.

„Ich habe Frater Peter niemals als einen Heiligen betrachtet. Für mich war er viel mehr ein Mensch, der mich in gewisser Hinsicht hat öffnen können. Zudem waren all seine Informationen so aufbereitet, dass sie mich in die Lage eines schnellen Verständnisses dafür brachten", entgegnete ich empört.

„Das mag ja sein. Dennoch werten Sie – Sie nehmen Maß innerhalb eines „Peterschen" Maßstabes. Fritz müssen Sie eben mit dem „Fritzschen" Maßstab messen, den Sie allerdings selber erstellen müssen. Das können Sie nur, wenn Sie ihn vorbehaltslos so annehmen, wie er erscheint. Wir alle sind doch nur eine Erscheinung unseres individuellen Inhalts. Ich meine den Inhalt, der nicht gekünstelt aufgesetzt wird, um als etwas völlig Anderes zu erscheinen – dieses Maskenspiel können Sie von Frater Fritz nicht erwarten. Er ist in seiner Inhaltlichkeit essentiell, authentisch und in einer besonderen Form sogar sehr spirituell markant", dozierte sie nun mit einer Eindringlichkeit, die mich beschämte.

„Sie mögen sicherlich recht haben – wahrscheinlich tue ich ihm unrecht, weil er nicht so ist, wie ich ihn gerne hätte", warf ich ernüchtert ein.

„Genau! Geben Sie ihm eine Chance – er gibt Ihnen mit Gewissheit alle Chancen seines Seins", verabschiedete sie sich und begab sich in das Foyer des kleinen Pfarrheims, wo wir Abschied von Peter feierten. Bevor sie endgültig ging, kam sie nochmals kurz zurück und flüsterte mir ins Ohr: „Und Ihre Verwirrtheit betreffs „Menschen" der anderen Mentalität, können Sie getrost in den Müll werfen."

Sie ging flotten Schrittes davon.

Fritz gesellte sich zu mir und fragte: „Na – schon Frau Marconi kennengelernt? Ein sehr spitzzüngiges und erfolgreiches Chansonette aus

Frankreich – mit einem Faible für die deutsche Kultur und allem, was damit grundsätzlich zusammen hängt. Sie war mal 12 Jahre mit Peter liiert – laut Ihrer Aussage sollen diese Jahre ihre unruhigsten und lehrreichsten gewesen sein."

Fritz hakte mich unter, zog mich behutsam in die Sakristei, wo er mich ernst ansah – mich fragte, warum ich innerlich so verkrampft sei.

„Das liegt an Deiner Art, Dich auszudrücken – und am Umstand des heutigen Gehörten; vielleicht glaube ich auch nicht, dass diese Anderen, diese Vrilmenschen, so einfach herumgehen und sich so gewöhnlich Menschlich gebärden. Gehstock – Gürtel – snobistisch; das sind doch keine Merkmale von Wesen einer höheren Mentalität", knurrte ich ungehalten und nachdenklich.

„Sie kommen ja auch nicht aus einer anderen Dimension – sondern aus dem gleichen Ereignisfeld wie wir Erdenmenschen. Mit dem Unterschied, dass sie auch andere Ereignisfelder erreichen können, wenn sie das mental möchten. Und was nun deren Sammelleidenschaft betrifft – würdest Du nicht Gegenstände aus anderen Lebensbereichen sammeln, wenn Du wüsstest, dass Dein Aufenthalt darin nur von begrenzter Dauer ist? Und, denkst Du nicht, Wesenszüge einer anderen Speziesmentalität anzunehmen, wenn Du geraumer Zeit unter ihnen leben würdest?"

Er sah mich lächelnd an.

„Was soll ich glauben, Fritz?", entgegnete ich müde werdend.

„Nur das, was Du nicht weißt – alles andere solltest Du dem Wissen hinzufügen. Aber im Ernst: Nur, weil viele von **IHNEN** nicht aussehen wie in Mutanten-Filmen, heißt das noch lange nicht, dass es sie nicht geben kann! Einige von ihnen sehen tatsächlich etwas ätherischer aus und sie behelfen sich mittels sprachlicher „Mimikri", um uns Normalmenschen nicht zu erschrecken – und sich selbst vor unserer sprichwörtlichen Mordlust über Andersartigkeit zu schützen. Du wolltest herausfinden, was unsere Welt bestimmt, wie sie sich zusammenstellt und was im Hintergrund abläuft. Du willst wissen, warum sich unsere Welt so darstellt, wie sie sich darstellt; dazu gehört aber auch eine Portion Mut, nicht gleich bei jeder x-beliebigen Annäherung sofort wieder in die gewohnte Art des zugedeckten Denkens zu verfallen! Entweder, Du möchtest WIRKLICH wissen, was abläuft, oder, Du suchst nur nach Effekthascherei – dazwischen liegt die „sorglose" menschliche Einfältigkeit."

„Fritz, Deine Worte können ziemlich nerven, weißt Du", warf ich nun lachend ein, „ Aber ich denke, so wirst Du eben sein."

„Natürlich bin ich wie ich bin – ich bin w-i-r-k-l-i-c-h so, wie ich bin! Was sollte ich denn Anderes sein als ich selbst?! Selbstverständlich bin ich in erster Linie ein ganz gewöhnlicher Mensch mit Macken und Schrullen, der genau weiß, dass gewisse Vorlieben bei anderen auf Widerstand oder Ablehnung fallen. Doch das stört mich nicht mehr, Thalus. Wenn jeder Mensch immer nur einem anderen zuliebe agiert, agieren wir doch aneinander vorbei. Niemand ist echt SICHSELBST und was bleibt am Ende von diesem Theaterstück als Ergebnis übrig? Das **Selbst-Verständliche** eines jeden Individuums bliebe im Verborgenen und das Leben wäre eine komplette Gottesleugnung. Alle Menschenwesen im Universum sind doch aus dem Geiste Gottes – aus **DEM PRINZIP** schlechthin. Unsere Aufgabe ist es, als Informationssammler innerhalb der Materie in einem vollkommenen Bewusstsein der Rückkoppelung zu agieren. Welchen Sinn hätte es dann, innerhalb seiner individuellen Schwingungen sich eine Schwingung eines Gegenübers aufzuhalsen und diese dann als eine laue Spekulation zur ALLGEISTIGKEIT zurück zu melden?! Jeder soll sich selbst innerhalb seines „Programms" erproben und handeln, um eine klare und reine Erkenntnis zu zeitigen. Handlungen innerhalb einer anderen Mentaleinfühlung – wenn ich so tue, als wäre ich Frater Peter – zeitigen keine wirklichen Ergebnisse; ich spiegele etwas, was ich gar nicht zu spiegeln in der Lage sein kann! Nur in der angelegten, individuellen Authentizität kann ich hinter die Kulissen blicken und erkennen, wer sich in den Welten der Materie herum tummelt und warum Dieser oder Jener das tut, was er tut."

„Du hast ja Recht, Frater Fritz. Alles, was Du sagst, ist stimmig und somit prinzipiell richtig. Es ist nur so, dass ich wahrscheinlich Furcht vor späteren Konsequenzen habe. Keine Furcht vor etwaigen andersgearteten Mentalitäten – viel eher eine Furcht vor meinen Artgenossen", sinnierte ich.

„Das ist die Furcht vor Wahrheit, mein lieber Freund – die größte Furcht der Menschheit ist die Furcht vor sich selbst. Und die größte Handhabe von Mächten, die damit bewusst auf der menschlichen Unterdrückungsklaviatur spielen. Zu sagen, es gäbe tatsächlich keine negativen Mächte und nur unsere eigene schlechte Phantasie sei dafür verantwortlich, zeugt doch schon von der Gehirnwäsche der Menschheit! Hierbei wird dem Menschen suggeriert, nur er selber sei schuld, wenn er an die menschliche Unterdrückung durch eine dahinterstehenden Macht glaube; er würde damit das Böse nähren, ihm huldigen und darüber vergessen, wie gut es uns doch im Grunde allen ginge, wenn wir das Maul hielten! Es ist exakt diese Form der psychologischen „Kriegsführung" einer „schwarzen Macht", die es nicht zulassen kann, dass der Mensch sich zu einem kosmischen „Brudermenschen" entwickelt. Einem kosmischen Menschen kann diese Macht nichts mehr abringen – er ist „verloren" für den „teuflischen Zugriff" und bringt nichts mehr ein, außer Ärger und Aufdeckung."

„Und was ist denn nun mit jenen, die Du „unsere anderen Freunde" nennst – welchen „Stellenwert" haben sie für uns Erdenmenschen; was wollen sie von uns, das sie selber bereits nicht schon haben müssten?", fragte ich provokativ.

„Denk doch mal nach! Wir sind eine Spezies, die sich allmählich zu einem kosmischen Bürgertum aufschwingt – im wahrsten Sinne des Wortes! – vehement in den Wehen liegt und jeden Moment Gefahr läuft, von den „Dunkelmächten" vernichtet zu werden. Es ist eine Frage des spirituellen Kräftemessens zwischen kosmischem Bewusstsein oder nur planetspezifischem Bewusstsein. Hierin liegt auch der Schlüssel zur Erkenntnis der Bezeichnung, *Wie Oben so Unten.* Auch der *Kampf der himmlischen Heerscharen gegen das luciferische Heer* zeugt symbolisch von diesen Vorgängen. Es ist doch nicht nur ein irdisches „Vorrecht" einen Kampf zwischen Gefangenschaft und Freiheit zu führen; es ist eine kosmische Tatsache. So, wie es unser Universum gibt, besteht daneben ein konträres Universum, die sich einander bedingen. Materie und Antimaterie ist eine Bezeichnung, eine andere, **diametrale Polung** oder auch **Waagschale der physikalischen Gesetzmäßigkeit von Ursache und Wirkung.** (Schwierig, dafür andere Worte zu finden – sie klingen so abgelutscht). Nehmen wir die Bezeichnung „Universum" im Sinne einer bipolaren Aufrechterhaltung der stofflichen Wirklichkeit, so muss es zwingend auch einen Gegenpol zu allen Erscheinungen geben. Unser Geist reicht nicht an die tatsächliche Definition dessen heran. Aber wir können die Wirkungsweisen erkennen, die nun mal auch darauf hinweisen, dass sich ein Menschenwesen auch für das „gegenseitige Schwingungsfeld" entscheiden kann; dies wirkt dann in dieser Schwingungsebene zerstörerisch, zersetzend und **Ab-Artig**. Abartig heißt doch nichts anderes, als von einer anderen, für uns zerstörerischen Art „betroffen" zu sein. Es gibt Menschenwesen im Kosmos, die für uns so gefährlich sind, wie purer Sprengstoff! Uns bewegt eine kosmische Strahlung, die diese Mächte gerne auch für sich haben möchte, sich jedoch nicht physisch dafür eignen – deshalb versuchen sie alles, dieses „Phänomen" zu ergründen. Hierbei setzen sie machtgierige Erdenmenschen als ihre Helfershelfer ein, um die Menschen so lange wie eben nur möglich, in dieser Strahlung (Schwingung) zu halten. Eine Höherschwingung in eine höhere Form der kosmischen Strahlung können sie nicht mehr unbeschadet erforschen, geschweige denn beeinflussen. Der mythologische „Luzifer" kommt nicht von Ungefähr – er ist das Synonym dieser fremden Mentalitätsmacht. Unsere wirklichen kosmischen Freunde jedoch stehen uns bei, nicht gänzlich in den Absturz des individuellen Negierens einer kosmischen Gesamtschöpfung zu verfallen."

„Das heißt aber doch auch, dass selbst „Sie" kein Allerheilmittel gegen diesen Störfaktor aus dem Gegenuniversum besitzen", warf ich ein.

„Doch! Sie haben das „Allerheilmittel" intus – das ist ihr höheres Schwingungsfeld, das sie sich, wie nun auch wir, bereits vor vielen Jahrtausenden und mehr erarbeiten mussten – wiederum von schon bereits befreiten Spezies. Woraus sich das alles erschöpft hat, weiß niemand mehr zu eruieren – aber in vielen Schriften heißt es eindeutig, „GOTT" habe sowohl Luzifer als auch die Erzengel geschaffen, um eine materielle Wirklichkeit der Erkenntnis von Positiv und Negativ zu bedingen. Ob sich nun nur innerhalb energetischer Faktoren diese prinzipielle Unumkehrbarkeit oder auch innerhalb einer kreatürlichen Erscheinung aufweist, ist doch nur eine Frage des Verstehens. Eine Energetik ist stets begleitet mit ihrer inhaltlichen Matrix der materiellen Manifestation in der physikalischen Feldebene. Nichts, was jemals bewirkt wurde, ist leblos – alles ist lebend, existent und in seiner Erscheinung ein absolut fester Bestandteil kosmischen Geschehens. Da mag sagen wer will, das Luziferische sei nur eine Metapher – auch eine Metapher hat ihren reellen, fassbaren und existentiellen Hintergrund. Wer das Licht annimmt, aber den Schatten dahinter ablehnt, wird vor lauter Helligkeit darin verbrennen – das heißt: Wo Licht ist (Energie) bedingt sich daraus auch Schatten (Materie). Noch so kluge Assoziationen von geistreichen Menschen können nichts an der Tatsache ändern, dass unsere Welt sowohl im Griff des Christusprinzips als auch des Luciferprinzips ist. Das war und ist die „erste Bedingung Adams" – die „zweite Bedingung" ist der göttliche Adam, der das Luciferprinzip sowohl in energetischer als auch in physischer Körperlichkeit überwunden hat; dahin sollen wir Menschen uns entwickeln. Und dahin haben sich unsere „Anderen" annähernd entwickelt."

Mir fiel auf, dass Frater Fritz alles in einer lockeren und aufheiternden Atmosphäre sagte – mit einer inneren Gewissheit essentieller Dichte!

„Wenn wir also unser Weltgeschehen betrachten, worin wir heute agieren und reagieren, so können wir darin das „Kriegsgeschehen" der beiden Prinzipien sehen", folgerte ich. „Wir können uns auch darüber entheben, wenn wir nicht dagegen angehen, sondern diese Tatsache einfach als das einstufen, was sie darstellt: Die Wehen einer Spezies, die sich zu befreien beginnt. Die sogenannten Dunklen Hintermächte, die „Geheimregierung" unserer Welt ist ein faktischer Bestandteil innerhalb dieser Geschehnisse, den aufzudecken es sich „gesundheitlich" scheinbar für einen Menschen nicht lohnt. Wohl aber lohnt, mittels dieses Wissens für sich die Konsequenzen zu ziehen. Ein Kampf gegen diese „Dunkelmächte" hieße folglich auch, sich auf eine gefährliche Faszination, die diese Mächte ausströmen, einzulassen – gleichsam würde man hinein gesogen werden oder sich zumindest mit diesen Strömungen seelisch infizieren!?!", folgerte ich interessiert.

„Du hast es erfasst. Dennoch kann sich ein „Kulissenschieber", wie wir es sind, nicht gänzlich heraus halten. Es liegt innerhalb unserer karmischen Verantwortung, darüber aufzuklären. Wenngleich sich dies äußerst schwierig gestalten kann, erhalten wir von unseren Freunden, den Anderen oder Anderweltlern eine konstante seelische Unterstützung. Vielen von uns "Eingeweihten" – wie dumm sich dies auch anhören mag – werden Energien zu unserer Unterstützung in konzentrischer Form übermittelt. Was für einige wie Channeling, Jenseitsaussagen oder spirituelle Eingaben erscheint, erfahren wiederum andere in einem direkten Kontakt.

In allem liegt faktisch allerdings ein „Direktkontakt" – wer ihn nun als individuellen, persönlichen, physischen Kontakt erfährt, kann sich sicher sein, dass Erstkontakte bereits in früheren Leben stattgefunden haben. Hieraus ergeben sich ganz einfach logische Konsequenzen eines Wiedersehens und einer Anknüpfung früherer Aufgabenbereiche. Ich muss kurz auf das „Anastasia-Faktum" hinweisen: „Sie" ist bereits ein freies Menschenwesen, das innerhalb der höheren Schwingungen inkarniert ist, um einem großen Menschenkreis die kosmische Wahrheit, die menschliche Ursprünglichkeit seiner Möglichkeiten, (wieder) zu eröffnen. Ihre Art der „dramatischen Intonierungen", oder „Vrilähnlichkeit" spricht jene Menschen an, die sich bereits in einer Sehnsucht nach Befreiung befinden, aber sie noch nicht für sich definieren können. „Anastasia" spricht die vedische Sprache der Rückerinnerung – klar, deutlich und für die deutschsprachigen Menschen besonders eindringlich zu empfinden. Megre ist ihr „Medium" – ein Mensch mit der Gabe der Vermarktung und einem ungeheuren Willen, den „Dunkelmächten" die Stirn zu bieten. Wie weit er dies schaffen wird, soll sich nach dem 9. Buch von Anastasia wohl zeigen. Hoffentlich zu unserem und seinem Positiven!"

Fritz kratzte sich an der Stirn und schien etwas zu überlegen. Er nickte dann und fuhr fort: „Ich werde Dich in Kürze noch einmal mit „unseren

Freunden" zusammen bringen. Das kann allerdings nur erfolgen, wenn Dir innerlich dabei keine Furcht im Wege steht. Meinst Du, das ist Dir möglich?"

„Ich weiß es wirklich nicht – es klingt alles so fremd und dennoch vertraut für mich, dass ich mich frage, was mit mir geschieht, wenn ich mich auf „so etwas" tatsächlich einlasse!? Wahrscheinlich habe ich gar keine Furcht davor, sondern nur eine Furcht, mit meinen Mitmenschen darüber zu reden. Im Zusammenhang mit diesen „Anderen" gibt es so viele Andeutungen in den unterschiedlichsten Publikationen, dass es mir schier graut. Wenngleich – ich muss ja vorerst, oder auch nie, darüber reden – oder!?"" fragte ich zögerlich.

„Wie Du meinst. Es zwingt Dich ja niemand zu etwas, was Du selber nicht möchtest. Und wenn es nur für Dich persönlich eine Art der „Bewusstseinserweiterung" ist, so ist dem schon reichlich Genüge getan. Also, ich frage mal nach und rufe Dich an. Du kannst mich auch besuchen, wenn Dir danach ist oder wir können einfach nur mal miteinander Grillen, gut Essen und es uns einfach gutgehen lassen", entgegnete er, als handle es sich nur um belanglose Dinge!

Auf der Fahrt nach Hause machte ich unterwegs eine Rast an einem Wanderparkplatz und versuchte einen klaren Kopf zu bekommen. Das Gehen in freier Natur, alleine mit mir und meinen Gedanken, schien mir im Moment das Einzige zu sein, wozu ich noch fähig war. Ich dachte an meine Frau, Kinder und Enkelkinder – an meine paar Freunde, die mich sowieso schon als einen „seltsamen Spirituellen" betrachteten; und ich hatte das plötzliche Gefühl, mein Freundeskreis würde bald nur noch ganz winzig sein. Abgesehen von meinen „Informationsfreunden" und zwei Ordensleuten von Athos, blieben mir keine Ansprechpartner mehr. Natürlich – meine Frau! Sie und ich sind so eine Art Symbiose miteinander eingegangen, ohne dass dies jemals geplant oder vorauszusehen gewesen wäre. Es hat sich einfach so ergeben – wobei ich in diesem Moment daran dachte, ob die Bezeichnung „einfach" überhaupt zutreffen kann! Haben wir uns ineinander ergeben? Oder haben wir uns einander und dann in ein großes Mysterium ergeben? Oder ist alles viel einfacher?

Ein aus einem Busch herausfliegender Fasan hatte mich erschreckt – mein Herz klopfte bis zum Hals und ich dachte, wenn mich schon so ein Vogel so erschrecken kann, was werde ich mich eventuell erschrecken, bewusst auf die Anderen zu treffen!??

Meine Gedanken rotieren fast hörbar, wie Rotoren eines Hubschraubers, ging mir durch den Kopf – bis ich bemerkte, dass tatsächlich ein Hubschrauber über den Wald flog. Das untrügliche Zeichen für mich, endgültig Heim zu fahren, bevor einer auf mich fällt!

*

25. Mai 2003 – Einblicke in die Geburt eines insektoiden Wesens?

„Kurzer „Pausenabriss" bei der Arbeit. Während meiner Tätigkeit fielen mir einige Sequenzen meines Lebens ein. Eine ganz besondere: Die Sache mit dem insektoiden Seelenaustrittsversuch. Jetzt, nachdem ich Jahre Abstand dazu habe, frage ich mich, ob „dies" nicht einen Hinweis auf eine „Verpuppung" des menschlichen Seins beinhält – oder ein Hinweis darauf, dass Menschsein nicht unbedingt humanoide Natur bedeuten muss?!?

Während meiner Inhaftierung, nach Rückkehr eines 13-monatigen „Urlaubs", erwachte ich eines Nachts und verspürte ein körperliches Zusammenziehen in allen Gliedern. Mein Körper krampfte sich zusammen, wie ein Embryo im Mutterleib – mit dem Unterschied, dass sich das Gefühl „meiner" insektoiden Spezieszugehörigkeit innerlich meldete. Vor meinem inneren Auge „sah" ich mich als ein schlüpfendes Insekt aus meinem menschlichen Körper, in Bauchraumhöhe, heraussteigen. Ich betrachtete mich, wie „ich" (ein zwiespältiger, nicht beschreibbarer Vorgang) aus „meinem" Körper heraus steige, mich erheben möchte. Unter einer enormen Willensanstrengung und mit der Bitte zu Gott, mir zu helfen, fiel ich wieder „in mich" zurück und mein Körper entspannte sich.

In dieser Nacht war nicht mehr an Schlaf zu denken!

Jetzt, viele Jahre danach, durchlebe ich dies heute geistig wieder und mir schien, dieses Erlebnis hätte eine ganz besondere Bedeutung – aber ich weiß nicht, wie ich dies einordnen kann. Vielleicht spreche ich mit Fritz darüber.

*

Eine Woche nach diesem Eintrag in mein Tagebuch traf ich mich mit Frater Fritz wieder, der tatsächlich eine kleine Grillfeier für uns beide veranstaltete. Es gab Gemüseburger und fettes Bauchfleisch, das er besonders mochte. Im Verlaufe des Essens erzählte ich ihm von meinem früheren Erlebnis, worauf er entgegnete, ich hätte damals wahrscheinlich einen „Einblick in einen anderen Ereignishorizont" gehabt.

„Lass uns mal annehmen, Du warst in Deiner nächtlichen Entspanntheit ein offener Kanal für den kosmischen Ablauf menschlichen Lebens (alle Bewusstseinsträger sind „Menschen"). Innerhalb eines kosmischen Ereignisfeldes ereignete sich eine Geburt eines insektioden Menschenwesens und Du hast exakt dessen Wellenlänge erreicht. Während des Geburtsvorgangs bist Du kurz mit dem Seeleninhalt, oder auch „nur" mit dem kreatürlichen Geist dieses Neugeborenen in einem frequentalen Gleichklang gewesen. Du hast bemerkt, dies könne nicht seine rechte Ordnung haben und hast mittels „göttlicher Rückkoppelung" um die Trennung davon gebetet. Möglich wäre aber auch, Du hast Dich selber in einem früheren oder einem „später" folgenden körperlichen Inkarnationsprozess erfasst, bist erschrocken und die „göttliche Rückkoppelung" sorgte wieder für Deine persönliche Ordnung", folgerte Fritz vergnügt und biss in ein fettes Stück Fleisch.

„Du sagst das so, als wäre so etwas alltäglich und weniger phänomenal", brummte ich missvergnügt.

„Phänomenal ist nur das, was man nicht kennt, fremd und unwirklich erscheint und man deshalb nicht definieren kann. Ich sage Dir, Du hast da etwas Großartiges erlebt, das Dir ermöglichen kann, Reinkarnation in seiner Definition besser zu verstehen. Außerdem – wer sagt Dir denn, dass Deine Seele sich ausschließlich nur als Erdenmensch inkarniert; das wäre ja bedauerlich."

„"Wieso bedauerlich?", fragte ich wenig geistlos.

„Na – stell Dir mal vor, Du musst alle Deine Leben bis zur letztendlichen Rückkehr in den kosmischen Schöpfergeist, ausschließlich hier auf Erden wiedergeboren werden – worin läge dann der Sinn eines belebten Kosmos!? Nein. Wir müssen alle Stadien kosmischer Bewusstseinsträger, in Form unterschiedlichster Spezies, durchmachen, um ein letztendlich klares Bild vom kosmischen Leben zu erhalten. Das gesamte „Programm" *Leben* muss abgespult werden, um am „Ende" die volle inhaltliche Kenntnis davon erlangt zu haben."

Er kaute auf einer Schwarte herum.

„Das heißt aber doch auch, wir müssen auch die „Negativströmungen" mitmachen; müssen das „Böse" leben und erleben, um uns ein Bild davon zu machen", folgerte ich.

„Natürlich! Mit dem Unterschied, dass die menschliche Seele, der Geistfunken des Allschöpfers, schon nach kürzester Zeit weiß, nur im positiven „Lichte" seine Erfüllung zu finden. Ein „böser" Mensch, wie wir uns immer vormachen, ist im Grunde nur ein Mensch, der sich – vielleicht ein/zwei Leben lang tatsächlich – für das absolut „Böse" entscheidet, um anschließend daraus die Konsequenzen für das „Licht" zu ziehen. Dass wir das „Böse" so konstant durch alle Jahrtausende hindurch erleben, liegt an der Tatsache der ansteigenden Wiedergeburten Myriaden von Seelen. Immer neue, junge hinzukommende Seelen bewirken diese „Selbsttäuschung" der anhaftenden Bösartigkeit der Menschen. Das machen sich natürlich gewisse Machtblöcke zunutze, gründen Ge- und Verbote und stellen alles unter das Dogma, der Mensch sei im Grunde ohne institutionelle Religionen und Führern hoffnungslos Böse und verloren. Dem ist aber nicht so! Lasse Dir gesagt sein, diese „Führer" sind alle exakt in der Phase ihrer persönlichen „Boshaftigkeit", in ihrem persönlichen Lehrprogramm. Nur „solche Phasenverdrehte" beherrschen die Welt – sie sind in einer kläglichen Minderheit und dennoch so stark präsent für den „Durchschnittsmenschen", der sich vor ihnen fürchtet. Hierin liegt ja das Geheimnis der Höllenfürsten" – sie sind mehr Schein als Sein."

Ein weiteres Stück fetten Fleisches wanderte auf Fritz' Teller und, wie mir schien, lebte er äußerst ungesund für seine innere Reife – oder wertete ich wiederum nur nach Cliches!?

„Es ist also nur die vermeintliche Faszination, die vom „Bösen" ausgeht – die Schwingungen der Spiegelsphäre, die wir im Alltag so oft nicht durchschauen?"

„Mhm – diese Schwingungen kann nur der gänzlich durchschauen, der sie bereits „ausgekostet" und durchlebt hat; das sind dann die sogenannten „Scanner", Abtaster der wirksamen Wirklichkeit. Manche aus gewissen „Kreisen" sagen auch „Erleuchtete" dazu – aber für mich klingt das sehr hochtrabend", meinte Fritz lapidar. „Und Du, mein Freund Thalus, gehörst zu jenen, die sich bereits durch den „Untergrund der Boshaftigkeit" hindurch gewühlt haben und nun sich langsam zum Licht hin erheben. Werde gelassener und versuche nicht immer, hinter diese Kulissen der Boshaftigkeit zu blicken – Du kennst sie ja bereits und musst sie nur noch zu beschreiben lernen. Ein Überwinder erkennt das Überwundene, wohingegen ein noch in der Tiefe der Boshaftigkeit Wühlender einen Überwinder nicht so recht wahrnehmen kann – er hat noch keinen Sinn dafür. Nur ein Narr oder Weltverbesserer versucht, gegen das sogenannte Böse anzurennen und wird darin, ungeachtet seiner Stellung oder Einfluss-Sphäre, zerrieben. Davon zeugen die täglichen Nachrichten, Morde an allen möglichen Menschen, bis hin zu den Kriegen und ganzen Völkervernichtungsmaschinerien. Ein kluger „Kenner der weltlichen Szene" geht nicht dagegen vor – er ist „ihnen" immer einen Schritt voraus, lockt sie in ihre eigenen Fallenstellungen und bleibt, in der „kosmischen Regel", zumeist unerkannt. Wenn Du in der Politik oder Weltwirtschaft mal etwas von der „fünften Kolonne" gehört hast, dann kannst Du Dir sicher sein, damit sind die „Überwinder" gemeint!"

„Und was ist mit den Verschwörungs-Theoretikern, Ursachenforschern und dergleichen mehr?"

„Zumeist sind es Narren und Weltverbesserer – nur in den seltensten Fällen bewusst gelegte Fallen für die „Dunkelmacht". Gelegentlich „opfert" sich ein Überwinder, was soviel heißt, er riskiert sein Leben – muss es aber nicht zwangsläufig verlieren, weil er die „kosmisch autorisierte Wortenergie" besitzt. Aber darüber ein Andermal mehr – ich möchte Dir jetzt einige Fotos zeigen, die eine Freundin vergangenen Sommer geschossen hat."

Geschickt lenkte er das Gespräch in andere Bahnen und bis ich mich versah, befand ich mich in einer leichteren Gesprächsatmosphäre. Man kann nicht konstant in der irdisch- vielschichtigen Realität herumstochern, ohne dabei Kopfschmerzen zu bekommen. Das menschliche Leben besteht auch noch aus „irdischen" Dingen, worunter sich ganz banale „Dinge" befinden, wie Urlaubsfotos angucken.

*

Nachdenkliches

"Die Naturwissenschaft (und nicht nur diese) ist eine äußerst konservative und dogmatische Sache. Jede Bestätigung eines Paradigmas ist willkommen, jede Neuerung wird lange abgelehnt; die Suche nach Wahrheit wird vom Instinkt des Erhaltens (einschließlich Selbsterhaltung!) übertroffen. Daher setzen sich neue Erkenntnisse meist erst dann durch, wenn genügend viele Forscher in die gleiche Bresche schlagen: Dann kippt das Gedankensystem um, es kommt zu einer „wissenschaftlichen Revolution", ein neues Paradigma tritt an die Stelle des alten... Fazit: Kein Schüler, kein Student, aber auch kein Wissenschaftler oder Laie soll an endgültig bewiesene Tatsachen glauben, auch wenn es so in den Lehrbüchern dargestellt wird..."
(Professor Dr. Walter Nagl, Gentechnologie und Grenzen der Biologie, Wissenschaftliche Buchgesellschaft, Darmstadt 1987, S. 126 f.)

Vor langer Zeit erkannte der Mensch, dass alle wahrnehmbare Materie von einer Ursubstanz abstammt, einem schier unendlichen feinen Feld jenseits aller Vorstellungen, das den gesamten Kosmos (Raumordnung) erfüllt. Akasha oder lichttragender Äther, auf welches das lebensspendende Prana mit kreativer Kraft einwirkt, ruft diese Phänomene ins Leben. Mit dem „Stoßen" (verdichten) dieser Hochgeschwindigkeitswirbel durch eine unbestimmte Energetik, verwandelt „es" sich zu grober Materie.

Nicola Tesla meinte mit dieser (sinngemäßen) Aussage, der Mensch könne mittels seiner eigenen Energetik die Akashachronik anzapfen und benutzen – das geballte Wissen daraus experimentell und faktisch einsetzbar für die Menschheit nutzen. Eine „industrielle Nutzung" der Akasha-Chronik setzt allerdings einen freien und lebensfördernden Charakter voraus; selbst schon ein bloßer Gedanke mit negativen Aspekten fördert dahingehend nichts als nur erneute Verwirrung.

Vielfach wurden Akasha und morphogenetisches Feld in den „gleichen Topf" geworfen, ohne zu erkennen, dass es sich hierbei um zwei unterschiedliche Ereignisfelder handelt. Materiell- technische „Einfälle"

(Erfindungen, Erkenntnisse) entstammen dem morphogenetischen Feld unseres Planeten Erde – es handelt sich hierbei um eine geballte Ansammlung menschlichen Wissens seit „Anbeginn" der menschlichen Spezies hier auf Erden.

Das Akasha-Feld ist ein kosmisches Feld der geballten Ansammlung kosmischen Wissens, seit „Anbeginn" aller kosmischen Spezies im Universum. Das eine Feld mit dem anderen Feld gleichzusetzen, zeugt von dem Unwissen der menschlichen Spezies. Und eine bewusste Gleichsetzung durch Wissenschaft und Publikationen, zeugt wiederum von einer bewussten „Dummhaltung" der Masse, zum Zwecke einer „Minderheitsführungs-Elite".

Ich möchte hiermit nicht behaupten, Nicola Tesla habe sich „geirrt" – er verwendete die Bezeichnung „Akasha" lediglich nur in einem damaligen Wortgebrauch, der „theosophisch" gebräuchlich war. Seine Entdeckungen und Erfindungen waren reiner Natur und durchdrungen von einem Glauben, der Menschheit damit zu dienen und sie aus dem Zustand der Drangsal führen zu können. Er rechnete nicht mit einer schon damals mächtigen „Gegenseite", den Energiemonopolisten, die alle seine Patente aufkauften (eher abpressten) und in ihren Tresoren einschlossen. Somit wurde auch gleich dafür gesorgt, dass bis heute (2006) keine der Tesla – Erfindungen (und andere Erfindungen weiterer Kollegen von ihm) auf den Weltmarkt gebracht werden darf. Selbst nur für den Hausgebrauch eines kleinen Familienhaushaltes wäre die Verwendung einer dieser Erfindungen bereits eine Straftat, die massiv geahndet wird.

Ein weiterer Faktor in unserer „Geschichte der Niederhaltung" ist der Bautechnische Meldefaktor: Jede Form einer Energieversorgung wird streng von den Behörden überwacht, und ein nicht unwichtiger Faktor dabei ist das Schornsteinfegermonopol; das sorgt für die Überwachung von Heizungen. Für die Wasserversorgung und dessen Überwachung sorgt dieses Amt mittels Ableseuhren, wie auch die Stromversorgung.

Wird eine bestimmte Norm des Verbrauches unterschritten, greift das Überwachungssystem durch Kontrollen; wird der Verbrauch enorm unterschritten, dürfen Sie sich darauf gefasst machen, dass man ihr gesamtes Haus gründlichst einer Inspektion unterziehen wird! Ein Ausstieg aus diesem System ist fast unmöglich – es sei denn, man macht es langsam und ebenso raffiniert, wie diese Lobby; denn eine „philosophische Lebensform", die weder viel Wasser, kaum Strom verbraucht und noch weniger Heizkosten verursacht, ist noch nicht verboten!!

Wer für sich selbst erkennt, wie sehr er bereits schon in den Krallen „luziferischer" Mächte ist, hat auch zugleich erkannt, wie er das System überlisten kann. Da er ständig von anderen überlistet und ausgebeutet wird, muss er sich deren Systematik zu Eigen machen. Die freie Energie ist für alle kostenlos vorhanden, aber die Patente dafür sind eingefroren – also, was kann man da machen? Nichts?

Doch! Man nehme eine Prise von bereits Durchgesickertem und eine Prise von bereits Bekanntem, versetze ein Drähtchen hier und füge ein Schräubchen hinzu und schon ist es nicht mehr eine Patententsprechung! Wer Ohren hat, der höre; wer Augen hat, der sehe!

In diesem Sinne verlief eine Diskussion zwischen mir und zwei Vertretern aus dem Lager der Tomatenzüchter – will heißen, mit zwei unverbesserlichen Schwarzsehern, die vor lauter Tomaten vor den Augen das Naheliegendste nicht erfassen. (Manche Menschen erhalten zu ihrer Augenlieferung auch gleich zwei Tomaten dafür kostenfrei mitgeliefert ... dieser Spruch ist nicht von mir, aber er gefällt mir)!

Frater Fritz's Nachbar, ein Großbauer und ein weiterer aus seinem Bekanntenkreis, ein Physiklehrer, saßen auf Fritz' Terrasse, wo wir uns ausgiebig über ein vorangegangenes Seminar über „Alternativtechniken" unterhielten. Es ging um Solar- und Windkraftenergie, die konstant unter einem enormen Behördenbeschuss liegen – laufende Erhöhungen von Besteuerungen, Gebühren und Abgaben, technische Überwachung (!) und Standortverbote, lassen erst gar keine flächendeckende und somit effektive Alternativ-Energie zu. (Die Sprache ist hier nicht von kleinen Zusatzmodulen für Haushalte.) Dadurch wächst das Denken in der Bevölkerung, mit jenen Alternativen müsse es auch nicht weit her sein – eben auch das Denken, das unsere beiden Gesprächspartner aufwiesen.

Auf obige Tatsache aufmerksam gemacht, stöhnte der Großbauer entnervt: „Ich kann es schon nicht mehr hören, dass unsere Regierung an allem Schuld sein soll und „die" uns stets das Geld aus der Tasche ziehen".

„Die Regierungen sind nicht die wahren Schuldigen", erklärte Fritz wiederholt, „ sie sind auch nur bezahlte Handlanger in einem weltweiten Versklavungsprozess. Die wahren Schuldigen an diesem Dilemma sind wir selber – wir lassen es einfach aus lauter Bequemlichkeit zu."

„Was hat denn das nun mit Bequemlichkeit zu tun, etwas zuzulassen, das uns vermeintliche Nachteile bringt", knurrte der Physiklehrer kopfschüttelnd.

„Aber sicher ist es eine Bequemlichkeit, sich innerhalb seiner vermeintlichen Versorgung einem Diktat von Behörden und Monopolisten zu beugen. Sich dagegen auflehnen könnte ja bedeuten, von seinem Nachbarn schief angesehen zu werden oder gar sich mit den Behörden anzulegen, die ja ansonsten schon gut für uns sorgen – gelle!?", warf ich unwillig ein. „Zum Beispiel Fritz – wäre er kein Franziskaner und Kenner unterschiedlicher Wissenschaften, sondern ein „gewöhnlicher" Nachbar von Euch, würdet Ihr Euch das Maul über seine autonome Energieversorgung zerreißen. Da er aber „sowieso anders gestrickt" ist, zwickt man halt ein Auge zu. Dabei achtet Ihr erst gar nicht darauf, wovon Ihr eigentlich Eure Meinungsbildung abhängig macht."

„Unsere Meinungsbildung ist Erfahrung, Thalus, und diese Lebenserfahrung scheint sowohl Fritz als auch Du nicht zu haben", grinste der Physiklehrer.

„Und Eure Lebenserfahrung resultiert aus der Erkenntnis, die da besagt: **Kann man eh' nichts machen.** Da Ihr nun schon so beschlagen seid mit Nichtsmachen, das Lebenserfahrung tituliert, sollte ich mich fragen, was Ihr Euren Schülern und Azubis lehrt. Vielleicht das Große Nichts?"

Der Landwirt schüttelte sich vor Lachen und der Lehrer schüttelte zornig seinen Kopf.

„Die Welt lässt sich nicht verbessern mit ein paar Alternativfuzzies und deren Gerede", würgte der Physiklehrer wütend hervor. „Entweder hat man ein folgerichtiges Konzept für eine wirkliche Erneuerung oder aber alles ist nur Stückgut."

Die Gespräche verliefen sich, wie vorausgesehen, im Sande ihrer eigenen, inneren „Tomatenzucht"!

Nachdem Fritz und ich wieder alleine waren, grinsten wir uns an.

„Das müssen wir noch etwas üben, Thalus – unsere Argumentation war nicht sonderlich geistreich."

„Ich hatte erst gar keine rechte Lust, mich mit ihnen auseinander zu setzen – es sind zwei wirklich verbohrte und alberne Zeitgenossen, deren Ego erst gar keine wirklichen Erkenntnisse wollen. Sie sind bereits schon so zugedröhnt von den negativen Schwingungsfeldern der Priesterschaft, dass es kaum noch möglich sein wird, ihre Verkrustung aufzubrechen", entgegnete ich.

„Mag sein. Dennoch kann ich mir nicht vorstellen, sie seien im Kern bereits versteinert. Das Problem ihrer Ansichten liegt in der Natur ihrer Ausbildungen und ihres Umganges mit der „vorgeschriebenen" Materie. Ob ein Bauer oder ein Pädagoge – beide müssen zuerst mittels ihrer Vorschriften die folgende Generation heranziehen und ausbilden. Sie können und dürfen kaum Alternativen verwenden, ohne dafür gerügt zu werden. Das bisschen Variieren, das man ihnen einräumt, ist eng bemessen und gekonnt ausgetüftelt, um einer aufkeimenden Systemkritik vorzubeugen. Erst, wenn sie über das System stolpern, von ihm offensichtlich und persönlich angegriffen werden, können sie die Erfahrung ihrer „Versklavung" machen. Erst muss jemand fallen, durch Schmerz erfahren, wie es ist, sich neu zu erheben."

„Du magst ja Recht haben, Fritz. Innerhalb dieser Grenzen habe auch ich gelernt. Dennoch verstehe ich oftmals nicht mehr, dass die meisten Menschen nach einem Fall wieder in die gleichen Fußstapfen treten."

„Das liegt in der Natur des Jahrtausende währenden Systems der geistigen Niederhaltung. Das menschliche Denken hat eine bestimmte Geschwindigkeit, worin es nicht zu höheren Einsichten gelangen kann. Erst eine Erhöhung der Denkgeschwindigkeit ermöglicht einem Menschen höhere Einsichten. Du weißt doch aus eigenen Erfahrungen, wodurch die menschliche Denkgeschwindigkeit gedrosselt wird – durch Drogen, unter anderem legale, wie Alkohol, Tabak, Kaffee, Pharmaka, Fernsehen, Nachrichten, Bildungswesen, Obrigkeit, Religion, falsche Ernährung und eine Unmenge mehr. Wir selber bemerken, wie träge wir werden, wenn wir zu viel trinken oder rauchen oder zu viel schlechte Nahrung zu uns nehmen. Und wenn wir eine Zeit fasten, bemerken wir, dass wir immer klarer und schneller Denken können. Ein Fasten beinhält aber auch, sich vielen anderen Ablenkungen zu entziehen, auf TV, Medienlandschaften, negative Musik usw., verzichten – sich selber ein eigenes Bild aus einer natürlichen Lebensweise herausziehen. Das geht nicht von Heute auf Morgen und manche Menschen sind auch in ihrer seelischen Entwicklung dafür einfach noch nicht reif."

„Mhm. Wir scheitern ja selber jeden Tag über unsere persönlichen Laster und Leidenschaften", gab ich zu verstehen, „auch wenn wir glauben, vieles bereits besser zu durchschauen. Vielleicht sind wir nur Theoretiker..."

„Nicht so, wie Du das nun gerade hingeworfen hast, mein lieber Thalus. Zuerst muss man das System theoretisch erkennen und überwinden, erst dann kann man in die Praktizierung gehen. Unser Leben besteht aus einem Ansammeln von Informationen, dem Zusammenfügen von Faktoren und der theoretischen Synthese, aus der heraus es und erst möglich wird, über eine Öffentlichkeitsarbeit einen immer größer werdenden Kreis von gleichgesinnten Menschen anzusprechen. Daraus entsteht ein „Arbeitskreis", in dem sich Spezialisten jeglicher Coleur befinden, die wiederum praxisnahe Lösungen für positive Veränderungen finden."

„Ich habe in letzter Zeit viel darüber nachgedacht und kam zu einem, etwas merkwürdigen, Ergebnis. Möglicherweise ist es für unsere Arbeit gar nicht wichtig, die negativen Hintergründe weiterhin aufzudecken – das tun bereits andere Menschen sehr gekonnt – sondern die positiven Entwicklungsmöglichkeiten für eine zukünftige, sich befreiende Menschheit zu beleuchten. Auch sollten wir weniger innerhalb einer pur spirituellen Metapher die Lösung suchen, sondern vielmehr in einer ausgewogenen Sprache auf die Aspekte der Machbarkeit hinweisen. Wenn ich, z.B., meiner Gattin eine spirituelle Inhaltlichkeit zu einer praxisbezogenen Machbarkeit erläutere, geht sie daran, diese intuitiv und im Alltag zu erproben – sie sagt mir dann, ob es funktioniert oder erst noch besser formuliert werden muss. Sie weiß stets, dass aus dem Geiste des Menschen heraus alles in Funktion gebracht werden kann, wenn wir es positiv und lebenserhaltend formieren und integrieren. Auch wenn manchmal eine dieser „Erprobungen" nicht sofort Wirkungen zeitigen, haben wir festgestellt, dass sich eine Wirkung doch allmählich einstellt. Was mir dabei sehr auffällt, ist der Gebrauch der Sprache, die wirksame Intonierung eines Gedanken, der sich im Materiellen manifestieren kann und wird!"

„Wer das Wort erkennt und richtig gebraucht, kann damit wahrlich Berge versetzen! Voraussetzung dafür ist allerdings nicht eine brachiale physikalische Tätigkeit, sondern eine psychische Energie, die etwas Zeit benötigt, sich in die Materie zu kleiden. Das heißt, wenn diese Gedankenenergie sich auf viele Menschen niederlässt, arbeiten diese Menschen gemeinsam an der physisch-materiellen Verwirklichung dieses Gedankens. Das ist auch der Machtfaktor der alten Priesterschaft, der manipulativen Logen, das Rothschildsyndrom oder auch das Luzifertraktat, das über allen jenen negativen Lebensgestaltern steht. Ihnen fehlt jedoch eine wesentliche Komponente – die Komponente der kosmischen Unumstößlichkeit, die besagt, jeder Mensch ist das Ebenbild Gottes und somit ebenso Allüberblickend. Das Luziferische Prinzip ist ein „Zweitprinzip", das Schattenprinzip des Lichtes – eine Spiegelung oder auch „die kosmische Verdrehung" genannt.

Der Mensch kann dies überblicken und überwinden – dafür ist er ausgestattet. Luziferischen Lebewesen fehlt diese Komponente – aber sie können sie annähernd vorspiegeln; und an dieser Vorspiegelung kann man „Sie" erkennen!"

„Mir fällt auch auf, dass immer von einer Siebenerschaft die Rede ist, aber nie von der „Neunerkomponente", wie sie sich aus der Numerologie herausrechnen lässt", schob ich dazwischen.

„Nun ja – die ursprüngliche Siebener-Priesterschaft, wie sie sich uns heute darstellt, ist eine Formation sehr alten Ursprungs. Die Neunerkomponente, von der zurzeit vermehrt die Rede in bestimmten Kreisen ist, ist lediglich eine „interne Abspaltung" der Siebenerschaft. Eine Unterordnung, wenn Du so willst, die sich den Anschein einer verschworenen Gemeinschaft gibt, um wiederum Verwirrung zu stiften. Wie auch das Komitee der 300, der Rat der 33, Rat der 13, B'nai B'rith, Grand Orient, Schottischer Ritus, die Johannisgrade der Rosenkreuzer, Freimaurer, Humanisten, und noch viele mehr wiederum nur Unterabteilungen sind. Es sind die Illuminaten, wozu die Rothschilds an Spitzennähe dieser Pyramide zählen, wie wir heute ganz offen nachlesen können – und dennoch alle Untergebene und Ergebene der Siebenerschaft; diese wiederum die direkten Befehlsempfänger aus der luziferischen Sphäre. Es werden immer wieder „neue" Namen und Bezeichnungen hinzukommen und zu guter Letzt sich darüber nichts wirklich Neues entnehmen lassen. Das Neue an der ganzen „Sache" – und doch wiederum nicht, weil nur „vergessen" – ist die kosmische Komponente unserer Ursprünglichkeit, aus dem Erbgut der Vrilmenschen. Die Kontakte werden mehr, das Interesse für sie wird größer und der Widerstand der Siebenerschaft gegen sie nimmt enorm zu. Hieraus lässt sich ermessen, wer wirklich „Freund" und wer wirklich „Feind" ist."

„Ich hege eine seltsame Furcht, dass es zu einer Eskalation kommen wird – dass es eine tatsächliche Konfrontation zwischen „Engel des Herrn" und „Engel der Finsternis" geben wird", brummte ich innerlich unruhig.

„Es hat sie und wird sie wieder geben, Thalus – davon zeugen alle alten Schriften; und, dass wir Erdenmenschen darin verwickelt sind. Wie sich nun diese Konfrontation auswirken wird, können wir nur am Rande steuern. Sollte es der irdischen Menschheit gelingen, ihre Knechtschaft zu überwinden, könnte diese Konfrontation glimpflich ausgehen. Einer sich selbst befreienden Spezies kann das luziferische System nicht mehr viel entgegensetzen – sie wird uninteressant und ‚man' sucht sich im Kosmos eben eine neue Spezies; das Universum ist voll von ‚Studienobjekten' für ‚Luzifer'!"

„Das klingt mir alles so locker aus Deinem Munde", schüttelte ich lachend meinen Kopf, „gerade so, als würde Dich das alles nicht sonderlich berühren."

„Es berührt mich in der Tat nicht mehr sonderlich. Obwohl ich dahinter eine ungeheure Faszination sehe, begreife ich aber auch, dass gerade in dieser Faszination die große Gefahr für den menschlichen Geist liegt. Die Erforschung der „Finsternis" besitzt einen starken Magnetismus, einen Sog in das Magische und die Erstarrung. Je tiefer ein „Finsternisforscher" in diese Materie dringt, desto verdichteter reagiert er – er blickt in die Finsternis, ohne sie noch zu überblicken. Wer sie überblickt, erkennt in ihr den inneren Kern – er muss sich nicht mehr in den Anschauungsunterricht in den Kern begeben, sondern er weiß bereits alles über ihn. Der Christusgeist, der sogenannte „Heilige Geist", der in uns Menschen durch den gesamten Kosmos angelegt ist, ist die wirkliche Kraft der Überwindung – „er" schafft den Durch- und Überblick im kosmischen Geschehen. Diese Kraft wird in den unterschiedlichsten Weisheitslehren anders benannt, ist aber stets die identische in ihrem Prinzip.

Ganze wissenschaftliche Abhandlungen über das Christusprinzip sind verfasst worden, die man sich hätte ersparen können, wenn man die Bibel oder andere heilige Schriften wirklich eingehend studiert hätte. Selbst in einer verfälschten Bibel blitzt die „Urwahrheit" unvernichtbar hindurch. Diese Schriften sind keine Manipulationshilfen der luziferischen Mächte, sondern eine Hilfe von kosmisch lichten Kräften, um den Erdenmenschen die kosmischen Prinzipien zu erhalten. Viele Verfasser dieser Urschriften hatten engen Kontakt mit ihrer eigenen Ursprünglichkeit und die Erlaubnis, sich mit den höheren Mentalitäten zu verbinden. Keinem dieser Menschen war ein Kontakt mit lichten Vrilmenschen fremd; sie wiesen ja direkt darauf hin. Natürlich gibt es auch da die Unterschiede zwischen lichten und dunklen Mächten zu erkennen und auch das ist einfachst beschrieben: war ein irdischer Kontaktler erschrocken über die Machtausübungen, wie z.b. Hesekiel, waren es weniger lichte Freunde! Es gibt jedoch auch freudige und helfende Aussagen, die einen vollkommen natürlichen Umgang mit „Engelwesen" aufweisen, wie bei Lot.

Es kommt immer auf den Blickwinkel an. Wer nur an der Faszination der unterschiedlichen Außerirdischen und Anderen (Götter und Engel) kleben bleibt, kann auch nicht hinter die kosmischen Kulissen der Speziesvielfalt blicken. Es ist ja auch an den Göttern der alten Ägypter die Komponente einer bestimmten Spezies aus dem Weltraum zu finden, die weiter nichts aussagen soll, dass sie zwar intellektuell und technisch „höher" standen als die damalige irdische Menschheit, aber wiederum nur eine Spezies unter vielen war/ist. Wenn wir uns nicht über das Spektrum der Erscheinungen erheben, werden wir immer nur Manipulation und die Faszination des Okkulten erblicken, aber nicht den inhaltlichen Sinn dahinter. Es ist ein Riesenunterschied, ob ich einen Teil des kosmischen Geschehens als Urgrund unseres Seins nehme oder alle Teile zusammen gleichzeitig überblicke. In unserer Teilsicht, wie das Wort ja bereits einschränkt, erblicke ich nicht das Gesamte. Indem ich das Gesamte überblicke, habe ich auch keine Angst mehr vor den Teilausdrücken. Die gesamte Schöpfung ist logisch überblickbar, wenn ich mir die Mühe mache, in den „Worten der Schöpfung" zu lesen. Das Buch der Schöpfung ist in uns abgespeichert – wir können darin jedoch nur lesen, wenn wir unserer Geistseele völlige Freiheit gewähren, sich uns zu offenbaren. In unsere Gedanken fluten dann so viele und ungeheuerlich schnelle Erkenntnisse ein, die einem wie ein Wunder anmuten. Und wir können dadurch mit den Anderen auch in eine übermittelnde Verbindung gelangen. Nur das Ego spreizt sich dagegen, weil es ja nur ein Produkt der materiellen Wirklichkeit ist und nicht in die spirituellen Felder von sich selbst heraus gelangen kann – unser Ego weiß genau, wo seine Grenzen liegen und sein „Gott" ist der Gott der Welt, der ihm konstant schmeichelt. Überwinde das Ego, indem Du ihm sagst, es sei vor Dir abhängig und nicht umgekehrt (wieder die verkehrte Drehung!) und es könne bei allem dabei sein oder schmollend wegblicken. Die Motivation des eigenen Egos ist eine Kunst, die es zuerst zu erlernen gilt. Hat man sein Ego endlich soweit, in die höheren Sphären mitzureisen, bildet es sich zu einem wahren „Ich bin" und das ist die „Himmelfahrt" oder auch die „Chymische Hochzeit" der Mystiker. Das Ego vermählt sich bewusst mit der Geistseele, verschmilzt zu einer Einheit (Gesamtheit) und ist dann untrennbar in die kosmische Hierarchie mit aufgenommen.

Es klingt alles so mysteriös, aber für einen Erfahrenen kosmischen Menschengeist (er hat es ja erlebt!) ist es „einfach nur logisch". Natürlich ist so ein Mensch noch immer kein Übermensch – er ist sich seiner nur bewusster, wird authentischer und weiß um die Existenz der kosmischen „Bruderschaft". Vielleicht hat „so einer" auch ganz natürliche Kontakte zu den Anderen – zumindest jedoch spürt er sie und wird sie eines Tages auch erkennen unter den Menschen."

Frater Fritz blickte mich mit einem wissenden Schmunzeln an und beantwortete mir meine Frage, bevor ich sie aussprechen konnte.

„Ja – Du hast bereits Kontakte mit Ihnen, bist Dir allerdings darüber noch nicht bewusst geworden."

„Ist es wichtig für mich, mir darüber bewusst zu werden?", fragte ich ruhig.

„Das weiß ich nicht, Thalus. Wenn es für Dich von wirklichem Belang sein wird, so wirst Du Dir darüber sicherlich bewusst werden. Das entscheidest Du selber, indem Dir mehrere Wege zur Verfügung stehen, Dein weiteres Leben zu begehen. Solltest Du Dich für einen aufklärenden und lichten Weg entschließen können, wirst Du eines Tages bewusst auf „sie" stoßen. Wie sich das nun im Detail gestalten kann, weiß ich auch nicht. Ich weiß nur, Dein Fassungsvermögen ist dahingehend sehr groß und Deine innere Einstellung, worauf ja bereits Dein Ordensname „Thalus von Athos" hinweist, ist eine allüberblickende Denkweise. Du kannst Deine Gedanken enorm beschleunigen, wirst Dir darüber immer mehr bewusst und Du triffst auf immer mehr Menschen, deren

Seelenpotential Deinem gleicht. Du läufst nicht mehr vor Dir davon – Du hast Dich Dir bereits sehr treffend gestellt, wenngleich hier und da noch ein wenig zu feilen ist. Feilen musst Du – ich, wir, können Dich dabei nur ein wenig unterstützen."

„Ich frage mich, wohin mich all dies noch führen mag, wie sehr es mich von einem normalen, bürgerlichen Alltag entfernt – und vor allen Dingen: Wie soll ich all meine Erfahrungen, Erkenntnisse und Geschehnisse für andere Menschen einordnen?"

„Indem Du darüber berichtest, Dich äußerst und Deine Meinung dazu in eine Art „Diskussionsforum" stellst. Es darf Dich nicht stören, Dich gewissen Angriffen auszusetzen. Es sollte Dich vielmehr stören, Deine kosmische Subjektivität nicht anderen Subjektivitäten anzuschließen. Wenn Du schon selber nicht darüber schreiben willst oder kannst, dann suche Dir einen Menschen aus Deinem näheren Freundeskreis, der dies für Dich übernehmen kann. Nur in einem immer größer werdenden Zusammenwirken ähnlich gesinnter Mitmenschen, kann etwas Neues und für alle Menschen fruchtbares entstehen", legte Frater Fritz mir nahe. Unser Gespräch dauerte noch bis weit in die Nacht hinein.

*

23. Juni 2003 – Schlechte Nachricht oder: Ein Wunschtraum zerplatzt

Seit einiger Zeit verspüre ich Unwillen und massive Ablehnung innerhalb meiner Familie, was auf Gegenseitigkeit beruht. Es leben drei Generationen im Haus zusammen – meine Gattin und ich (Eltern + Großeltern), unsere Tochter mit Schwiegersohn (Kinder + Eltern) und unsere Enkelsöhne (Kinder und Enkel). Diese Konstellation birgt, wie man sieht, jeweils zwei Aspekte in sich, die sich in drei Generationswelten aufspalten: Die Welt der Enkelkinder, der Kinder und der Groß-Eltern. Hieraus ergeben sich mannigfaltige Alltagsprobleme, die nur dann nicht mehr zu lösen sind, wenn eine „Partei" sich als der Führungspunkt, in Form von beherrschender Dominanz gebärdet. Wenn nun diese Dominanz dadurch entsteht, weil sich eben jene selbst ernannte dominante Partei innerhalb Haus, Ort und Umgebung weder heimisch noch zufrieden fühlt, wird sich diese Dominanz in Form von Zorn, Ungerechtigkeit und konstanter Angriffslust entladen. Derartige Entladungen (provokative Angriffslust, gepaart mit Kriegslust) führen entweder zu einem internen Familienkrieg oder zu einer Trennung – was Auflösung der Großfamilie bedeutet.

Es war von jeher mein persönlicher Wunschtraum, eine Großfamilie unter einem Dach „zu sein". Der Grund liegt in meiner Kindheitserinnerung, wo ich mit Eltern und Großeltern zusammen aufwachsen durfte und ich das noch in einem kindlichen „Paradiesglauben" in mir trage. Mir wird immer klarer, dass sich unser heutiges zeitgeistiges Weltgeschehen bis in die einzelnen Familien hineingefressen hat. Wie Oben, so Unten – wie Außen, so Innen – nach diesem Prinzip ist unsere Welt geschaffen und so funktioniert sie auch. Das „Weltprinzip" muss allerdings nicht unbedingt etwas mit dem kosmischen Gesamtprinzip zu tun haben. So gesehen, leben wir Menschen heute in einer Welt der Zerstreuung, worin ein wesentlicher Familienzusammenhalt sich ebenso in eine Zerstreuung ergibt.

Je mehr ein Mensch sich zerstreut, umso einsamer wird er innerlich – er fühlt sich verloren, selbst inmitten seiner eigenen Familie und wird dabei zu einer egozentrischen Figur, ohne es selbst zu erkennen. Das ist eine Verdichtung in die Materie – eine Kristallisation, worin sich die Spiritualität zu einem nebulösen Gebilde ohne Kraft absondert.

Nimmt man nun auch noch ein Haus hinzu, dessen Schwingungen schwer und träge sind, ein menschliches Nachbar-Umfeld, das in Hader und Missgunst schwelgt, so greifen diese Faktoren erschwerend in das Geschehen. Ein „Feld der Krankheiten" baut sich auf, das sich auf jeden einzelnen in der Familie niederschlägt; von der seelischen Atmosphäre mal ganz zu schweigen.

Die heutige Mitteilung von unserer Tochter und Schwiegersohn, sie würden in drei Wochen ausziehen, hätten bereits in der nahen Großstadt eine neue Wohnung und für die Kinder (unsere Enkel) sei dies auch besser, hat mich zutiefst erschüttert. Es gab auch einen bitteren Streit, der mit der Tatsache endete, auf einem großen Mietshaus mit den anfallenden Kosten sitzen zu bleiben.

Die Vorwürfe und Anschuldigungen wechselten – keine Spur von meiner Souveränität, Weisheit und Weitsicht, auf die ich bisher so stolz war! Ich spüre meine Seele – aber meine egoistische Wut deckt sie bebend zu. Ich bemerke die Pein meiner Frau, die den bösen Streit für nichtig erachtet und dennoch zwischen den Stühlen sitzt – aber meine Wut und mein Stolz strafen noch zusätzlich ihre Seele.

Ich spüre mein Herz, wie es schmerzt – meinen Kopf, wie er pocht – aber ich scheine nicht erkennen zu können, dass es den anderen ebenso geht. Nein – ich sehe ja ganz eindeutig die Abneigung unserer Tochter und wie sie sich im Recht empfindet, meiner Gattin (ihrer Mutter) und mir eine enorme finanzielle und seelische Last, scheinbar gewissenlos, aufzubürden. Ich sehe, was ich eben sehen will in meiner Ent-Täuschung.

Ich sehe im Moment nur noch Bruchstücke!

(Damals konnte ich noch nicht ahnen, dass dieser „Bruch" im Grunde der Beginn eines Heilprozesses war, der im März 2004 in einem schweren Herzinfarkt seinen Höhepunkt fand! Doch darüber später ausführlicher. Nachtrag, 16, Okt. 2004).

27. Juli 2003 – Andere Spezies, aber auch „Mensch"

Der Alltag war wieder eingekehrt und ich hatte mich scheinbar mit der Situation abgefunden – wunderte mich innerlich, wie schnell ich die „Problematik" gelöst hatte. Die Situation brachte natürlich auch mit sich, uns eine kleinere Wohnung zu suchen und ich mir eine Zusatzarbeit, um die nächsten Monate die hohen Kosten abfangen zu können. Beinahe über Nacht fand ich eine kleine Anstellung bei einem Restaurator alter, historischer Kutschen, der zugleich am Renovieren eines alten Stadthauses in einer nahen Kleinstadt war. Dieses kleine Haus konnte ich sogleich auch für einen nicht gerade günstigen Preis mieten, aber es gefiel uns. Um der Faszination die Krone aufzusetzen: Das Haus konnten meine Gattin und ich uns nach eigenen Wünschen innen ausbauen. Unter Verwendung natürlicher Baustoffe (reinen Kalkputz, Kalkfarbe), mit vielen alten Handwerkertricks, konnten wir uns ein Heim schaffen, wie wir es uns schon seit Jahre vorgestellt haben. Dass das Haus nun ausgerechnet auch noch auf einem hochenergetischen Frequenzfeld von 14 Kilometern Höhe steht, ist eine Dreingabe „heilender Kräfte" gewesen!

Während der folgenden 4 Monate arbeitete ich in meiner neuen Arbeitsstelle, gegen Bezahlung, quasi an meinem eigenen Heim – in unendlich vielen Stunden, fast rund um die Uhr. Dennoch fand ich immer wieder die Zeit, mich mit Frater Fritz und einigen anderen aus dem Athos- und Mohlaorden zu treffen.

Am 27. Juli 2003 traf ich im bei Fritz wieder besagten Mann namens Ulluer, von dem Fritz behauptete, er sei ein „Anderer". Die Frau, Mara, war nicht dabei. Fritz eröffnete mir bei meinem Ankommen, Ulluer sei bereits unterwegs und wolle sich mit mir eingehend unterhalten.

„Soll das heißen, Ulluer, der Vrilmensch, fühle sich geneigt, mit mir eingehend zu reden, weil ich für die „Anderen" eventuell so wichtig bin!", frotzelte ich ungehalten und winkte müde ab.

„Du bist zurzeit ziemlich in Deinem alltäglichen Druck und reagierst eben wie ein gewöhnlicher Blindgänger. Deine seelische Schwingung, die Du unterdrückst, weiß genau um die Bedeutung dieses Treffens – Du wirst schon sehen", lächelte er sorglos wie immer und reichte mir ein Glas kalten Weizenbiers.

„Obwohl ich viel Arbeit habe und oftmals erschöpft ins Bett falle, denke ich oft über unsere Gespräche nach – frage mich, warum ich immer wieder Schicksalsschläge erleide, wenn ich mittlerweile doch so ziemlich über die Zusammenhänge auf der Welt und im Kosmos weiß."

„Es liegt an Deiner Fragestellung – Du erwartest eine Lösung von Außen und richtest Deinen Blick nicht nach Innen. So, wie Du Dich im Moment veräußerst in körperlicher Betätigung, solltest Du Dich zugleich seelisch verinnerlichen, um einen Ausgleich zu schaffen. Auch wenn es Dich nervt – die Sache mit Deiner Tochter musst Du bald bereinigen, sonst erlebst Du den nächsten Sommer nicht mehr", warnte er mich mit ernstem Gesicht.

„Die Sache ist erledigt – da gibt es nichts mehr zu bereden! Sie leben ihr Leben und wir unseres", entgegnete ich scharf.

„Du solltest Dich mal selber hören – nichts ist erledigt!", pfiff Fritz mich an. „Man sieht Dir förmlich an, wie die Sache mit Deiner Tochter in Dir eingeschlagen hat – wie ein Blitz ins Gehirn und von da in das Ego und Dein Körper muss es ausbaden."

„Nun, vielleicht hast Du Recht. Aber im Moment mag, kann und will ich nicht darüber nachdenken. Ich benötige Abstand – vielleicht nach dem Einzug ins neue Domizil", erklärte ich unbehaglich.

Über den nahen Feldweg erblickten wir schon von weitem Ulluer heranmarschieren. Mir wurde etwas „komisch" bei der Vorstellung, dass dieser Mann nun ein sogenannter Nachkomme einer ehemals außerirdischen Spezies sein soll. (Wie sich später herausstellte, ist er tatsächlich ein Anderweltler, der zwischen seinem Heimatplaneten und der Erde wechselt).

Etwas gehemmt begrüßte ich ihn und er nahm am Terrassentisch Platz.

Die Luft war noch um 21 Uhr flirrend heiß, aber dies schien ihm nichts auszumachen.

„Frater Thalus – Fritz hat sicherlich mit Dir schon über Vieles gesprochen; darunter auch über meine Person. Wir wollen es nicht besonders kompliziert angehen und werden uns einfach zwanglos unterhalten", begrüßte er mich freundlich.

„Wie zwanglos es wird, hängt davon ab, in welcher Form wir uns bewegen", sagte ich. „Mir ist klar, dass das Universum voller Variablen sein muss – aber mir ist nicht klar, dass ausgerechnet ich einer begegnen solle."

„Nichts daran ist etwas „Ausgerechnetes", sondern es ist ein individuelles Gesetz der Folge aus anderen Leben. Du kannst einsteigen in diesen „kosmischen Zug" oder aber warten auf ein anderes, kommendes Leben, wenn Du Dich fürchtest. Steigst Du ein, wirst Du einige Regeln beachten, vieles in einem anderen Lichte erkennen und zumindest Dein eigenes Leben im kosmischen Fortschritt aufbauen können."

„Ich denke schon, dass ich einsteige. Und ich denke auch, ein bisschen so etwas wie Furcht zu haben. Dennoch bin ich noch nicht überzeugt, dass Du tatsächlich ein sogenannter Vril bist – dafür erscheinst Du mir zu menschlich und zu snobistisch; besonders in Deiner Kleidung und mit den Gehstöcken", lächelte ich ihn unsicher an.

„Ich bin etwas snobistisch und ich liebe Eure altenglische Kleidung aus dem 19. Jahrhundert – außerdem bin ich menschlicher Natur und in meiner Heimatbasis ebenfalls als kleiner Snob bekannt. Bei uns gibt es allerdings keine Bewertung darüber; lediglich eine angeborene Neugierde über die Vorlieben seines Nächsten. Ich bin ein Vril, Antarier, Terraner, Orm, Tzecatlominer, Acheler und wie immer Du willst, da ich dieser kosmischen Spezies angehöre, wie Du selber auch. Es gibt auch noch andere Spezies nicht-humanoider Natur und alle bezeichnen sich mit dem Oberbegriff MENSCH – natürlich jede Spezies in ihrer eigenen Sprache. Es gibt Insektoide, Reptiloide, Humanoide und Amphiboide – letztere bereisen den Kosmos nur mental. Es gibt ferner Gasförmige, Energetische und pur Geistige – alles Menschengeschöpfe eines kosmischen Allgeistes, den keines seiner Geschöpfe beschreiben kann; aber sie wissen um „ES". Das Spektrum des kosmischen Lebens ist vielfältig und jedes für sich ein eigenes „Wunder" seines Ursprungs. Der Planet Erde beherbergt Humanoide und Reptiloide, weil er sich besonders für diese beiden Spezies eignet. Für die Insektoiden ist der Schwingungsbereich der Erde zu hart – sie konnten nur bedingt vor Jahrtausenden kurz hier zu Besuch verweilen. Selbst für mich ist Euer Oberflächenfrequenz störend und beeinträchtigend, so dass ich immer wieder, nach etwa 2 Monaten Eurer Zeitrechnung, in meine unterirdische Heimatbasis zu Erholung muss. Es würde mich ein längerer Aufenthalt zwar nicht umbringen, aber meine Denkgeschwindigkeit verringern und mich physisch anfälliger für seelische Erkrankungen machen."

Ulluer beobachtete mich genau und aus seinen graublauen Augen funkelten feine Lichter, als würde er sich über mich köstlich amüsieren.

„Sind wir also bei der irdischen Denkweise angelangt", brummte ich. „Die lässt sicherlich zu Wünschen übrig. Aber – nach dem, was ich bisher herausgefunden habe – sind die Vrilmenschen auch nicht gerade ganz unschuldig an unserer derzeitigen Situation."

„Wir tragen keine Schuld an Eurer Misere – selbst die der dunklen Mentalitäten haben keine Alleinschuld daran. Es ist Eure eigene, persönliche Form des Reifegrades, der Euch besonders anfällig macht für Botschaften aus dem Schattenbereich Lacertas, das/den Ihr Satan und wir als Speziesoberbegriff Asura nennen. Alle, die „ihr" verfallen sind, haben dies freiwillig und im vollstem Bewusstsein erarbeitet; diese „Schattenwesen" förmlich eingeladen. Und jene, die dahin tendieren, sich aber noch nicht entschieden haben, werden immer mehr. Selbst jene, die das Lichtreich bewusst suchen, müssen erst das Schattenreich überwinden – aber das weißt Du alles selbst. Alle kosmischen „Menschen" leben mehr oder weniger nach diesen Kriterien – wenngleich eine höher schwingende Spezies sich nicht mehr gegenseitig umbringt und auch eine andere Spezies nicht mehr zu eigenen Zwecken ausbeutet. Natürlich sind einige Spezies darunter, die noch zur Ausbeutung tendieren, indem sie Rohstoffe von Planeten „rauben" und gelegentlich sich der „Planetenbesitzer" als Arbeiter bedienen – aber dies geschieht nur auf solchen Planeten, wo ein System der gegenseitigen Übervorteilung (wie die Erde) die Regel ist. Wir mischen uns nur dann ein, wenn sich die Fremdeinmischung einer solchen Spezies über das Maß einer gelegentlichen Selbstbedienung hinaus bewegt. Zum Beispiel, wenn mehr als 20% eines seltenen Metalls oder Erzes „fremdgeschöpft" wird. Wo wir so einen Raub feststellen und bemerken, dass die Planetenspezies dadurch in einen Entwicklungsengpass gelangen würde, lassen wir sogenannte „Alternativen" einfließen. Sei es in Form einer Energie oder einer Alternativlegierung zur Sicherstellung Eures Werdeganges.

Wir kontakten Eure Repräsentanten nicht oder nur sporadisch; das tun lediglich die Technikspezies, die Dir ja hinlänglich durch Publikationen bekannt sein dürften. Da Eure Spezies noch innerhalb eines Systems der Repräsentanten-Führerschaft rotiert, können wir Euch auch noch keine Unterstützung außerhalb dieser Kriterien geben.

Erst, wenn Ihr Euch individuell zu einem höheren Ganzen zusammengeschlossen habt, das keiner fremden Führung mehr bedarf, können wir Euch Unterstützung bringen; vorausgesetzt, Ihr ladet uns dazu ein. Wenn etwa 23% der Menschheit Eigenständigkeit und Selbstverantwortlichkeit aufweist, wird ein Knackpunkt erreicht sein, der einen „Automatismus" nach sich zieht und auch einen Großteil der weiteren Menschheit ganz natürlich integrieren wird. Ihr seid ja bereits auf dem Weg. Deshalb beobachten wir Euch verstärkt, weil wir neugierig sind und mit Euch hoffen, dass Ihr Euch nicht wieder in die Steinzeit bombt.

Ein weiteres Problem bei Euch sind die Experimente mit Raum und Zeit, die einigen von uns bereits viel Arbeit gekostet haben. Gewisse Anachronismen hinterlassen solche Experimente immer und wenn selbst wir sie nicht mehr ungeschehen machen können, sorgen wir eben dafür, dass sie zu einer „Ente" werden. Wie lange sich dies noch aufrechterhalten lässt, wirst Du wohl selber ganz gut einschätzen können, wenn Du Dir einmal die derzeitigen Aufklärungsarbeiten, z.B., in der

Ägyptologie begutachtest. Gewisse Hieroglyphen mal wirklich näher betrachtet, dürftest Du feststellen können, wann die alten Ägypter in ihrer damaligen Gegenwart mit der Zukunft konfrontiert wurden; und vor allen Dingen, von wem!"

Ulluer nahm einen Schluck aus seiner mitgebrachten Wasserflasche aus Metall und lehnte etwas anderes ab.

Er fuhr fort: „Nicht alle seltsamen Ereignisse, wovon Eure Vorväter in ihren alten Schriften berichten, basieren auf außerirdischer Vorkommnisse. Einige Vorkommnisse wurden bereits vor etwa 100 Jahren von Euch selber provoziert und so nach und nach im Verlaufe von Jahrzehnten ausgeführt. Die Raum-Zeit-Experimente mit Eurer Technik und Energetik sind äußerst gefährlich und können Euren gesamten Planeten zerreißen. Euer Lemuria- und Atlantiserbe ist Euer größtes Übel! Der kosmische Mensch benötigt keine derartige Technik, keine Energetik, die zerstört, biegt und durchbricht – der kosmische Mensch lebt ein natürliches Leben inmitten seiner Natur, in kleinen Familiengehöften und mit einer wahrhaftigen geistseelischen Kraft, die alles bewegt ohne technische Zuhilfenahme irgendwelcher komplizierter Geräte. Weder Satelliten noch Mikrowelle – weder Eure Art der Informationsverbreitung noch Waffen.

Ihr habt immer wieder wirklich begnadete Menschengeister unter Euch, die sehr nahe an die Freie Energetik gereichten, aber Euer System hat sie zermalmt. Es zermalmt einen ursprünglichen und freien Geist, der meint, er könne damit dem System dienen – darin liegt Euer Denkfehler. Der wirklich freie Geist teilt dem System davon nichts mit – er ist schlauer und in seiner Kraft größer als negative Kräfte. Die wirklichen Erbauer der Systemabwehr verwenden nur ihren Geist, schaffen einen Plan im Geiste, skizzieren ihn oder lassen ihn skizzieren, verbreiten ihn außerhalb systemgetreuer Erfüllungsgehilfen und stehen untereinander in ständiger mentaler Verbindung. Welches System kann dies zensieren, überwachen oder gar verbieten?! Ich sage Dir nicht sonderlich Neues – auf all das bist Du bereits gestoßen und darin arbeitest Du auch mit. Wenn auch zum Großteil noch unbewusst, wird es Dir bewusst werden -- und dabei können und dürfen wir Dich unterstützen. Wir führen Dich nur zu Dir selbst, zeigen Dir Dich selbst, weil Du Dir dies in Deinem früheren Leben so von uns erwünscht hast. Du hast zu einem von uns gesagt: „Ich lege es in Eure kosmische Pflicht, mich in einem späteren Leben, das exakt meine Seelensignatur aufweist, zu unterstützen, um meine Aufgabe fortführen zu können. Dir war eindeutig klar, was das Rad der Wiedergeburt von Dir fordert und uns ist klar, dem zu entsprechen."

Seine Worte trafen tief in mir auf eine Resonanz, die ich nicht beschreiben kann. Vielleicht reagierte meine DNS darauf, als hätte Ulluer den Code dafür – oder mein Seelengrund entgegnete einfach, dass dies stimme. Fritz saß entspannt dabei, knabberte unentwegt Salzstangen und trank seinen Johanniskrauttee.

Ich blickte ihn nun an und er nickte wie einer, der mir stumm bedeuten möchte, „Ich hab's Dir ja gleich gesagt!"

Mir gingen Gedanken durch den Kopf, die mich gelegentlich in die Nähe negativer Sequenzen brachten – es könne ja sein, dass es sich hierbei um einen raffinierten Schachzug dunkler Mächte handelt. Dann sagte ich mir, so wichtig sei ich nicht und mein Ego spiele mir nur vor, gerade jetzt sehr wichtig zu sein. Ich erkannte, dass ich nicht wichtig sei in diesem zeitgeistigen Verhaltensmuster eines Systems der alten „Priesterschaft". Innerhalb dieses Systems bin ich aufgewachsen als ein Mensch zeitgeistigen Verhaltens; es gibt Akten von mir, die beweisen, wie wenig ich geeignet sei, etwas „vernünftiges" zu vollbringen; meine Labilität, in Verbindung einer nur einfachen Handwerksausbildung, und meine hohe Verschuldung durch einen Bankrott, prädestiniert mich geradezu für einen völlig unwichtigen Idioten.

Obwohl ich selbst innerhalb dieser Prämissen so von mir denken müsste, habe ich dies nie in Erwägung gezogen; vielmehr war es mir gleichgültig, was andere von mir halten – ich wusste und weiß stets sehr genau, was das Wesentliche durch mein Leben hindurch ist. Die Frage, „Warum bin ich Ich", begleitete mich mein gesamtes Leben und die Antwort darauf ist: „Ich bin, weil ich Sein kann."

Ich kann sein, wenn ich das will – ich kann sein, wer ich sein will, wenn ich nur meiner seelischen Grundsätzlichkeit treu bleibe, die da heißt: *Von Wiedergeburt zu Wiedergeburt bestimme ich selbst, wer und was ich sein werde!*

Diese Gedanken durchströmten mich ganz klar; unmissverständlich aber auch für jeden anderen Menschen gültig, in seiner spezifischen Signatur. Da ich mich in einem vorigen Leben bereits für dieses, mein Leben in dieser Zeit, entschieden habe und auch dafür Sorge trug, dass es exakt so eintrifft, läuft mein Leben auch nach meinem individuellen Plan. So betrachtet, habe ich mir meine persönliche Matrix geschaffen, innerhalb dessen Parameter ich für meine weiteren Inkarnationen Vorsorge tragen kann. Wenn meine von mir geschaffene Matrix bereits eine kosmische Gemeinschaft einschließt, wozu dieser Ulluer scheinbar zählt, habe ich auch ein weites, kosmisches Bewusstsein, das ich „nur" wieder aus meinen Tiefen hervorzuholen brauche.

Weiter muss es mir dann auch möglich sein, dies meinen Mitmenschen mitteilen zu können, ohne behindert zu werden. Nur – wie ich all das für mich selbst entwirren kann, weiß ich noch nicht!

„Was seid Ihr denn nun in Wahrheit – Nachkommen einer früher auf Erden anwesenden Weltraumspezies oder „nur" lichtere Menschengeister, die sich zurückgezogen haben?", fragte ich Ulluer.

„Wir sind Nachkommen einer früheren Weltraumspezies und genetisch mit Euch Blutsverwandt, weil ihr unsere Gene in euch tragt. Aber wir sind mittlerweile Jahrtausende hier und deshalb auch Erdenmenschen, und Menschen von anderen Planeten. Unsere Mentalität mag zwar eine höhere Schwingungsfrequenz aufweisen, die uns einiges mehr begreifen lässt, aber all das ist auch in Euch verankert. Manche bezeichnen uns als die Alten vom Berg und andere wieder als die lichte Bruderschaft oder die Meister des Lichts – das sind nur Bezeichnungen von Menschen, die immer nach etwas Höherem suchen das sie führt, ohne an sich selber arbeiten zu müssen", warf er lächelnd ein. „Doch wir sind nicht Höher oder Lichter als Ihr Oberflächenbewohner – nur durchlässiger für feinstoffliche Eingaben und flexibler in deren Umsetzung.

Eine größere Anzahl von uns arbeitet bei Euch mit und Ihr bemerkt dies gar nicht – außer, dass wir in Euren gesellschaftlichen Spielchen keinerlei Interesse aufweisen und uns gänzlich aus allem Zerstreuungsrummel heraushalten."

Unsere Unterhaltung fand wieder ein Ende und wir verabschiedeten uns, nicht ohne ein weiteres Treffen zu verabreden.

*

02. August 2003 – „Einfahrt"

Sämtliche Gewissensfragen finden in einem inneren Dialog zwischen Ich und Sein statt, wobei das Ich zumeist den Part der Rechtfertigung und des Klagens einnimmt. Der innere Zwiespalt weist auf eine andere Ebene menschlichen Denkens hin – auf die Ebene einer ursprünglichen Kommunikation zwischen Energie (Geistseele) und Materie (Körperlichkeit). Diese Kommunikation fand „in früheren Zeiten" in einem ganz natürlichem Umfange statt, war Bestandteil des menschlichen Seins und ist in unserer heutigen Zeit fast gänzlich, zugunsten der puren Körperlichkeit (Materie), in den Bereich der Irrealität abgeschoben worden.

Der energetische Mensch bedeutet heute nichts mehr – der Materialismus in Form der fünf menschlichen Sinne ist die Norm. Selbst diese fünf Sinne werden versucht, in nur vier Erfahrungssinne zu reduzieren – Sehen, Hören, Schmecken, Riechen – das Tasten (Spüren) wird oftmals als eine „unwichtige Gefühlsduselei" abgelehnt. Hierin liegt auch das „Phänomen" unserer Zeit, namens Gewissenlosigkeit". Nur über das Tasten (Spüren und Fühlen) gelangen wir zu der Sinnigkeit des Wissens über den Seeleninhalt des Gegenübers. Wer dies unterdrückt oder sich unterdrücken lässt, ist gewissenlos, gefühllos und jederzeit bereit, die übelsten Greueltaten zu begehen.

Ein „effektiver" Mensch in unserer Gesellschaft, funktioniert nur gut, wenn er „viersinnig" agiert und reagiert; das exakte Programm eines Soldaten, Managers, Wirtschaftsfunktionärs, Volkführers und einer Religion des Gehorsams. Ein Mensch, der seine wesentlich physischen fünf Sinne beieinander hat, bedeutet eine Gefahr für das System! Ein Mensch, der dann auch noch einen weiteren Sinn für das Spirituelle besitzt, bedeutet „höchste Gefahr"!

(Wir sollten uns mal genau überlegen, was es bedeutet, wenn der Bürger sagt, die Inflation ist höher als das die Statistik darstellt, und der „Staat" erklärt, dabei kann es sich nur um eine „gefühlte" Erhöhung handeln – dies sei ja wohl irreal!) Es wird also das Fühlen (Tasten), unser fünfter Sinn in seiner wesentlichen Bedeutung, in die Irrealität verschoben, um uns „Viersinnig" zu halten. Ein wirksamer Mensch kann aber nur mittels seiner fünf Sinne „energisch" (kommt von Energie!) leben und Leistung vollbringen. Eine Leistungsgesellschaft, in der der fünfte Sinn unterdrückt wird, erbringt weder eine aufbauende Leistung noch einen echten Fortschritt.

Eine Gesellschaft, die zusätzlich auch noch einen „sechsten Sinn" geradezu als „wahnsinnig" abwertet, wird niemals erfassen können, wie mächtig und göttlich sie im Grunde sein könnte. Der sechste Sinn ist intuitiver Natur, kommt aus dem kosmischen Geistfeld, das unser Leben und Sein erst bedingt!

Die negativen Kräfte auf der Erde benötigen zu ihrer eigenen „Arterhaltung" eine Menschenmasse, die nur und ausschließlich im Viersinnigen funktioniert. Die Resultate lassen sich aus dieser Viersinnigkeit leicht ablesen: Missgunst, Hass, abnorme Sexualität, Mord und Totschlag, Selbstmord, Drogenkonsum (um seine Sinne zu erweitern – welch ein Hohn!), Rassenwahn, Staatsräson, Kriege, Entwicklungshilfe (Pseudonym für Versklavung ganzer Ländereien), Obrigkeitshörigkeit, Verantwortungslosigkeit, Kinderschändung, Abtreibung, Arbeitslosigkeit, Millionärstum, Umweltzerstörung, Regierungsbildungen, „moderne" Kunst, Rockmusik, Technoglaube, Energieversorgung, Kapitalregime, Patentrechte (die dann eingefroren werden, wenn sie nichts kosten würden. Patentämter sind sowieso nur Überwachungsinstitute zur Sondierung und Unterdrückung von „Erfindungen" freier Energien), Wasseraufbereitung mittels Chemikalien (Pharmazielobby), Besitztumsverteilung gegen Devisen, Schulsystem, Wissenschaftsdogmen, Religionsinstitutionen, Massenmedien, Massensport (Fußball – die „Droge" der „Viersinnigen"), Generationskonflikte, Lieblosigkeit, Habsucht, Gesundheitswesen (ein System der absoluten Krankmachung), Reisefieber (Eine Betätigung, sich seinem „Heim" zu entziehen in einer fieberhaften Vorstellung, woanders könne es „sinniger" sein), Zerstreuung jeglicher Art (im Bemühen, sich in seine atomarischen Bestandteile zerlegen zu können), Guruhaltung, Sicherheitswahn, soziales Netz (wer sich in einem Netz verfängt, gehört der Spinne), Eine-Welt-Regierung (in Ermangelung der Erkenntnis, dass wir ja bereits auf und in einer Welt leben; oder kennen Sie eine andere, wo wir zeitgleich noch leben!?), ... Sie können schier unendlich fortfahren mit Beispielen, die Ihnen den Beweis liefern, dass wir Menschen auf Erden unsere fünf Sinne nicht mehr beieinander haben!

Ein Mensch, der noch seine fünf Sinne beieinander hat – von denen es wohl nur nicht mehr zu viele gibt – lässt sich von unserem zeitgeistigen System nicht mehr blenden; er erkennt dahinter die verlogene und menschenverachtende Hybris einer Macht, die nur beherrschen und aussaugen will.

Wir können also sehr leicht und einfach erkennen, es mit einer Macht zu tun zu haben, die einer nichtmenschlichen Sinnigkeit angehört – einer Macht, die nicht „ursprünglich menschlich SEIN" kann und die sich deshalb innerhalb ihrer nichtmenschlichen Konstellation auf uns ausdrückt. Da sage mir noch ein Mensch, es gäbe das personifizierte „Böse" nicht! Dennoch sei hier festzuhalten, dass wir Menschen dies überwinden können. Wenn wir wieder unsere natürlichen fünf Sinne zueinander führen (das ist ja die Grundkonzeption eines Menschen) und zusätzlich einen sechsten Sinn für das Spirituelle ansteuern, haben wir unsere ursprüngliche Leistungsfähigkeit wieder zurückgewonnen. In dem Irrglauben namens „Fortschritt", der uns technische und elektronische „Errungenschaften" (von wem haben wir es denn ab-ge-rungen?) gebracht hat, haben wir den globalen „Irrsinn" des heutigen Zeitgeistes erschaffen. Wer und was ist denn nun „IRREAL"?

Die tatsächliche (wirksame) Realität zeichnet sich durch alle Ebenen der Sinne und Sinnlichkeit aus; die „Führung" einer solchen Menschheit besteht dann nur noch aus einem kosmischen Selbst-verständnis heraus, das weder einer „Polizei" noch eines „Politikums" bedarf.

Der Staat und die Anwaltschaft dessen heißt Staatsanwalt – in diesem Wort ist zugleich die Saat und die Frucht Satans zu erlesen – stellen Sie einfach die Buchstaben in die wirkliche (wirksame) Zusammenstellung. Natürlich möchte ich damit nicht sagen, ein Staatsanwalt wäre ein Satan – auch dieser „Berufszweig" unterliegt einem bereits verfahrenem System, das zu durchschauen es ein bisschen Übung erfordert!

Überhaupt ist eine Staatsform nur ein künstliches Gebilde um die unterschiedlichsten Mentalitäten und Reifegrade der Menschwerdung unter einem Hut einer vermeintlichen Ordnung zu bringen. Da vor vielen Jahrtausenden eine Gruppe von Priestern es sich zur Aufgabe gemacht hat, innerhalb der Menschen eine dem Kosmos gespiegelte Ordnung zu schaffen (schöpferische Planverkennung; planetare Matrixerstellung), wurde die Menschheit dadurch ihrer natürlichen Sinne und Sinnlichkeit beraubt.

Der Plan dieser „Siebenerpriesterschaft" war die Provokation der Gotteskommunikation. Gott würde in seine Schöpfung ersichtlich eingreifen, wenn „ER" erkennt, dass es einige Menschen gibt, die mit ihm direkt kommunizieren möchten – und wenn es sein muss, durch eine globale Versklavung Seiner Geschöpfe. Dass die Kommunikation mit dem Schöpfer konstant abläuft – über das Naturgeschehen – wurde dabei übersehen!

Das luciferische Prinzip versteht es nicht, dass die Schöpfung GOTTES perfekt und unverbesserlich ist (bitte beachten Sie das Wort „unverbesserlich") und „Es" sich nur diesem Prinzip anpassen sollte. Und der Mensch hat nicht begriffen, dass der „Herr der Materie" nicht darüber hinaus denken und fühlen kann – wir Menschen aber schon. Unsere Angst vor dem Satanischen ist in Wirklichkeit irreal!

*

Nachdem ich erfuhr, am 2. August in eine unterirdische Konklave der Anderen „einfahren" zu können, war ich voller Spannung und Erwartung auf das Kommende. Über Frater Fritz und seinen Verbindungen zu Menschen, die etwas mehr Einblick in unser Weltgeschehen besitzen, erhielt ich Informationen, Schriften und Einsichten über die Tatsache, dass der Planet Erde über enorm viele Hohlräume verfüge, wabenmäßige „Blasenkonstruktionen", aus denen sich jeder Planet im Universum zu einem lebendigen Resonanzkörper mit eigener Schwingungsfrequenz aufbaut. Ein Vollkörper sei auch nicht Imstande, ein fluktuierendes Magnetfeld zu konstruieren – nur ein sogenannter „Hohlkörper", dessen Kern allerdings einen sowohl flüssigen wie auch festen

„Drehdynamo" bildet, könne einen lebendigen Körper aufbauen.

Bereits 1857 verfasste ein Mensch die Geschichte über die hohle Erde – die Publikation heißt: ***Etidorpha***. Über 1700 Schriften von unterschiedlichen Autoren erlebt und publiziert, sind heute noch vereinzelt zu finden – sie werden aber durch Neuabschriften in ihrer „Originalität" ziemlich verfälscht, indem man glaubt, sie zeitgemäß übersetzen zu müssen! Auch neuere Schriften berichten darüber, sind jedoch inhaltliche Nachschriften von Originalen oder ein Sammelsurium von vielen, noch weniger bekannten Erlebnisberichten von Menschen, die unsere irdische „Unterwelt" besucht haben.

Die meist durch esoterische Selbstbeweihräucherungen oder Verschwörungstheorien durchwobenen Neuauflagen weisen auf die Tatsache einer bewussten Verschleierung hin. Nur in einigen wirklich objektiven Schriften, finden sich denn auch Zusammenhänge, die ein klares Bild der Wahrheit zeichnen. Diese erlebten „Untergrunderfahrungen" haben stets einen sogenannten „roten Faden" durch ihre Berichterstattungen: Eine vollkommen andere Form von Energieversorgung, auf der Basis der Freien Energie, die in unserer „Oberwelt" vehement bekämpft wird.

Hier findet sich denn auch wieder ein „Kreisschluss", worin sich das Dritte Reich in seiner ursprünglich gedachten spirituellen Grundlage hervorhebt. (Hiermit ist **nicht** das exoterisch ausgeuferte Dritte Reich in seiner materiell zerstörerischen Konstellation gemeint!). Im 19. Jahrhundert, wie bereits eingehend erwähnt, fanden sich viele Forschergruppen der unterschiedlichsten Wissensgebiete zusammen (oftmals sporadisch und nur locker formiert, aber gelegentlich in enger Zusammenarbeit), die auch auf die „Hohle Erde-Theorie" stießen und sie eingehender erforschte. Viele Expeditionen förderten neue Erkenntnisse und neue „Ideen" von Energien Zutage, die bereits schon im 19. Jahrhundert Anwendung fanden. Einige „Teile" dieser Freien Energieversorgungsmöglichkeiten versuchten Nicola Tesla, Viktor Schauberger und andere **Wissende** in unsere Weltwissenschaft zu integrieren. Dass noch Heute (2006), sämtliche Patente dieser Forscher eingefroren sind, beweist die Tragweite dieser Forschung. Freie Energie wäre höchst einfach, kostengünstig und oftmals kostenlos zu beziehen und würde sämtlichen Energieversorgungsgesellschaften den Garaus machen!

Ich traf mich mit Fritz und Brigorius, einem ehemaligen Jesuitenpater, die mich zu meiner ersten „Einfahrt" abholten. Noch immer relativ skeptisch über dieses Vorhaben, versuchte ich innerlich ruhig zu bleiben, was mir allerdings nur ungenügend gelang. Während der Fahrt in die Allgäuer Alpen sprachen wir Anfangs nicht viel – es herrschte eine leicht angespannte Atmosphäre, die jedoch mehr aus mir selber entsprang.

Irgendwann konnte ich mir nicht mehr verkneifen, dieses Thema aufzugreifen.

„Entweder spüre ich eine etwas angespannte Atmosphäre hier im Auto oder ich bilde mir das nur ein", durchbrach ich die Schweigsamkeit.

Fritz grinste und Brigorius drehte sich zu mir um.

„Angespannt ist nur der, dessen Neugierde ihm die Sehnen spannt! Natürlich überkommt uns auch immer wieder eine leichte Anspannung, wenn wir in unsere andere irdische Sphäre einreisen, die wir übrigens **Sphäre 1** nennen, aus Gründen die Du noch erfahren wirst. Dennoch ist es weiter nichts, als ein ganz natürlicher Besuch im „Ausland" – nimm es einfach als einen Kurzurlaub in diesem Sinne", lächelte der alte Brigorius.

„So gesehen", folgerte Fritz gelassen, fahren wir ja nur in die Lechtaler Alpen – dass sich weit „darunter" noch mehr als Gestein und natürliche Höhlen befindet, ist nur eine Beigabe. Die wirklichen Blasenhöhlen größerer Anordnungen finden sich sowieso erst ab einer Tiefe von zirka 7-8 Kilometern. Die tatsächliche Tiefenordnung liegt um die 1300 Kilometer! Die Transporte dahin sind alleine schon eine phantastische Sache einer Technik, die unser normales Begriffsvermögen übersteigt. Es handelt sich dabei um eine Gravitationsaufhebungstechnik, die es ermöglicht sehr schnell ins „Innere" zu gelangen. Natürlich besteht auch noch ein weiteres Kraftfeld, um den menschlichen Organismus nicht zu gefährden und eine zeitgleiche Reduzierung der Psyche. Das heißt, Du wirst ein leichtes Kribbeln verspüren – ähnlich einer leicht beginnenden Ohnmacht, mit dem Unterschied, dass Du bei Bewusstsein bleibst und nur „träge" zu Denken vermagst. Dies verhindert zugleich auch eine spätere Lokalisierung der Einfahrtbasen – zum Schutze des ‚Innenlebens'."

Während Fritz dies sprach, schienen wir am Ort unserer Einfahrt angekommen zu sein, weil er eine kleine Bergstraße fuhr, die an einem kleinen Haus endete.

„So – wir sind da. Das Haus gehört einem Freund, der hier als Schriftsteller lebt – er schreibt allerdings „nur" Krimis. Dennoch – er ist zugleich Koordinator zwischen Oben und Unten", erklärte Fritz und klopfte mir nach dem Aussteigen auf die Schulter. „Tief Luft holen, und dann geht's ans Eingemachte", witzelte er vergnügt.

Der „Koordinator", ein schlanker Mitvierziger mit Halbglatze und Nickelbrille, öffnete die Haustür und begrüßte uns. Seine legere Kleidung und sein schlurfender Gang wiesen auf einen phlegmatischen Charakter hin – aber das war nur seine „Alltagspose". Er erwies sich als freundlicher und warmherziger Typ, der uns heißen Tee anpries, weil bei so einer Hitze etwas Heißes besonders gut sei.

„In 20 Minuten könnt ihr runter – alles schon geklärt. Nasmakrai tha Husra wird Euch führen", teilte er mit und die Männer grinsten sich an. In diesem Grinsen lag klar und deutlich ihr „Insiderwissen", das mich noch als einen Grünling dastehen ließ. Dieser „Nasmakrai tha Husra" schien wohl ein besonderer Mensch zu sein, weil sie bei seinem Namen mich so „witzig" betrachteten!

Plötzlich flackerten die Lichter im Haus auf.

„In Ordnung – wir können in den Energieraum im Keller", erhoben sie sich.

Ich ging ihnen mit gemischten Gefühlen nach. Der Heizungskeller entpuppte sich als ein ... gewöhnlicher Heizungsraum. „Nickelbrille" betätigte am Heizsteuerungscomputer einige Tasten und eine Kellerwand glitt geräuschlos zur Seite. Dahinter befand sich ein kleiner Raum, den wir betraten und worin sich ein großgewachsener Mann aufhielt. Besagter Namakrai tha Husra begrüsst uns, hieß uns auf den modernen Sesseln Platz zu nehmen. Die „Wand" schloss sich geräuschlos wieder.

Ich sah mich um, stellte fest, dass der Raum mit schönen Wurzelholzpaneelen verkleidet war – wie ein kleiner Konferenzraum ausgestattet. Weiter bemerkte ich ein beginnendes Kribbeln durch meinen ganzen Körper und ich fiel in einen seltsamen Zustand der Orientierungslosigkeit. Ein beinahe Tranceartiger Zustand erfüllte mich und ich dachte unweigerlich an ein Gefühl der Schwerelosigkeit – obwohl ich mich körperlich noch immer in einer natürlichen Schwere empfand.

Das Kribbeln ließ nach.

„Willkommen in 7780 Metern unter Normalnull", kommentierte der große Mann und wies uns zum Austreten an. Der „Konferenzraum" war ein Fahrstuhl! „Das ist nur eine Vorstufe, eine sogenannte Vorbereitungsräumlichkeit für den weiteren Einfahrtsprozess in späteren Zeiten."

Wir betraten eine große Halle, die einem Untergrundbahnhof glich, aber die Züge fehlten. Einige Menschen gingen an uns vorüber, die in den unterschiedlichsten Kleidern gewandet waren, mir aber völlig menschlich erschienen.

„Ein Teil von **Endawin,** dem europäischen Teil der unterirdischen Kolonien", kommentierte Nasmacrai für mich. „Weitere Enklaven finden sich rund um Euren Erdball, die untereinander, teils natürlich und teils künstlich erweitert, in Verbindung stehen. Unsere Transportmittel sind „Magnetröhrenbahnen", deren Geschwindigkeit um die 9000 Stundenkilometer betragen – für weite Wegstrecken. Kurzstrecken von bis zu 2000 Kilometern, werden mit etwa der Hälfte angesteuert.

Flächenmäßig sind alle unterirdischen Basen, die sich bis zu 23 „Stockwerken" erstrecken, zusammengenommen etwa so groß, wie Euer asiatischer und australischer Kontinent. Wie Du siehst, verwenden wir eine besondere Tageslichtbeleuchtung ohne ersichtliche Energiequellen – das bewirken bestimmte Lichtspektrumpilze, die wir eigens dafür züchten; sie sind in den Wänden und Decken. In unseren Freiflächen – Höhlen mit einer Größe von bis zu 350 Kilometern Durchmesser und bis zu 1,8 Kilometern Höhe, verwenden wir den natürlichen Kernmagnetismus in Verbindung mit einer Fusionsenergie, unsere „Sonne" hier unten. So entsteht eine natürliche Tageslichtumgebung, mit einer Aufrechthaltung oberirdischer Atmosphäre. Mit dem Unterschied, dass es hier keine Umweltverschmutzung und keine chemischen Belastungen gibt. Doch das tatsächliche Innererde mit der Plasmasonne, erreichen wir anders."

Er führte uns durch eine Schleuse ins „Freie" und ich blieb wie erstarrt stehen. Was mich erwartete, lässt sich nur so übersetzen: Ich trat einfach ins Freie, wie man aus einer Haus/Wohnung in die freie Natur tritt! Vor uns lag eine parkähnliche Anlage mit Wegen, Bäumen und Blumenfeldern. Die Temperatur entsprach etwa 24 Grad Celsius – eben so, wie „Oben" an einem lauen und sonnigen Sommertag.

Meine Gedanken bestätigend fuhr der große Mann fort:

„Die Witterung läuft ein wenig anderes ab als an der Oberfläche des Planeten, aber im Grunde leben wir hier auch in einem Vierjahreszeiten-Zyklus, der erst eine kontinentale Witterung und Ernte gewährleistet. Natürlich herrschen hier weniger Naturgewalten, dafür aber gelegentliche Schwingungsunterschiede, magnetische Störungen größeren Ausmaßes als auf der Oberfläche. Das Leben hier unten unterscheidet sich schon mehr vom Obigen. Es leben hier unterschiedliche Kulturen zusammen, zumeist Forscher in allen „Geisteswissenschaften", Umweltgestalter, im Sinne von symbiontischen Zusammenhängen – also, keine künstlichen Eingriffe, sondern mit natürlichen Gegebenheiten gestalten. Zugleich fungiert die „Unterwelt" als ein Sammelbecken aller Kulturen dieses Planeten und Zufluchtsort für eine Spezies, die Ihr Menschen seit Jahrtausenden verdrängt und bekämpft habt.

Andersdenkende unterschiedlicher Anschauungen finden sich hier ebenfalls ganz natürlich ein, wie Menschen, die aus diesen oder jenen Gründen hier leben und arbeiten wollen. Ein Teil der Erdenmenschen, die hier arbeiten, leben trotzdem noch an der Oberfläche; sie arbeiten hier einige Monate, haben einige Monate „frei" und sind dann eben wieder auf „Montage" oder „Auslandsaufenthalten" unterwegs. Alltäglichkeiten seit Jahrhunderten."

Nach einigen hundert Metern erreichten wir freie Felder mit einzelnen Häusern, nicht unähnlich der Häuser, wie die Menschen sie noch vor etwa 2000 Jahren erbauten; Lehmbauten mit Reetdächern, kleinen Fenstern und mit anliegenden großen Gärten. Selbst die Bauten, worin „technisch" geforscht und gearbeitet wird, waren in dieser Form angelegt – jedoch größer.

„Der europäische Bereich ist nach dem Muster der Kelten angelegt – Du hast ja bereits Ulluer kennengelernt, einen Vril, der sich hier am liebsten aufhält. Meine Spezies (er sagte einen dermaßen kompliziert klingenden Namen, den ich nicht wiedergeben kann – ich nenne sie deshalb „Ohai") bevorzugt mehr die härtere Schwingungsebene Eures Kontinents Amerika; wir befinden uns natürlich auch dort im „Untergrund". Meine Spezies ist reptiloider Natur, aber in einer kosmisch langen Zeit von anderen Spezies verändert – schließlich sind die Söhne und Töchter des *Schöpfers* nach Seinem Ebenbilde; was ja nichts anderes bedeutet, als ein Bewusstseinsausdruck auch in einer ähnlichen Körperstruktur. Mit ein bisschen Mimikry hältst Du mich für einen Hominiden Menschen. Wenn Du willst, kann ich mich Dir zeigen, wie ich in meiner wahren Pracht aussehe", blickte er mich neugierig an.

„Himmel – was ich bisher bereits gehört und gesehen hat, reicht fürs Leben, aber ich denke, ein bisschen Nachschlag für weitere Leben kann ich ja wohl noch einsammeln", entgegnete ich und wir lachten darüber alle.

„Zuerst möchte ich Dich allerdings noch etwas mental „durchleuchten" – das bedeutet, ich muss Dich bitten, mir wirklich die Wahrheit zu sagen, ob Du Dich fürchtest vor einer Physiognomie, die eben einer anderen Spezies entspricht. Wenn ein Menschenwesen ob unserer Spezies irritiert reagiert, sendet es einen sehr starken mentalen Ablehnungsimpuls aus, der uns förmlich schmerzt – einige von uns sogar geistig schwer verletzt", erklärte Nasmacrai sehr ernst.

„Ich fürchte mich nicht – mir ist nur ein bisschen mulmig, aber in einer positiven und freudigen Erregung", versuchte ich mich ihm zu öffnen.

„Zumindest schwingt das auch von Dir aus. Nun, dann halte auch Dein Versprechen", entgegnete er und der große Mann stand ohne Übergang als ein etwa 1,90 Meter großes Menschenwesen mit blauer Kleidung (etwa, wie ein Kaftan) vor mir. Seine Kopfform war eindeutig menschlicher Natur – dennoch waren da kleinere Unterschiede, die mir langsam ins Auge fielen. So waren seine Ohren nur angedeutete Wulsterhebungen, seine Nase flacher, seine Stirn fliegender und sein Mund breiter; das Kinn war sehr spitz ausgeprägt. Seine Hautfarbe schillerte leicht graugrün bis ins Schwarze und war etwas grobschuppiger als unsere. Nur über die spitzen Zähne konnte man erkennen, es nicht mit einem humanoiden Menschen zu tun zu haben. Die ganze Erscheinung erschreckte mich keine Sekunde – ich war eher überrascht von der großen Menschenähnlichkeit und empfand sofort ein sehr starkes Gefühl von außerordentlicher Schönheit!

Obwohl der Blick seiner gelb-grünen Augen, die immer wieder mal ins Rötliche wechselten, zuerst irritierend war, entnahm ich ihnen eine Dankbarkeit über meine Reaktion.

„Danke, mein Freund! Deine Spezies reagiert auf unsere manchmal sehr massiv; zumal man uns zumeist für menschliche Mutanten und somit für Abartig hält", warf Nasmacrai Tha Husra ein.

„Ach – es gibt Schlimmeres", entgegnete ich nervös lachend und er neigte seinen Kopf zur Seite.

„Du scheinst tatsächlich einen kosmischen Humor zu haben", lachte er heraus und nahm mich kurzerhand in seine kräftigen Arme.

Diese Umarmung war so warmherzig und zärtlich, dass ich mich augenblicklich geborgen fühlte; so, wie man sich fühlt, wenn man mit einem lieben Menschen zusammen ist. Seltsame Erfahrung!

Nasmacrai tha Husra führte uns, nun in seiner natürlichen Gestalt, in ein nahes Haus, wo uns ein Ehepaar begrüßte. Wie es sich herausstellte, waren sie Erdenmenschen, die seit über 30 Jahren bereits „Unten" lebten. Und, wie sie betonten, „es keinen Tag bereut zu haben". Es handelte sich um einen ehemaligen Höhlenforscher und seine Begleiterin, die vor etwa 30 Jahren per Zufall einen künstlich angelegten Schacht innerhalb eines „oberen" Höhlensystems" fanden und ihn nach unten verfolgt hatten. Nachdem sie bereits 7 Stunden ständig runter krochen und sich maßlos über dessen Beschaffenheit wunderten, stellten sie fest, in einer Sackgasse zu landen. Sie konnten nicht mehr weiter, weil sich der Schacht bis auf 25 Zentimeter verjüngte – und zurück war ein fast aussichtsloses Unterfangen. Als sie nach drei Tagen, ziemlich am Ende ihrer Kräfte, von einer Wartungsmannschaft der Reptiloiden gefunden und in deren Gesundungsebene verbracht wurden, begriffen sie ihre Rettung zuerst nur als ein Wunder.

„Dabei war dies nur logisch – schließlich handelte es sich um einen Frischluftzufuhrschacht, der durch unsere „Verstopfung" nicht mehr optimal funktionierte. Die Reptos mussten diese Verstopfung beseitigen und somit fanden sie uns", lachte die Frau in Erinnerung.

Sie begriffen nach einigen Tagen, in keinem bekannten Klinikum zu liegen, zumal die Behandlungsmethoden vollkommen fremd erschienen. Das „Personal" war anders gekleidet und die „Ärzte" machten eher den Eindruck von Naturheilern. Da sie es mit den Vrilmenschen zu tun hatten, fiel ihnen zuerst auch die fremde Umgebung nicht auf. Alles in Allem lagen sie auch noch zusammen in einem Zimmer, dessen Aufmachung eher heimischen Charakter aufwies. Das Fehlen von TV und bekannten Krankenhausutensilien brachte sie zu der Erkenntnis, dass es hier nicht mit rechten Dingen zugehen könne.

Im Verlaufe von nur vier Tagen erfuhren sie, sich in einer unterirdischen Welt zu befinden. Und im Verlaufe von weiteren 5 Tagen entschlossen sie sich, mit Einverständnis der Bewohner, eine Zeit hier unten zu verbringen. Sie verbrachten zwar ein paar Mal für kurze Zeit wieder auf der Oberfläche, aber sie ertrugen diese Form des Lebens einfach nicht mehr.

„Wir galten ja als vermisst, bzw., tot und auf dem Planeten gab es keine Angehörigen mehr – höchstens ein paar lockere Bekanntschaften, auf die wir verzichten konnten. Als wir dann auch noch in unseren weiteren Aufgabenbereich hineingewachsen sind, uns ein Haus mit Selbstversorgung und Feldern erhielten, begriffen wir so langsam auch wieder, dass wir beide hier Unten besser aufgehoben wären. Unser derzeitiges Leben ist nur eine Anknüpfung an frühere Leben – so denken wir beide zumindest", schlüsselte der Mann mir auf.

Ich nickte. Das verstand im mittlerweile.

„Hier hat jeder seine individuelle Aufgabe, die weder strapaziös noch langweilig ist. Geld gibt es keins und Eigentum nur in Form von „Flächennutzung" auf Lebzeiten. Was man wesentlich benötigt, ist in Fülle vorhanden und Luxusgüter zum Prestige sind hier vollkommen überflüssig.

Benötigt jemand ein besonderes Schmuckstück oder einen Zierrat für sein Heim, so kann er es sich beschaffen, wenn er im Zentrum danach sucht. Das Zentrum ist eine Art Riesenkaufhaus oder besser bezeichnet als Riesenlager für „Dinge der Nebensächlichkeiten", wie hier Schnickschnack genannt wird. Natürlich hat eine jede Kultur ihre Vorlieben für „Schnickschnack" und dem wird ganz natürlich Rechnung getragen. Jeder kann sich bedienen, austauschen und ausleihen oder verleihen – ja nachdem, was das Herz in gewissen Zeiten und Empfindungsphasen begehrt. Ich hatte mal eine Zeit, mich einige Wochen festlich zu kleiden – wollte einfach erfahren, wie es ist, immer schick und elegant zu sein. Also lieh ich mir aus dem Fundus das Begehrte und gab es zurück, als meine „Eleganzphase" wieder vorbei war. Mein Mann ist zurzeit in seiner Phase der Blumenzucht und er bekommt alle Sämereien und Schösslinge aus dem Zentrum. Ob seine Phase anhält oder nur ein Einstieg für eine weitere Phase ist – darum kümmert man sich hier nicht. Nur dann, wenn jemand längere Zeit keine Phase aufweist – dann wird nachgefragt, ob man etwa traurig oder krank sei; aber dies nur dann, wenn sich betreffende Person gänzlich aus dem Geschehen zurückzieht. Das kommt nur äußerst selten vor und zumeist nur bei Erdenmenschen, die magnetische Störungsfelder in sich nicht erkennen".

Das Ehepaar erzählte mir/uns noch weitere Dinge aus ihrem Leben in **Endawin,** das sie gleichsetzten mit einem Übergangsweg, zurück in die menschliche Ursprünglichkeit. Auf meine Frage, wie es denn um ihre Religion oder Spiritualität bestellt sei, erklärten sie, diese verlaufe parallel positiv und sei integraler Bestandteil des Lebens.

Nasmacrai antwortete auf diese Frage folgendermaßen: „Jede Kultur hat ihre individuelle Spiritualität, ihren persönlichen Erlöser und doch ist alles zusammen genommen Ein und Dasselbe. Was für Euch Obermenschen Jesus Christus, Buddha, Krishna, Mohammed, ist für uns SHRUTI THAMARHAM oder THA HORUM; es sind die Meister der kosmischen Erweckung und stets Söhne oder Töchter des Allgeistes, der sich in ihnen spirituell manifestiert. Natürlich hat jede Spezies auch noch ihre speziellen Helden, Heilige der Umwandlungsprozesse aus einer verdeckten in eine aufgedeckte kosmische Bewusstheit. Diese Helden waren mal starke Kämpfer für das Licht oder große Heerführer im Kampf um die universelle Lichtschale auf Baltruin – einem imaginären Planeten in einem anderen Universum, aus dem alle kosmischen Spezies ursprünglich hervorgegangen sein sollen. Ihr habt in Eurer obigen Kultur ähnliche Helden und Heilige, Meister und Mystiker. Eine körperliche Spezies ist in sich ja weiter nichts als eine Teilerscheinung des Allschöpfers, der sich unendlich vielfältig in der Materie äußert. Selbstverständlich haben auch wir unsere „Engel" – himmlische Wesen an der Seite Gottes, die über uns wachen und uns führen. Die Geschichten klingen zwar immer anders und manchmal ziemlich kompliziert innerhalb ihrer Hierarchie und "Verwertbarkeit", aber im Grunde zeugt es nur davon, dass wir kosmischen Bewusstseinswesen alle „Produkte" aus vorangegangenen Spezies sind; eine Vermischung unterschiedlicher Speziesinhalten, bis die Erkenntnis zu einer kosmischen Bruderschaft greift. Von da an wird keine Spezies mehr mit einer anderen gekreuzt – denn dann hat sie ihren Endpunkt, ihre wahre Verkörperung erreicht.

Nur der spricht von Manipulation, der nicht begreift, dass im Universum das Gesetz der Heimkehr herrscht, das besagt: Erst, wenn alle Spezies im Universum aufgewacht sind, löst sich das Materieexperiment Gottes wieder auf – und das Spiel beginnt von neuem".

„In Deiner Aussage findet sich ganz deutlich die Erklärung von Genveränderung – ist das nicht eine Manipulation"? warf ich irritiert ein.

„So, wie Ihr dies an Euch und Eure Kreaturen versucht, ist es wohl eine Anmaßung und negative Manipulation", entgegnete Nasmacrai, „Ihr versucht ja nur Material zu schaffen, das Euch dienstbar und einsetzbar fürs Grobe ist – eine perverse Versklavung von kranken Geistern. Die kosmischen Genveränderungen haben zum Ziel, alle Wesen zu vereinen in der Erkenntnis zur kosmischen Freiheit und Ursprünglichkeit des Gottesgedanken. Euer Paradies, das aus Euren alten Mythen und religiösen Urschriften, basiert auf der kosmischen Bewusstheit und Kommunikation mit dem Schöpfer. Jede Spezies, die dazu erwacht oder wiedererwacht, wird ein Leben anstreben, das mit der Natur Eins wird. Eure Städte und Orte sind bloße Ansammlungen von energetischen Betäubungsorten, um Euch leichter zu handhaben. An Orten der Selbstversorgung, wie Ihr sie nennt, herrschen andere Bedingungen und die Menschen spüren schon etwas Größeres dahinter. Wären nun diese Menschen wirklich autark und unabhängig von Eurem einschläfernden System, benutzten eine absolute freie Energieversorgung, sowohl was Wasser, Heizung, Stromversorgung betrifft (letztere ist ja wieder eine völlig falsche Energetik!), könnte sie in der Tat zu Vorreiter eines neuen Paradieses werden. Dass Ihr zurzeit diese Tendenz dahin aufweist, ist für uns alle ein untrügliches Zeichen, besonders auf Euch zu achten. Denn die negativen Kräfte Eurer Unterdrücker und deren Hintermächte, sind bereits dabei, durch weltweite Gesetzeserlasse dieser Tendenz vorzubeugen. Es wird nicht ohne Kampf abgehen, mein Freund – es stellt sich nur die Frage, wie lange und wie heftig er ausfallen wird. Ein absolutes Chaos können wir nicht zulassen – das gebietet schon die kosmische Nächstenliebe – aber ein Rückfall ins sogenannte Steinzeitalter könnte wieder passieren!

Es werden jene unter Euch dies kompensieren können, die sich innerlich bereits auf ein ursprüngliches Dasein eingestimmt haben – sie werden in diesem „Rückschritt" weder eine Strafe Gottes noch einen wirklichen Rückschritt erachten. Ihnen wird bewusst, was die Bezeichnung *Apokalypse* im Prinzip bedeutet hat: Eine klare Mahnung, nicht den Weg der Priesterschaft zu beschreiten!"

„Was mich irritiert, ist die Tatsache, dass die meisten Menschen diese manipulative Priesterschaft erst gar nicht kennen oder nur am Rande etwas ahnen, das sie jedoch nicht definieren können", gab ich zu bedenken.

„Wieso nicht kennen, oder nur „etwas" ahnen ... jeder einzelne Mensch weiß um die Tatsache der priesterlichen Führungselite! Jeder Religion oder jedem esoterischen Glaubenssatz sitzt ein Führungspriester oder Guru vor – und in allen Weisheitsphilosophien herrscht eine ersichtlich unnatürliche Hierarchie der Wissensvergabe. Euer gesamtes System besteht doch nur aus den unterschiedlichsten Hierarchien der Beherrscher dieser Welt, deren Grundlage die Beherrschung der Menschheit ist. Über den Faktor Seele plus Ego, funktionieren sämtliche Gebote und Verbote so, wie man sie Euch vorlegt und Ihr sie kritiklos schluckt. Ihr habt somit Eure Selbständigkeit, Freiheit und kosmische Weitsicht eingetauscht für ein Gebilde der Betäubung und Niederpressung. Zu wissen, dass Ihr nur die Priesterschaft ihrer Ämter zu entheben habt, bereitet Euch bereits soviel Angst und Kummer, dass sie auf Euch wie ein Fluch liegen. Wenn Ihr so wollt, kann man Euch Oberirdische tatsächlich als eine verfluchte Spezies bezeichnen; eine okkulte, dem Wahnsinn verfallene Spezies, die die Realität nicht mehr erkennt. Ihr werdet von Asurafürsten beherrscht – doch darauf wirst du noch stoßen; das ist die Realität."

„Uns wird laufend erklärt, was denn nun Realität und was Irrealität ist. Das ist sogar gesetzlich geregelt und wer aus der Rolle fällt, wird mittels Gesetz dahin therapiert, wo die Masse ihre Realität fixiert hat", warf ich ein.

„Du musst schon, wenn Du einen exakten Überblick erhalten willst, das gesamte System durchschauen. Eure Welt hat sich bis ins Uferlose in den Okkultismus gebohrt und wer versucht, sich daraus zu befreien, wird nicht selten als Okkultist verschrieen – das ist ein einfacher Trick der okkulten Sphäre, der Spiegelsphäre, von sich abzulenken. Wenn ich nicht will, dass mir jemand in meine Karten blickt, dem muss ich nur geschickt klarmachen, dass ich gar keine Karten besitze – woher er denn von Karten wisse, wenn er selber sie nicht benutze?! Das ist wie das große Schauspiel Eures Fortschrittglaubens, der weiter nichts in sich birgt als einen rasanten Lauf in einen bodenlosen Abgrund.

Warum wird wohl kaum noch einer Eurer Mahner, Seher oder bestehenden Weisheitslehrer beim Wort genommen? Warum bereitet Euch Spiritualität, Weisheit und Barmherzigkeit soviel Probleme und Abscheu, wenn Ihr doch in Grunde geradezu danach sucht?! Jede spirituelle Äußerung, jedes Konzept innerhalb kosmischer Parameter, bereitet der Mehrzahl Eurer Spezies Kopfweh und eine massive Ablehnung. Schon der kleinste Versuch das zum Untergehen verurteilte System zu überwinden, und sei es nur durch kleine Alternativlösungen auf dem Sektor Freie Energie, wird mit Strafe, Verachtung, bis hin zur körperlichen Zerstörung geahndet", führte der „Ohai" aus.

„Ich persönlich glaube, das liegt am irrigen Glauben der Systemkritiker, dieses System mit einem anderen, neuen System zu tauschen. So denke ich, das derzeitige Priesterschaftssystem kann nur „unsystematisch" überwunden werden. Jeder Versuch der Überwindung darf keine große Angriffsfläche bieten, muss sich stets wandeln und darf nicht berechenbar sein. Im Grunde sollten Menschen, die ich gerne als wirkliche Reformer bezeichne, eine „Unsystematik" entwickeln, die sich aus einer absolut gut durchdachten Spiritualität in einer bewussten Irrealität ausdrückt. Diejenigen, die diese „Irrealität" gleichermaßen verstehen, begreifen, werden wissen, wie sie in diese „Unsystematik" einsteigen können. Daraus kann sich etwas entwickeln, das zuerst alle menschlichen Sinne schärft und zusätzliche Sinneskräfte erschließen lässt – hieraus wiederum könnte ich ein „kosmischer Muster" der Systemüberwindung ersehen", sinnierte ich.

„Wenn Du weißt, dass Irrealität nur das Gegenteil von Realität ist und wohl auch seine Haken und Ösen hat, solltest Du Dich vielleicht in eine dritte Möglichkeit begeben", lächelte mich Nasmacrai tha Husra aufmunternd an.

„Diese dritte Möglichkeit scheint mir allerdings ein sehr schmaler Grad zu sein", sah ich ihn aufmerksam an.

„Solche Gradbegeher, wenn sie denn nun auch wirklich aus sich heraus die Erkenntnis dazu besitzen, sind die einzige Möglichkeit, die irdisch-okkulten Sklaventreiber aus ihren Löchern zu locken! Nicht einmal die „hohe Priesterschaft" ist in der Lage, sich ohne Gefahr auf diesen Grad zu begeben; und sie hasst jegliche Gefahr für sich selbst."

Der „Ohai" erhob sich kurz, um sich ein Getränk einzuschenken. In diesem Moment konnte ich seine Gestalt in ihrem ganzen Ausmaß betrachten. Ein geschmeidiges Wesen, im Wissen um seine wesentliche Einzigartigkeit; ein kosmisches Menschenwesen von einer enorm starken Individualität und dennoch Zusammengehörigkeitsgefühl mit allen Lebewesen im Universum. Nasmacrai bemerkte scheinbar meine Gedanken – oder zumindest meine Nachdenklichkeit als er wieder Platz nahm und uns zu trinken anbot.

„Es ist die Individualität, die jedes einzelne Wesen ausmacht und zu einem einzigartigen Geschöpf im Kosmos werden lässt. Erst mit einer starken Individualität kann sich eine Zugehörigkeit zu allem Leben im Universum entwickeln – das ist die wahre „weltumspannende Regierung" in spiritueller Hinsicht. Eine pur materiell ausgerichtete Eine-Welt-Regierung kann nicht funktionieren, ohne die darin enthaltenen Individuen einer Einheitsnorm zu unterwerfen. Man kann zwar eine Messung in eine allgemeingültige Norm fassen, aber keineswegs ein Individuum, das nicht quantitativ, sondern nur qualitativ expandiert. Das Wesen der Materie und die darin enthaltenen Lebewesen unterliegen dem Prinzip der Dynamik, der Bewegtheit in positiv empfundener Weise. Das Wesen der Energie ist der Ursprung dieser Dynamik. Wenn also ein Mensch versucht, diese Dynamik zu bremsen, verursacht er ein Paradoxon; eine große Menschenmasse verursacht eine strukturelle Phasenverschiebung ihres gesamten Planeten – die gesamte Spezies bewegt sich dann innerhalb eines Paradoxon, das sich in das Universum ausstrahlt. Je verdichteter sich ein Paradoxon auszeichnet, desto destruktivere Kräfte und Energien zieht es an. Die Folge: Es werden andere Spezies darauf aufmerksam, deren materieller Expansionsdrang in Resonanz dazu schwingt. Hieraus ergeben sich die Probleme, die wir Euch immer wieder übermitteln. In Euren Schriften befinden sich einige Hinweise über die „Kämpfe der Heerscharen des Lichts mit den Heerscharen der Finsternis". Ihr müsst Euer Paradoxon auflösen, um nicht mehr in Resonanz mit negativen Kräften und Wesenheiten zu schwingen. Die Schwingungen meines Volkes, wie auch die Ulluers und vielen anderen adäquaten Menschenwesen kosmischer Energetik, können die Negativen nicht erreichen.

Da Ihr jedoch eine Spezies seid, die nie gänzlich im Paradoxen verfangen ist – etwa 10 – 12% von Euch schwingen konstant und durch die Jahrtausende aufrecht erhalten und seit Kurzem steigender Tendenz – können wir es nicht zulassen, dass der Rest von Euch den Planeten und eventuell das gesamte irdische Sonnensystem in die Luft jagen. Jagt Ihr Euch nur körperlich immer und immer wieder in einen Neuanfang zurück, wie das schon des Öfteren der Fall war, greifen wir nicht ein. Obwohl es für uns schmerzhaft ist, weil wir uns fest wünschen, dass Ihr ein fester Bestandteil der kosmischen Gemeinschaft werdet, können wir Euch vor Euch selber nicht schützen. Wir können uns und andere kosmische Brüder und Schwestern vor Euch oder anderen „Paradoxon" schützen – so schwer uns das auch fallen mag, in Anbetracht Eurer einmaligen Spezies und unsere gemeinsamen, bunten und vielgestaltigen Planeten."

Frater Fritz, der bisher geschwiegen hat, äußerte sich nun.

„Mein Kontakt zu Euch besteht jetzt nun schon seit über sieben Inkarnationen, die einen Zeitraum von 1200 Jahren einnehmen, soviel ich bereits selbst erfühlen kann – aber es scheint, es hat sich auf der Erde weder etwas gebessert oder auch nur im Ansatz ein Aufbäumen gegen die Priesterschaft gezeigt. Obwohl ich nicht müde werde, dahingehend zu hoffen und zu arbeiten, frage ich mich in letzter Zeit öfter mal, in welchen Zeiträumen man hier zu rechnen hat."

„Das ist typisch Oberirdisch", lachte der Ohai und trommelte sich mit seinen Fingern auf seinen Unterarm, „am Besten gleich Datum und Uhrzeit der Wende erwarten! Es handelt sich hier weder um eine Berechenbarkeit noch um ein quantitatives Geschehen – es ist eine raumzeitlose Grundsätzlichkeit, die besagt, dass Ihr irgendwann sicherlich in die nächste Klasse der kosmischen Lehranstalt kommen werdet. Und wenn Du noch hundert Leben dieser Sache widmen musst, so widmest Du Dich zumindest einer Sache, die Dich persönlich reifer, erfüllter und intelligenter macht. Abgesehen von einem Leben, worin Du keine Furcht mehr vor Obdachlosigkeit, Hungersnot und Gottlosigkeit haben musst – Deine persönliche Seelenschwingung sorgt für Dein leibliches Wohl und sicherlich auch für einige Menschen, die Du frequentierst."

„Das bedeutet sicherlich auch, wer innerhalb Deiner individuellen Schwingungen gelangt, den motivierst Du „automatisch" auf eine andere, vielleicht höhere, Frequenz hin", dachte ich laut nach.

„Nicht nur das", entgegnete Nasmacrai tha Husra, „Du hast doch sicher schon selber erkannt, dass sich auch Dein Leben qualitativ verbessert hat, seit Du Dich mit den Versuchen des Überblicks befasst. Dass wir nun hier zusammen sitzen, resultiert auch aus zwei früheren Leben, wo Du mit uns „Anderen" Kontakt bekommen hast. Das hier ist nun nur noch eine logische Konsequenz der Fortsetzung. Natürlich hast Du weder mit mir persönlich noch mit Ulluer einen Kontakt gehabt, aber mit Vertretern unserer unterschiedlichen Kultur.

Ulluer kann bis zu 300 Erdenjahre alt werden und meine Spezies bringt es „nur" auf etwa 140 Erdenjahre. Aber es gibt auch Spezies, die über Tausend Eurer Jahre alt werden können – es sind allerdings keine Spezies mehr, die so wie wir, als Wächter heranwachsender kosmischer Brüder fungieren. Sie nehmen mehr eine beratende und geistig begleitende Stellung ein und werden von uns „die Alten der Weisheit" genannt. Es sind körperliche Menschenwesen von hoher Sensibilität, deren nächsthöhere Stufe wohl die körperlose Sphäre der Lichtmeister sein wird. Genaueres wissen auch wir nicht – nur, dass wir sie sehr achten und ihrer Unterstützung bedürfen. Die kosmische Hierarchie ist eine bedingungslose „Pyramide" von Bewusstseinsträgern, im Wissen um die kosmische Liebe des Allgeistes. Nichts daran ist mysteriös – nur für jenen, der sich selber als geistiges Seelenwesen ablehnt."

Mit diesen Worten erhob er sich und teilte uns mit, wir würden noch eine Produktionsstätte für technische Hilfsmittel besuchen.

„Hier stellen wir unsere Geräte zur Erzeugung von Antriebsgeneratoren her – das heißt, hier werden Produktionsgeräte erbaut, die an einer anderen Produktionsstätte zum Bau von Antriebsaggregaten benötigt werden. Da auch wir auf Reisemittel angewiesen sind – wenngleich sie Euch völlig fremdartig erscheinen mögen – haben wir natürlich auch Bedarf an Neuteilen, die gegen verschlissene ausgetauscht werden müssen. Unsere „Reisemobile" basieren auf Wellen-und Partikelströmung und sind in ihrer materiellen Struktur relative simpel. Raumschiffe, wie Ihr sie Euch vorstellt und worauf Ihr hinarbeitet, eignen sich nur zu einem kleinen Tümpeln in näherem Umkreis Eurer Lebensspanne. Wir können in Gedankenschnelle reisen; wenn wir dazu die nötigen Materialien entwickeln könnten, ginge das auch körperlich – aber das haben wir bisher noch nicht geschafft. Uns sind auch noch gewisse Grenzen gesetzt. Aber wir sagen uns eben, „Lass es uns gemütlich angehen!"

Der Ohai grinste über seinen Witz. Mir schien fast, er meinte dies im Grunde sogar ernst!

Wir gingen in einen benachbarten größeren Gebäudekomplex und ich fragte ihn unterwegs, wieso er unsere Sprache spreche.

„Ganz einfach – ich arbeite und lebe oftmals in Gebieten der englischen und deutschen Sprache und habe sie mir angeeignet. Ulluer spricht sieben irdische Idiome und einige von uns sprechen über 50 Idiome – aber das sind unsere Anthropologen und Schwingungsforscher. Ich spreche auch noch leidlich das russische Idiom. Natürlich fallen mir Eure Kehllaute schwer, weil unsere Sprache (die der Ohai's) viel rascher und für Euch eher als Zirpen schwingt. Da auch wir eine Art Kehlkopf besitzen, können wir Eure langsamere Kommunikationsform nachvollziehen – wenngleich ich mich oft wundere, wie träge Eure

Ausdrucksweise ist. Naja – die Vril sind auch nicht viel schneller als Ihr", scherzte er und stieß Brigorius neckisch an.

Wie sich nun herausstellte, war Brigorius ein Vril, der allerdings seit seiner Geburt auf der oberen Erde verweilt und sich dieser Schwingungsfrequenz angepasst hatte. Er wolle auch gar nicht mehr nach Unten, weil er eben Oben seine Aufgabe gefunden hätte.

„Vielleicht im nächsten Leben – wer weiß", lächelte er. „Ich bin ja schon über 270 Jahre alt – was soll ich denn noch hier Unten; da wäre ich doch bloß ein gealteter Mann mit oberirdischen Manieren."

Wir betraten den Gebäudekomplex durch eine Schleuse und Nasmacrai machte uns aufmerksam, einen Schutzanzug mit getönten Scheiben überzustreifen.

„Die Fertigungsweise birgt einige Nebeneffekte auf der Netzhaut und auf der Körperoberfläche, die zwar nicht gefährlich, aber unangenehm wirken – zumindest für uns und die Vrilmenschen", erläuterte er.

Durch eine zweite Schleuse gingen wir eine abfallende Rampe hinunter, die in den Untergrund führte. Ein seltsames Gefühl, von Untergrund zu denken, wenn man bereits im Untergrund ist – also, ein Untergrund unter dem Untergrund...!

Ein sich automatisch öffnendes Tor ließ uns in eine große Fabrikationshalle ein, worin arbeitende Menschen unterschiedlichster Couleur ihren Tätigkeiten nachgingen. Mir fiel auf, dass sie alle entschieden ruhig und entspannt arbeiteten und der Lärmpegel sehr gering war. Da ich kein Techniker oder großer Kenner von technischen Gerätschaften bin, außer, dass ich unsere menschlichen Errungenschaften relativ gedankenlos benutze (!), versuche ich erst gar nicht, diese Geräte groß zu beschreiben. Es musste sich um verschiedene Materialien handeln, Legierungen und vielfach auch um Bronzeteile, die hier zu größeren „Haltevorrichtungen" montiert wurden.

„Diese Kupferbalkenvorrichtungen sind Haltevorrichtungen für die

Triebwerksherstellung, deren Hauptbestandteil aus verschiedenen Kupferlegierungen bestehen – eine Stahlvorrichtung wäre zu hart und aggressiv, würden nur die zu haltenden Triebwerke beschädigen. Wir gehen nun zu einer Kleintriebwerksherstellung für planetare Reisegefährte, die sich nebenan befindet", forderte Nasmacrai uns auf.

„Hier nun", fuhr er in der Nebenhalle fort, „ fertigen wir unsere kleinen planetaren Triebwerke an, die auf der Basis eines Sekundärspulentransformators arbeiten. Dieser Transformator baut einen elektromagnetischen Primärschwingkreis auf, der den Sekundärkreis in eine gleichgerichtete Resonanz einschwingt. Dieses „gedämpfte" Schwingverhalten, das Resonieren, bewirkt eine Form der Antigravitation, die allerdings mit weiteren Umwandlungsmodulen erst zu einem Gesamtantrieb konzipiert wird. Beim Einsatz (Start) des Antigravs, den Ihr Flugkreisel oder auch Ufo nennt, verformt sich die unmittelbare Umgebung des Fluggeräts – es wirkt auf das Auge nur noch schemenhaft und in allen Farbspektren fluoreszierend. Je höher die Antriebskapazität betrieben wird, desto „durchsichtiger" erscheint das Vrilmana, wie wir es nennen.

Auch unsere Energieversorgung basiert auf einer ähnlichen Technik, wobei der Transformer etwa nur die Größe eines Stuhles einnimmt und in jedem Haushalt integriert ist. Die gesamte Energieübertragung zu den Aggregaten erfolgt von einer Zentralstelle, die drahtlos funktioniert. Die Wellenübertragung ist absolut gefahrlos, weil sie einer kosmischen Strahlungsform entsprechen, die auf der Oberfläche oder im Weltraum konstant vorhanden ist. Nur hier unten bündeln wir sie über eine Zentralstelle, um die Generatoren in den einzelnen Haushalten so klein wie möglich halten zu können."

Wir erreichten nun wieder einen Ausgang und die kurze Führung war beendet. Nachdem wir wieder zu dem kleinen „landwirtschaftlichen" Anwesen zurückgingen, dachte ich über das Gehörte nach. Mit dieser Methode könnte die Menschheit ihre Energieversorgung schlagartig revolutionieren und sich von Monopolisten unabhängig machen.

„Wenn ich richtig verstanden habe, wäre diese Form der Energieerzeugung auf der Erdoberfläche kostenlos, bis auf die Generatoren, die, wie ich glaube gesehen zu haben, relativ einfach und kostengünstig herzustellen wären", fragte ich interessiert.

„Sicher. Einige von Euch haben es versucht und wurden stets von Euren Monopolisten daran gehindert. Klingt irgendwie vertraut – was!", erwiderte der „Ohai" kopfschüttelnd. „Was glaubst Du denn, wie vehement Eure „Priesterschaft" aufpasst, dass Ihr Klein und Dumm bleibt!"

In mir stieg eine heiße Wutwelle hoch – mir wurde richtig heiß und ich platzte hervor: „So eine Schweinerei! Mein Gott, was für eine Schweinerei!"

Nasmacrai tha Husra zuckte mit schmerzverzerrtem Gesicht zusammen und stöhnte auf.

„Bitte, Thalus – beherrsche Deine Zorneswellen. Wir empfinden schweren körperlichen und psychischen Schmerz dabei!"

Fassungslos blickte ich auf ihn, wie er sich langsam von meinem „Wutwellenangriff" erholte. Mich überkam Scham und drückte mich dergestalt entschuldigend und dennoch irritiert aus.

„Wenn Ihr wüsstet, wie mental stark Ihr seid – und wie zerstörerisch Eure negativen Gedankensequenzen in Euer Lebensfeld schlagen! Alleine Eure Angstausstrahlungen weisen bereits eine so hohe Negativfrequenz auf, dass sie für uns auf der Oberfläche nur sehr schwer auszuhalten ist. Wir „Ohais" sind da noch viel sensitiver als die Vril.

Unsere Spezies wird in Euren alten Mythen gerne mit dem Teufel verglichen oder mit Dämonen – doch in Wirklichkeit seid Ihr selber Eure größten Teufel!", keuchte er und klopfte mich beruhigend auf die Wange.

„Versuche einfach, Deine Empfindungen zu zügeln – lasse es nicht so offensichtlich zu, dass Dich Zorn übermannt; Du schürst damit nur das

Negativfeld und fütterst dadurch Wesenheiten, die davon leben. Was für Euch ein Stromschlag, ist für uns eine emotionale, mental verstärkte Zorneswallung. Ihr habt wahrhaftig Kräfte, wovor sich Eure und unsere Brüder, die Reptiloiden, zurückgezogen haben, um wenigstens einigermaßen unbeeinträchtigt weiterleben zu können. Grundsätzlich wart Ihr auf Eurem Planeten zwei Spezies – die Reptiloiden und weit später dann die Humanoiden. Ihr, die Humanoiden, habt alsbald das Zepter übernommen und die Reptiloiden in den Untergrund verbannt – wie auch einige Völkerschaften Eurer Spezies selbst, wie die „Indianer", Tolteken, Hamiten und Kelten sowie einige mehr. Ihr habt meistens gar nicht gewusst, dass nicht Eure Waffen und Eure Technik die wahre Macht Eurer Spezies darstellt – es ist Eure Hybris, anzunehmen, Eure Spezies sei die Krone der Schöpfung. Wenn Ihr Eure Macht der emotional-mentalen Energetik gezielt für eine wirkliche Verbesserung Eurer Gemeinschaft anwenden würdet, so wäre es Euch schon innerhalb einer Generation möglich, das Paradies auf Erden zurückzuführen! Es bedarf dazu weder vieler Generationen oder einer vollkommen neuen Religion – es bedarf dazu lediglich tiefste Einsicht und Mitgefühl mit allen Kreaturen des Kosmos. Ich persönlich wundere mich schlicht in Berg und Boden, wenn ich Euer Verhalten studiere und immer wieder erkennen muss, wie sehr Ihr doch in einem geschlossen Kreis Eurer eigenen Verdunkelung und Verdichtung rotiert! Ich spreche jeden Tag zu den alten Weisen in Gedanken und bitte das Schöpferwesen um Gnade für Euch."

Der Ohai blickte mich an und dann nahm er mich einfach in seine mächtigen Arme. Ich spürte förmlich eine Energie, die mich angenehm und beruhigend erfüllte. Schweigend trafen wir wieder auf dem kleinen Anwesen ein.

Die Bewohner servierten uns eine vegetarische Speise, die würzig und aromatisch schmeckte. Auch der „Ohai" speiste mit uns dieses Mahl und an seinen gelegentlichen leisen Zirplauten konnten wir ablesen, wie sehr es ihm mundete.

„Der Nachteil von den „Ohai's" ist ihre Geschwätzigkeit beim Essen", scherzte die Gastgeberin und klopfte ihm liebevoll auf seinen Kopfwulst. Nasmacrai brachte ein Grinsen zustande, das einen nervenschwachen Menschen in den Horror getrieben hätte!

„Es ist schon sonderbar, wie vielfältig Gottes Geschöpfe sind – und wie groß *SEIN* Humor sein muss", ulkte Fritz und kicherte anzüglich in Nasmacrai's Richtung. Dieser nickte nur und speiste vergnügt zirpend weiter.

Am späten Nachmittag erreicht wir wieder, per „Aufzug" die Oberfläche und wir fuhren schweigend nach Hause. Unsere Gedanken waren noch in *Endawin* und seinen Bewohnern. Ich sah meinen Freunden an, wie sehr auch sie mit der „oberen Realität" wieder zu ringen hatten. Der Verkehr auf der Autobahn zeigte uns wieder auf, in welcher hektischen und aggressiven Gesellschaft wir leben. Unser ganzes Trachten scheint auf Zerstörung, Behinderung, Streit und Kampf ausgerichtet zu sein – bestialischer, als sich dies in der Raubtierwelt jemals abspielen könnte!

Wir kehrten nach unserer Heimkunft noch in einem Café ein, von dessen ruhigen und seriösen Atmosphäre wir wussten, und ließen den Tag Revue passieren. Obwohl ich Ulluer zu treffen erwartet habe, wurden meine Erwartungen grenzenlos übertroffen.

„Wirst Du das Deiner Frau erzählen", fragte mich Fritz schlicht.

„Ja. Ich muss. Entweder lebe ich wahrhaftig oder ich belasse es bei einem Leben der nebulösen Art", entgegnete ich ruhig.

„Und wenn sie Dich für verrückt erklärt?"

„Das wird sie nicht. Ich glaube, sie begreift intuitiv die Tragweite und wird sich vielleicht so einige meiner seltsamen Ansichten über das Leben besser einordnen können. Obwohl ich innerlich ziemlich durchgeschüttelt bin und noch nicht weiß, wie ich das für mich letztendlich einordnen kann und muss, werde ich die aufgestoßene Türe nicht wieder zuschlagen. Fritz, Brigorius – im Grunde ist es vollkommen gleichgültig, was sich für mich persönlich daraus ergeben kann; Fakt ist, wir Menschen sind Geschöpfe einer Allmacht, die sich dessen wieder vollends bewusst werden müssen. Wenn wir wieder in unsere ursprüngliche Bestimmung zurückkommen wollen, so haben wir alles zu tun, an dieser Tat-Sache zu arbeiten."

„Das ist klar! Deshalb sitzt Du auch hier. Und überall auf der Welt sitzen ähnliche Menschen zusammen, arbeiten an einer Re-Ligio – jeder auf seine Weise und mit seinen individuellen Fähigkeiten. Der wahre evolutionäre Fortschritt liegt zuerst in der Rückkehr zum Ursprung, woraus sich erst eine letztendliche höhere Mitgliedschaft in der kosmischen Gemeinschaft entwickeln wird. Das kann schnell gehen – oder aber noch lange dauern und mit Leid und Schmerz einhergehen; das können wir hier nicht eruieren – nur daran fest glauben. Ja, wir wissen es in der Tat – können aber keine Terminabgabe leisten", stimmte Brigorius zu, worauf Fritz nur eifrig nickte.

Definition der Freien Energie
von Thomas Gobmeier

„Fragt man einen Physiker zu diesem Thema, so wird man hören, dass es so etwas gar nicht geben kann, da es sowohl der Theorie als auch der Praxis der Energieerhaltung widerspricht. Energie aus dem Nichts kann es nicht geben, ebenso kein Perpetuum Mobile.

Hätte man vor 30 Jahren mittels einer Solarzelle einen Elektromotor angetrieben, so hätte man sehr viel Aufsehen erregt; aus einer unbewegten kalten Platte Energie zu holen, die etwas bewegen kann, war damals unvorstellbar. Wahrscheinlich wäre man zum Betrüger abgestempelt worden, da es das Physikalisch ja gar nicht geben darf. Heute ist eine Solarzelle nichts ungewöhnliches mehr – dieses Prinzip der Energieumwandlung gehört heute zum Allgemeinwissen.

Windenergie und Sonnenenergie sind auch freie Energie, die wir aber mit unseren Sinnen wahrnehmen können. Doch diese Sinne sind sehr begrenzt. Von 1 bis ca. 20 kHz fühlen und hören wir mechanische Schwingungen, danach ist Schluss. Elektromagnetische Wellen beginnen für uns erst im Bereich von rotem Licht sichtbar zu werden, bei violett verabschiedet sich unsere Sinneswahrnehmung schon wieder. Von dem uns bekannten Frequenzspektrum kann der Mensch weiniger als 1 Promille (!) wahrnehmen. Zum Teil hat der Mensch diesen Sinnesmangel durch Sensoren ausgeglichen, doch nach Röntgenwellen bekommen auch heutige Sensoren nichts mehr mit.

Die freie Energie, die in Maschinen mit mehr Aus- als Eingangsleistung umgewandelt wird, ist wie Sonnen- oder Windenergie vorhanden, aber weder für Mensch noch Maschine sichtbar. Deshalb wird gerne geglaubt, diese Energie komme aus dem Nichts und widerspräche allen Grundgesetzen der Natur. Doch es ist keine Energieerzeugung, nur Umwandlung mittels eines jetzt noch nicht verstandenen Prinzips.

Energiekonverter gibt es in verschiedensten Ausführungen, manche mit rotierenden Magneten, Spiralen, Kristallen, auch Kieselsteine oder Wasser werden gerne verwendet. Dass es uns noch unbekannte Energieformen gibt, kann als sicher angenommen werden, doch muss man immer versuchen, diese Geräte möglichst objektiv zu bewerten, da hier oftmals esoterische Spinnereien als wahr präsentiert werden. (*1) Bei manchen Texten merkt man schnell, dass hier grundlegende physikalische Zusammenhänge nicht verstanden und ein netter Wunschtraum niedergeschrieben wurde, dem jeder Realitätsbezug fehlt. (*2)

Doch auch bekannte Organisationen wie z. B. die NASA interessieren sich für unerforschte Energieformen, halten aber genauere Informationen zurück. Die am meisten vertretene Theorie ist die Nullpunktenergie, Vakuumenergie oder Ätherenergie. Während man in der Schulphysik noch lernt, dass der Weltraum zum größten Teil leer ist, so rechnen schon die Quantenphysiker mit einem Raum, der mit Austauschteilchen erfüllt ist, andere nennen dasselbe Äther. Diese Teilchen, oder Energie, sind demzufolge überall vorhanden und mit geeigneten Manipulationen kann man vielleicht etwas Energie in eine für uns verwertbare Form umwandeln.

Eine andere Theorie sagt aus, dass es möglich sei, einen Teil der Schwerkraft in elektromagnetische Form zu wandeln, wenn die Quantentheoretiker mit den Gravitonen (Austauschteilchen, die sich zwei Atome gleichzeitig zusenden und dadurch die Anziehung verursachen) recht haben, so ist die Gravitation keine starre, statische Kraft, sondern eine dynamische, sich bewegende. (*3) Dann wäre es vielleicht auch möglich, sie zu nutzen.

Die Energieformen, die wir heutzutage nutzen, sind keine gute Investition in die Zukunft. Erdöl und Kohle sind in absehbarer Zeit aufgebraucht. Kernenergie ist zwar billig für uns, doch unsere Urenkel werden für die sichere Endlagerung noch zahlen, diese Kosten mir eingerechnet, ist Kernenergie unabsehbar teuer.

Dem Versuch, andere Energieformen nutzbar zu machen, sollte höchste Priorität eingeräumt werden. Das aber werden Energieerzeuger, Erdöllieferanten und alle damit verbundenen Lobbyisten zu verhindern suchen."

*

Diese kleine „Analyse" betreffs Freie Energie ist sicherlich zutreffend im Sinne herkömmlicher Erklärungsversuche. Was wir jedoch oftmals ganz einfach übersehen, ist die Anwendung von Worten, die wir sowohl akustisch als auch schriftlich hinausposaunen.

Die Kennzeichnungen von (*1) bis (*3), die ich gesetzt habe, und einen offensichtlichen Irrtum beinhalten, soll Ihnen aufzeigen, worin unser aller Denken im heutigen „Zeitgeist" liegen.

*Zu (*1): Um eine objektive Bewertung einer Sache zu betreiben, bedarf es grundsätzlich der Kenntnis und der inneren Einsicht, die Sache überblicken zu können. Es handelt sich hier um einen zugleich realistischen als auch unrealistischen Vorgang – bereits vorhandenes Wissen und ein „intuitives" Erfassen – der sich zu einem Gesamtgebilde eines Gedankens formt. Eine esoterische (das Innere) Gedankenformation mit Spinnerei und Wunschtraum gleichzusetzen, zeugt von der Unkenntnis gedanklicher Zusammenhänge. Ebenso der Begriff „Realitätsbezug", der nur eine Seite, und zwar die rein exoterische (das Außen) bezeichnet – alleine damit lässt sich noch nicht einmal der Vorgang einer Idee (kommt von einem Einfall!) im Ansatz begreifen. Da ich davon ausgehe, der Autor dieses Artikels ist sich seiner Gedankenwelt zumindest relativ bewusst, sollte er auch in einer verhältnismäßigen Formulierung agieren.*

*Zu (*2): Die NASA und andere Forschungsgruppen sind reine Dachgesellschaften zum Diebstahl aller Ideen, die sich mit freier Energie und somit der menschlichen Selbstbefreiung befassen. Genauere „Informationen" halten „sie" nicht nur zurück – sie halten einen ganzen Apparat zur Verdrehung der Tatsachen für eine Öffentlichkeitsarbeit am Laufen.*

*Zu (*3): Eine seltsame Erkenntnis, nur mittels quantentheoretischen*

„Erkenntnissen" feststellen zu können, dass Gravitation keine starre sondern eine sich bewegende, dynamische Kraft sein könne! Schon ein Kleinkind erkennt mittels Spiel, dass sich alles bewegt und nichts starr determiniert ist. In den Schulen wird gelehrt, „In Formen liegt Bewegung – ein kontinuierliches Werden und Vergehen" und in der Physik herrscht seit über 150 Jahren die Erkenntnis, dass sich ALLES in einem stetigen Wandel befindet und nur der Beobachter dessen sich in einem starren Zustand der ausharrenden Beobachtung befindet (das kommt vom Finden und kann hier auch gleichgesetzt werden mit dem Unvermögen sich selbst wieder zu finden!). Hier wird seit mindestens 150 Jahren (meines Wissens noch viel länger) das Wissen um die Nutzbarmachung der freien Energie (Nullpunktenergie) ganz natürlich auf „den Markt der Pädagogik" gebracht, aber es scheint dabei niemand zuzuhören!

Schon anhand dieser kleinen Schriftanalyse können wir ersehen um wie viele Ecken wir denken, um schlussendlich wiederum nur auf den eigenen Gedanken zu blicken, der uns dann völlig verkehrt erscheint: das ist die „Rückansicht" der Mystiker oder die „verkehrte Bewegung" eines Viktor Schaubergers.

Wer sich heute innerhalb einer „esoterischen Hetzjagd" befindet und selber die Inhaltlichkeit nicht begreift, sollte zumindest erst einmal in ein gutes Wörterbuch (Ausgabe noch vor der Gründung der D-Mark) gucken, worauf er sich einlässt. ESOTERIK: Ist die Lehre des Innen, der Sammelbegriff inneren Wissens, um die äußeren Zusammenhänge definieren zu können. Nichts dabei ist phantastisch oder versponnen, sondern lediglich eine natürliche Grundvoraussetzung, in Zusammenhängen zu denken und handeln!

23. August 2003 – Welle der Erfahrungen

Erkenntnisse und Erfahrungen über die „hohle Erde", von der Menschen kaum etwas wissen, drangen innerhalb von nur knapp drei Wochen in mich ein. Sobald ich meinen Kontakt zu den unteren Lebensbereichen etwas verdaut hatte, stieß ich aus „Zufall" auf mehrere Publikationen über die hohle Erde, freie Energie, Vril-Gesellschaft (Technik der „ersten" menschlichen UFOs) und weiteren Methoden der Selbstheilung, Neue Medizin usw., usf..

Zu meinem Erstaunen, finden sich täglich neue Erkenntnisse, und, wie ich bereits aus Erfahrungen wusste, eine konstante Unterdrückung wirklich aufklärender Schriften durch Behörden jeglicher Schattierung. Alles, was mit wirklich neuen Erkenntnissen zu tun hat, versuchen gewisse Stellen entweder lächerlich zu machen oder dem Autor mittels Intrigen und z.T. gefälschten Vitas in seiner Aussagekraft zu schaden.

In manchen Bereichen dachte ich oftmals an dumme Verschwörungstaktiken der Autoren oder einer ausgefeilten Taktik durch Geheimdienste, um die Leserschaft in einen bestimmten Bereich zu schieben. Ich fragte mich, warum dies geschieht – aus welchen Gründen sollten sich Autoren und/oder Geheimdienste so vehement in eine Systematik von Verschwörung, Lächerlichmachung und aufwändigen Veröffentlichungen machen. Die Antwort war immer dieselbe: Aufklärung und Vertuschung.

Aufklärung und Vertuschung entstammen beide einer einzigen „Familie", die sich **Hintergrundwahrheit** nennt. Wenn sich jemand auf die Suche nach Hintergründen begibt, begegnen ihm auch stets zwei Sorten Mensch: 1., der Wahrheitssuchende; 2.; der Lügner.

Der Wahrheitssuchende ist beseelt, einen bisher noch nicht durchschaubaren Hintergrund zu durchschauen und ihn interessierten Menschen zugänglich zu machen. Der Lügner ist erkrankt aus Angst vor einer Wahrheit, die er zwar selber noch nicht kennt, die ihm trotzdem aber lieber unbekannt bleibt. Der Lügner ist auch ein Mensch, der das Leben verachtet, und, wenn es sein muss, es auch bewusst zerstört, wenn ihm dies dienlich erscheint.

An diesem Nachmittag hatte ich ein Treffen mit einem „Lügner". Frater Fritz teilte mir mit, er kenne jemanden, der mehr über die Hintergründe der eingefrorenen Patente über die freie Energie und (eine bisher kaum bekannte) Hohlschwingungssingularität wisse; es sei allerdings ein Mensch, der der „Lügenseite" angehöre.

„Was ist denn für Dich eine Lügenseite", fragte ich ihn.

„Das ist die Seite der Energielobby, die dafür sorgt, dass wir immer horrendere Summen für Wasser, Wärme und Energieversorgung, wie Benzin, Gas, Strom usw. hinlegen müssen, obwohl es bereits seit über einhundert Jahren kostengünstigere bis kostenlose Alternativen gäbe", erwiderte er und zündete sich eine Zigarre an.

„Du meinst, ich treffe mich mit einem aus diesen Reihen?", fragte ich ungläubig.

„Ja. Er gehört zwar nicht zur Spitze, aber er hat die Patentamtüberwachung inne – und er weiß, wer welche Neuerfindungen auf diesem Sektor aufkauft oder sie einfach unterbindet oder per Gesetzerlasse verbieten lässt."

„Undenkbar, dass so einer aus dem Nähkästchen spricht", warf ich skeptisch ein.

„Er weiß ja noch gar nicht, dass er sprechen wird", grinste mich Fritz faunisch an. „Er weiß bloß, dass sich der Athosorden für ihn interessiert und er lechzt danach, in einem vierten Orden aufgenommen zu werden. Er ist bereits Freimaurer, französischer Tempelknappe und 20. Grad in Hermesverband – der Athosorden wäre für ihn die erste große Stufe für die letzten 13 Stufen zu einer Großmeistermeisterschaft ... meint er."

„Hm – und was habe ich damit zu tun?"

„Großmeister Marconi will, dass Du ihn für die erste Einweihung vorbereitest – im Sinne von einer absoluten Loyalitätsbezeugung und mit all dem Brimborium für Nichtwürdige", plapperte Frater Fritz vergnügt.

„Das heißt, Marconi weiß um dessen eigenen Hintergrund und will ihn nur benutzen, um an Daten heran zu kommen."

„Richtig, Thalus – aber nicht er will sie, Du sollst sie Dir einverleiben. Für Marconi wäre diese Form der offenen Revolte gegen die Interna wohl eher hinderlich, wenn Du verstehst. Du kannst freier agieren, weil Du nicht so direkt im Blickfeld der obersten Priesterschaft bist", ließ er mich wissen.

„Mir ist immer wieder ungut dabei, zu wissen, wie fast alle Orden und Logen untereinander verquickt sind und sie als ein Sammelbecken der unterschiedlichsten Charaktere gelten. Der einfache Weisheitssuchende, in seiner Annahme, innerhalb eines Ordens auf den Weg zur Spiritualität gebracht zu werden, findet sich irgendwann auf einer höheren Stufe und wird erkennen, dass er sich auf einem wahren Weg der Erkenntnis, wie auch auf einem Weg in das negative Okkulte befindet. Er alleine muss entscheiden, ob er diesen oder jenen Weg geht – das ist hart und absolut vereinsamend; ja, das ist geradezu eine Aufforderung, den Weg der okkulten Macht zu gehen. Der „alchymische" Weg ist unbeschreiblich schwerer, zumal sich der Adept niemandem anvertrauen kann", seufzte ich.

„Du kannst Dir allerdings sicher sein, den eingeschlagenen Weg nicht mehr umkehren zu können – das ergibt zumindest die Sicherheit, exakt zu wissen, ob Du in Deinem Folgeleben erneut von vorne beginnen musst – wie bei den „Okkulten" – oder Dein Folgeleben bewusst im Sinne des kosmischen Geistes der Liebe selber gestalten kannst. Und es ist nun mal das Prinzip allen Lebens, sich wieder hin zum Schöpfer zu entwickeln – egal, wie viel Myriaden von Leben dies zeitigt."

Fritz blickte mich scharfsinnig an, als würde er mich abwägen und sich nicht sicher zu sein, ob er mich für zu leicht befindet.

Der „Patentamtmann" traf pünktlich ein. (Nennen wir ihn der Einfachheit halber X.) Er war ein großer, leicht grauhaariger Mitfünfziger mit grauen Augen, blassem Aussehen und einer enormen Vitalität, die ihm aus allen Poren zu dringen schien. Seine Gestik war sehr bedächtig und die elegante Kleidung zeugte von Wohlstand und Würde. Im ersten Anblick eine starke Persönlichkeit die Wohlwollen und Vertrauen ausstrahlte. Beim zweiten Hinsehen zeigten sich mir einige Sequenzen von Brutalität und Machtgier um seine Mundwinkel und aus seinem Blick. Für mich ein typischer Vertreter der „okkulten Sparte", die über ihre Mitmenschen willkürliche Entscheidungen treffen.

An seinem linken Handgelenk befand sich eine Armbanduhr der besonderen Klasse, die ihn als ein hohes Logenmitglied auswies – wenn man die Zeichen zu deuten weiß. Ein Siegelring mit einem glattgeschliffenen Lapislazulistein, in dessen Mitte eine Taube eingraviert war, prangte an seinem rechten kleinen Finger. Wie ich ersehen konnte, trug er den Ring verkehrt herum, was ihn zusätzlich als einen Ersteingeweihten in die „globale Familie" auswies.

Innerlich war ich leicht nervös, da ich diese Machthintergründe kannte, die mich schier ansprangen, wie ein Raubtier – aber dieses Wissen erschütterte mich nicht mehr tatsächlich. Ich hatte also einen jener Machtmenschen vor mir, die sich verantwortlich zeichnen für eine Vernebelung der Menschheit – einen Menschen, der gegen Bezahlung und einer Machtstellung innerhalb globaler Machenschaften selbst seine Mutter betrügen würde.

„Werter Herr Thalus von Athos – verehrter Frater Fritz – es freut mich, Ihre Bekanntschaft zu machen", begrüßte er uns mit sonorer Stimme. „Der werte Großmeister Marconi teilte sie beide mir zu, mich in meine weiteren graduellen Einweihungen zu begleiten. Ich kann Ihnen versichern, kooperativ und absolut loyal den Prinzipien des MOHLA-Ordens zu gehorchen."

„Wie Sie sicher auch wissen, kann und werde ich Sie nur auf den nächsten fünf Stufen begleiten", erklärte Frater Fritz. „Ab der Stufe sechs bis zwölf wird Sie Frater Thalus von Athos begleiten – in die letzte und dreizehnte Stufe, das entspricht dem 33. Grad der Freimaurerei, werden Sie persönlich von Großmeister Marconi erhoben – falls Sie innerlich dazu bereit sein werden."

„Ich bin dazu bereit, meine Herren. Ein Mann meiner Position ist zu allem bereit", warf er grinsend in den Raum.

„Ihre Position interessiert hier nur am Rande – sie wird registriert, beobachtet und im besten Falle als Ihre weltliche Berufsausführung akzeptiert. Das Wesentliche innerhalb Ihrer folgenden 13 Stufen, ist Ihre Bereitschaft, sich den MOHLA-Prinzipien zu unterwerfen – der Athosorden ist die Mutterloge fast aller hermetische Aufnahme-Orden vor dem MOHLA-Orden, der Hauptorden ist, und duldet in diesen hohen Graduierungen keinerlei Egozentrik", forderte ich ihn heraus.

„Egozentrik ist etwas für Kleingeister – mir geht es um das Großgeistige; um die menschliche Erhöhung zum kosmischen Übermenschen", schwängerte er die Luft.

„Da Sie gerade das Übermenschliche erwähnen – wie empfinden Sie sich selbst!?", warf ich ein.

„Ich bin mir vollends bewusst, auf dem Weg zum Übermenschen zu sein. Was das Dritte Reich angedacht und leider durch Egozentrik vermurkst hat, habe ich gut durchdacht; wie übrigens viele andere Menschen meiner Art auch. Mir obliegen einige wesentliche Aufgaben, dem gemeinen Volke nur das zuzugestehen, was es geistig auch in der Lage ist, zu begreifen. Der Durchschnittsmensch, wie wir ihn überall sehen, hat sich selbst überholt – es hat deshalb wenig Sinn, ihm gewisse Errungenschaften unserer Größenordnung zu überlassen."

Seine Stimme klang reserviert, fest und zutiefst überzeugt von dem, was er sagte.

„Menschen Ihrer Art, wie Sie sich ausdrücken, wissen sehr wohl, was auf die Menschheit die nächsten Jahrzehnte zukommen wird – das sehe ich doch richtig!?"

„Selbstverständlich, Frater Thalus! Diese romantische Meinung, der Mensch sei fähig, in einer natürlichen Umgebung wieder den verlorenen Garten Eden zu finden, wie das diese Anastasiaphantasie propagiert, ist blanker Unsinn. Die Evolution erlaubt keinen Rückschritt in eine bereits seit Jahrtausenden versunkene und überholte Kultur von Schamanen und Natursymbiose. Der Mensch entwickelt sich zu einem Weltraummenschen, dessen Aufgabe es sein wird, andere Planeten zu bevölkern und den Kosmos zu beleben. Die Expansion einer ausgesuchten Menschengattung ist oberste Priorität, der ich mich, und viele anderen auch, verschrieben habe", konterte X.

„Könnte es nicht möglich sein, dass Außerirdische und Erdenmenschen bereits diesen Expansionssprung gemacht und dennoch ihre Ursprünglichkeit und Natursymbiose beibehalten haben?", fragte ihn Frater Fritz.

„Soweit mir bekannt ist – und natürlich auch Ihnen – haben wir Kontakte zu einigen Spezies, die jedoch enorme technische Wissenschaften, aber keine Natursymbiose zu Reisen durchs All benutzen", lächelte er hintergründig.

„ Und was hat es für eine Bewandtnis mit der hohlen Erde?", fragte ich lauernd.

„Sagen und Märchen. Aber, wenn Sie so wollen – natürliche Hohlräume sowie künstlich angelegte Untergrundbasen gibt es. Von den Amerikanern, Russen, Chinesen – beinahe alle Staaten können damit aufwarten. Und in einigen bewegen sich wohl auch einige Außerirdische, die bereits mit uns zusammenarbeiten. Natürlich wird dieses Wissen streng geheim gehalten, um die Bevölkerung nicht zu verunsichern. Wie bereits erwähnt: Der Durchschnittsmensch wäre gar nicht in der Lage, dies ohne Ängste und Aufruhr zu begreifen", entgegnete er selbstsicher.

„Und wenn ich Ihnen sagte, dass die Erde tatsächlich ein Hohlkörper ist, der nur nicht als solcher wahrnehmbar ist, weil Magnetfelder dafür sorgen, die Optik und alle Messinstrumente zu verzerren?"

„Lieber Frater Thalus – ich bitte Sie ... Sie werden doch nicht an diese Märchen von verwirrten Publizisten glauben! Wir haben eine Technik, die selbst diese Magnetfelder und Verwerfungen durchdringen können und bisher keinerlei Hinweise dafür gefunden, dass diese wirre Theorie auch nur in den Ansätzen stimmen könnte. Meines Erachtens wird diese Theorie – wenn man sie überhaupt so nennen kann – von Leuten gestreut, deren Phantasie man am Besten übersehen sollte. Ich weiß zum Beispiel, dass wir über eine Technik und Energetik verfügen – natürlich streng geheim – mittels derer uns fast nichts entgeht. Ich persönlich bin verantwortlich für die Koordinierung sämtlicher Alternativerfindungen im Sinne von Technik und Energetik – wir sorgen dafür, dass die breite Masse nicht in den Genuss einer Technik kommt, die sie im Grunde nur aus lauter unverstandener Romantik in einen wirtschaftlichen Kollaps bringt. Nehmen Sie einfach die sogenannte Freie Energie – die Masse würde doch nur damit aasen, weniger arbeiten und einen wirtschaftlichen Zusammenbruch der ganzen Welt verursachen. Das ist nicht im Interesse der globalen Expansion. Also haben wir die Patente erworben, bestimmen die Lizenzgebühren für Nachbauten, die so hoch sind, dass es sich kein Durchschnittsbürger leisten kann. Innerhalb einer straffen Gesetzesregelung wurde auch dafür Sorge getragen, dass illegale Nachbauten mit drakonischen Strafen belegt werden – zumal Nachbauten oftmals die Gefahr von gefährlichen Fehlfunktionen haben, die vielen Menschen gesundheitlich schaden könnten. Wie Sie ersehen, haben wir für alle Eventualitäten vorgesorgt."

Dieser „X" ging mir durch und durch. Seine „Art" ist gefährlich, und nicht die Art der breiten Menschenmasse!

„Tatsache ist aber auch, dass im Gesundheits-, Schul- und Ausbildungswesen ähnliche Systematiken vorherrschen, die eine Alternativlösung überhaupt erst gar nicht zulassen", warf ich neugierig ein.

„Was sind denn schon Alternativlösungen – innerhalb der weltweiten Systematik, die wir nun mal besitzen, lässt sich nur schwer eine Alternative einfügen, weil sie das System gefährden würden. Es ist doch auch nicht Sinn einer bewährten Sache, sie einfach einer unbewährten Theorie zu opfern. Die Welt, wie sie sich heute gestaltet, ist ein ausgefeiltes System, worin jeder einzelne seinen berechtigten Platz einnimmt – vorausgesetzt, er nimmt ihn so ein, wie ihm das System dies anbietet. Was das Gesundheitssystem betrifft, so kann ich dazu nur sagen, es kann kein Besseres geben und zurück zur Natur ist Humbug, ohne Aussicht auf finanzielle Umsätze."

„Humbug ist nur etwas solange, wie es nicht in seiner Sinnigkeit überblickt ist. Es gibt hervorragende Alternativen im Gesundheitswesen – ich nenne nur Dr. Hamer", konstatierte Frater Fritz.

„Dr. Geerd Ryke Hamer ..... ein Kapitel für sich, kann ich Ihnen sagen! Er mag ja in den Grundzügen Recht haben und viele Ärzte arbeiten ja bereits mit ähnlichen Systemen. Sein Problem ist, dass er sich mit den Logen angelegt hat – besonders mit der B'nai B'rith – Loge der Israelis – und das kann man nicht so einfach hinnehmen", brummte „X".

„Das bedeutet auch, dass alleine sein Problem, wie Sie es bezeichnen, den Grund einer weltweiten Ablehnung durch die Schulmedizin und Ärztekammern rechtfertigen. Da geht es nicht mehr um wirkliche Abhilfe von schweren Krankheiten, sondern lediglich um ein Prinzip namens Logen und Pharmazielobby. Eine Methode zur Heilung, die kaum etwas kostet, kaum Medikamente benötigt, ist natürlich ein großes Problem", konterte ich leicht erzürnt.

„Die Hamer-Methode würde das Gesundheitssystem, die Pharmazie, Ärzteschaft und Therapiezentren aushebeln – sie würde den einzelnen Bürger sozusagen mündig machen, die dann feststellen könnten, wie wenig eigentlich die derzeitige Schulmedizin Ursachenforschung betreibt; die auch feststellen könnten, mittels der fünf biologischen Gesetzmäßigkeiten auch all die anderen Manipulationen zu entschlüsseln.

Hier geht es um einen gigantischen Finanzkomplex, der sich nicht ungestraft aushebeln lässt. Glauben Sie denn im Ernst, das globale System wüsste nicht genau, was sich in den Köpfen vieler Menschen abspielt?! Dieses System besteht bereits seit über einhundert Jahren in der Form, wie wir es heute betrachten können – es zu beseitigen, hieße Krieg, Krieg und nochmals Krieg. Nein, nein – der Mensch muss sich einfach darauf gefasst machen, dass sein persönliches Wohl nur dann garantiert ist, wenn er nach dem Systemmuster funktioniert. Eine globale Vereinigung, unter einem einzigen Regierungssystem, ist die Zukunft. Nur, wenn alle Menschen vereint sind und erkennen, wie einzigartig ihre Familie ist, kann man auf Kriege und Seuchen verzichten".

„Wer kann darauf verzichten", fragte ich innerlich schockiert.

„Na, das wissen Sie doch selber – das Komitee, die Geheimregierung, die weltliche Führerriege; unsere Weltraumfreunde, die uns Technik und das Wissen um Imperialismus bringen", erklärte er stolz, sich dazugehörig fühlend.

„Natürlich", beeilte ich mich zu sagen, „dennoch weiß ich persönlich nicht, wer denn nun wirklich an der Spitze dieser schier undurchschaubaren Pyramide steht."

„Das weiß niemand so genau. Ich vermute, die Rotschilds – aber wie gesagt, das ist nur meine Vermutung und man munkelt so etwas. Eine weitere Vermutung meinerseits ist", er sah uns verschwörerisch an, „dass über der Spitze noch etwas anderes steht – eventuell eine Wesenheit aus einer anderen Dimension oder der göttliche Lichtträger; der Abgesandte Gottes."

„Meinen Sie Lucifer persönlich?", wagte sich Fritz vor.

„Ja – oder zumindest eine Art Engelschaft oder Außerirdische, die uns Menschen überwachen, damit wir unserem Grundprogramm folgen", entgegnete „X" trocken. „Über den bereits anwesenden außerirdischen Vertretern agieren noch viel höhere Machtpotentiale von einer uns bisher nicht so richtig verständlichen Spezies."

„Wie stellen Sie sich das Lichtträgerprinzip vor?", fragte ich ihn.

„Es ist das Prinzip der Erleuchtung. Das Prinzip der Unterscheidung und Materialisation. Gottes erste Emanation, Lucifer, wird zwar als gefallener Sohn/Engel bezeichnet, aber das ist eine falsche Interpretation. Erfahrungen in der materiellen Welt kann man nur machen, wenn man sich in die Materie begibt, sie und ihre Einflusssphären erforscht und erlebt – dafür sind wir Menschen gedacht."

„Könnte es nicht sein, dass wir Menschen ebenso als eine Emanation Gottes gedacht sind? Denn so, wie Sie dies darlegen, meinen Sie, wir Menschen sind von Lucifer erdacht worden", kritisierte ich ihn.

„Das meine ich durchaus! Wir sind Geschöpfe des Lichts und dessen Träger – Gott selber interessiert sich nicht für den einzelnen Menschen der Materie; das überlässt ER Lucifer und den dazu geeigneten Führern der Menschheit. Sind wir auserwählten Menschen nicht auch gewisse Führer unserer Massenmenschen?" Sind wir auserkorenen nicht die Elite der Menschheit?!"

„Wir bei Athos und MOHLA haben eine etwas andere Hypothese, die besagt, dass sowohl das Luciferprinzip als auch das Erzengelprinzip die erste Bedingung der Materieschaffung ist, damit Gott seine in die Materie manifestierte Matrix, in Form der Menschen, aufbauen konnte. Dies ist gleichbedeutend, dass die Menschen im gesamten Universum unmittelbare Geschöpfe Gottes sind und nicht Lucifers", bedeutete ihm Frater Fritz ernst. „Und was wir mit Auserwähltheit bezeichnen, ist zuerst einmal eine nicht bewiesene Annahme."

„Das mag ja sein – allerdings kommen wir an Lucifer als direkten Vorgesetzten nicht so ohne weiteres vorbei – es sei denn, man kann an und in sich das Christusprinzip entschlüsseln, wovon es heißt, es sei die Nabelschnur zum Schöpfergeist. Ich persönlich kann mir nicht vorstellen, dass es von großer Wichtigkeit ist, wem man dient – die Hauptsache, man dient einer Sache mit Leib und Leben", äußerte sich „X" nun enthusiastisch.

„Mir Leib und Leben einem Prinzip dienen, heißt aber auch, seine Seele dahin zu geben – ansonsten kommt dabei nichts Ganzes und nichts

Halbes heraus."

„Frater Thalus, das ist doch selbstverständlich! Wem ich nun meine Seele widme, ist mir gänzlich schnuppe – letztendlich gehe ich irgendwann doch wieder in meinen Schöpferursprung ein", lächelte „X" nun süffisant.

„Das heißt, auch wenn Sie dem Prinzip dienen, das die Menschheit versklavt und vehement in der Materie zu halten versucht, gehen Sie letztendlich in das PRINZIP aller PRINZIPIEN (GOTT) ein?"

Meine Frage schien ihn kurz zu irritieren, da er verspürte, mit der Prinzip-Bezeichnung kurz überfordert zu sein.

„Wenn Sie GOTT als das PRINZIPPRINZIP bezeichnen, so hört sich das aus Ihrem Munde schon etwas seltsam an", sinnierte er, „das würde dann auch bedeuten, alle anderen Prinzipien seien nur Unterprinzipien; also nachrangige Grundsätzlichkeiten, deren Wertigkeiten ein klein bisschen unterhalb der obersten Wertigkeit liegen – wenn Sie so wollen, eine klitzekleine Mangelerscheinung!??"

„So scheint es mir", entgegnete ich ernst und fuhr fort: „Ich versuche mich so wenig wie nur möglich mit einer Mangelerscheinung zu befassen und nehme lieber das Original als Vorbild meines Lebens und Tuns. Die Kopie eines Originals kann niemals vollwertig und allwissend sein – also erachte ich das luciferische Prinzip nur als eine Nachahmung der höchsten Ordnung. Der Mensch allerdings ist dazu fähig, die höchste Ordnung zu erfassen, mit ihr zu kommunizieren und gleichwertig mit IHM zu schwingen. Die luciferische Schwingungsebene ist verschmutzt – wenn Sie so wollen."

„Haben Sie keine Angst, das luciferische Prinzip könnte Ihnen bei solchen Gedanken Schwierigkeiten bereiten?", fragte „X" mich kopfschüttelnd. Er schien ein bisschen irritiert ob meiner Worte.

„Nein! Es kann mich körperlich töten, aber nicht seelisch einvernehmen. Und in einem solchen Falle kümmert sich das luciferische Prinzip nicht mehr sonderlich um so einen „Denker". Die tatsächlich Gefährlichen sind meist nur die Menschen, die dem luciferischen Prinzip als Handlanger dienen. Es bedarf eines Menschen um einen Menschen umzubringen -- selbst, wenn es sich dabei um Außerirdische handelt, die eventuell luciferisch ausgeprägt sind. Lucifer in Person ist unmöglich – er kann sich „selber" nicht manifestieren, da ihm die Autorisation GOTTES dazu fehlt. Nur GOTT könnte dies bewirken – aber Gott ist reine Liebe und Liebe zerstört nicht", erläuterte ich ihm meine Ansicht.

„Nun ja – meines Erachtens reicht es ja bereits, ein Handlanger Lucifers zu sein, um einen Nationalsozialismus zu kreieren, wie ihn Hitler und Konsorten erstellt haben."

„Richtig! Und dass dieser Nationalsozialismus nun global um sich greift, in Form einer Eine-Welt-Regierung, dürfte Ihnen doch bereits aufgefallen sein", warf ich ihm den Brocken hin.

„Unmöglich! Wir leben in einer Demokratie, die sich immer mehr ausweiten wird und dem einzelnen Menschen allen Freiraum zum Leben lässt!"

„Eine interessante Freiheit, Herr „X" – das demokratische System, wie wir es besitzen, diktiert doch geradezu Regimemäßig, was für den einzelnen Menschen gut zu sein hat; sei es in Gesundheitswesen, Energieversorgung, Bildungs- und Meinungswesen. Wo liegt denn die Freiheit des Einzelnen, wenn er gerne möchte, auf einem kleinen Landsitz, mittels freier Energie und autarker Selbstversorgung zu leben, ohne einem System auf der Tasche zu liegen?! Worin bin ich frei, wenn ich per Gesetz gezwungen werde, innerhalb des demokratischen Systems zu schuften für eine übermäßig feudalistische Führerclique, die einem gerade nur soviel lässt, um nicht zu verhungern? Worin bin ich frei zu entscheiden, wie ich meine Kinder erziehe und unterrichte? Worin bin ich frei, wenn ich in einer Klinik eine Krebsbehandlung ablehne, weil ich weiß, dass er nur eine Heilungsphase bedeutet? Worin bin ich frei, meine spirituelle Lebensweise nicht ausleben zu dürfen, weil es den Statuten des System widerspricht?"

„Sie haben die Freiheit, dagegen zu kämpfen – aber Sie werden verlieren", lachte „X" höhnisch.

„Das ist es – das System zwingt einen Menschen, dagegen zu kämpfen. Ein Mensch, der kämpft, befindet sich im Krieg, steht unter enormen Stress und kann seine wahre Spiritualität nicht mehr leben; somit ist zwangsläufig dafür gesorgt, dass sich der Mensch nur der scheinbaren Freiheit einer Knechtschaft unterwirft, die ihn krank und abhängig macht", konterte Fritz gelassen.

„Die Menschheit ist einfach noch nicht in der Lage, ohne Führung auszukommen. Eine Führung nimmt keine Unfehlbarkeit in Anspruch und Abstriche muss jeder machen. Oder wollen Sie wieder so leben, wie vor tausenden von Jahren, wo Könige und Pharaonen das Zepter in ihren Händen hielten?"

„Niemand hat ein Zepter in Händen zu halten! Die ursprüngliche Zeit, wie sie in der Genesis und in seltenen, aber noch existierenden Schriften steht – vor der Priesterschaft – war die autarke und friedvolle Zeit, wo Menschen noch Menschen – also, Kinder Gottes sein konnten", entgegnete ich scharf.

Fritz blickte mich warnend an und schüttelte unmerklich seinen Kopf.

„Frater Thalus meint damit, dass jeder Mensch in der Lage wäre, autark und in Frieden zu leben, wenn ihm die Regierungen und deren Hintermänner dies zugestehen würden. Dass dem jedoch so vehement dagegen gearbeitet wird, zeigt doch logisch auf dass es ginge", konstatierte Frater Fritz.

„Das gäbe eine Katastrophe ersten Ranges – eine weltweite Revolution mit Milliarden von Toten. Nur die Regierungen können dies verhindern", sinnierte „X" nachdenklich.

„Sie wirken aber nicht mehr so sicher, wie ich Ihrer Nachdenklichkeit entnehme", stellte Fritz fest.

„Nein – nein, ich überlege nur, ob Sie mich testen; ob dies bereits meine erste Einweihung ist", stellte er grübelnd in den Raum.

Diesen Moment musste ich nutzen! Mir war klar, dies sei der Moment, ihn auf unsere „Seite der Informationseinholung" zu holen. So lächelte ich und Fritz hatte sofort kapiert.

„Gut erkannt, Herr „X"! Sie haben die Aufnahme in den M.O.H.L.A bestanden und sind nun Mitglied im Athosorden. Von nun an werden unsere Gespräche geheim gehalten – das heißt, Sie dürfen nach Außen mit Niemandem darüber reden. Wir denken, Sie eignen sich hervorragend für die weiteren Gradwanderungen bis zur Stufe 32", erklärte ich ihm und reichte ihm feierlich meine Hand.

Er ergriff sie freudig strahlend und er stieß erleichtert hervor: „Meine Güte – ich dachte beinahe schon, es mit Systemkritikern zu tun zu haben! Himmel – Ihre Methode ist derartig ausgefeilt und raffiniert – gratuliere!"

„Unsere Methode, wie Sie sie bezeichnen, ist eine ganz einfache und logische Zusammensetzung menschlicher Gedankenfähigkeiten, gepaart mit intelligenten Faktoren des menschlichen Alltags. Im Grunde keine große Sache, wenn man den Kern der menschlichen Psyche kennt. Der menschliche Geist im gesamten Universum basiert darauf – es ist nur eine Frage der zeitlich richtigen Formation, ihn sich zu eröffnen", erklärte Fritz nun in seiner lapidaren Art der gespielten Nebensächlichkeit.

„Wie Sie persönlich die europäischen Patentämter überwachen, überwachen wir unsere Kandidaten, die von sich selber denken, sie eignen sich für eine höhere Stellung im irdischen Spiel. Unsere Überwachungstaktik funktioniert in einer ähnlichen Methodik – wir selektieren die Seelen- und Wissensinhalte der Kandidaten, ordnen sie ein und geben ihnen anschließend lediglich eine Regieanweisung, wie sie innerhalb ihres weiteren Lebensweges ihre persönlichen Methoden ausfeilen können.

Manchen können wir Gewissensfragen offerieren, die sie in eine andere Richtung bewegen; den meisten können wir nur eine „Impfung" verabreichen, die sie zumindest nicht durchdrehen lassen.

Im Grunde kanalisieren wir nur die Spielfähigkeit und die Einsatzmöglichkeit eines Kandidaten."

„X" nahm diese Informationen begierig auf, und wie mir schien, fasste er immer mehr Vertrauen zu uns.

Er dachte bei sich, unsere Aussagen seien genau „das", was er benötigte, um innerhalb einer „Hierarchie" höher steigen zu können. Selbst, wenn diese Hierarchie zuerst einmal nicht zu überblicken ist, würde er sich ihr loyal und unumstößlich beugen. (Das ist meine Spekulation!).
„X" ist der typische Karrieremensch, der auf seinem Weg Blut geleckt hat und seinen Machtbereich mit allen Mitteln verteidigen wird. Seine Mentalität ist pur auf Macht und Führung „aus der Spitze" gepolt und nichts kann ihn von einer einmal gefassten Meinung abbringen – es sei denn, eine weitere Position, die ihm noch mehr Macht einbringt.

„Ich gehe davon aus, innerhalb des Athos-Orden eine Stellung zu erreichen, die es mir ermöglichen wird, auch offiziell in die Politik gehen zu können", folgerte er.

„Das hängt alleine von Ihnen ab", eröffnete Fritz ihm, „aber Sie sollten sich zuerst auf die Möglichkeit eines Koordinators konzentrieren. Das heißt, Sie koordinieren ja bereits patentrechtliche Belange im Sinne der Systemordnung, sollten diese mit unseren Möglichkeiten verbinden, um daraus mit einer erweiterten Befugnis in das politische Spiel einsteigen zu können. Wenn Sie Ihr persönliches Wissen mit uns teilen, können wir es optimieren und es Ihnen mit einer viel treffenderen Kraft eröffnen. Dies ist die Regel der logenhaften Koordinierung zu einem Gesamtgebilde."

„Klingt plausibel. Natürlich weiß ich, einen Großteil meines Wissens offenbaren zu müssen, um eine folgerichtige und erhöhende Koordination für weiteres zu ermöglichen. Damit kann ich Ihnen dienen. Wie Sie aber wissen, muss ich gewisse Regeln meiner Vereidigung als Sachverständiger im deutschen Patenwesen brechen – und da habe ich doch so meine persönlichen Bedenken. 1., Wird es geheim gehalten und 2., Werde ich betreffs des Bruches von Athos geschützt!?"

„Ja, das werden Sie in jedem Falle", stellte Fritz fest. „Wie Sie sicherlich bereits wissen, lassen wir kein ernsthaftes Mitglied fallen. Es liegt an Ihnen, Bruder „X", ob Sie selbst diese Loyalität aufweisen können."

„Die kann ich!", posaunte Herr „X" heraus, „Ich bin stets ein loyaler Diener meiner Herrschaft."

Herr „X" wurde von uns entlassen. Nachdem wir wieder alleine waren, sprachen wir eine lange Zeit nichts mehr miteinander und jeder hing seinen eigenen Gedanken nach. Die Tatsache, dass ein hoher Beamter seine innerste Beschaffenheit, in einer so kurzen Zeit einem Orden seiner Gier offenbart, hat uns beide ziemlich schockiert. Das „System", von dem er so überzeugt sprach und das wir alle als unsere Demokratie bezeichnen, ist eine Systematik des Verrats und der globalen Unterdrückung. Es ist das gleiche System, das man früher als **Nationalsozialismus** bezeichnet hat und sich heute nur in einem anderen Kleid aufzeigt!

Das Negative des Dritten Reiches hat sich bis heute erhalten – hat seinen Siegeszug rund um den Globus angetreten und die Völker wähnen sich in einer „freien Demokratie", die ihnen alles gibt, was ihr verblendetes Herz begehrt. Die Menschheit ist dabei, ihren Planeten und sich selbst billigst an gierige Machthaber und an asurische Mächte zu verkaufen, deren Intention *Imperiumserweiterung* heißt!

Die Menschheit scheint ihren wahren Ursprung vergessen zu haben, und dass sie jederzeit von positiven, lichten Menschenwesen auf Unterstützung hoffen können – sie müssen es nur signalisieren. Das oberste Gesetz jedoch heißt: Hilf Dir selbst, dann hilft Dir auch Gott. Und unsere positiven „Anderen" sind göttliche Geschöpfe, die das Dilemma durchschauen und uns unterstützen können, wenn wir sie in *geschlossener Gemeinschaft* darum bitten!

Fritz und mir fiel auf, dass wir in eine Aufgabe geschlittert sind, die wir im Moment noch nicht überblicken konnten. Uns beiden wurde bewusst, unser weiteres Leben könne sich nicht mehr innerhalb einer „Normalität" weiter bewegen.

„Ich hege die Befürchtung, wir sind da in etwas hineingerasselt, das wir eines Tages nicht mehr in Ruhe und Zurückgezogenheit kompensieren können", brummte Fritz und wir machten uns auf einem längeren Spaziergang.

*

12. September 2003 – Abschied von Frater Fritz

„Raum und Zeit reichern sich an aus der Urenergie, die sich in die Materie ergießt. Die Krönung der Energie zeitigt sich im Geiste der Menschen. Nur der Mensch erkennt darin seine Seelenfähigkeit zur menschlichen Existenz. Indem der Mensch Raum und Zeit als sein Medium des Agierens begreift, wurde er zu einem kosmischen Bewusstsein göttlicher Relevanz. Menschsein heißt: Sich selbst als göttlichen Schöpfungsakt zu erfassen, das Gottgewollte zu reflektieren und damit wieder die Rückkehr in die „überkosmische Relevanz" zu erzielen.

Mein „Gedicht" an Dich, mein Bruder Fresenius (Fritz), lautet: Der Hauch Deines Seins ist der Hauch meines Seins; Der Eindruck Deiner Erfahrungen ist der Eindruck meiner Erkenntnisse – das ist der göttliche Ausfluss in des Menschen Sein. Möge der Gott Deines Seins unser Gott des Menschseins bleiben.

In tiefer Freundschaft

Frater Thalus von Athos"

*

Die Zeremonie von Frater Fritz' Abschied aus Deutschland war bewegend und eindringlich. Er ist ein großer „Transmitter" des kosmischen Bewusstseins. Albert Rossi, ein guter Freund, und Amelia Merkel, eine liebe Freundin, hielten eine schöne Ansprache, die zu Nachdenklichkeit anregte.

Fritz erhielt die Stelle eines Klosterabts in Prag, wo er zugleich als Schriftgelehrter alte Schriften übersetzen und restaurieren sollte. Für mich ist Frater Fritz bis heute ein „Peter Pan der Theologie und der Philosophie" – und ein Mensch der besonderen Art, mit seinen Mitmenschen umzugehen.

Das Kloster, von dem er der Vorstand werden würde, gehört nicht zu einer Franziskanerkongregation im herkömmlichen Sinne, sondern zu einer „Nebenlinie" der Mystiker. Auch eine Verbindung zum Athosorden war nicht ersichtlich und dennoch standen mehrere „unbekannte" Orden dahinter, die es sich zur Aufgabe gemacht haben, alle auffindbaren alten Schriften der Öffentlichkeit zugänglich zu machen.

Es handelt sich hier weder um Betschwestern noch um „heilige" Männer, sondern um Kenner alter Schriften und um die Zusammenhänge der globalen Veränderungen, die die Menschheit vollends in das Sklaventum führen würden. Albert Rossi, ein ehemaliger Physiker, der „geschasst" wurde, weil er seine Forschungsergebnisse über eine Art der freien Energie der Öffentlichkeit zugänglich machen wollte, fungierte als Spezialist für „alchemische" Formelentschlüsselung. Weitere Personen, alle aus einem „Fundus der unterschiedlichsten Wissensparten", traten ihre Reise nach Prag mit Fritz zusammen an.

Wenn man so will, könnte man sagen: Ursprungskenner seien auf einer heißen Spur!

Nach Fritz' Aussagen, solle er ein altes Franziskaner-Kloster, das nur noch spärlich mit einigen Brüdern belegt sei, wieder auf „Vordermann" bringen und sich mit den alten Schriften befassen. Albert Rossi war außer Physiker ein passionierter Forscher und Kenner der tschechischen Schrift und Sprache und eines alten slawischen Idioms bewandert, das sich durch viele dieser alten Schriften zieht.

*

Wenn ich heute daran zurück denke und meine damaligen Gefühle beschreiben soll, so kann ich sie nur mit UNGUT aufzeichnen. Irgendwie hatte ich bei der Sache kein recht gutes Gefühl und sagte dieses Frater Fritz auch.

„Aber Thalus, Du kannst doch auch mitgehen für einige Monate – was veranlasst Dich denn zu Deinem unguten Gefühl meinetwegen!?"

„Das kann ich nicht erklären. Entweder betrachte ich Dein Weggehen als einen Verlust eines sehr guten Freundes, der Du mir geworden bist; oder, ich habe eine merkwürdige Vorahnung, Dich nicht mehr wieder zu sehen", entgegnete ich.

„Aber Du kannst mich, wenn Du schon nicht mitkommen willst oder kannst, gerne öfter besuchen – die Reisekosten kann ich locker für Dich und Deine Frau übernehmen."

„Darum geht's nicht, Fritz. Etwas in mir veranlasst mich, Dich eingehend zu warnen, auf Dich und Rossi zu achten – ich fühle den Hauch des Todes", rutschte mir heraus.

Er blickte mich aufmerksam an, fand aber keine spontane Antwort darauf.

„Weißt Du was, Thalus? Möglicherweise ist Dein „Hauch des Todes" nur aus einem Gefühl heraus entstanden, weil Du intuitiv weißt, dass ich nicht mehr weiterhin Dein Mentor sein werde. Für Dich kommt nun auch eine Zeit, wobei Du keinen Mentor oder Unterstützer mehr benötigst. Du wirst zwar demnächst einen mir sehr bekannten Geomanten und Nostradamusforscher kennenlernen, der Dir in gewissen Fragen helfen kann – aber nicht als Mentor. Du hast ja Manni D. bereits im MOHLA-Zentrum gesehen – der kleine Dicke mit Brille, der andauernd redet und ungern zuhört – über ihn bleiben auch wir beide in Verbindung", eröffnete er mir nun sein weiteres Vorgehen. „Er hat zugleich auch gewisse Verbindungen zu den unterschiedlichsten Verlegern, was eines Tages vielleicht von Belang für Dich sein könnte."

Er klopfte mir freundschaftlich auf die Schulter.

Einige Tage später, Fritz und seine Begleitpersonen waren bereits in Prag angekommen, rief mich besagter Manni D. an. Das Telefonat war relativ einseitig, da ich kaum zu Worte kam – dafür aber erfuhr ich einiges über ihn und seine Tätigkeit. Innerhalb seiner Arbeit, die Nostradamusprophezeiungen zu entschlüsseln und sie unserer heutigen Zeit gegenüber zu stellen, betätigte er sich noch mit geomantischen

Verwerfungen und natürlicher Energetik – sogenannten Kraft- und Energieorten.

Wir verabredeten uns für den kommenden Sonntagnachmittag.

Eine Stunde später erhielt ich einen Anruf von Frederik, einem mir bekannten Theologiestudenten, der gerne in den Athos- und MOHLA-Orden „hineinriechen" wollte, aber nicht wusste, wie er dazu kommen könne.

„Euer Orden ist dermaßen verschlossen, dass man gar nichts darüber in Erfahrung bringen kann. Selbst die Freimaurer haben nur sehr sporadisch davon gehört. Nun teilte mir Manni D. mit, ausgerechnet Du sollst ein höheres Tier im Athosorden sein – davon hast Du mir nie etwas gesagt", blaffte er ins Telefon.

In mir stieg ein leichter Zorn gegenüber diesem Manni auf – er schien doch tatsächlich mehr als geschwätzig zu sein!

„Ich bin kein „höheres Tier", wie Du Dich ausdrückst, Frederik – ich bin zwar Mitglied und habe eine mittlere Stellung inne, doch ist diese nicht so ausdrucksstark", schwächte ich ab.

„Wie dem auch sein mag, Thalus – ist es vielleicht möglich, dass ich mal zu einem Eurer Treffen eingeladen werden kann; es interessiert mich brennend, weil ich zur Zeit etwas wanke, ob ich weiterhin noch Theologe werden möchte, bzw., kann. Eure Verschlossenheit ist allerdings schon sehr seltsam", wiederholte er sich.

„Es heißt ja nicht umsonst *hermetischer* Orden", kanzelte ich ihn kurzerhand ab. „ Außerdem muss ich erst einmal nachfragen, ob so etwas überhaupt möglich ist."

Frederik erklärte sich einverstanden mit meinem Vorschlag, ich könne ihn erst dann mitnehmen, wenn der Zentrumsleiter sein Einverständnis dazu gäbe.

Das „Neue Testament Satans"

Nachmittags flatterte mir ein Brief ins Haus, dessen Inhalt mir zu denken gab. Der Absender war nur mit „Ein Freund" bezeichnet, meine neue Anschrift sauber in Druckschrift in der Mitte des Kuverts gestellt und von einem Kurierdienst ausgeliefert.

Einige lose eng beschriebene Blätter hellgrauen Papiers entnahm ich einen sehr interessanten Inhalt, den ich allerdings bereits in einer etwas anderen Form kannte. Es war eine Abschrift eines Dekrets, ähnlich der „Protokolle der Weisen von Zion", doch mit dem Hinweis auf die Illuminaten,

Sehr geehrter Herr von Athos!

Von einem Freund weiß ich um Ihre Bemühungen, eine besondere Publikation zu verfassen, die ich hier kurz einmal als „einen Versuch des Durchblicks" bezeichnen möchte. Sollten Sie überrascht sein, im Moment vielleicht etwas mehr über Sie zu wissen, so nehmen Sie dies doch gelassen hin.

Sie haben bereits von Adam Weishaupt und den bayrischen Illuminaten gehört – diese haben nur den Namen mit den wirklichen Illuminaten (Siebenerpriesterschaft) gemein. Die bayrischen Illuminaten wollten die schlimmen Zustände der damaligen Zeit verändern, um die Menschen in eine Zeit der natürlichen Freude und des allgemeinen Auskommens zurückzuführen. Da dies bedeutete, die Monarchie und die Kirche zu bezwingen, hatten sie sich dadurch gefährliche Gegner geschaffen. Sie versuchten, ihre Bemühungen geheim zu halten, wurden aber nach einer gewissen Zeit regelrecht infiltriert von den „wirklichen" Illuminaten, dessen Oberhaupt die Rothschilds darstellten.

Die bayrische Illuminatenideologie wurde verdreht und das „Neue Testament Satans" daraus entwickelt – vielmehr, diese Entwicklung bestand und besteht schon sehr, sehr lange. Der breiten Öffentlichkeit

ist dieses Dokument erst seit 1875 zugänglich gemacht worden, als ein Kurier der bayrischen Illuminaten auf seinem Ritt von Frankfurt nach Paris vom Blitz erschlagen wurde und dabei ein Teil dieser Informationen einer weltweiten Verschwörung sichergestellt werden konnte. Dieses Dokument ist bis heute unter Verschluss und darf der Öffentlichkeit nicht mehr unterbreitet werden – wie auch „Die Protokolle der Weisen von Zion", stehen sie auf dem Index!

Die Abschrift, die ich Ihnen sende, hat bereits ein Publizist 1995 veröffentlicht, wodurch er in arge Schwierigkeiten kam und sogar vor Gericht gezerrt wurde. Mit der Freiheit der Meinungsäußerung ist es auch bei uns nicht weit her – außer, Sie vertreten die vorgekauten Meinungen der Meinungsmacher!

Nachfolgend ein kleiner Ausschnitt aus dem Dokument:

Das erste Geheimnis, die Menschen zu lenken, die Beherrschung der öffentlichen Meinung, sei dass man solange Zwietracht, Zweifel und widersprüchliche Ansichten sät, bis sich die Menschen in diesem Wirrsal nicht mehr zurechtfinden und überzeugt sind das es besser sei, in staatlichen Dingen keine eigene Meinung zu haben. Volksleidenschaften müssen entflammt und ein geistloses, schmutziges und widerwärtiges Schrifttum geschaffen werden. Weiterhin sei es die Aufgabe der Presse, die Unfähigkeit der Nicht-Illuminierten auf allen Gebieten des staatlichen wie religiösen Lebens zu erweisen.

Das zweite Geheimnis: Alle Schwächen der Menschen, alle schlechten Gewohnheiten, Leidenschaften und Fehler auf die Spitze treiben, bis sie sich untereinander nicht mehr verstehen. Die Bekämpfung der Persönlichkeit muss mit aller Macht geführt werden, da es nichts Gefährlicheres als sie gibt.

Das eigene Denken muss den Menschen durch Anschauungsunterricht abgewöhnt und vorhandene Geisteskräfte auf bloße Spiegelfechtereien einer hohlen Redekunst abgelenkt werden. Die freiheitlichen Gedanken der Parteien müssen durch Redner der Illuminaten solange breitgetreten werden, bis die Menschen ermüden und ihnen eine Abscheu vor den

Rednern aller Richtungen entsteht. Dagegen soll die Staatslehre der Illuminaten den Bürger unermüdlich eingeflößt werden, um sie nicht zur Besinnung kommen zu lassen.

Das dritte Geheimnis: Sämtliche Lehrstätten müssen völkische Gegensätze in einer nationalen Formation des Hasses auf Andersartige erstellen, um Rassenhass, Glaubenshass und Isolation zu schaffen. Diese hassvolle Nationalisolation führt zu Selbsterhöhung, Zwietracht und Kriegswillen gegen Andersdenkende.

Gegenseitiges Aufhetzen und die Finanzierung aller gegnerischen Parteien gleichzeitig, schafft die Abhängigkeit vom Geldgeber beider Parteien – Gewinner wird stets die Geberpartei sein, also die Illuminaten.

*

Ich erspare dem Leser die weiteren „Gräuelgeheimnisse" – sie sind einfach zu pervers. Nur einen letzten Teil des Dekrets möchte ich Ihnen zum Nachdenken noch darreichen:

...Durch alle diese Mittel sollen Völker gezwungen werden, den Illuminaten die Weltherrschaft anzubieten. Die neue Weltregierung muss als Schirmherrin und Wohltäterin derer erscheinen, die sich ihr freiwillig unterwerfen (UNO). Widersetzt sich ein Staat, müssen die Nachbarn zum Krieg gegen ihn aufgestachelt werden. Wollen diese sich verbünden, muss ein Weltkrieg entfesselt werden.

Wie Sie ersehen können, Herr von Athos, liegt Ihnen nun ein kleiner Teil dessen vor, nach dessen Kriterien das Dritte Reich gestaltet wurde, obwohl es grundsätzlich anders angedacht war (siehe bayr. Illuminaten). Sie können sich absolut sicher sein, dass das Dritte Reich niemals untergegangen ist – vielleicht in Europa geschickt als Demokratie getarnt und in der „freien Welt" als Senatsforen und Staatsführungen installiert wurden.

Des weiteren wurden den Deutschen sämtliche wirtschafts- und wissen-

schaftsführende Kriterien genommen, indem man nach dem Zweiten Weltkrieg einfach behauptete, jegliche Technik und Energetik der Deutschen sei auf pure Weltzerstörung aufgebaut gewesen und diese müsse man ihnen wegnehmen. Was man den Deutschen nicht nehmen konnte, war ihr energetisches Land, das unter einer besonderen kosmischen Strahlungslinie liegt und „dagegen" musste natürlich etwas anderes unternommen werden: Sprach- und Schriftverwirrung sowie die Einimpfung einer weltweiten Schuld ohne Ende, gegenüber den Juden und dem Rest der Welt. Weiter führte „man" eine „Überseesystematik" ein – eine Amerikanisierung, zuerst beginnend mit Deutschland und mittlerweile auf fast ganz Europa verteilt. Diese Systematik entspricht exakt dem obigen Inhalt und den Protokollen der Weisen von Zion. Das heutige Weltwirtschafts- Glaubens- und Politbild entspricht einer Systematik der Zerstörung der Persönlichkeit, zugunsten einer kleinen „Gesellschaft", die uns im Griff und in einer perversen Versklavung halten. Außerdem versuchen sie uns zu verkaufen an Mächte von außerhalb des Sonnensystems, die dieser menschenverachtenden Priesterschaft (Illuminaten) konstant Macht und ein „Weiterleben nach der Apokalypse" versprechen.

Die Neue Erde, worüber soviel geschrieben wurde und wird, könnte sich letztendlich als ein Horrorszenario für die weitere Entwicklung der Erdenmenschen herausstellen – falls „danach" wieder diese Priesterschaft an die Herrschaft kommt! Eine wirklich Neue Erde, wie sie ihren Ursprung in der Bibel besitzt, können wir so nicht schaffen. Nur in der Rückbesinnung auf unsere persönliche und individuelle Seelenkraft finden wir den Weg zur Wahrheit und die Lösung allen Übels.

Wir alle müssen geistig zu kämpfen beginnen – unseren eigenen inneren Teufel überwinden, um die äußeren Teufel zu durchschauen und sie ihrer Herrschaft entheben zu können, ohne einer alleszerstörenden Apokalypse anheim zu fallen. Der geistige „Kampf" benötigt keine vernichtenden Waffen, sondern die Handhabung einer Energetik, die wir uns haben nehmen lassen, indem sie uns Vergessen gemacht wurde. Dennoch kann der Mensch sie wieder finden. Es ist die Energetik der „Nullpunktenergie", die oftmals fälschlicherweise als eine Energie, wie die Elektrizität, betrachtet wird, die man für die Technik benutzen kann.

*Die **Nullpunktenergie** ist konstant vorhanden und wird in den alten heiligen Schriften als der **heilige Geist, Christusgeist oder Kundalinikraft** bezeichnet. Wer sich wieder darauf konzentriert und alles andere Geschmarre von einer technischen Zukunftsplanung bis hoch zum Übermenschen als Vorspiegelung falscher Tatsachen beiseite legt, kann sich wieder zu einem echten Menschen machen.*

Falls wir so weitermachen, wie bislang, sind wir schlechte Statisten in einem armseligen Film über primitive Zooinsassen!

Ich bitte Sie höflichst, in Ihren Recherchen auch nicht vor gewissen negativen Erscheinungsweisen zurück zu schrecken – diese gehören zum Blendwerk der Machthaber, die uns nicht wirklich belangen können; wenn wir innerhalb der „Nullpunktenergetik" denken und handeln.

Sie werden von mir und/oder anderen Menschen immer wieder einmal etwas hören und empfangen. Ich hoffe, Sie machen daraus etwas Wirksames – und sei es nur ein Hilferuf unter vielen.

Seien Sie gegrüßt.

Das Schreiben las ich mir immer wieder durch. Ich wusste ja, dass immer mehr Menschen das herrschende System kritisieren, doch diese vorliegende „Kritik" hatte Insiderwissen. Es gibt darin auch keine Schuldzuweisungen, sondern einen klaren Hinweis darauf, dass es der Mensch selber ist, der dies provoziert hat und weiterhin provoziert. Weder ein „Teufel" noch ein „Außerirdischer" steht Verantwortlich für unsere menschliche Welt, sondern allein der Mensch selber, der nur diese Kräfte damit angezogen hat. Wie ein hassender Mensch nur immer wieder Hass anzieht, ein liebender nur die Liebe, zieht ein luciferischer Mensch auch das luciferische Prinzip an. Wenn wir uns von einigen wenigen satanischen Menschengeistern so dermaßen manipulieren und verblenden lassen, muss man sich fragen lassen, ob man nicht doch ziemlich krank und abgefallen von Gott ist!

Dieser Brief eröffnete mir auch eine weitere Sicht auf die Dinge, die ich zur Zeit erlebte – er machte mir die Zusammenhänge klarer und die Tatsache, dass auf der Erde auch viele wirklich wohlgesonnene Lichtmenschen verweilen, nicht nur die Negativen.

*

Massenmedien: Vertreiber der Wahrheit?

Manni D. besuchte mich an einem Abend und war ziemlich wütend auf Presse, Fernsehen und „all' die Bande von „Mediengaunern", wie er sich ausdrückte.

Einige Passagen seines letzten Buches wurden zurzeit in der Presse verrissen – inhaltlich aus dem Zusammenhang genommen, wodurch die Aussagen natürlich zu anrüchigen Formulierungen gemacht wurden.

„Stell Dir vor", schnaubte er und fuchtelte mit seinen Armen herum, „diese Journalistenheinis drehen mir jetzt regelrecht einen antisemitischen Strick, indem sie meine Kernaussagen einfach uminterpretieren!"

„Das ist nun mal die Taktik der Massenmedien – sie vertreiben ihr Produkt, wie sie denken, es am besten zu können", entgegnete ich.

„Ja, Ja! Wer etwas vertreibt, ist entweder Vertreter oder ein Mensch, der die Wahrheit vertreibt", fauchte er ungehalten. „Die sogenannte öffentliche Meinung ist bekanntlich nichts anderes als die von den Medien veröffentlichte Meinung. Diese wird also von unseren Medien erst erzeugt. Alleine die Tatsache, dass wir von „Der", also von nur einer einzigen öffentlichen Meinung zu sprechen pflegen, müsste uns allerdings bei näherem Hinsehen sehr zu denken geben."

„Klar", warf ich ein, „Im Grunde sind Meinungen so vielfältig, wie sie deren Köpfe darstellen. Eine öffentliche Meinung ist gar nichts – oder nur ein unentwirrbares Gemisch von Meinungen, die gar nichts aussagen, außer völligem Blödsinn. Hierin spiegelt sich auch das Können unserer Schulmedizin."

Er blickte mich schief an und fragte, ob ich das ernst gemeint hätte oder ihn nur verulken wolle.

„Ich will Dich nicht verulken, mein lieber Freund – nur etwas von

Deinem Zorn abmildern, bevor Du mir damit noch meine Wohnung anzündest", grinste ich ihn an.

„Natürlich – gleich fange ich Feuer", blaffte er zurück. „Aber mal wieder im Ernst – alle Nachrichten, die über die Medien vertrieben werden, weisen vielfach den Charakter des „Nach-gerichteten" auf; sie werden soweit verbogen, um es in das gängige Vertriebssystem, das der öffentlichen Meinung entspricht, einreihen zu können. Die wirkliche Wahrheit dahinter ist somit völlig an der Realität vorbei."

Ich holte ein Buch hervor, schlug eine bestimmte Seite auf und gab es ihm zum Lesen.

Er las laut vor: „Eine handvoll Menschen kontrolliert die Medien der Welt. Derzeit sind es etwa noch sechs solcher Menschen, bald werden es nur noch vier sein – und sie werden dann alles umfassen: alle Zeitungen, alle Magazine, alle Filme, alles Fernsehen. Es gab einmal eine Zeit, da gab es verschiedene Meinungen, Haltungen in den Medien. Heute gibt es nur noch eine Meinung, die zu formen vier, fünf Tage dauert – dann ist es jedermann Meinung. – Mike Nichols, Hollywood-Regisseur."

„Ah, und da – „Der Platz des Journalismus ist im Vorhof der Macht. – Hans Dichand, Herausgeber der NEUEN KRONEN" – ja, das stimmt", legte er das Buch wieder weg.

„Es steht Dir doch frei, gegen Deinen Buchverriss anzugehen – es lässt sich nichts leichter beweisen, als dass man Deine Publikation mit Absicht verbogen hat", warf ich ein.

„Damit hast Du schon Recht, Thalus. Aber ich lasse mir nicht die Lust auf meinen heiligen Zorn von Dir wegnehmen!"

Grinsend drehte ich ihm meinen Rücken zu, um neuen Kaffee zu brauen.

„Der medienmanipulierte Bürger begreift noch nicht einmal, dass hinter allen Berichterstattungen ein bestimmter Sinn herrscht", fuhr er in seinem heiligen Zorn fort. „Fast jede Meinungsmache hat den Sinn, die Bürgerschaft gleichzuschalten, um ihr auch noch den restlichen Kritiksinn zu schwächen. Diese Spielvariante kennen wir von der Siebener-Priesterschaft, der Hintergrundregierung."

„Und welchen Sinn macht es, Dein Buch so zu verreißen – hast Du schon einmal darüber nachgedacht", gab ich ihm zu denken.

„Nun – ich denke, inhaltlich einigen Institutionen ziemlich auf die Füße getreten zu sein", grinste er nun.

„Das tust Du ja andauernd in Deinen Publikationen – das muss schon einen bestimmten Grund haben", schubste ich ihn an.

„Möglicherweise trete ich inhaltlich einer bestimmten Gruppe sehr stark auf die Füße; der Gruppe der Geschichtsfälscher oder besser Chronisten genannt! Außerdem werfe ich, wie Du ja weißt, den Medien vor, bewusst bei diesen Fälschungen sehr stark involviert zu sein", kicherte er nun.

„Tja – Du weist ja sehr bestimmt hin, das berühmte „Missing Link", das fehlende Bindeglied zwischen Affe und Mensch, fände man hinter den Medien", stieß ich ihn freundschaftlich an!

„Aber ich weise wenigstens humorvoll darauf hin. Ich glaube, die wahren reptiloiden Warm-Kaltblüter sitzen in deren Chef-Etagen!"

Er kratzte sich ausgiebig am Kopf und fuhr gelassener fort: „Es ist doch nun einmal Tatsache, dass die Medien vieles verfälschen und ganz bewusst so aufbereiten, um der Bevölkerung Halbwahrheiten hinzureichen, damit sie die Wahrheit nicht zu schmecken bekommt. Die öffentliche Meinung wurde somit ein Spinnengewebe von nebulösen Spekulationen, worin der einzelne Mensch sich kaum noch zurecht findet. Warum gibt es denn Presseagenturen, wie dpa, wenn nicht dazu, eine Nachricht so zu verfassen dass sie als Gebot an alle Journalisten und Zeitungsverlage gehen?!

Als ich im September 2001 die Berichterstattung über den Anschlag auf den Twin-Tower in New-York verfolgte, konnte ich feststellen, dass fast alles nach einer großen Inszenierung riecht. Eine Katastrophe, die so exakt, aus allen nur erdenklichen Blickwinkeln, aufgenommen und dokumentiert wird, erinnert mich einfach an einen Regisseur im Hintergrund. Und sie kam gerade zur rechten Zeit, um Amerika wieder finanziell aufzurichten – die Rüstungsindustrie wurde bereits schon am 11. September, gerade mal 5 Stunden nach den Anschlägen, gewaltig angekurbelt.

Man hatte endlich wieder seinen großen Feind, konnte der ganzen Welt klar machen, nun den Terror zu bekämpfen und schuld daran waren die Taliban in Afghanistan – später dann Saddam Hussein – und wohl schon bald der Iran, Pakistan und Nordkorea. Die Kriegsberichterstattung der alliierten Streitkräfte war denn auch innerhalb einer ausgefeilten Choreografie nahezu Oscarreif und die ganze Welt weiß jetzt genau, wo das Böse liegt: nämlich im islamischen Fundamentalismus. Die Angst vor den Muslimen geht nun rund um die Welt und Israel kann nun endlich auch ganz laut tönen, wie sehr sie doch von „denen" gehänselt würden.

Ich bitte Dich, Thalus – nennst Du so etwas vielleicht die Verbreitung der Wahrheit!?" „Nein", entgegnete ich, „Aber was gedenkst Du, dagegen machen zu können?" „Mein Maul aufmachen und darauf hinweisen."

„Wie Du Dein Maul aufmachst und darauf hinweist, erinnert mich ein wenig an eine verbale Kriegserklärung. Im Grunde ist es ohne Belang, Deine subjektive Wut in die Welt hinaus zu schreiben – es wäre, meines Erachtens, klüger und vielleicht sogar geschickter, wenn Du wirklich brauchbare Methoden zur Aufdeckung von falschen Berichterstattungen darstellen würdest."

„Ach – der Herr Thalus kritisiert meine innere Betroffenheit", fauchte er nun wieder wild. „Soll ich möglicherweise in abgeklärten und weisen Worten den Menschen mitteilen, sich den Medienvertrieben zu verweigern?"

„So in etwa. Aber abgeklärt und weise – das kannst Du Dir abschminken, Manni", neckte ich ihn.

„Und wie würde seine Majestät Thalus so etwas formulieren?", versuchte er mich zu reizen.

„Es ließe sich unendlich Vieles dazu anführen, wie z.B. das menschliche Verhalten in den vergangenen 150 Jahren, das immer weniger individuell, dafür stets unpersönlicher und kollektiver wurde, weil sie sich den Lehren einer beginnenden Meinungsmache hingegeben hat. War früher der einzelne Mensch noch eine respektable Persönlichkeit, der man nicht so einfach ein X für ein U vormachen konnte, ist der heutige Mensch bereits zur Unpersönlichkeit degradiert worden. Die Persönlichkeit wurde mittels Allgemeinwissen (ein Werkzeug zur allgemeinen Intelligenznivellierung) auf ein Niveau gezogen, wo sie sich leichter zerpflücken lässt. Außerdem ist es nicht mehr zeitgemäß, höchstens ein „nostalgisches Überbleibsel", von einem Menschen als eine respektable Persönlichkeit zu sprechen. Der Verlust dieser Sprach/Wort-Energie sorgt denn auch dafür dass die individuelle Persönlichkeit tatsächlich in Vergessenheit gerät – man möchte heute bloß nicht auffallen mit einer eigenen Meinung und insbesondere schon gar nicht, wenn sie auf das Umfeld auch noch unbequem wirkt", referierte ich.

Er blickte mich mit großen Augen an, schüttelte seinen Kopf und meinte: „ Und so etwas schüttelst Du aus Deinem Ärmel?! Aus Deinem Mund klingt das so einleuchtend, keineswegs anklagend und dennoch genau ins Ziel treffend – aber ich mach's halt kürzer, härter und für diese Gauner nicht so schonend!"

„Weil Du deren Sprache sprichst – Du bist ein Produkt dieser Medienwelt, Manni, und glaubst, Du wüsstest genau die Sprache, um das Übel mit der Wurzel auszureißen. In Wirklichkeit pinkelst Du nur ein bisschen im Hinterhof der Medienzaren herum, die sich für so einen frechen Hund nicht einmal selber vom gedeckten Tisch erheben müssen – dafür haben die ihre Lakaien, die schon ganz begierig darauf hecheln, den frechen Hund in Stücke zu reißen! Und Du weißt, die meisten

Bediensteten sind noch viel bösartiger als ihre Herren!"

„So siehst Du das? Das ist ja dermaßen ernüchternd – zum Heulen", knurrte er nun wieder missmutig und zündete sich eine Zigarre an.

„Wenn wir schon von Manipulation und Meinungsmache reden, müssen wir uns auch darüber klar werden, dass sich dahinter Kräfte und Mächte verbergen, die mit allen Wassern gewaschen sind. Angriffe wischen die weg, wie eine lästige Fliege. Geht man sie aus einem bestimmten Blickwinkel der gefestigten Persönlichkeit heraus an, dann kann man selbst sie ins Wanken bringen. Aus einer inneren Betroffenheit heraus zu publizieren, mag vielleicht zur Selbsttherapie beitragen, wird aber nur in den seltensten Fällen zu einem positiven Erfolg führen. Denke doch mal über die Worte unseres Großmeisters nach und Du wirst erkennen, dass ich mich wahrscheinlich nicht sehr irre mit dem was ich sage", versuchte ich ihn wieder aufzurichten.

„Macht es Dich denn nicht betroffen, wie gelogen, betrogen und verdreht wird", fagte Manni D. nachdenklich.

„Aber sicher. Dennoch trifft es mich nicht im Kern meiner Seele, weil ich die Systematik überschaue – was Du übrigens auch leicht könntest. Zorn und Wut ist eine gefährliche Kombination aus Ehrverletzung und Ohnmacht – ich kann davon gewichtige Worte machen, weil ich bis vor nicht langer Zeit auch noch so ein Heißsporn war. Als ich verstand, was Betroffenheit in mir alles auslöst und wozu ich dann neige und fähig wäre, habe ich mich regelrecht erschrocken vor meinem inneren Potential an Bosheitsvarianten! Nachdem ich dies begriffen habe, konnte ich darüber hinwegschauen – erhielt also einen relativ guten Überblick über die Faktoren Zorn und Wut. Es sind denn auch genau diese Verhaltensweisen, die uns Menschen oftmals zu gefährlichen Hassausbrüchen treiben – und exakt da liegt der Ansatzpunkt zu Mord, Totschlag und Krieg. Meinst Du, das weiß unsere irdische Hintergrundregierung nicht?

Du kannst nur eine üble Sache bezwingen, indem Du sie zu überwinden versuchst – also, nicht Widerstand aufbauen, sondern vollkommen durchlässig werden; nicht mehr als eine Zielscheibe fungieren."

„Das sind nun so Sprüche eines Weisen, Thalus – und ich weiß, auch Du bist kein Weiser", lamentierte er. „So leicht ist es nicht, den richtigen Ton für alle gleichsam zu finden.

Außerdem fruchten weise Worte eh' kaum und ein Kraftausdruck zur rechten Zeit wird wenigstens registriert."

„In gewisser Hinsicht gebe ich Dir Recht. Aber, wenn Du Dich über die Medien verbreitest und dieselben der Halbwahrheiten und Verfälschungen bezichtigst, musst Du damit rechnen, dass sie Dir ans Bein zurückpinkeln. Du machst keine Unterscheidung zwischen den unterschiedlichen Medienbereichen und somit fühlen sich, zurecht, alle angegriffen. Du solltest spezifizieren, welche Medienbereiche Du meinst und zugleich auch die positiven Seiten einer weltweiten Berichterstattung hervorkehren; denn die gibt es in der Tat", kritisierte ich ihn nun offen.

Zu unserer Unterhaltung kam nun auch noch Frederik hinzu, der von Manni bereits telefonisch von seinem „Medienproblem" informiert wurde. Der angehende Theologe hatte seine eigene Theorie, wie man möglicherweise am besten mit dieser Problematik umgehen sollte.

„Wenn man die Menschen davon überzeugen könnte, dass sich in den sogenannten verrissenen Nachrichten noch immer wahre Hintergründe herausfiltern lassen, würden sie vielleicht begreifen, welche Notwendigkeit sich dahinter verbirgt. Es ist die Notwendigkeit einer Erhaltung der negativen Schwingungen, um die Kluft zwischen Herrscher und Beherrschten aufrecht zu erhalten. Für die Herrscher ist es immer notwendig, mit allen Mitteln der Macht ihren Einflussbereich zu erhalten und noch auszudehnen. Eine harmonisierte Menschheit, die mit sich selber im Einklang ist, würde sich nicht mehr beherrschen lassen; sie würde derartige Bemühungen schlicht ignorieren."

„Du meinst also, man sollte die positiven Seiten hinter den Verfälschungen in den Vordergrund stellen, um damit die Übeltäte zu entlarven", brummte Manni und wiegte seinen Kopf. „Das macht aber enorme Arbeit und bedeutet, sich zwischen die Stühle zu setzen."

„Nicht zwischen die Stühle", erwiderte der Jungtheologe, „sondern sich davor setzen. Und, dass es Arbeit macht, in so einen Umkehrschluss an eine problematische Sache heranzugehen, zeugt wieder nur davon, wie sehr wir bereits schon innerhalb der herrschenden Systematik verheddert sind. Sich wieder auf die richtige Assoziation besinnen und all' das Verwaschene wieder abzulegen, müssen wir wieder versuchen zu lernen."

„Dann liegt hierin wohl auch Dein Problem, lieber Thalus, dass Du Deine Publikation noch nicht so richtig in Form bringen kannst – Du weißt einfach noch nicht, wie Du manches in Worte kleiden musst, um nicht auf Widerstand beim Leser zu stoßen", stellte Manni nun in meine Richtung fest.

„So ist es. Hinzu kommt noch, dass ich nicht in das Horn eines Jägers blasen möchte. Zu viele Autoren fühlen sich autorisiert, gegen dieses oder jenes zu kämpfen, weil es gerade Mode ist, sich in die Feldstudien der Aufklärung zu begeben. Ich habe nichts zu bekämpfen und nichts zu gewinnen – und dennoch etwas mitzuteilen, ohne Wut und Zorn zu initiieren", legte ich dar.

„Warum schreibst Du nicht einfach mal los, schaust, was dabei heraus kommt und arbeitest es dann um, bis es Dir gefällt?", fragte Manni ziemlich naiv.

„Weil ich dazu nicht alleine fähig bin", warf ich hin. „Ich notiere vieles, aber schreiben muss es jemand, der es kann. Das hast Du mir übrigens selber schon mal gesagt."

„Womit wir wieder beim eigentlichen Thema ankommen: Meinungsbildung. Du hast Dir die Meinung gebildet, eine eigene, persönliche Meinung zu erlauben, womit Du die allgemeine Meinungsmache überwinden willst", brummte Manni hinterhältig.

„Prinzipiell hegte ich bisher die Meinung, Du seiest ein im Grunde ganz netter Kerl – aber ich muss nun doch feststellen, Du kannst ganz schön zynisch sein", lachte Frederik heraus und klopfte sich auf den Schenkel.

„Er weiß noch gar nicht, wie ich ihn in meinem Buch aussehen lasse", frotzelte nun auch ich.

„Betreffs Aussehens – wie könnte denn für Dich eine wahre, ehrliche Berichterstattung aussehen, Thalus. Und vor allen Dingen: ist die Wahrheit vielfach nicht geradezu grausamer als eine darüber vernebelte, zum Schutze der Bevölkerung!?", fragte mich Manni.

„Am Beginn einer wirklich wahrhaftigen Berichterstattung wird die Wahrheit sicherlich äußerst grausam wirken. Aber nach einer gewissen Zeit werden dadurch die Menschen so aufgerüttelt, dass sie derartige Grausamkeiten nicht mehr zulassen werden. Außerdem besitzt eine wahre Berichterstattung einen enormen Heilfaktor vor dem Fehlglauben, die Regierungen werden es schon alle richtig für mich machen. Die Wahrheit war und ist noch immer das Prinzip, das unser Universum aufrecht hält; sie wird sich wieder durchsetzen!

Eine wahre Berichterstattung muss gleichwohl auch positive Informationen anbieten, um den Menschen zu zeigen, die Welt ist nicht nur ein düsterer Ort voller Unrecht, sondern vielmehr ein Ort, an dem es sich lohnt, das Gute zu fördern. Die Wahrheit ist auch, wir Menschen könnten schon lange mit Anderweltlern regen Kontakt haben, wenn wir der Wahrheit ins Auge blicken würden. Dass ein reger Kontakt und eine rege Kommunikation nur dann zustande kommen kann, wenn wir Menschen unsere bedrohliche, waffenstarrende Mentalität endlich mal ablegen, ist doch nur zu logisch. Ja, die Wahrheit und die öffentliche Meinung sind in der Tat zwei unterschiedliche Paar Schuhe", gab ich zu verstehen.

„Und die Wahrheit über die negativen Außerirdischen, worüber soviel geschrieben wird – was ist damit?", warf Frederik ein.

„Natürlich die inbegriffen. Wie bereits heute und hier gesagt, es wird enorme Arbeit machen, für alles die richtigen Worte zu finden, um sich Gehör zu verschaffen", sagte ich.

„Du hast doch innerhalb Deiner Korrespondenz mit HPT ziemlich gute Beispiele, was Berichterstattungen alles vermögen – und, was wahre Berichterstattungen manchmal für Rückschläge erhalten. Zum Beispiel die Sache mit NESARA", schickte sich nun Manni D. ein. Nachfolgend nun diese bestimmte Korrespondenz.

NESARA – ein unscheinbares Wort für eine große Hoffnung aus einer Korrespondenz mit HPT – per Fax, vom 22.12. 2002 – 21:52 Uhr (unkorrigiert übernommen)

Nesara – ein unscheinbares Wort für eine große Hoffnung

Ohne dass die Massen etwas davon mitbekommen, läuft derzeit eine der wichtigsten Entwicklungen der westlichen Welt hinter den Kulissen ab. Es gibt innerhalb der amerikanischen Regierung eine Bewegung, die plant, die geheimen Interessengruppen, die die Macht an sich reißen wollen, zu entmachten. Das Kurzwort NESARA klingt zunächst nichtssagend, aber es könnte alle Kriegspläne der USA, die mächtige Hochfinanz und die Beschneidung der Freiheit im Zuge des Kampfes gegen den Terror entscheidend verändern.

NESARA steht für National Economic Security And Reformation Act, was übersetzt „Nationales Wirtschafts-, Sicherheits- und Reformgesetz" bedeutet. Die Vorgeschichte beginnt mit einer Klage von amerikanischen Farmern gegen Regierung und Banken, weil immer mehr Farmer durch Kreditkündigungen der Banken zum ungünstigen Zeitpunkt in den Ruin getrieben werden. Die Klage ging bis zum obersten Gerichtshof, dem Supreme-Court. Dort wurde 1993 zugunsten der Farmer entschieden. Das Gesetz, das darauf begründet wurde, hat Auswirkungen bis in die Folgen der Terroranschläge vom 11. September und könnte sogar George Bush hinter Gitter bringen. Ebenso könnte ein neues Geldsystem eingeführt werden...

... Die Kämpfer der NESARA-Bewegung nennen sich White Knights, weiße Ritter. Wie nichts auf der Welt nur physische Ursachen hat, wird auch diese Bewegung offenbar aus der geistigen Welt unterstützt. ... Auch positive Außerirdische sollen ihre Mittel zur Verfügung stellen, um die „weißen Ritter" zu schützen. Denn es ist klar, dass es für die negativen Kräfte um alles oder nichts geht.

... Das vierte Ziel der Anschläge vom 11. September 2001, war eine unterirdische Anlage, die zu dem Projekt der „weißen Ritter" gehörte. Von dem Flugzeugabsturz in Pennsylvania sah man immer nur wenige Aufnahmen, ein Waldbrand mit etwas Rauch und Feuerwehr. Nie sah man, wie sonst bei Flugzeugabstürzen, Luftaufnahmen des Gebietes, nicht mal Wrackteile konnte man erkennen.

... Die Logistik zur Umwandlung des amerikanischen Geldes (wieder auf Goldreserven basierend und nicht auf Gott vertrauend (ist einmalig auf der Welt!)) befand sich im WTC (World Trade Center). Die Zentrale für die Koordination für die Massenmedien (Nationale Aufklärung über diesen Fakt) war in dem Bürotrakt des Pentagons das ebenfalls am 11. Sept. zerstört wurde.

... Die Anschläge vom 11. September 2001 dürften nur ein vorübergehender Rückschlag für NESARA gewesen sein. Sämtliche Ermittlungen in diese Richtung werden noch immer massiv behindert und in den Bereich „Phantasie" verwiesen. Stellt sich die Frage, warum dann diese massiven Behinderungen und Bedrohungen, betreffs genau in diese Richtung?

Dieses Fax von HPT, das noch detaillierter auf die näheren politischen und wirtschaftlichen Hintergründe von NESARA einging und ich nun schon über eineinhalb Jahre in meinen Unterlagen besitze, fiel mir bei unserer Unterhaltung wieder ein. Mir fiel damals schon auf, dass Außerirdische darin erwähnt wurden, doch nur in einem kleinen Absatz, fast zu übersehen und in keinster Weise aufbauschend – lediglich als ein kleiner und vollkommen natürlicher Hinweis, dass der Umgang mit Außerirdischen beinahe schon selbstverständlich sei.

Wenn wir uns vergegenwärtigen, was es mit dem Baum des Lebens auf sich hat, dessen Blätter die unterschiedlichen Spezies im Universum darstellen, jeder Zweig eine Reihe physiognomisch identischer Spezies, alle sich auf Hauptzweige (oberste Lichtwesen oder Erzengel) vereinigen, die wiederum in den Stamm führen (Gott), so können wir uns das Geheimnis vom „Baum des Lebens" leichter ins Verstehen führen. Nur unter diesem Blickwinkel macht es auch Sinn, wenn es in der Bibel heißt: „Die Menschen haben bereits vom Baum der Erkenntnis gegessen, wir dürfen es nicht zulassen, dass sie auch noch vom Baum des Lebens essen"(Genesis). Der „Gott" des alten Testaments und seine „Mitgötter" wollten verhindern, dass der Mensch sich (wieder) seiner wahren Abstammung und seiner Bruderschaft mit anderen kosmischen Intelligenzen erinnert. Der Zugang zum Baum des Lebens, der geistig (metaphysisch = hinter der nur sinnlichen Wahrnehmung ein „Sinn" für Zusammenhänge des Seins und eine Kommunikationsfähigkeit mit allen Intelligenzen im Kosmos) erfolgt, wurde der irdischen Menschheit mittels okkulten Ritualen und unter Androhung eines fürchterlich strafenden Gottesgerichts verbaut. Diese „Gehirnwäsche" funktioniert bis heute, da die Macht des „strafenden und rächenden Gottes" namens Jahwe/El-Schaddai zu einem System der Siebenerpriesterschaft ausgebaut wurde.

Wir leiden heute an geistigen „Metastasen" – an einem geistigen Geschwulst, das im Verlaufe von Generationen „Tochtergeschwulste" gebildet hat und unsere Sinne total verformt haben. Wenn es überhaupt eine Form von Krebs gibt (was ich schwer bezweifle – siehe Dr. Hamer), so nur eine geistseelische! Hier könnte man einhaken, betreffs der Logenbedrohung der B'nai B'rith-Loge, die Dr. Hamer so massiv bedroht und eine Germanische Neue Medizin nur allen Israelis, aber keinem „Ungläubigen" zukommen lässt. Ein typisches „Werkzeug" der altjüdischen Leviten war das Werkzeug der Einschüchterung und die Gelehrtheit, wofür sie von allen anderen israelitischen Stämmen bezahlt werden mussten. Noch heute werden 10% an die „Leviten" von allen israelischen Juden geleistet.

Wer weiß noch etwas über die Leviten? Sicher kennt jeder das Sprichwort: „Der wird Dir schon die Leviten lesen" – das für eine Einleitung für eine bald folgende Bestrafung oder Abmahnung gilt. Interessant wäre wohl auch, zu wissen, wer aus den „Geldfamilien" nun „Leviten" sind?!? Wer weiß, was uns dabei einfallen könnte!

Es wird immer wieder Menschen geben, die vom „Baum des Lebens essen", da es sich nicht verhindern lässt, wenn einige Menschen wacher und neugieriger hinterfragen als die Masse. Und es gehört zu einem jeden Leben eines Menschen, das wahre kosmische Leben eines Tages zu finden – manche Menschen werden auch von ihm gefunden.

*

Wie Eingangs bereits erwähnt, hat der „Christus" das kommende Reich Gottes zwar angekündigt, aber dieses Reich hat nichts gemein mit einer Globalisierungspolitik der heutigen Zeit. Uns wird zwar von vielen Seiten vorgegaukelt, die Globalisierung sei ein deutliches Zeichen des Wassermannzeitalters, das für die globale Befreiung des menschlichen Geistes und die Rückwendung zu Gott und Ursprünglichkeit steht. Dieses **Zeichen** ist keineswegs göttlicher Natur sondern entspringt lediglich einer absolut verdrehten ESOTERIK, die aus dem exoterischen Gedankengut von Weltmanipulatoren entstammt.

Mit Esoterik wird alles eingekleidet, was sich den Anschein einer „höheren Wahrheit" gibt, wobei diese „Wahrheit" nur zur Machterhaltung der menschlichen Sklavenhalter dient. Eine wahre Esoterik lässt sich weder global per Gesetz noch mittels Gurus in die Massenmanifestation bringen. Eine spirituelle Wahrheit ist nur und ausschließlich individuell erlebbar und für sich in das eigene Umfeld zu integrieren. Hier lag auch der große Denkfehler aller esoterischen Planer des Dritten Reiches, die eine spirituelle Reife mittels Planung und Ausführung über ganze Völkerschaften zum Gesetz des Lebens machen wollten. Man kann keinem etwas per Gesetz geben, das er (noch) nicht versteht, ohne ihn dabei in einen Erfüllungszwang zu stürzen. Aus solchen „Bemühungen" werden schnell diktatorische Maßnahmen, ein Gutmenschensystem geschaffen, das der überforderte Mensch nicht verarbeiten kann. So entwickelte sich daraus die Problematik des „Übermenschen", das in einer rassischen Zuchtfolge einfach erzwungen werden wollte. Der esoterische kosmische Mensch hat mit einem Übermenschen soviel zu tun, wie ein Affe mit einem Hummer! (Den Übermenschen, den Adolf Hitler scheinbar gesehen und getroffen hat, wovor er sich so fürchtete, war sicherlich kein arisches Zuchtergebnis, sondern eher eine Begegnung mit einem Asurafürsten; oder auch einem Vrilmenschen, den er falsch interpretiert hat!)

Ohne Frage – die ursprünglichen Initiatoren zum Dritten Reich (das sind nicht die offiziell bekannten Personen der Orden und Logen der damaligen Zeit), hatten einen tiefen Einblick in die Materie und darüber hinaus. Aber sie wussten nicht, wie stark und mächtig bereits die Siebenerpriesterschaft war und deren Einfluss fast alle Menschen im Griff hatten.

Rudolf Steiner erkannte als einer der ersten, wo sich zumindest einer der Siebenerpriesterschaft aufhielt, was ihn dazu veranlasste, einmal zu sagen: „Nur Gott alleine kann dem ein Ende setzen, indem ER die Religionen überflüssig macht; dass aufgezeigt wird, worin das Übel der Welt liegt."

Dieser Hinweis brachte ihn in arge Schwierigkeiten – hatte er doch damit alle Religionen angegriffen, in dem er einen daraus als einen der Siebenerschaft erkannte. Steiner wusste auch um das Zeremonial, bei Einsetzung eines Religionsführers, das bis heute kein Außenseiter in seiner ganzen Tragweite kennt. Jede dieser Wahlen verlaufen innerhalb einer totalen Nachrichtensperre, in absoluter Klausur, wobei die dafür eingesetzten Kardinäle lediglich als Marionetten fungieren – was sie selber wissen! Die Papstwahl, zum Beispiel, erfolgt nicht in der sogenannten „Tiefenmeditation" und in der Verbindung zum Heiligen Geist, sondern in einer numerologischen Tendenzierung einer alten Prophezeiung. Diese besagt bis ins Kleinste, das zu gegebener Zeit mal wieder eine „Lichtgestalt" auf den Papstthron muss, um die Welt von der „göttlichen Eingebung" zu überzeugen. Niemals darf sich ein Papst PETRUS nennen, da die Prophezeiung besagt: Der Papst, der sich nach dem ersten „Petrus-Papst" zum zweiten Mal diesen Namen gibt, wird die Kirche auflösen – das wird der Papst sein, der das Wiederkommen des Christusprinzips auf die ganze Menschheit einläutet.

Papst Johannes Paul I., auch der lächelnde Papst genannt (Albino Luciani mit Namen = weißer Lichter!), wusste, dass er nicht lange leben würde, weil seine Wahl ein „Unfall" war. Der heutige Papst Paul Johannes II. war schon damals dafür geplant, aber einer der Kardinäle sorgte dafür, dass zumindest für kurze Zeit Luciani Papst wurde, um den Vatikansumpf und die Logenverquickung (unter anderem die Loge P2) aufzudecken. Die Öffentlichkeit sollte erfahren, wer und was der Vatikan im Grunde sei: Eine Bastei menschenerniedrigender Machenschaften, im Mantel einer Heilsreligion. Unter Paul II. wurde sofort der alte „Kader" wieder hergestellt und die damalige Affäre schnellstens in die Versenkung gebracht. Die Welt hatte zwar von den Machenschaften eines der Siebenerschaft erfahren, aber scheinbar nicht viel daraus gelernt, wie man heute sieht.

Übrigens – Papst Johannes Paul I. (Albino Luciani) wurde insgeheim von vielen seiner kurzzeitigen Anhänger (selbst im Vatikan!) „Petrussohn" genannt. Möglicherweise ein indirekter Hinweis darauf, dass ein zweiter Papst Petrus endgültig mit dem Vatikan aufräumen würde!

Im Dritten Reich erwarb sich der Vatikan enorme Rechte, Gelder, Kunstgegenstände und Ländereien durch die Nazis (auch von den Juden), was dazu führte, dass nach dem Untergang des Dritten Reiches viele Nazis mittels vatikanischen Schleusern außer Landes nach Übersee verbracht wurden. Viele Jesuiten- und Dominikanerorden, vereinzelt sogar Franziskaner, sorgten für den Transfer und neue Machtpositionen der flüchtenden Naziobrigkeit in Argentinien, Brasilien, Chile, Bolivien usw.

Im Nürnberger Prozess der Alliierten wurden denn auch nur kleine Fische abgeurteilt und das Ganze als eine Posse inszeniert, um der Welt zu zeigen, der Nationalsozialismus sei gebrochen und alle Sünder bestraft. In Wirklichkeit begann erst die wahrhaftige Installation des Dritten Reiches, wenngleich unter anderen Fahnen.

Sowohl Nachkommen von hohen Nationalsozialisten als auch die Nachkommen von früheren Logenmitgliedern und den Begründern des Dritten Reiches, bestätigen dies noch heute, wenn man sie nur fragt.

Außerdem finden sich weltweit Schriften über den weiteren „Verlauf des Dritten Reiches, das immer fortbestehen wird"; man sollte sie nur offenen Sinnes auch lesen und studieren!

Der Grund, warum weltweit zwar esoterische Wellen bestehen können, doch die echten Mystiker noch immer äußerst vorsichtig beäugt werden, liegt in der Tatsache des Fehlschlags des Dritten Reiches in Deutschland. Einzelne Mystiker belächelt man – werden es aber mehr, sorgt man per „Sektenbeauftragte" für eine Denunzierung und „Bedrohlichkeit" durch diese „Sektierer" – wie wir ja auch unschwer schon alleine aus der Tatsache der „Anastasia-Anhänger" ersehen können. Selbst ein Leser dieser Bücher wird bereits argwöhnisch betrachtet und es läuft eine weltweite Kampagne, auch die Leser in die Schublade „Sektenmitglieder" zu verfrachten.

Alleine eine Aussage, der Mensch könne, wenn er nur wirklich von Herzen möge, unabhängig und autark leben, in Spiritualität und täglicher göttlicher Erleuchtung, wird bereits über viele Publikationen bekämpft – mit bösen und lästerlichen Worten.

Aus der Reihe der New-Age-Anhänger, die sich eigentlich Spiritualität in die Fahne geschrieben haben, hört man sogar, „so eine Rückbesinnung zur Ursprünglichkeit sei nicht wünschenswert, weil sie dem menschlichen Fortschritt entgegen stünde". So etwas aus dem Munde von sogenannten „Esoterikern der ersten Stunde", zeigt klar und deutlich die wirklichen Hintergründe dieser „Bewegung". Aber es gibt auch jene, die innerhalb dieser Welle, mit dem derzeitigen Weltbild ohne Probleme leben können, ohne dabei jedoch gedankenlos oder unverantwortlich zu sein. Sie sind weder oberflächlich noch dumm, sondern wache Menschen und in ihrer individuellen Art eben so, wie sie sind!

Nachfolgend ein Gespräch zwischen einem Esoterik-Anhänger, und mir, im Zuge meiner Recherchen auf dem „esoterischen Markt" – ich nenne ihn hier einfach mal: Willi.

Willi arbeitet in einer Gärtnerei, ist akademisch vorgebildet und liebt die Natur, Tiere, Musik, Reisen und auch die Menschen – in exakt dieser Reihenfolge. Er trifft sich alle zwei Wochen mit einer Gruppe Gleichgesinnter, die sich reihum, in einem festen Turnus, in ihren jeweiligen Wohnungen treffen. Dabei wird Meditationsmusik gespielt, Selbsterfahrungen ausgetauscht und über irgendeinen neuen Guru oder Meister diskutiert.

Ich lernte ihn in einer esoterischen Buchhandlung kennen, als ich nach einem bestimmten Buch suchte. Er sprach mich nach einer Weile an.

„Suchst Du was Bestimmtes?"

„Ja. Das Buch „*Die geheimen Lehren des Abendlandes*" von Maria Szepes", entgegnete ich.

„Geheimlehre haben die hier nur bedingt – ist ein heißes Pflaster. Okkultismus und all der Kram", sinnierte er.

„Nicht zwangsläufig", warf ich ein, „wirkliche Weisheitslehren, also Geheimlehren, handeln um das Mysterium des Lebens – dem Aufbau und das Wesen der Materie wie der Energetik".

„Ach – Du meinst so etwas in der Richtung, wie die Rosenkreuzer".
„So ähnlich – ja. Aber eben nicht nur innerhalb dieser Kriterien."

Er nahm mich kurzerhand am Arm und führte mich zu der Verkäuferin, übernahm das Kommando und stellte fest: „Haben Sie hier was richtig Mystisches?"

„Wie meinen Sie das?" fragte sie irritiert.

„Na, so etwas magisches und geistiges, dass das Mysterium des Lebens erklärt", dozierte er.

Ich klärte die Dame auf und sie durchsuchte den Computer.

„Ja – das kann ich Ihnen besorgen. Vom Orbis Verlag, unter Academia Occulta – meinen Sie das?"

Ich bejahte. Morgen wäre es abholbereit.

„Sehen Sie" siezte er mich nun respektvoll, „man muss die Leute nur fragen und schon erhält man, was man braucht", lächelte er freundlich aus seinen braunen Rehaugen. „Sie interessieren sich also für schwere Esoterik – hm!? Meine Freunde und ich sind auch Esoteriker – ich meine, wir interessieren uns für alles, was uns geistig und seelisch weiterbringen kann, um den Frieden auf dieser Welt ein bisschen voran zu treiben."

„Den Frieden vorantreiben heißt aber auch, ihn nicht zu erreichen, weil man ihn eben vor sich hertreibt", grinste ich ihn an.

„Das ist gut! Vor sich her treibt... Ja, wenn man's richtig betrachtet, sind in Ihren Worten ganz schöne Aufschlüsselungen. Machen Sie das beruflich?"

„Unter anderem. Aber, vielleicht ruft mich etwas, das zu erforschen ich mich verschrieben habe. Im Grunde kann ich Ihnen nicht erklären, wonach ich konkret suche, also möchte ich es einfach „Selbstfindung mit der Aussicht auf kosmischen Durchblick" nennen", gab ich ihm Auskunft.

„Danach suchen wir doch alle. Ist schon interessant, wie viel Menschen zurzeit auf diesem Trip sind und wie man sich trifft. Es ist eine Frage der Resonanz, immer wieder auf Gleichgesinnte oder ähnlich orientierte Menschen zu treffen", folgerte er nickend und zog mich zum Ausgang. „Gehen wir einen Kaffee trinken – ich lade Sie ein."

Wir betraten ein nahes Café und führten unsere Unterhaltung fort, die mich zu interessieren begann.

„Sie sagten vorhin etwas über Resonanz. Das Gesetz der Resonanz nennt man in der Mystik geistigen Magnetismus – dieser zieht einen Gegenpol an; also nicht unbedingt Gleiches, sondern ein Gegenüber zum Austausch ausgleichender Inhalte", sinnierte ich nachdenklich.

„Kann man dazu nicht auch sagen, zwei unterschiedliche Felder ziehen sich an, obwohl jedes Feld von den anderen 180 Graden verkehrt ist?"

„So, denke ich, könnte man sicherlich auch ausführen. In der Mystik herrschen andere Bezeichnungen als in der herkömmlichen Esoterik – es sei denn eine Esoterik ist wirklich auf ihrem Prinzip ruhend; dann teilt sie sich mittels Mystik mit. Aber diese Form esoterischer Literatur ist nicht so breit gesät."

Willi blickte mich ernst an und erklärte: „Tatsächlich ist es sehr schwer, gute Esoterik zu finden – ich meine, eine Publikation, die das Innere, das Geistige auch so erklärt, dass man es verstehen kann."

„In manchen Weisheitsschulen und Orden gelangt man an sehr ausführliche Schriften, die verständlich und im Alltag auch anwendbar sind. Aber auch hier finden sich gelegentlich Hindernisse, die Intern gelegt werden, um einen Reifeprozess innerhalb einer Ordenssystematik zu gewähren", legte ich dar.

„Ich habe schon von den Rosenkreuzern und Templern gehört und einige Freunde waren auch schon auf öffentlichen Symposien. Sie erzählen allerdings, die Formulierungen und Redewendungen strotzen nur so von einer Geheimsprache – dies soll wohl Interessenten zu einem Mehr anregen", lächelte er verstehend.

„Das ist die Art solcher öffentlichen Veranstaltungen. Man gibt etwas nach Außen, um das Interesse zu wecken und wer dann tatsächlich mehr wissen möchte, muss sich darum bemühen. Damit ist zumindest eine erste Trennung von wirklichem oder nur oberflächlichem Interesse gemacht. Das finde ich legitim, weil es hierbei doch um eine Sache geht, die letztendlich ans Eingemachte geht – nämlich in die Selbsterkenntnis mit allen ihren Licht- und Schattenseiten."

„Selbstfindung hört sich so hochtrabend an und klingt so nach Psychotherapie", grinste er kopfschüttelnd, „dabei geht es viel einfacher, wenn man sich die verschiedenen Lehren der unterschiedlichsten Meister und Gurus anhört. Im Grunde ist eine, wie Sie es bezeichnen, Selbstfindung doch nur über eine Hilfe eines Meisters möglich, da er ja bereits seine Meisterschaft gefunden hat."

„Und das bezweifle ich", entgegnete ich, „ein wahrer Meister seines Selbst kann gar nicht hingehen und seine Meisterschaft einem anderen Individuum als Richtlinie auferlegen. Jede einzelne menschliche Selbstfindung funktioniert nur über eine absolute subjektive Erfahrung seiner innersten Beschaffenheit, die bei jedem Menschen komplett unterschiedlich von einem anderen ist. Das ist so, wie bei einem Fingerabdruck, der keinem anderen Fingerabdruck gleicht.

Ein wahrer Meister seines Seins wird niemals Meister eines anderen Seins sein können und er wird lediglich nur kleinste Anregungen für einen anderen Suchenden geben können, damit sich dieser selber auf seinen eigenen Weg macht. Es gibt keine Patentrezeptur, keine Dachgesellschaft, die das formieren und allgemeingültig darlegen kann. Wer es dennoch tut, begibt sich genauso in einen Irrtum, wie das die religiösen Institute und Glaubenskongregationen machen, die weiter nichts zu Wege bringen als Verwirrung und letztendlich eine starke Frustration", gab ich ihm zu bedenken.

„Das klingt ja alles hoch wissenschaftlich – aber wer, bitteschön, kann es sich in der heutigen Zeit leisten, noch ohne Hilfe zu leben?"

„Jeder! Hilfe ist etwas, das stets von Oben nach Unten gereicht wird und hat einen bitteren Nachgeschmack von einer eigenen Unfähigkeit. Unterstützen findet in Augenhöhe statt, in einer Gleichberechtigung, unter Annahme der dargereichten, gleichwertigen Bestätigung dessen, was man bereits unbewusst geahnt, aber noch nicht verstanden hat. Meines Dafürhaltens liegt in der esoterischen gegenseitigen Hilfestellung der Wurm, dass etwas von Oben nach Unten gereicht wird und man so einen Guru oder Meister hochstilisiert. In der Mystik wird gegenseitig unterstützt, gibt es weder Meister noch Schüler – oder beides zusammen in einem stetigen Wechsel ohne Wertigkeiten – und geht jeder seinen individuellen Weg der Erkenntnis", referierte ich nun angewärmt.

„Also ist Hilfe in Ihren Augen schädlich – selbst, wenn es sich um einen Menschen handelt, der vielleicht ohne Hilfe verhungert!?"

„Nein! Ich kann und muss sogar einem Hungernden helfen, da es meine Pflicht als Mitmensch ist. Ich spreche hier nur innerhalb der Thematik des Geistseelischen, innerhalb der persönlichen Selbstfindung. Wenn ich einem Hungernden etwas zu essen gebe, greife ich weder in seine Seele noch in seine geistigen Beweggründe ein – ich verhelfe lediglich seinem Körper zu etwas Nahrung, also neuer Energie, woraus er sich vielleicht eines Tages selbst auf die Suche nach dem Sinn seines Lebens macht.

Möglicherweise kann ich auch noch etwas unterstützend auf seinen Geist einwirken, indem ich mich ein wenig mit ihm unterhalte, ihm einige kleine Tipps gebe, die er aber nicht als Einmischung in sein Schicksal erkennen darf. Tue ich mehr, schade ich ihm – tue ich nichts, habe ich mich selbst in meiner Mitmenschlichkeit vernachlässigt. So einfach ist das."

Willi blickte mich aus großen Augen an und bestellte uns nochmal einen Kaffee.

„Mich wundert wirklich, wie kühl und scharfkantig das von Ihnen rüber kommt – gerade so, als hätten Sie ihre Gefühle enorm im Zaum."

„Schön wär's", lachte ich, „was ich Ihnen da erzähle, ist größtenteils Theorie und muss ich selber jeden Tag immer mehr in die Manifestation bringen. Es ist nur eine klare Erkenntnis meines Selbst – aber mit der Erkenntnis ist es so, dass man sie auch zur Anwendung bringen muss, um sie lebendig, greifbar und materiell werden zu lassen. Ich mache mir viele Gedanken über unsere Welt, sehe das viele Elend und die menschlichen Zerwürfnisse täglich vor mir und versuche, innerhalb dieser Vorgaben meine Erkenntnisse zu erproben. Mehr kann ich nicht tun, da ich weder ein Meister noch ein Christus bin."

„Gut gesprochen – das macht Sie mir wieder sympathisch. Vielleicht haben Sie ja recht mit Ihren „Weisheiten" und Sie arbeiten enorm an sich – aber mir ist doch meine einfachere Sicht der Esoterik lieber. Ich spüre auch, dass Sie sich viel tiefer in die Materie dieser Welt begeben und sich zugleich auch viel höher in die kosmische Sphäre erheben, dass Sie sowohl die Tiefen des menschlichen Lebens als auch die Höhen des seelischen Daseins bringt. Ihre Suche ist wahrscheinlich fruchtbarer als meine, aber auch mit einem Lernfaktor verbunden, der aus allen Schwarten kracht! Möglicherweise sind Sie sogar einer jener Mystiker, die hinter die kosmischen Kulissen blicken – aber auch gleichzeitig das irdische Geschehen als ziemlich angefault erkennen", ließ sich Willi zu meiner Verblüffung vernehmen. „Soviel möchte ich gar nicht wissen – wer weiß, ob man dabei überhaupt noch Freude haben kann."

„Und ob man Freude haben kann! Mein Leben hat sich erst zu einer wirklichen Freude entwickelt, seit ich meinen Weg zu gehen versuche. Und ich habe das unverschämte Glück, eine Gattin zu haben, die ihn mit mir zusammen, in ihrer eigenen individuellen Art, geht. Ich habe Freunde, die im Kern wesentlich, offen und jederzeit unterstützungsbereit – ja, auch hilfsbereit – sind. In allem finde ich eine so große Lebensfreude, die ich vor der „mystischen Erfahrungsbandbreite" nicht mal im Ansatz hatte."

Willi nickte nachdenklich, klopfte sich an die Stirn und folgerte: „Möglicherweise hat wirklich jeder einzelne Mensch seinen eigenen Weg zu gehen – der eine esoterisch, der andere mystisch, wiederum ein anderer als Krieger oder einfach als fieser Kinderschänder. Aber es entschuldigt niemals eine Gemeinheit gegenüber seinen Mitmenschen. Für meine Person bin ich Gott schon dankbar, dass ich gutmütig treudoof bin und manchmal nicht gleich begreife, wie dämlich ich mich manchmal benehme. Naja – in jedem Falle bin ich glücklich, kein Arzt geworden zu sein und mein Medizinstudium geschmissen zu haben; wahrscheinlich wäre ich sonst heute ein unwissender Killer meiner Patienten."

Dieser Willi gefiel mir immer besser. Seine Art, die Dinge wahrzunehmen, war seine ihm eigene, individuelle Geistigkeit und das sagte ich ihm auch.

„Das ist schön, wie Sie das formuliert haben. Ich glaube wirklich, ich bin auch dabei, mich zu finden und vielleicht bin ich in einem anderen Leben so dran wie Sie – oder ich war's in einem früheren", grinste er achselzuckend und schlug sich lachend aufs Knie.

Sein Lachen steckte mich an. Ich wusste, dass ich diesen Willi wahrscheinlich nie mehr wiedersehen würde, aber dieses Gespräch brachte mir ungemein viel. Mir wurde klar, dass es die unterschiedlichsten Möglichkeiten von Wegbegehungen gab und dass man keine weniger achten darf als eine andere. Zu schnell kann man sich wieder in einer Verblendung der eigenen Einzigartigkeit finden, wo einem das Ego sagt: „Nur Du machst es richtig."

Jeder Mensch sollte immer wieder auf seinen „Willi" treffen – einem Gegenüber, geschickt aus „einer höheren Bewusstseinsstufe", zur Spiegelung der eigenen Hybris! Wie oft ertappe ich mich dabei, mich ego-mäßig selber zu überholen; zu glauben, wie ich es in meiner Individuation mache, sei es allgemein richtig – nein, so kann es nur für mich richtig oder falsch sein und einem anderen Menschen kann ich gar nichts „meisterhaftes" sagen.

So bin ich nur ein Schüler der großen Einheit, der sich gelegentlich mit Ihr verwechselt und dann der Meinung (die Freiheit haben wir!) ist, Meister allen Wissens zu sein. Spätestens bei solchen Gedanken sollte man sich bewusst werden, wie falsch man schon wieder „dreht" – welcher „Guru" aus einem spricht: Der Egoguru von eigenen Gnaden!

Nachdem ich mich von Willi getrennt hatte, schlenderte ich noch eine geraume Zeit durch Augsburg und ließ unser Gespräch Revue passieren. In diesen Gedankengängen formierten sich weitere, die besagten, demnächst würde ich wieder mit den „Anderen" in die „Unterwelt" einfahren.

Es waren bis dahin noch einige Tage und dennoch fieberte ich darauf. Meine Gattin wusste Bescheid, war nur etwas traurig, dass sie selber dazu nicht eingeladen sei. Da es nicht zu ihrem derzeitigen Karma stimmig ist, wird sie sich wohl noch ein wenig gedulden müssen – ich bin innerlich davon überzeugt, sie wird noch in diesem Leben in diesen Genuss kommen.

Wie bei allem im Leben möchte man gerne auch das haben, was ein anderer hat – oder mit jemanden das Teilen, was man selber „hat". Ich würde gerne mit meiner Frau meine „Andersmenschen-Erfahrungen" teilen, doch ich persönlich kann das nicht forcieren, wie mir Ulluer bereits erklärt hat. Er sagte mir allerdings auch, das es geschehen wird, wenn für sie die Zeit dazu gereift ist – was immer das bedeuten mag.

Thalos von Athos

Im nächsten Kapitel findet wieder eine Begegnung zwischen Frater Thalus von Athos und einem reptiloiden Menschen statt, der Innerirdisch lebt, wie viele seiner Artgenossen. Der Name dieses „Reptomenschen" ist für die menschliche Zunge schwierig artikulierbar, so dass ich ihn einfach Sshtarsha oder „Starsa" nenne.

Alfons E. Jasinski

*

„Jakob und Esau" oder Zwei irdische Spezies im Gespräch

Über mehrere Telefonate mit Frater Fritz und zweimaligem Treffen in Deutschland, blieb ich über Fritz und seiner neuen Tätigkeit in Tschechien informiert. Fritz empfand seine neue Tätigkeit ausfüllend und spannend – seine Fähigkeiten als Übersetzer kamen ihm nun zunutze.

Als wir uns an einem Wochenende, Ende Oktober 2003, wieder in Augsburg trafen, wo er einige Unterlagen abholte, teilte er mir mit, ich würde in einigen Tagen von Ulluer abgeholt werden und eine wichtige Mitteilung erhalten.

„Du wirst als einer der seltenen Menschen die Bekanntschaft mit Deiner „Bruderrasse" machen, den Reptiloiden der Erde. Obwohl Du bereits Nasmakrai tha Husra kennengelernt hast, ein außerirdischer Verwandter, wird Dir sein irdischer Artgenosse mehr mitteilen können. Auf Deine Frage, betreffs „insektoidem Einfluss" auf die menschlichen Rassen, kann ich Dir nur folgendes antworten: Wenn es diesen „Kollektiveinfluss" gibt, so nicht durch die Insektoiden oder durch eine Spezies, die mir oder unseren Freunden tatsächlich bekannt wären. Obwohl Deine Spekulation frappierend denen der Ohai und Vril gleicht, wissen diese auch nichts Näheres darüber. Nasmacrai tha Husra's Meinung nach, könne es sich nur um eine Spezies handeln, die von den Chitauli (Reptiloiden) als die „Ameisengeister" in ihrer Mythologie herumgeistern. Meines Erachtens hat jede Mythologie einen tieferen Hintergrund, den man näher beleuchten sollte – wie auch unsere Anderen meinen".

„Das klingt ja beinahe so, als sei das mehr nebensächlich", folgerte ich etwas enttäuscht.

„Es ist zumindest nicht vordergründig wichtig, so eine insektoide Beeinflussung, wie sie uns allen erscheint, zu analysieren. Wichtiger ist es, diesen „Kollektiveinfluss" beim Menschen zu brechen. Ist dieser Einfluss erst einmal gebrochen, können die Beeinflusser nicht mehr eingreifen und müssen sich zurückziehen. Erst beim Rückzug dieser Beeinflusser können wir sie erst erkennen, sie entlarven – und, wenn es denn tatsächlich eine insektoide Kollektivspezies ist, dafür Sorge tragen, dass sie aus diesem Raumsektor dahin verschwinden woher sie gekommen sind. Wir haben weder Beweise, dass es sich um Außerirdische handelt noch um Insektoide – das sind nur unsere theoretischen Annahmen. Wodurch auch immer wir Menschen manipuliert und zu einem Kollektivismus hingeführt werden, können wir bis Dato nicht definieren. Denke immer daran: Gegen etwas Undefinierbares zu kämpfen heißt Krieg führen gegen eine dunkle und unsichtbare Macht; sie zu definieren, zu durchschauen und zu überwinden, heißt Erkennen und friedfertiges Siegen!"

Seine Worte leuchteten mir ein, obwohl sich in mir mein Ego sehr stark als forscher Krieger gegen das Böse aufspielen wollte. Alleine diese „Selbsterkenntnis" brachte mich wieder zum Lächeln, was ich Frater Fritz auch erzählte. Er stimmte in mein Lachen mit ein.

„Da hast Du Recht, Thalus – zu wissen, wann das Ego sich aufplustert um den kosmischen Verstand zu überdecken, ist stets von größtem Vorteil! Manchmal denke ich, unser Ego gebärdet sich dann so „Heldenhaft", wenn es gar keine Antwort mehr findet und sich sagt: Wenn ich es schon nicht kapiere, wer dann – also muss ich eben dafür sorgen, Amok zu laufen."

„Das ist die kreatürliche Furcht. Das Ego ist die kreatürliche Art purster Selbsterhaltung – bevor es sich geschlagen gibt, will es wenigstens einen anderen schlagen; das ist Kriegsmentalität", entgegnete ich.

„Wenn man aber seinem Ego sagt, es sei wichtig bei der Planung zur Überwindung eines drohenden Konflikts, kann man getrost dessen grundsätzliche Furcht als Basis einer Verteidigung benutzen. Sich mittels Ego verteidigen und mittels kosmischem Verstand den Konflikt lösen, überwinden – ja, das ist die richtige Anwendung in der richtiger Reihenfolge, um kluge und lebenserhaltende Strategien zu entwickeln", grinste Fritz und zündete sich eine seiner grässlichen Zigarren an. „Aber wie kann man Klug handeln, wenn man gar nicht weiß, womit man ver-handeln sollte?!"

Ich wollte das Gespräch wieder auf die Echsenmenschen zurückführen und fuhr fort: „Hast Du schon einen dieser Reptiloiden kennengelernt?"

„Ja. Die meisten sind relativ schüchtern; nicht so eine Ausnahme, wie Nasmakrai – also, vorsichtig gegenüber jede unbedachte Äußerung, denn sie bevorzugen ein Leben unter ihresgleichen; was nicht bedeutet, dass sie andere Spezies ablehnen oder ihnen negativ gegenüberstehen. Ihr Art ist einfach ruhiger – ich möchte fast sagen, genussvoller im Ausleben ihrer Körperlichkeit und weniger auf eine geordnete, alltägliche Betätigung ausgerichtet. Sie erscheinen mir gelassener und philosophischer als die Humanoide Spezies, die eher zu einer konstanten Dynamik neigen. Sie können allerdings, wenn es sein muss, zu gewaltigen physischen Kämpfern werden, wogegen ein humanoider Mensch keine Chance hätte. Dank ihrer hohen Friedfertigkeit und philosophischen Lebenseinstellung, sowie mentalen Stärke, die besagt, jegliche körperliche Überanstrengung sei eine Sünde gegen den Tempel Gottes, haben sie im Verlaufe ihres Bestehens kaum Kriege geführt – höchstens vereinzelte Querelen, die schnell wieder geschlichtet wurden."

„Interessant. Zu faul, sich zu verausgaben und das als Lebensphilosophie auszeichnen; wäre für uns Humanoide doch auch eine tolle Lebensauffassung", sinnierte ich lächelnd.

„Aber ja doch – stell Dir nur einmal vor, der Kriegsminister sagt: kämpft und wir sagen: ‚Nö – keine Lust' – wie der dumm dastünde! Aber mal im Ernst – die Reptos sind eine Spezies mit einer hohen Kultur und einem großen Taktgefühl untereinander. Ihre Art der geselligen Kommunikation ist allerdings gewöhnungsbedürftig, da sie sich zumeist nur auf der Basis des Miteinanderessens abspielt, wovon ich Dir abraten möchte. Sämtlich große Unterhaltungen finden nur während des Essens statt, das sich fast ausschließlich aus rohen Nagetierfleisch, Fischen und bestimmten Pilzen zusammenstellt. Sie verzehren auch etwas Gemüse und Obst, aber so, wie wir z. B. eine Nachspeise oder als

Zwischendurchmahlzeit. Sie haben einen hohen tierischen Eiweißbedarf und würden bei gekochter oder gebratener Nahrung nicht lange überleben; soviel ich bis jetzt weiß. So hat jede Spezies seine Besonderheiten, die man einfach akzeptieren muss. Man muss sie sich ja nicht zu eigen machen, wenn man das nicht will."

Das leuchtete mir ein. „Ist ihr Gott auch der kosmische Gott?", fragte ich naiv.

„Sicher. Obwohl sie ihn anders interpretieren, wie auch die Sicht über das Universum, so schwingen auch ihre inneren Ansichten über das Göttliche mit den unsrigen gleich."

„Wie alt können sie werden?"

„Älter als wir. So viel ich weiß, an die 140 – 150 Jahre – das ist zumindest ihre Durchschnittslebensdauer, wie bei uns 80 Jahre. Es gibt übrigens nur eine mir bekannte Spezies im bekannten Kosmos, die das irdische Lebensalter unterschreitet – das sind die „Omnianer" (zumindest werden sie im Buche Ehirsam so beschrieben), die im Schnitt 50 Jahre alt werden; in unserer Zeitrechnung. Wir sind also eine Spezies, die relativ oft inkarnieren muss, um reifer zu werden – oder, wie Ulluer sagen würde: Für die Erdenmenschen ist es eher ein Gnade, innerhalb ihrer kriegerischen Art, keine Jahrhunderte in einem Leben erleben zu müssen", erwiderte Fritz und blies seine fehlgeschlagenen Rauchringe in die Luft.

Wie mir schien, hängt unsere irdische Lebensspanne tatsächlich davon ab, wie wir das Leben als solches erachten. Dies sagte ich auch.

„Natürlich. Aus alten Überlieferungen können wir entnehmen, dass wir viele Hunderte von Jahren alt werden können, wenn wir im Einklang mit der Schöpfung leben. Sicher hat das auch etwas mit Selbstachtung und Achtung vor allem Leben zu tun; auch mit einer inneren Einstellung zu dem, was wir ursprünglich waren/sind. Es gibt ja immer wieder Menschen, die 150 Jahre alt werden, wovon wir hören, sie haben gesund, natürlich und spirituell gelebt. Selbst in unserem Umfeld der

Selbstzerstörung finden sich immer wieder und vermehrt Menschen, die locker über hundert Jahre alt werden und geistig noch sehr agil sind. Was uns letztendlich umbringt, ist unser tiefverwurzelter Glaube, dass das menschliche Alter einer Norm unterliegt, die man nicht durchbrechen könne. Und natürlich entscheidet der Einzelne selber, wann er genug von seinem Erdenleben hat – die meisten unbewusst und manche eben bewusst, wie Frater Peter."

„Und die Reptos, die, wie Du sagtest, gelassener und nicht kriegerischer Natur sind, sowie genussfähiger in ihrem Leben, haben wahrscheinlich auch nicht das Bedürfnis, so rasch wieder von der irdischen Bildfläche zu verschwinden", konstatierte ich nachdenklich.

Fritz verabschiedete sich gegen Abend wieder, um nach Prag zurück zu reisen. Zum Abschied schenkte er mir noch ein kleines Büchlein mit Anekdoten über George W. Bush.

„Darin stehen viele seiner „intelligenten Ergüsse", über die er sicher noch heute nachgrübelt – wie mir scheint", grinste Fritz vergnügt und bestieg seinen Zug.

*

01. November 2003 –
Treffen mit einem reptiloiden Bruder

Schon am Morgen stand ich aufgeregt auf und ich dachte seit Tagen an nichts anderes als an das Treffen mit den Reptiloiden „Brüdern und Schwestern".

Die Rasur gestaltete sich zu einer blutigen Schlacht mit drei „Schmisswunden", mein Kleiderschrank gab „nix Gescheites zum Anziehen" her und meine Gattin belächelte mich seltsamst aus dem Hintergrund. Ihre Blicke schienen zu sagen, mit mir sei heute wohl nicht viel her und ich bestens dafür geeignet einer Komikfigur Pate zu stehen. Ihren lautlosen Anschuldigungen zuvorkommend, fauchte ich zurück, sie würde an meiner Stelle auch nicht besser funktionieren, was sie mit einem „Ahbah" einfach niederbügelte.

In diesem „Wort" lag eine ganze Reihe von Möglichkeiten zur Auswahl, die man stets dann vorgelegt bekommt, wenn man sie am wenigsten benötigt – also enthielt ich mich jeglichen weiteren Kommentars!

Irgendwann war ich dann soweit, mich auf den Weg machen zu müssen, wodurch es endlich ein Ende mit meiner ganzen Nervosität hatte.

„Du wirst es schon machen", verabschiedete mich meine Gattin und ich hatte noch immer so ein vages Gefühl, sie könne mich innerlich schallend belächeln! In ihrem Blick lag allerdings Liebe und ein Mitfühlen – aber auch ein leises Bedauern, nicht dabei sein zu können.

„Ich werde Dir alles haarklein berichten", verabschiedete ich mich und ging los.

Am vereinbarten Treffpunkt stand der schwarze Kleinbus, den diesmal Ulluer persönlich steuerte. Die Begrüßung fiel freundschaftlich und humorvoll aus und er lachte, als ich ihm mein morgendliches „Abenteuer" erzählte.

„Schätze Dich glücklich und gesegnet mit Deiner Frau", meinte Ulluer lächelnd, „dadurch hast Du den großen Vorteil, Dein Wissen und Deine Erfahrungen stets teilen und verarbeiten zu können. Nur wenigen ist diese Freude vergönnt, Thalus."

Mir war dies bewusst.

Nach etwa einer Stunde Fahrzeit erreichten wir unser Ziel. Diesmal in einer mittelgroßen Stadt, in einer ehemaligen Bundeswehranlage, die seit einigen Jahren an Kleinbetriebe und für das Gewerbe vermietet wurden. Eine kleine Computerfirma war unser Zielpunkt.

Ulluer schloss die Werkstatt auf und wir betraten einen Raum, worin sich jede Menge Computeranlagen und Elektronikteile befanden.

„Zwei unserer Freunde arbeiten hier, die als Verbindung zu uns fungieren – übrigens, zwei äußerst clevere und friedliche Zeitgenossen von Dir", erklärte Ulluer.

In einem Nebenraum, dem Lager, schob sich ein Teil des Bodens weg, der eine beleuchtete Treppe freilegte. Nach 18 Stufen erreichten wir einen Aufzug.

„Dieser führt sieben Stockwerke tiefer. Von da an gehen wir noch ein Stück und erreichen dann die getarnte „Magnetbahn". Ungefähr 12 Minuten später sind wir 500 Kilometer weiter und am Ziel unserer heutigen Reise."

Die Fahrt entpuppte sich für mich als ein seltsames Ziehen in allen Organen, was jedoch nicht unangenehm, sondern eher wie ein „innerliches Wirbeln" anmutete. Ulluer sagte dazu, dies sei ein Nebeneffekt des Magnetfeldes, doch dieses würde dem Organismus nichts Nachteiliges bringen.

„Das Magnetfeld ist zugleich auch ein Schutz vor den hohen Beschleunigungswerten, wie auch ein Teil des Antriebsmechanismus. Der Gravitationsneutralisator lässt sich in einem atmosphärischen Milieu nicht komplett auf alle Spezies gleichwertig ausrichten.

Die Reptos, zum Beispiel, können damit nicht reisen – ihnen wird übel und sie verlieren für kurze Zeit die Orientierung; also lehnen sie diese Form des Reisens kategorisch ab."

„Und, wie reisen sie dann?", fragte ich.

„Mit einer langsamen Beschleunigung und einer Reisedauer, fünfmal so lange", erwiderte er.

Die Bahn hielt an – das heißt, ich bemerkte das Nachlassen dieses seltsamen Ziehens und assoziierte das mit Ankunft, was auch richtig war. Wieder befand ich mich in einer Art „Bahnhof", von wo wir mit einem kleinen Zweimannfahrzeug durch einen Tunnel ins Freie fuhren. Die Umgebung war tropischer Art, feuchtschwül und mir schoss der Schweiß aus allen Poren.

„Diese Umgebung bevorzugen die Chitauli, wie sie sich selber nennen, und der natürliche Sonneneinfall wird über eine Art Laserspiegelung von oben nach hier unten geleitet. Die Reptos bevorzugen natürlich eine direkte Sonneneinstrahlung noch mehr, aber an die Oberfläche wagen sie sich nur bedingt. So – jetzt sind wir beim „Gemeindezentrum", unserem heutigen Ziel", erklärte Ulluer und hielt das Elektrofahrzeug unter einer Palme an.

Überall sah ich Menschen und fragte mich, wo denn die Reptiloiden seien. Als hätte Ulluer meine Gedanken erfasst, erwiderte er: „Wenn Du genauer hinsiehst, wirst Du erkennen, dass es reptiloide Menschen sind."

Nun erkannte ich auch ihre etwas andere Hautfarbe und beim näheren Herankommen auch ihre Physiognomie. Ich erkannte nun tatsächlich etwas andersartige Menschenwesen – aber das wusste ich ja bereits durch die Begegnung mit Nasmakrai tha Husra.

„Wir werden beim Magister Sshtarsa erwartet – in seiner Sprache lässt sich sein Name für unsere Zungen nicht treffend aussprechen. Ich nenne ihn Starsa, womit er einverstanden ist und auch Du kannst ihn damit ansprechen."

Wir betraten ein kleines rundes Haus, das mit Schilf (oder Ähnlichem) bedeckt war und aus dicken Natursteinen gemauert schien. In der Erwartung, es sei innen kühler, schlug mir eine noch größere Hitze beim Betreten entgegen. Ein etwa 170 Zentimeter großer Reptomensch kam uns entgegen, der uns in fließendem Deutsch empfing. Ich starrte ihn an und fragte mich, wie das sein könne, dass fast alle „Anderen" und auch die Reptos Deutsch sprechen, als er lächelnd entgegnete: „Du hörst meine Worte nicht in Schallwellen, sondern in Deinem Kopf – bemerkst Du, wie sich inmitten Deiner Stirne die „Worte" formieren, die jedoch nur durch gedankliche Schwingungen von mir erzeugt werden?"

Mir wurde dies jetzt bewusst. Ein merkwürdiges Gefühl, wie sich Worte im Kopf bilden, die man vermeintlich als gesprochene Worte assoziiert!

Der/die Mann/Frau betrachtete mich aus schwarzen Augen, die kleinen Pupillen waren von einer dunkelgrünen Iris umgeben. Seine Haut hatte eine leicht gelb-rötlich bis gelb- grünliche Färbung und erschien etwas grobporiger als unsere (die ja auch schuppig ist, wenngleich mikroskopisch klein), seine Nase war nur angedeutet und lief fast auf Oberlippenhöhe aus. Die etwas erhöhten Augenbrauenwulste und angedeuteten Ohrenwulste zeichneten ein markantes und dennoch humanoides Gesicht. Der Mund war schmallippig, breiter und mit vielen spitzen Zähnen bewehrt. Seine ganze Erscheinung war zwar „fremdartig", aber im Gesamten weder furchteinflößend noch abstoßend.

Als „er" mir seine Hand reichte, nahm ich sie ohne Zögern an. Der Griff war fest und ich spürte seinen Daumennagel, wie er auf meine Handoberfläche drückte.

„Sei mir Willkommen, Thalus" begrüßte er mich, „unsere Kommunikation wird über einen neurologischen Verstärker, der sich hier im Raum befindet, unterstützt. Wir verstehen einander über die Hautresonanz, die direkt über die Mittelstirn in unser Gehirn geleitet wird. Da Deine Spezies diese Form der Kommunikation nicht mehr beherrscht, müssen wir sie künstlich für Euch verstärken. Einige von Euch haben diese Kommunikationsform bereits wieder leidlich erlangt – es kommt eben nur auf die Übung an."

„Sind wir „oberen" Menschen bereits schon so zu?", fragte ich irritiert.

„Schon lange – leider. Aber auch wir haben die Kommunikationsfähigkeit mit Euch verlernt, wie wir zugeben müssen. Wir waren vor Tausenden von Jahren einmal untereinander fähig, sowohl akustisch als auch neurologisch miteinander zu kommunizieren. Ach, es ist ein Leid, was uns allen geschehen ist – aber wir können das wieder ins Lot bringen", sagte Starsa mit schräg geneigtem Kopf.

„Die nächsten Jahre werden zeigen, wie eng wir alle miteinander verwandt sind und es nicht sonderlich schwierig sein wird untereinander zu kommunizieren", folgerte Ulluer und nahm auf einem Polster platz.

Starsa hieß mich an, mich zu setzen.

„Unsere angeregtesten Unterhaltungen führen wir während des Speisens – aber ich weiß aus Erfahrung, dass Euch unsere Speisen nicht munden", lächelte Starsa. „So werden wir Quellwasser trinken, das jeder Spezies gleichermaßen bekommt."

Er klatschte in die Hände und ein anderer Repto brachte ein Tablett mit einer Karaffe und Keramikbechern darauf. Die Erfrischung war mir herzlich willkommen, da ich aus allen Poren Körperflüssigkeit absonderte – diese schwüle Hitze erdrückte mich schier.

„Ja, ja – für Euch ist das Hitze – für uns eine normale Wohltat. Auf der Oberfläche, in dem Gebiet, das Du bewohnst, würden wir schrecklich frieren. Ebenso ist Sonnenlicht für uns wie ein Auftanken – eine besondere Form des Speisens, das uns anregt und spirituell „breiter" werden lässt."

„Wenn wir so verschieden voneinander sind, wie konnten wir früher zusammen leben?"

„In den tropischen Zonen und auch in den für uns gemäßigteren Zonen, wie zum Beispiel Nordafrika, lebten wir gut zusammen. In den Zonen, die Ihr für gemäßigt hielt, haben wir uns nur kurzfristig aufgehalten – im Sommer oder zu Zeiten, wo die Tagestemperatur mindestens 24 Grad Celsius betrug."

„Ist es richtig, dass sich unser beider Kulturen ursprünglich neben- und miteinander verstanden und erst nach Eintreffen einer anderen Spezies die Trennung vollzog?", fragte ich Starsa.

„So ist es. Wir wissen darüber nicht mehr viel und unsere Analen beinhalten darüber mehr verwobene Geschichten als tatsächliche Aufklärung. Diese Spezies kam aus einem anderem Universum, die mittels Quantentechnologie zwischen den Universumsblasen hin- und herreisen konnten – oder noch können, das wissen wir nicht. Unsere Spezies ist viel älter als Eure und dennoch sind auch wir genetisch vor „langer Zeit" verändert worden. Aus den unterschiedlichen Arten unserer Spezies wurden wir so eine einzige dominante Spezies, als Ihr noch Hominiden gewesen seid. Wir erlebten bereits sehr bewusst, wie ihr durch einige genetische Versuche zu einer eigenen Spezies herangezogen wurdet. Als Ihr euch bewusst wurdet, haben wir zusammen auf diesem Planeten gelebt, uns geachtet und in Eintracht respektvoll behandelt. Obwohl wir im Grunde die irdische Urspezies sind, haben wir nie in Betracht gezogen, dies gegen Euch zu verwerten.

Irgendwann kamen dann andere Wesen aus einem anderen Universum, die uns so vorfanden, wie wir damals waren und begannen uns zu erforschen. Wir wussten, dass es nicht eine der Spezies war, die unsere beiden Spezies „kreiert" haben und dass diese neue Spezies eine völlig andere Mentalität aufwies. Diese Spezies, so wird in der Mythologie angeführt, agierte nicht individuell, wie wir beiden Spezies der Erde, sondern in einer vollkommen kollektiven Ausdrucksweise. Es fanden auch keine Kommunikationsmöglichkeiten statt, die uns einander hätte näherbringen können und so trennten diese Spezies uns voneinander.

Dieser Trennungsprozess lief innerhalb 27 Reptogenerationen ab, also, etwa 55 Eurer Generationen und erfolgte in einer heimtückischen und kriegerischen Form der gegenseitigen Missachtung. Wir haben uns gegenseitig bekriegt und da Eure Population um ein Vielfaches höher als die unsrige war, zogen wir uns zurück.

Diese andere Spezies aus dem Weltraum, benutzte anschließend unsere beiden Rassen als Arbeiter für ihre Zwecke und stellte irgendwann fest, dass die humanoide Spezies leichter zu beeinflussen sei als unsere Reptiloide. Damit war unser Schicksal besiegelt. Euch wurde auf dem chemischen Wege Euer Geist soweit verwirrt, dass Ihr annehmen musstet, unsere Spezies gänzlich vernichten zu müssen Unsere Verwirrung, ebenfalls durch chemische Prozesse manipuliert, war nicht so tiefgreifend, weil unser Organismus, aus welchen Gründen auch immer, resistenter dagegen war.

Wir zogen uns in unterirdische Höhlen zurück, fanden immer tiefer in der Erde sogenannte Blasenhöhlen größeren Ausmaßes und stießen dabei auch auf Artefakte früherer Bewohner. Im Verlaufe von Jahrtausenden entdeckten wir andere Wesen in den ausgedehnten unterirdischen Bereichen, woraus wir erfuhren, die Erde würde seit Jahrmillionen von Anderweltlern frequentiert.

Diese „Kollektivspezies", die uns entzweite, verließ irgendwann die Erde wieder und kam bisher nicht mehr zurück. Sie hinterließ jedoch Order an unser beider Spezies, die besagten, sie kämen eines Tages wieder und wir hätten den Planeten bis dahin innerhalb ihrer Richtlinien zu formen. Ihr Humanoiden habt dies zuerst wieder vergessen und Euch wieder zu ursprünglichen Menschen entwickelt, so dass wir wieder langsam eine Annäherung zueinander fanden. Einige Eurer Schamanen, die die Order der entschwundenen Spezies als „heilige Schriften" bewahrten, erinnerten sich irgendwann wieder daran und begannen, nach diesen „Richtlinien" Eure Spezies wieder innerhalb dessen einzuspinnen. Es bildete sich zuerst das lemurische, dann das atlantische morphogenetische Feld Eurer Geistesausschüttungen, die jedoch wieder in eine Versenkung verfielen – sich gegenseitig aufhoben als falsche Erkenntnis für das kosmische Denken.

Die Schamanenpriester reichten jedoch das alte „Wissen" an ihre Nachwelt weiter, woraus sich eine „Priesterschaft des Siebengestirns" bildete und zunächst sowohl die Menschen als auch die Reptos nicht beeinträchtigte. Obwohl sich unsere Spezies über Jahrtausende an die unterirdischen Gefilde angepasst hat, mochten wir gerne auch an der Oberfläche Sonne tanken und mit unseren Brüdern, mit Euch, verkehren. Eure Priesterschaft, im Gegensatz zu unserem Schamanismus, hatte sich bereits wieder auf die Machtstruktur des Beherrschens gemacht – und wir erkannten dies relativ rasch.

Trotz unserer Versuche, Euch die Augen zu öffnen, griff wieder das System des „Kollektivismus" jener vergangenen Spezies aus einem anderen Universum. Mit dem Beginn der „nachatlantischen Ära", der Ära des Thotsystems, das wir bis heute nicht ganz verstehen, erstand die Priesterschaft der Siebener, die Hüter des wahren Gesetzes, auf dessen Grundpfeiler „Ägypten" (es hieß früher anders) entstand. Das Prinzip des Thot, auch Hermes Trismegistos genannt, war ursprünglich eine kosmische Einstrahlung aus dem Lichtfeld der Schöpfung, das die Priesterschaft zum Anlass für ihre Zwecke nahm. Diese „Lehre" ist eine Spiegellehre geworden, die wir nicht verstehen – die wir nicht nachvollziehen können, weil sie so offensichtlich falsch und verkehrt für einen Bewusstseinsträger göttlicher Ordnung ist oder verdreht wurde! Immer mehr Eurer Spezies ergaben sich diesem System, das ihnen bis heute vorgaukelt, nicht individuell eigenständig, sondern kollektiv verwaltet leben zu müssen. Einige Völker konnten sich diesen Einflüssen bis vor etwa 1500 Jahren erwehren – schließlich haben auch diese kapituliert vor dieser Übermacht des Beherrschungsdrangs einiger weniger „Herrscher" der Völker.

Dieses letzte Volk befand sich auf dem heutigen Boden Russlands, wohin Ihr Euren Blick wieder wenden solltet, denn davon könnten noch Restimpulse eines wahren, individuellen Menschenlebens zu Euch kommen. Diese Siebenerpriesterschaft ist mittlerweile so mächtig, dass sie fast den gesamten Planeten beherrscht. Vielleicht ist diese Weltraumspezies bereits ausgestorben oder sie findet nicht mehr zur Erde zurück – vielleicht kommt sie aber wieder, übernimmt den Planeten und wischt Eure Spezies einfach beiseite. Wir wissen es nicht – auch unsere

Freunde aus anderen Kulturen wissen das nicht. Sollte diese Spezies wirklich wieder zurückkommen, brächte das ein gewaltiges Problem mit sich, denn eine Kommunikation auf natürlichem Wege ist kaum möglich. Und weder Mensch noch Repto noch Vrilmenschen würden sich freiwillig einem Kollektiv unterstellen, das dermaßen gegen die kosmische Lichtigkeit verstößt. Das heißt, es würde zu Kämpfen kommen, die enormes Leid heraufbeschwören würde – auf allen Seiten. So ein Krieg könnte sich ausweiten über die gesamte Galaxis – was nicht im Sinne der göttlichen Ordnung ist.

Wenn sich die Erdenmenschen allerdings von diesem Kollektivismus lösen könnten, ihre ursprüngliche Individualität wieder erreichen würde und wir alle geschlossen gegen so eine Spezies vorgingen, würden wir für sie uninteressant werden. Und selbst, wenn sie nicht mehr existiert, wäre es dringend nötig, diesen irrwitzigen Kollektivismus abzulegen, der nicht der humanoiden und reptiloiden Individuation entspricht. Innerhalb unserer Galaxie existieren Individualseelen und darin haben Wesen aus anderen Universen keine Berechtigung des Eingriffes. Selbst wenn in einem anderen Universum ein Kollektivseelentum als das Normale existiert, haben weder „sie" noch wir das Recht, uns gegenseitig zu beeinträchtigen. Es wird zwar gemunkelt, es befänden sich noch einige dieser früheren Kollektivmenschenwesen auf der Erde und bildeten eine Geheimregierung, aber dafür haben wir Chitauli keine Beweise gefunden."

Starsa nahm einen großen Schluck Wasser, schnappte sich eine Art Nuss und kaute sie andächtig. Sein Blick schweifte durch den Raum, wobei er mit seinen Armen unterstrich, dass dieses Refugium für seine Rasse etwas Besonderes und Lebenswichtiges sei.

„Ein Kollektivwesen kann sich nicht vorstellen, was es für ein Individualwesen bedeutet, innerhalb seines spirituellen Kommunikationsraumes zu meditieren oder sich einfach geistig-seelisch auszutauschen. Immer mehr Menschen auf der Oberfläche besitzen ihr Refugium nicht mehr – sie hausen in engen Räumen, worin sie sich erholen vom Alltagsstress, ohne zu begreifen, dass sie Sklaven einer artfremden Beherrschung sind. Sie leben konzentriert auf engstem Raum, geben ihre ländlichen Naturrefugien zum Preis einer Stadtwohnung auf und wissen nicht, dass sie ihr Aufgegebenes an einige wenige Leute verkaufen, die daraus ein finanziell unerschwingliches Reservat für „spätere Planungen" machen. Diese spätere Planung beinhält riesige Ländereien, ganze Staaten, die in einen Besitztum übergehen, der grundsätzlich kollektiver Natur ist.

Das System der Priesterschaft und deren Erfüllungsgehilfen hat zum Endziel, die gesamte Menschheit in großen Ballungszentren zu halten, wo sie leicht kontrollierbar und jederzeit chemisch wie mental niedergehalten werden können. Ballungsgebiete bieten den „Vorteil", bei einem gezielten Angriff mit größter Effektivität eine große Masse schlagartig zu beseitigen. Kleinere Gebiete und kleinste ländliche Refugien würden nicht mehr zu Buche schlagen und ausgehungert werden können. Eine Welt, auf der jedoch ein individuelles System der gleichmäßigen Landverteilung in einzelne Refugien für Familien vorherrscht, könnte niemals in dieser massiven Form zu beseitigen sein.

Wir hier unten wissen das und viele Weltraummenschen leben auf ihren Heimatplaneten in solchen ländlichen Refugien, in denen Frieden, Wohlstand, Spiritualität und größtmögliche Harmonie herrschen; zumindest sagen das unsere alten Schriften so. Selbst die hohle Erde, die flächenmäßig zusammen Asien mit Australien einnimmt, ist auf einem System der Einzelrefugien aufgebaut. Ballungsgebiete finden sich keine und entsprechen auch nicht unserer Art.

Thalus – Ihr müsst Eure Augen und Ohren aufsperren; müsst der oberen Menschheit mitteilen, wohin Euer Kollektivwahn Euch führt. Selbst wenn diese Kollektivspezies vielleicht nicht mehr existiert, wie ich bereits anführte, bleibt der Fakt Eurer agierenden Priesterschaft, die einem System huldigt, das nicht dem natürlichen Werdegang entspricht! Viele Eurer Aufklärer und Lichtarbeiter wirken bereits an der Aufklärung dieser Tatsache, und auch die Vrilmenschen und wir Reptiloiden tragen unseren Teil dazu bei – aber Ihr müsst noch viel mehr zur Überwindung aufbieten. Alle kosmischen Kräfte unterstützen die Erdenvölker – aber die Arbeit zur Selbstbefreiung kann Euch nicht abgenommen werden. Ihr benötigt die Selbsterkenntnis Eurer ursprünglichen Abstammung und Bestimmung, die euch niemand einimpfen oder abnehmen kann. Auch wir tragen mit eine Schuld unserer Artverfremdung, weil wir nicht in der Lage sind, uns Euch wieder offen und im Alltag zu zeigen. Wir haben Angst, von Eurer Priesterschaft gänzlich vernichtet zu werden, die Euch dazu missbraucht, in uns Eure Totfeinde zu sehen. Und es gibt noch viele Eurer Schriftsteller, die uns bewusst oder auch unbewusst als Feinde beschreiben – zumindest schüren sie die erneute Treibjagt auf uns, wie wir feststellen können. Sensationslüsterne und unverantwortliche "Schriftgelehrte", die sich Aufklärer nennen und solche, die in ihre Fußstapfen treten, nur um sich einen egoistisch-autorischen Namen zu machen, sind die größten Gehilfen der Priesterschaft. Es geht nicht nur um uns und um Euch – es geht um die Existenz vieler Individuen; um die Erkennung der kosmischen Vielfalt und um die Rückkehr in das Licht Gottes. Ihr seid offiziell bald 7 Milliarden Menschen auf der Oberfläche – und wie lebt Ihr!? Eingepfercht in Ghettos, im Glauben an einen strafenden Gott und im Bemühen, Euch so schnell wie möglich zum Vorteil einiger weniger Eurer Beherrscher ins Grab zu schaffen. Ihr esst Nahrungsmittel anstatt Lebensmittel, werdet von Kindheit an geimpft gegen alle möglichen Phantasiekrankheiten, die es nur im Gehirn verblendeter Nachäffer der Priesterschaft gibt und lasst Euch mittels Chemie das gesamte Lebensfeld verseuchen. Ihr verwendet Krankenhäuser anstatt Gesundungshilfen, nennt Eure Krankheiten Schicksalsschläge, weil Ihr zu feige oder zu verblendet seid, zuzugeben, sie Euch selber beschert zu haben. Es muss Euch doch bald einmal klar werden, dass alles falsch läuft, dass alles gegen eure wirklichen Grundbedürfnisse wirkt und nichts für Euch getan wird, das Euch davon heilen könnte!"

Schweißgebadet nahm ich einen großen Schluck aus meinem Wasserbecher, aber der dicke Kloß in meinem Hals wollte sich nicht auflösen. In mir arbeitete es fieberhaft, ohne zu einem Gegenargument anheben zu können. Ich saß nicht mehr einer mir fremden Spezies gegenüber, sondern einer ganz klaren Form meines Gewissens. Unsere rassische Unterschiedlichkeit spielte hier keine Rolle mehr und die anfängliche Faszination der Gegenüberstellung wich einem tiefen Gefühl der inneren Verbundenheit. Ich schämte mich. Schämte mich für die Spezies

Oberflächenmensch und spürte Tränen in meine Augen steigen, die ich nicht mehr zurückhalten konnte. Hier unten empfindet man intensiver, habe ich stets das Gefühl. So hilflos und am Boden zerstört habe ich mich noch nie gefühlt und alleine schon deshalb schämte ich mich meiner Gefühle wieder.

Ulluer nahm mich kurz in seine Arme und Starsa wischte mir die Tränen aus dem Gesicht. In seinen Augen standen Tränen – aus Ulluers Augen flossen Tränen und wir waren uns in diesem Moment näher als man sich dies von drei unterschiedlichen Kulturvertretern erwartet.

Nach einiger Zeit hatte ich mich wieder gefasst. Starsa hatte die Raumtemperatur gesenkt, um, wie er sagte, mich nicht mehr zu sehr in seiner spezifischen Art zu beeinträchtigen. Er zeigte mir damit seinen Respekt und eine Basis, worin wir beide es atmosphärisch in Annäherung an dem Anderen aushalten konnten.

Ich bedankte mich für dieses Zeichen der Gleichwertigkeit, worauf er lächelnd antwortete: „Das sind wir uns nun schuldig, Freund Thalus."

Einige Fragen tauchten nun in mir auf, die ich mit einiger Überlegung in Worte zu fassen suchte.

„Besteht denn die Möglichkeit, dass sich unsere Rassen bald wieder einander nähern können?"

Starsa dachte kurz nach, wischte sich über die Augen.

„Wie auch bei Euch, ist die Mehrheit unserer Spezies gegen erneute Kontakte. Aber ein sich immer größer entwickelnder Kreis von etwas freier denkenden Familienmitgliedern, ist der Meinung, dahingehend etwas Positives zu unternehmen."

„Wie könnte ich dazu beitragen, dahingehend auf „meiner Seite" etwas zu bewirken?", fragte ich ihn hilfesuchend.

„Indem Du versuchst, die Menschen über die wirklichen Hintergründe aufzuklären – wenngleich dies auch bedeuten kann, von der Masse nicht ganz ernstgenommen zu werden", entgegneter Starsa.

„Ich muss die richtigen Worte finden – muss Worte so zusammenstellen, dass der Leser daraus die tatsächliche Wahrheit herausnehmen kann; dass ihm sein Unterbewusstsein sagt, dass es wahr ist, was er gerade liest. Ob ich das schaffe, weiß ich nicht – aber ich werde es zur rechten Zeit am richtigen Ort tun", versprach ich. (Im Besonderen mir selbst!)

„Sie werden Dir ein-fallen", bemerkte Ulluer ernst und klopfte mir auf die Schulter. „Wer im Lichte der göttlichen Prinzipien spricht, wird gehört werden."

„Noch eine letzte Frage habe ich, werter Starsa: Ist Lucifer für Euch ebenso das Synonym für Behinderung und das Antigöttliche!?"

„Ja! Wir sagen sogar ähnlich dazu: Lacerta, die sphärische Hure der Spiegelwelten. Lacerta ist eine androgyne Emanation Gottes, die sich in ihrer Überheblichkeit als die Ursache der Schöpfung sieht. Sie/Er ist ein energetisches Wesen schönster Verführung und Niedertracht, aber eben nur eine Schöpfung, um allen kosmischen Bewusstseinsträgern als Eintrittsprogramm in die materielle Erscheinung zu dienen. Diese Dienerschaft möchte Lacerta abstreifen und Sie/Er windet sich im Staub des Universums, wirbelt Galaxien über Galaxien auf und begreift nicht, dass Sie/Er nur dem Programm ihres/seines Schöpfers folgt. Lacerta, die Schlange, die sich selber in den Schwanz beißt und ihr Gift stets nur sich selbst injiziert – dennoch eine große Macht besitzt, alle Menschenwesen im Kosmos innerhalb Ihrer Selbstvergiftung zu blenden", lächelte Starsa, als bedaure er das luciferische Prinzipienspiel. „Natürlich resultieren aus diesem Prinzip weitere „Dämonen" und Teufel, wie auch bei Euch Obermenschen, wenn ich Euch mal so bezeichnen darf – und es bilden sich quer durchs Universum identische Bezeichnungsmerkmale unterschiedlichster Artikulierungen. Nur energetische Wesen werden davon nicht beeinflusst – sie wissen um die Gegensätzlichkeit des bedauerlichen Geschöpfes aus eigenen Gnaden. Letztendlich wird auch Lacerta wieder im Schöpfergeist aufgehen und

Erlösung finden. Auch, wenn wir Vieles nicht verstehen und Lacerta als bedauernswert erachten, ist Sie/Er dennoch unser „Fahrstuhl" in die Materie. Wer ES so sieht und begreift, wird keine Furcht mehr vor Lacerta haben."

„Ich denke, wir sollten viel mehr Furcht vor unseren eigenen Teufeln haben, die wir uns täglich bauen und nicht wieder loslassen", warf ich voller Gedanken ein.

„Ja – wir sind die personifizierten Wesen, die sowohl Gott als auch Lacerta sein können. So gesehen kann sich Lacerta innerhalb der Materie manifestieren – wenn auch stets nur in einer kleinen Entladung Ihrer/Seiner Energetik. Aber das reicht bereits zur Genüge", warf Ulluer nun abschließend ein.

„Auch ich bemerke meine Erschöpfung", stellte ich fest. „Ich werde wohl noch so einiges zu verdauen haben und vielleicht in einigen Tagen wieder zweifeln, ob ich das alles nur geträumt oder wirklich erlebt habe."

„Diese Zweifel wirst du bald nicht mehr haben, mein lieber Freund Thalus", entgegnete Starsa zum Abschied. „Die Begegnung wird in Dir eingebrannt sein, wie auch in mir. Sollte einer von uns mal zweifeln, wird sich das Gewissen melden – es weiß immer um die Wirklichkeit des Seins."

Starsa führte uns nach draußen, wo uns wieder eine tropische Hitze erwartete. Er streckte sich wohlig und sagte: „Wie kann man nur diese angenehme Temperatur als Hitze bezeichnen."

Sein Lächeln bedeutete mir seinen Versuch, den menschlichen Humor nachzuahmen. Es war ein schönes Zeichen für einen gemeinsamen Neubeginn – selbst, wenn unsere Generation dies nicht mehr offensichtlich erleben würde. Wir verstanden uns ohne Worte.

Bei der Rückfahrt zum „Bahnhof" blickte ich mich neugierig um, stellte die Gelassenheit der Reptiloiden und der anderen Menschenwesen fest, die hier unten leben und arbeiten. Es herrschte eine eigentümliche Art der Dynamik, aber ohne Stress und Hektik, die auf der Erdoberfläche zum alltäglichen Bild gehören.

Auf einem Feld arbeiteten Menschen und Reptiloide – sie schienen zu säen und zum Teil auch zu ernten. Auf einem entfernteren Hügel schimmerten verschiedene Lichter, wozu Ulluer erklärte, diese seien konzentrierte Linsen zur Wachstumsanregung bestimmter Pilze, die von den Reptos konstant und bevorzugt verzehrt würden.

„Diese Pilze würden Dich und mich umbringen", lachte er.

Während der Rückfahrt in der „Magnetbahn" schwiegen wir. Mir wurde so richtig bewusst, wie froh ich sein könne, eine Gattin zu haben, mit der ich darüber sprechen kann. Ich musste mit jemandem meiner Mentalität darüber sprechen, um es mir innerhalb dieser „Atmosphäre" nochmals vor Augen zu führen – um es zu festigen und noch greifbarer zu machen.

Dieses Erlebnis war noch einschneidender für mich als ich es zunächst wahrhaben konnte. In den nächsten Wochen sollte ich noch erfahren, wie viel Unsinn und Abnormes über „die Reptos" auf der Welt kursiert. Immer wieder frage ich mich auch noch heute, beim Verfassen dieser Zeilen im Tagebuch, warum wir Erdenmenschen auf alles „Andersartige" so massiv ablehnend und zerstörerisch reagieren. Liegt es an der Tatsache, dass wir seit Jahrtausenden manipuliert werden; eine Urerinnerung besitzen, die über diese „insektoiden Kollektivwesenheiten" so in etwas Bescheid weiß? Könnte es sein, dass sich innerhalb der kosmischen „Wellenlänge" aller Menschenwesen im Universum etwas abspielt, das wir erspüren, aber noch nicht folgerichtig einordnen können? Gibt es tatsächlich eine Spezies des Bösen, nur weil sie eventuell vollkommen anders strukturiert ist, das für unsere Spezies negative Wirkungen zeitigt?!?

Ich denke, es gibt keine absolut böse und keine absolut gute Spezies – nur Spezies, die nicht in unser Lebensfeld und in unser Seelenfeld passen. Reptiloide und humanoide Erdenmenschen passen in das irdische Lebens- und Seelenfeld; wir haben eine genetische Vermischung, ähnliche moralische Vorstellungen und eine identische Kosmologie. All das sind wesentliche Punkte, die unsere Ähnlichkeit unterstreichen, auch, wenn wir uns äußerlich voneinander etwas unterscheiden.

Nachdem wir wieder mit dem Kleinbus in meinen Heimatort zurückfuhren, fielen mir noch viele Fragen ein, die ich Starsa hätte fragen können. Ich zählte sie Ulluer auf und er lachte darüber.

„Natürlich, Thalus – Fragen über Fragen und nie ein Ende; das kenne ich auch von mir. Aber Du hast gute Fragen gestellt und noch viel bessere Antworten erhalten."

„Sicher. Dennoch hätte ich gerne mehr gewusst über die sogenannten Reichsdeutschen, die hohle Erde in ihrem Gesamtausmaß, wie sie sich nun wirklich bildlich darstellt und so weiter und sofort", plapperte ich angeregt.

„Nun, darauf findest Du sicherlich auch Antworten durch uns oder Menschen, die darüber mehr wissen. Für Dich ist es jedoch nicht von großem Belang, solche Hintergründe zu beleuchten – das tun bereits genug andere. Du solltest Dich darauf besinnen, das „okkulte Babylon" zu entwirren, um den Menschen mitteilen zu können, worauf sie zu achten haben in nächster Zeit. Wie Du weißt, ist die Gefahr der Apokalypse noch nicht ganz gebannt. Und selbst, wenn Ihr sie bannen könnt, wird dennoch eine Zeit des wirtschaftlichen und gesellschaftlichen Zusammenbruchs kommen, was zwangsläufig ist in Eurer verfahrenen Situation. Du solltest Dich auf Alternativlösungen für die Mitmenschen besinnen, Dich auch auf Dich selbst besinnen, innerhalb dieser Tatsachen Vorsorge zu treffen, um daraus anderen Unterstützung geben zu können. Jeder kleine Hinweis könnte wichtig sein, jede neue oder bereits alte Idee durchdacht werden, um auch kleinste Lösungen des Bestehens zu finden. Denke nicht in großen Rahmen, sondern in kleinen, die Du überblicken und kontrollieren kannst, um einen Zusammenbruch annähernd unbeschadet überwinden zu können."

Er hatte Recht.

11. November 2003 – Unfall oder Mord?

Ich komme mir vor, wie in einer surrealen Welt des Hieronymus Bosch. Meine Gedanken kreisen um die heutige Nachricht von Frater Fritzs und Rossis schweren Unfall in Tschechien. Noch am Morgen erhielt ich einen Anruf von Fritz, aus Prag, er habe mit einer kleinen Gruppe Forscher die Kellergewölbe des alten Klosters auf schadhaftes Gemäuer untersucht und per Zufall einen kleinen Durchschlupf in eine dahinter befindliche große Kammer gefunden. Darin befanden sich reihenweise alte Metallkoffer, Kisten und Unterlagen von den Nationalsozialisten, aus den Jahren 1937 bis 1944.

Er war ganz aufgeregt, teilte mir mit, zwischen den Unterlagen befänden sich auch alte levitische Schriften von 1882, die denen der Schriften von den „Protokollen der Weisen von Zion" glichen. Einige Unterlagen von 1941 wiesen deutlich darauf hin, dass das Ende des zweiten Weltkriegs bereits für Mai 1945 geplant und die Gründung des Staates Israel schon damals beschlossene Sache war. Da sei auch die Sprache von den Leviten – den Zionberatern; und von einer höheren Spezies, die unter den Menschen lebt.

„Ich werde diese Unterlagen an Dich oder an Manni D. schicken – wir müssen sie auswerten und der Öffentlichkeit zugänglich machen", teilte er mir mit.

Heute Abend gegen 18 Uhr erhielt ich den Anruf von Manni D., Fritz und Rossi seien auf einer Autofahrt über die Böschung gestürzt, wobei das Auto Feuer fing und beide verbrannt sind. Mit ihnen verbrannten auch einige Unterlagen, wie die tschechische Polizei ihm mitgeteilt habe.

Gegen 19 Uhr erhielt ich ein Fax aus Prag – von Frater Fritz (!) – das er gegen 14:50 Uhr abgeschickt hatte, worin folgendes stand:

Lieber Thalus, wir haben die Unterlagen wieder in den Keller gelegt, nachdem ich einige davon kopiert habe, da sich zwei Herren im Kloster meldeten, die sich den Fund ansehen wollten. Einer meiner Leute muss wohl die Behörden informiert haben über unseren Fund – aber ich weiß nicht, wer. Ich schicke die Kopien zu Frater Lennard, der sich zur Zeit am Bodensee aufhält – er wird weiteres veranlassen. Ein Tagebuch des damaligen Klosterabts, das sich zwischen den Unterlagen befand, behalte ich – es wird schon keiner das Fehlen bemerken. Rossi und ich fahren gleich ins nahe Prag, um die Kopien abzuschicken. Rufe Dich morgen wieder an, was es mit diesen beiden „Herren" auf sich hat, die sich so wichtig gebärden.

Herzlichst, Fritz

Nun ist es 22 Uhr und ich frage mich, was da los ist – ob ich träume oder ob es stimmt.

*

Der Autounfall wurde schnell geklärt. Fritz steuerte den Wagen, muss wohl den Wagen verrissen haben und so sind sie den Anhang hinuntergestürzt... Der einzige Haken bei dieser offiziellen Unfallversion der tschechischen Polizei, der aber bis heute für einige Stellen „ohne Belang" ist: Fritz konnte nicht Autofahren! Er war ein passionierter Motorradfahrer und lehnte vehement ab, einen Pkw-Führerschein zu machen; hinter ein Lenkrad würde er sich nie setzen, selbst wenn's brennt, sagte er mir einmal.

Außerdem war Rossi bei ihm – wenn schon jemand gefahren ist, dann Rossi. Also, warum saß dann Fritz am Lenkrad?

Vier Tage später erhielt ich einen Anruf von Großmeister Marconi, Frater Lennard habe sich am Flughafen vergiftet – aus psychischen Gründen. Die Presse würde Stillschweigen bewahren, weil der Fall noch näher von den Behörden untersucht würde.

Jetzt war mir alles klar geworden. Ich musste eventuell damit rechnen, ebenfalls zu „verunfallen" oder Selbstmord zu begehen – ich musste mir nur noch die passende Depression dafür aussuchen!

Eine Woche nach Fritz', Rossis und Lennards Ableben erhielt ich Besuch von der Kripo. „Man" wollte lediglich wissen, ob ich Post von Fritz erhalten hätte oder eine sonstige Nachricht. Ich gab ihnen das Fax, da sie den Erhalt sowieso leicht hätten herausfinden können und erklärte, ansonsten wisse ich nichts Weiteres über die Fundsache in dem Kloster, nahe Prags.

Es war ihnen anzusehen, dass sie mir glaubten und sie wiesen mich an, meine Nachfragen bei den Behörden, betreffs des „tschechischen Unfalls", bleiben zu lassen.

„Es ist uns schon klar, dass Sie erschüttert sind über die ganze Tragik – aber es war nun einmal ein Unfall mit Todesfolge, wie er immer wieder einmal vorkommt", verabschiedeten sich diese beiden Kripobeamten.

Über Manni D. wusste ich allerdings mehr, denn er konnte mit den Leuten von Fritz sprechen. Zwei der Männer erzählten, Fritz habe bereits schon am Mittag die Kopien, aus einem kleinen Nachbarort, nach Deutschland verschickt – Lennard musste sie also erhalten haben. Welche Unterlagen mit Fritz und Rossi verbrannten, lässt sich nicht mehr eruieren, aber es waren gewiss nicht die besagten.

Am 27. November 2003 hielt ich dann eine Kopie der Kopie (!) in Händen – von Großmeister Marconi an mich übergeben, mit den Worten: „Frater Fresenius (Fritz) war ein Fuchs. Er hatte vorgesorgt und selbst mit dem Fax an Dich eine falsche Spur gelegt. Ich erhielt die Kopien, die wir bei Athos ausgewertet haben. Der Inhalt ist sehr brisant."

„Ich kann damit, ehrlich gesagt, im Moment nicht sehr viel anfangen," sagte ich ihm, als ich die Seiten kurz überflogen habe.

„Im ersten Anblick nicht – klar; das hat Fresenius auch gewusst und sie deshalb in Sicherheit zum auswerten gebracht. Ersichtlich ist allerdings die Brisanz, dass das gesamte Kriegsszenario bis ins Detail viele Jahre vorher geplant war. Und, siehe hier – das Zeichen in der linken oberen Ecke von Blatt 9 – das Zeichen der weißen Taube", wies er mich darauf hin, „nur mit dem Unterschied, dass dieses Siegelzeichen mit 13 Rankenblättern umrahmt ist, was auf einen speziellen Orden hinweist."

„Möglicherweise eine Abspaltung?", warf ich ein.

„Mehr als nur das – wenn sich der Hintergrund als Hellblau herausstellen sollte, was wir mittels Spektralanalyse zur Zeit untersuchen, wissen wir auch, mit wem wir es zu tun haben", blickte er mich aufmerksam an.

„Das kann doch nicht sein – damals gab es weder eine UNO noch etwas Ähnliches, das so definierbar wäre", schüttelte ich ablehnend meinen Kopf.

„Aber es gab und gibt noch immer das illuminierte Hellblau der Schlangenbruderschaft – nur weiß das kaum jemand. Und sagte Fritz nicht etwas über die Leviten?"

„Richtig! Jetzt fällt's mir wieder ein. Er sagte etwas von den Levitischen Zionberatern und dass darüber etwas dabei sei", entgegnete ich aufgeregt.

„So ist es. Und diese Leviten werden oftmals mit den Juden in einen Topf geworfen, was jedoch nicht stimmt. Der Stamm Levi war ursprünglich kein israelitischer Stamm; es war überhaupt kein Stamm im Sinne Blutsverwandt oder Rassezugehörigkeit – er wurde nur über einen großen Zeitraum und durch Verfälschungen dazu konstruiert, um von sich und seinen Intentionen abzulenken; respektive, alles den Juden in die Schuhe zu schieben, wenn es brenzlig wird. Ein Levit wird man, wenn man über eine bestimmt Befähigung innerhalb des Ordens „Lichtschlange" oder auch „Melchisedekorden" dazu erkoren wird. Schon immer wurden berühmte Namen und wirkliche Lichtmeister von negativen Kräften benutzt, um unter deren Deckmantel ihr fieses Geschäft ausführen zu können. Wenn Du also hörst, jemand sei ein echter und „blaublütiger" Fürst, eingesetzt von Gott als Herrscher über die Menschen, kannst Du fast davon ausgehen, es mit einem „Levitenmeister" zu tun zu haben."

„Heißt das, die weltlichen Fürstenhäuser basieren darauf?"

„Nicht alle – aber die meisten wissen darum und es ist stets einer in diesen Familien, der zumindest dem Komitee 300 oder Rat der 33, Rat der 13, B'nai B'rith oder Schottischer Ritus angehört. **Novus Ordo Seclorum** ist deren Wahlspruch, der sich auch auf der 1-Dollarnote von Amerika befindet. Das Britische Königshaus steht innerhalb dieser „Welfenphilosophie" – ist ihm aber nur schwer nachzuweisen.

Fritz fand in den Unterlagen Beweise dafür, dass der zweite Weltkrieg von anderen geplant und in Aktion gebracht wurde als von Deutschland, bzw. Hitler. Außerdem bestätigen diese Unterlagen, dass die Protokolle der Weisen von Zion keine Fälschung sind und aus der Federführung der Schlangenbruderschaft stammt."

„Dann müsste sich doch die Geschichte dadurch begradigen lassen", dachte ich laut nach.

„Das Problem dabei ist, dass es dafür schon zu spät sein wird, weil die gesamte Welt sich bereits so an der bekannten Geschichtsschreibung orientiert, dass eine Aufklärung nur noch Orientierungslosigkeit herbeiführen würde, werter Thalus. Natürlich lassen wir alles ins Internet fließen und werden eine dementsprechende Kampagne unterhalten – aber wie gesagt, es wird nur die wenigsten Menschen interessieren", schüttelte Großmeister Marconi betrübt seinen grauen Kopf.

„In Grunde interessieren sich die Menschen seit etwa 20 Jahren immer weniger für tatsächliche Hintergründe, weil sie bereits so dermaßen gehirngewaschen sind, um diese Denkvorgänge überhaupt noch zustande zu bringen. Wie ich schon einmal angeführt habe, kann man die Menschen nur noch mittels sich immer wechselnden und dennoch exakt formierten Informationen aus ihrem Dornröschenschlaf holen", brummte ich missmutig.

„Das klingt ein bisschen nach Resignation, Frater Thalus von Athos – auch das ist ein gewollter psychologischer Trick der Siebenerschaft, um Aufklärern schnell wieder die Energie und die Luftzufuhr zu nehmen.

Du solltest Dich gründlich selber durchleuchten, inwieweit Du bereits selber davon infiziert bist – wie Du es Dir ermöglichen könntest, ans rettende Ufer zu kommen. Es ist immer eine kreatürliche Angst dabei, etwas zu sagen, das gegen die Zeitströmung anprallt, weil man in die Gefahr des Abprallens in Kauf nehmen muss. Das Resonanzgesetz solltest Du gut studieren, um eine Lösung Deines persönlichen Problems zu finden", lächelte mich Großmeister Marconi an.

Am folgenden Abend traf ich mich nach Arbeitsschluss mit Manni D., der sofort seine Meinung äußerte und in seinem Redefluss übersah, sich Fragen und Antworten zugleich selber zu geben. Nach geraumer Zeit stoppte ich seinen Redefluss und fragte ihn, ob es überhaupt nötig sei, miteinander zu kommunizieren, wenn doch nur er selber spricht.

„Ha – Du hast ja Recht, alter Haudegen! Aber wenn ich nicht gleich alles aus mir herausreden kann, vergesse ich wieder zu viel und ich hasse unbeantwortete Fragen; selbst wenn ich sie nur an mich selber stelle", grinste er und wischte sich über seinen Nacken, wo ihn eine große Warze ständig zu stören schien.

„Mach' sie weg", maulte ich. „Was soll ich wegmachen?", fragte er irritiert.

„Deine verdammte Warze im Nacken, woran Du fast ständig zupfst und dabei aussiehst, wie ein von Mücken geplagter Buddha", meckerte ich.

„Wenn ich alles wegmachen ließe, woran ich zupfe, bliebe am Ende nur noch die unbewohnte Weltkugel übrig", zupfte er brummend weiter.

„Es schert Dich sowieso einen Dreck, woran Du herumzupfst – wie ich Deiner Homepage entnehmen kann", brummte ich genervt.

„Ich zupfe nur daran, was nicht zu einem Menschen gehört; was ihn zudeckt und wodurch er gänzlich verblöden wird", warf er dazwischen. „Außerdem verdiene ich damit auch mein Frühstück und reife daran immer mehr."

„Du reifst am Frühstück??"

„Natürlich. Wer am Morgen nichts in den Bauch bekommt, dessen Seele wird bald unstimmig und sauer reagieren, sich auf den Verstand auswirken, der dann nur dasteht und belämmert in die Gegend starrt. Hast du schon mal Lämmer gesehen, wie die durch die Gegend starren?"

„Du hast einen Knall, Manni", zischte ich missvergnügt, „nichts kannst Du ernst nehmen".

„Es reicht doch schon, wenn Du den Ernst spielst und ich den August draufsetze – oder glaubst Du, ich möchte in solchen Momenten Deiner tiefen Nachdenklichkeiten und Weltverbesserungsplanungen in Deiner Haut stecken!? Ich verbeiße mich nie in eine Sache so sehr, dass ich dabei meine Zähne verliere – ich schnappe und zupfe innerhalb meiner Art, worin der Humor und der Zynismus sich die Hände reichen. Wird mir ein Thema mal zu viel, zupfe ich es mir soweit zu Recht, es in mundgerechten Stücken mittels Humor zerbeißen zu können – ohne, dass mir das Gebiss dabei herausfällt", hackte er in meine offene Wunde.

„Ich gerate auch immer wieder an die irrigsten Typen", spielte ich nun den Resignierenden.

„Klaro – weil Du immer wieder ein Gegenüber benötigst, das Dir Deine eigenen irrigen Charakterzüge spiegelt; Dich muss man einfach herauslocken, um Dein Wesen zu erkennen, bzw., Dir Dein Wesen aufzuzeigen", plapperte er vergnügt.

„Manchmal wird's mir einfach zu viel", erwiderte ich kopfschüttelnd, musste aber innerlich über Manni D. lachen.

„Dann sind wir ja schon zu zweit", konterte er und bestellte uns ein Weißbier.

„Natürlich ist mir klar, dass in Dir einiges arbeitet – Du hast innerhalb von eineinhalb Jahren Dinge erfahren und erlebt, das für einen anderen das ganze Leben reicht. Dennoch muss Dir auch bewusst geworden sein, dass sich in Deinem Leben bereits schon vorher seltsame und ungereimte Dinge ereignet haben, die Dich immer mehr zu einem Beobachter der Welt heranreifen ließen. Nun bist Du der Meinung, alle Deine Erfahrungen und Erkenntnisse auf einem Sitz ins Verstehen zu bringen, um auch eine Lösung für Deine Mitmenschen dabei zu finden. Das sollte aber nicht der alleinige Sinn Deines Lebens sein, sondern nur einer von mehreren. Logisch – Du musst darüber reden und schreiben; aber auch logisch, Du musst Dein persönliches Leben leben, worin auch die Genüsse und die Freuden des Alltags eine wesentliche Rolle spielen sollten. Du hast einen herrlichen Humor, wenn Du so ziemlich in Deiner Mitte bist – aber bist Du außerhalb Deiner Selbst, wirkst Du trocken, lehrmeisterhaft und zunehmend einseitig kopflastig. Du ziehst Dir im Moment zu viel an, hast noch immer nicht die Probleme mit Deiner Tochter gelöst, arbeitest auch körperlich zu viel und vergisst darüber sowohl Deine Gesundheit als auch Deine Seele", referierte Manni D. und traf damit alle Nägel zugleich auf den Kopf!

„Wahrscheinlich hänge ich in einem Teufelskreis, wie man so etwas gerne beschreibt – und ich finde im Moment keinen Ausweg", entgegnete ich.

„Das ist es ja, was ich meine – Du denkst selbst in solchen Momenten verbissen und verkrampft. Lass' mal wieder Deinen Humor und Deinen Sarkasmus heraus, friss' nicht alles in Dich hinein und besauf Dich einfach mal wieder."

„Davon wird's auch nicht besser."

„Aber auch nicht schlechter. Ich lade Dich für Samstag zum Essen ein – auch Frederik und den fürchterlichen Jesuitenpater aus Dormagen, der zur Zeit bei Marconi verweilt, hole ich dazu; der kann nämlich gewaltige Mengen Bier wegtrinken und man kann ihn dabei Gehöriges ausfragen", grinste Manni D. schlitzohrig und wir beließen es dabei.

*

Institut für Alternativenergie/Patentamtrechtliche Auskunftstelle Dresden

Sehr geehrter Herr Thalus von Athos,

vielen Dank für Ihre Anfrage betreffs Freie Energie und Vriltechnik. Leider müssen wir Ihnen mitteilen, Ihrer Anfrage nicht entsprechen zu können. Von Patenten über Nicola Teslas Arbeiten, sowie Victor Schauberger können wir in Deutschland leider keine Auskünfte vermitteln. Laut eines Besatzungsrechturteils von 1945, hat das Deutsche Volk alle „antisemitischen und gegen den Rest der Welt gestellten" Techniken an die Alliierten auszuliefern.

Sie erhalten über das Deutsche Patentamt, Abtl. Auswärtiges Amt, weitere Informationen, betreffs obiger Angelegenheiten.

Mit freundlichen Grüßen, Hans Olsch

Dieses Schreiben erhielt ich am 17. Dezember 2003. Am selben Tag schrieb ich an das Auswärtige Amt, das folgendermaßen Stellung nahm:

Sehr geehrter Herr ......,

Leider können wir Ihrer Anfrage nicht entsprechen, da sie einer rechtlichen Angelegenheit untersteht, die bis dato noch unter Verschluss liegt.

Weitere Auskünfte erteilt Ihnen das Amerikanische Konsulat in ...

Weitere Schreiben eröffneten mir, dass viele Patenrechte in Amerika lägen, bereits ausgewertet und nicht für den öffentlichen Handel zugelassen würden; die „inneliegende" Gefahr bei diesen Techniken sei der Öffentlichkeit nicht zumutbar.

So erstellte sich mein Briefverkehr auch betreffs sämtlicher nationalsozialistischer Hintergründe, Logen, Geheimgesellschaften, Kirchenbehörden, Rechtsparteien und Staatsbibliotheken – es schien geradezu, als hätte es den Nationalsozialismus, „gute" deutsche Erfindungen und damalige Geschichtsschreibung überhaupt nicht in irgend einem positiv-wissenschaftlichen Aspekt gegeben. Über allem liegt ein Mantel des Schweigens, den zu durchbrechen man es wagt, ganz bestimmte „schlafende Hunde" man weckt!

Nun ist Deutschland nicht alleine ein Staat, dessen Vergangenheit so dermaßen in einem Nebel des Mythologischen abgetaucht ist, sondern auch Russland gehört in die Kategorie „nebulöse Vergangenheit". Entweder waren diese Staaten zu bestimmten Zeiten extrem gefährlich für den Rest der Welt oder der Rest der Welt hat sie dazu bestimmt. Wenn Deutschland so gefährlich und jeder Bürger eine gefährlich infizierte Bestie war, dann wundert es mich gewaltig, warum man es nicht dem Erdboden gleichgemacht oder einfach unbenannt hat, wie das mit vielen anderen Staaten ganz automatisch gemacht wird.

Die Teilung eines Staates ist stets auch ein profanes Mittel aus einer Einheit zwei konkurrierende Parteien zu machen wovon eine dritte Partei profitiert. Der Profit, der daraus gezogen wurde, lässt sich am heutigen Stand der Welttechnik, Architektur, Kunst- und Kultur ablesen. In Amerika entstanden schon kurz nach dem zweiten Weltkrieg ganze Städtenachbauten nach deutschem Muster, Volksmusik und ganze Traditionen wurden nach Übersee importiert und das „Good old Germany"- Schlagwort bereits 1949 in aller amerikanischer Munde geführt. Also – da bezwingt man einen gehassten Feind, der weltweit als die Bestie schlechthin bezeichnet wird, nimmt ihm alle seine „bösen" Erfindungen und deren Köpfe weg, holt sich diese „bestialische" Kultur ins Land und übernimmt zugleich eine Lobeshymne auf „das gute alte Deutschland" – entweder stimmt da etwas nicht in der Geschichtsschreibung oder der Nationalsozialismus, das Dritte Reich hat seinen Siegeszug tatsächlich in „Good Old Germany" begonnen und sich bis heute in der Welt ausgebreitet; wie das ja auch der Plan der Illuminaten von Grund auf war. Innerhalb dieser Gedankengänge, die logisch auf politischen, sozialen und moralischen Strukturen basieren, muss man eindeutig feststellen, das Experiment hat hervorragend geklappt!

Das Zusammenspiel zwischen irdischem Machtpotential und außerirdischem Kollektivismus, zwischen Input und Output eines vernetzten weltweiten Informationsflusses, wie wir ihn heute als Kommunikationsmittel kennen, zeigt eindeutige Hintergründe eines Kollektivwesens, dessen Individualität gänzlich fehlt.

Das satanische Prinzip kann nicht individuell greifen – es benötigt einen kollektiven Zentralpunkt, eine auf eine einzige Stelle fixierte Aufnahmematrix, woraus es erst sein weiteres Vorgehen planen und dem Kollektiv zufließen lassen kann. Innerhalb dieser Kollektivkriterien wird es dann auch relativ einfach, eine einmal gewesene Tatsache als etwas Mythologisches oder gar als Hirngespinst erscheinen zu lassen.

Mit dem heutigen World Wide Web, wie es sich bereits weltumgreifend darstellt, haben die „Systematiker" versucht, die gesamte Menschheit in das Kollektiv zu ziehen. Sie haben allerdings nicht damit gerechnet, dass genau dieses Forum denjenigen eine Einstiegsbasis bietet, die das System durchschaut haben um es aus der Umnachtung zu holen. Die Siebenerpriesterschaft hat sich selbst in ihrem System verstrickt und ist nun zu entschlüsseln. Womit keiner dieser Manipulatoren gerechnet hat, ist der Fakt der geistigen Evolution, die sich nicht aufhalten lässt. Das „Gespinst" benötigt die Beute Mensch, muss sie sogar bis zu einem gewissen Grade mengenmäßig hochzüchten, um sich alle geistigen und individuellen Gegebenheiten einzuverleiben. Die Spezies Mensch, wie sie dachten, erkannt zu haben, reagiert jedoch nicht konstant berechenbar und die geistige Entwicklung unterliegt einer individuellen Dynamik.

Seit einiger Zeit – „man" glaubt, seit etwa nach dem 2. Weltkrieg – werden Menschen geboren, deren gesamte geistige und seelische Struktur der bisherigen „Norm" widerspricht. Man spricht seit etwa 10 Jahren von den „Indigokindern", wovon der Athosorden intern schon seit über 90 Jahren behauptet, diese „blauen Menschen" würden ab zirka 1930 sporadisch, ab 1950 zirka 3% und ab 1975 bis zu 25% die Geburtenraten bestimmen.

Über die Blauen Menschen wird auch in den Veden gesprochen: In einer Zeit, wo das Kali Yuga in seiner Roten Verderbtheit in die Blaue Erwachung hineinstirbt, wird sich die blaue Kugel Erde zurecht mit einer stimmigen Menschheit rühmen können. Alle Wesen des blauen Kosmos werden sich wieder vereinen und das „Vielarmige Rote" in ein anderes Universum verbannen.

Wie man nun auch darüber denken mag – es passt „das vielarmige Rote" sehr gut auf das Kollektive. Interessant ist allemal auch die schon sehr alte Bezeichnung „Blaue Menschen" oder auch die „blaue Stunde" für spirituelle Besinnung oder „Blaue Sonne", die für geistige Energie der Morgenstunde (Sonnenaufgang) steht.

Diese sogenannten „Indigokinder", die erst in den letzten Jahren näher erforscht werden und gleichermaßen daneben eine Therapieschiene anzulaufen beginnt, sind für ein kollektives Denkschema, wie wir es bereits schon tief sitzen haben, unberechenbar. So werden sie bereits als „Hyperaktive" bezeichnet und die Schulmedizin geht mittels Chemie (Ritalin und Co.!) dagegen vor. Mit der chemischen Keule muss einfach jedes Menschenwesen gleichgeschaltet werden – und wenn man es dadurch regelrecht ausschaltet mittels massiver Vergiftungen!

Da sich aber immer mehr Menschen, auch die Eltern dieser Kinder, darüber bewusst werden und gelegentlich ältere „Indigomenschen", die früher geboren wurden, beschützend eingreifen, wird das Kollektiv daran scheitern. Mittlerweile (2004) spricht man von über 40% Indigokindern, die geboren werden (diese Schätzung ist noch sehr vorsichtig und keineswegs übertrieben), ohne sich einen Deut über Staatenherkunft, Milieu und dergleichen zu scheren – sie werden „einfach" in diese Welt geboren und eines Tages den „Normalmenschen" stellen.

Immer wieder gab es im Werdegang der Menschheit gewisse „Geistessprünge", aber noch nie in einem so hohen Masse und unter Jahrhundertelanger Ankündigung dieses „blauen Phänomens".

Es ließe sich nun darüber spekulieren, was es mit der Farbe Blau im Detail auf sich hat, weil sie die Farbe ist, die konstant durch alle Zeitalter zieht und mal den Adel (blaues Blut), das königliche Blau (was fast unbezahlbar war) und die blau gekleidete Muttergottes, Sinnbild für Spiritualität und Gottesnähe bezeichnet. Das Blau im positiven Sinne steht immer für das Himmlische, Spirituelle und die kosmische Tiefe. Und keine Farbe ist durch alle Zeitalter begehrter, als das Blau, denn sie zählt auch zu den Farben der Heilung, der gesunden Venenabzeichnung und ist in der Augenfarbe die faszinierenste, beglückenste überhaupt. Man hat festgestellt, dass die blaue Farbe das Denken anregt, die Harmonie kennzeichnet und die „Farbe" des Wassers ist, ohne das wir nicht lebensfähig wären.

Ist ein Mensch blauäugig, weist ihn dies als gutmütig und treugläubig aus, was heute leider mit dumm gleichgesetzt wird, weil das System weder Gutmütigkeit noch Treugläubigkeit als Tugenden bezeichnet. Und wie auch immer – es wird eben überall und über alles spekuliert.

Alle „blauen" Tugenden wurden fast gänzlich ausgemerzt, um dafür das „rote Marsprinzip" in den Vordergrund zu stellen. Rot, Gelb und Grün, sind die bisherigen Farben der Menschengemüter, wobei das Blau stets in eine negative Beurteilung gezogen wurde. Das hat Sinn und Methode, wie wir bereits schon jetzt ersehen können. Rot ist die Alarm- und Kriegsfarbe; Geld die Farbe des Eifers und der Mitläufer; Grün die Farbe des chlorophylen Pflanzenwachstums – die Farbe der Lichtaufnahme, aber nicht der lichten Abgabe. Alleine das Blau ist die bestimmende Farbe des menschlich- physischen und psychischen Lebens – die Farbe der Erkenntnis, der Wahrheit und der Unbequemlichkeit (weil sie die Selbsterkenntnis bewirkt).

Unsere Indigokinder können uns ein Beispiel sein, wenn wir auf sie eingehen, wie sie es fordern; denn sie fordern Wahrheit, Liebe und Wissbegierde. Der Umgang mit ihnen ist für uns „Normalos" durchsetzt mit Fallgruben und der konstanten Aufforderung, sie nicht zu erziehen, sondern sie zu fördern. Alleine innerhalb eines solchen Umdenkens werden wir feststellen, wie widerwillig und trotzig wir reagieren, wenn Indigokinder unsere Stottereien und fälschlichen Lebensansichten mit einer frappierenden Leichtigkeit entlarven.

Während ich diese Zeilen schreibe, muss ich gestehen, im Moment noch mit unseren Indigokindern etwas überfordert zu sein – wenngleich ich mich bemühe, meinen Enkelkindern in ihren Anforderungen gerecht zu werden!

Ein Indigokind scheint auch meine Tochter zu sein und zumindest einer ihrer beiden Söhne (meine Enkel) erweist sich eindeutig als „ordentlicher" Indigo. Oder einfach nur als stur??

*

(Hier muss ich noch einmal zu Frater Fresenius (Fritz') Entdeckungen zurückgehen, um den Tagebuchaufzeichnungen chronologisch gerecht zu bleiben).

Zwischen den von ihm (Fritz) kopierten Unterlagen befanden sich einige Schriften unseres Religionsstifter, Jesus von Nazareth. Eines der alten Schriftstücke hatte das Überleben des Nazareners zum Inhalt; in Latein stand da: *Der Mann der Christosträgerschaft hinterließ nach seinem irdischen Ableben Nachkommenschaften. Diese tragen „Sein" Erbe über Jahrhunderte weiter, bis „ES" sich wieder in der Welt verkörpert. In einer Zeit des Nachlassens der Eisenwaffen und des Beginnens von himmlischen Strahlen, wird aus dieser Linie wieder ein Christosmeister erstehe, oder mindestens einen solchen vorbereitet.*

Aus einem weiteren Dokument ging hervor, dass die levitischen Wächter (Priesterschaft) dafür Sorge zu tragen hätten, die Jesus-Erblinie aufzufinden. *Alles, was aus dieser Blutlinie kommt, muss von der Erde Boden vertilgt werden. Nur Jahwe und seinen Auserwählten sei der irdene Boden zum Leben gegeben.*

Man muss sich nun auch fragen, wer dem auserwählten Volk und seinem Jahwe die Erde gegeben hat, wenn doch durch diese Aussage bewiesen ist, dass Jahwe nicht der absolute Gott des Kosmos ist! (Falls diese Angaben stimmen, müssen wir unser gesamtes „Christentum" wohl etwas umgestalten).

Hat sich ein auserwähltes Volk, wie die Israelis, wirklich so zu benehmen, alle anderen Völker als minderwertig und Abschaum zu bezeichnen; gegen Alles und Jeden vorzugehen, um nur für sich selber den größtmöglichsten Vorteil heraus zu holen!?? Es ist der Einfluss einiger Weniger und eine heimtückische List anderer Kräfte, die diesen Anschein geben. Nicht der Jude, Israeli oder Auserwählte trägt Schuld an der Missachtung Andersgläubiger, sondern die Siebenerpriesterschaft levitischen Manipulationsinhalts. Natürlich entschuldigt dies nicht die Aggressionspolitik im Nahen Osten, aber sie erklärt und analysiert sie.

*

Fritz, Rossi und Lennard – alle Drei haben mit diesen alten Dokumenten zu tun gehabt und leben jetzt nicht mehr. Unfall oder Selbstmord, wie die Behörden offiziell bekundeten...

Für alles gibt es eine Erklärung – auch für unsere Welt, wie sie sich uns darstellt und was wir daraus machen. Innerhalb unseres geistigseelischen Freiheitsdranges haben wir allerdings erkannt, wie und wodurch wir gefangen sind und wie Gefangene reagieren. Je mehr wir uns unserer Gefangenschaft bewusst werden, desto klarer zeigen sich die „Gefangenenwärter" und die Initiatoren dahinter. Oftmals ist ein Gefangenenwärter genauso ein Gefangener seiner selbst, der das jedoch nicht erkennt. Die Initiatoren der irdischen Versklavung und ihre Handlanger sind gerade in den letzten 5 Jahren immer deutlicher zu erkennen; insbesondere 2004 ist das Jahr der beginnenden Demaskierung.

In Zeiten, wo das Soziale, Substanzielle und Spirituelle getauscht wird gegen Sozialabbau, bewusste finanzielle Erniedrigung durch Staat und Wirtschaft und einem Kircheninstitutionellen Gleichklang damit, müssen zwangsläufig Demaskierungen stattfinden.

Immer wieder fallen Menschen einer weltlichen Systematik zum Opfer, wenn sie etwas Aufdeckendes oder Verborgenes entdecken und glauben, dies der Öffentlichkeit zugänglich machen zu müssen. Es stellt sich auch die Frage, warum gewissen „Enthüllern" nichts geschieht und anderen wiederum schon. Hier zeigt sich ein bestimmtes Maß des

Aufklärungsmechanismus auf, das besagt, nur das darf der Öffentlichkeit zugänglich gemacht werden, womit die Siebenerpriesterschaft einverstanden ist.

Wenn wir uns die Aufklärungswellen im Bezug auf die Reptiloiden, kleinen Grauen und irdischen Machenschaften genauestens betrachten, findet sich darin ein roter Faden, der besagt: derartige Aufklärung basiert auf einem Verwirrspiel. Dadurch wird vom substanziellen Hintergrund abgelenkt, auf eine bereits wohlbekannte und vielbeschriebene Szenerie, die als „Lückenbüßer" herhalten muss.

Im derzeitigen Aufklärungsmodus findet sich stets eine pyramidale Struktur von Geheimgesellschaften, Logen und weltlichen Machthabern, die an der Spitze zumeist eine bestimmte Familie stehen haben, die auch von den unterschiedlichsten Autoren angeführt wird. Wäre dem in der Tat so und nicht anders, stellt sich die Frage, wieso das diese spezielle Familie so ohne Kommentar stehen lässt!?

Nehmen wir jedoch an, dies sei gewollt – in Form eines Köders für den (die) Jäger – kommen wir der Antwort schon etwas näher. Durch alle menschlichen Kulturen hindurch zieht sich das Phänomen „Naturverbundenheit", die besagt, der Mensch und die Natur agieren nur dann gesund und symbiotisch, wenn sie sich einander bedingen; das heißt auch, Mensch und Natur sind voneinander abhängig und im gegenseitigen Austausch erst in der Lage, kosmisch relevant zu agieren. Diese Symbiose schließt alle Lebenswesen, Pflanzen- und Mineralwelten mitein – nichts geht mehr ohne den Anderen.

Unser heutiges Weltbild vermisst seit längerer Zeit den natürlichen Umgang mit unseren Symbionten, arbeitet darauf hin, dem Menschen zu vermitteln, er sei aus sich heraus in der Lage, Gott zu sein und wenn er das begreift, könne er naturschöpferisch tätig sein. Unsere derzeitige Esoterik ist durchwoben von Falschheit, Inhaltsvertauschungen und willentlicher Desinformation über die wahren göttlichen Zusammenhänge. Naturgeister, Pflanzendevas und mineralische „Urgeistseelen" wurden fast gänzlich aus dem „Programm" genommen, um sie gesondert zu „bearbeiten" – sie werden von Mainstream- Esoterikern erst gar nicht mehr erwähnt, weil ja der menschliche „Gottgeist" über allem stehen soll. Das ist ein schwerwiegender Fehler und der Grund, warum sich in der Esoterik nur noch Allgemeinplätze finden, womit der Mystiker nichts mehr anzufangen weiß.

In dieser eigentümlichen Esoterikliteratur, Aufklärungsarbeit und Erkenntniswissenschaft finden wir zwar immer wieder die Erkenntnis, manipuliert zu werden – aber was und wer uns denn nun wirklich manipuliert und zu welchen Zweck dies alles geschieht, kann man kaum noch eruieren.

Zu behaupten, die Reptiloiden seien Schuld oder die kleinen grauen Außerirdischen oder machtgierige Logenmitglieder beherrschen die Welt und versklaven die Menschheit, beantwortet im Grunde nichts! Hier wird nur ein Symptom auf etwas anderes geschoben und die Ursache außer Acht gelassen. Ursache ist und bleibt das luciferische Prinzip, das sich derer bedient, die das möchten und geradezu danach gieren. Da finden sich sowohl Erdenmenschen, Außerirdische, Reptiloide dazu bereit, die im kosmischen Spiel der Arten- und Weltenvielfalt agieren und reagieren. „Lucifer" ist nicht gebunden an die irdische Menschheit – das Prinzip „Lucifer" wirkt im gesamten Weltall, bedient sich aller selbstbewussten Lebewesen, die innerhalb diesem „Dunkellicht" schwingen und körperliche Substanz aufweisen. Das satanische Prinzip bewirkt in den Pflanzen- und Mineralreichen nichts, da sich deren Seelenkraftfelder außerhalb ihrer Verkörperung befinden – sie schweben sozusagen förmlich darüber und schwingen noch in der wahren göttlichen Lichtigkeit. Im Tierreich bewirkt das luciferische Prinzip lediglich das Triebhafte, das sich allerdings mit dem Seelenbewusstsein des Tieres nicht koppeln lässt – nur der (luciferisch-negative) Mensch ist in der Lage, das Tier soweit zu verändern, dass es satanisch reagiert. Dressur, Kreuzungen und willentliche Charakterveränderungen (z. B. Kampfhunde) lassen dann diese Tiere bösartig und unberechenbar „verrückt" reagieren.

Wir müssen tatsächlich Rechnung damit tragen, dass sich das luciferische Prinzip zurzeit massiv auf die irdische Menschheit ergießt und von sich selbst, als die Quelle allen Übels, vehement ablenkt. Das geht soweit, dem Menschen einzuimpfen, er sei ein Gott, wenn er es nur möchte – und das sei leicht möglich und zu bewerkstelligen, wenn er sich verinnerlicht und seinen inneren Gott findet. Was er zuerst findet, ist sein Unterbewusstsein, das bereits so infiltriert ist, dass die meisten „Weisheitssuchenden" glauben, bereits das Göttliche in sich erkannt zu haben; dabei ist das Unterbewusstsein nur ein Sammelsurium von Erfahrungen, eine Speicherkapazität und so göttlich wie ein Hustenanfall! Wenngleich ein Hustenanfall seinen Sinn hat, werden wir ihn nicht als etwas erachten, das wir stolz vor uns hertragen wollen.

Nach geraumer Zeit wird so ein Weisheitssuchender auf seine seelischen Inhalte treffen, die wiederum nicht göttlich sind – er wird anhand vieler Lehrgänge dies und jenes finden, immer in der Meinung, er komme seinem Ziel immer Näher. Er kommt aber nur sich selbst näher, lernt sich und seine menschliche Beschaffenheit besser kennen und wird eines Tages auch begreifen, dass er seine Gotthaftigkeit aus sich selbst heraus nicht erzwingen kann, wenn er nicht zugleich das Luciferische gleichermaßen überwindet. Die Überwindung „Lucifers" ist Voraussetzung für die Erreichung der Göttlichkeit – wie das Christus so einmalig auch zelebriert hat; man muss es nur lesen und in sich aufnehmen als die Einweihung in die Sohnschaft.

Wenn wir Menschen also wieder ursprünglich werden wollen, müssen wir die wahre Esoterik erkennen, die es zurzeit kaum noch auf dem „Markt" zu finden gibt. Dennoch haben wir sie inne; unser Gewissen ist der wesentliche Faktor, das Hilfsmittel, das uns seit „Menschengedenken" eingelegt wurde und die Verbindung mit dem Schöpfer darstellt. Ein weiteres „Hilfsprogramm" stellt der „heilige Geist" dar, der eine direkte Verbindung mit dem göttlichen Denken und Tun besitzt.

Wenn wir immer wieder den Fehler machen und uns auf die aufgeklärte, moderne Zeit berufen, worin Bezeichnungen, wie Gewissen und heiliger Geist belächelt werden, wird es uns auch nichts bringen, sich in Kontemplations- und Meditationsübungen zu ergehen, die nur aus einem oberflächlichen Wollen heraus als das Non plus Ultra der Vergöttlichung verzerrt wurde. Wir müssen wieder beginnen, uns in der Natur umzusehen, zu hören und zu riechen, was sie uns mitzuteilen hat.

Wir sind Symbionten und Wirte zugleich – das ist die goldene Regel des physischen Lebens, der wir nicht entkommen können, wenn wir als Menschenwesen auf diesem Planeten wohnen wollen. Wir Menschen stehen nicht außerhalb oder oberhalb des natürlichen Geschehens, sondern sind ein Teil dieser komplexen Gemeinschaft. Gemeinschaft heißt aber auch, miteinander zu wirken und nicht gegeneinander zu kämpfen. Wir können jedoch DARÜBER denken und alles ÜBERSCHAUEN.

Die Menschen kämpfen verstärkt gegeneinander erst seit nach der sogenannten Sintflut; und bisher hat sich dieser Kampf soweit ausgedehnt, dass der Mensch scheinbar außerhalb jeglicher Natürlichkeit reagiert. Mit dem Einsatz von Chemie geschah etwas merkwürdiges mit den Menschen – sie vernachlässigten ihre noch restliche Naturverbundenheit über Kräuter und Pflanzenheilmittel, griffen vermehrt zur „chemischen Keule" und sind heute bis zu 90% erkrankte Wesen – wenn man der Pharmazie, als Heilslehre, Glauben schenken soll, ohne dass sie sich damit natürlich selbst angreift.

Wie schon einmal erwähnt, bestimmt eine Durchschnittsstatistik das Krankheitsbild der Menschheit – werden Grenzwerte gesenkt, erkranken „schlagartig" viele Menschen, was in Chroniken mit Epidemien und Seuchen festgehalten wird. Erhöht man die Grenzwerte wieder, geschehen schlagartige Wunderheilungen – man behauptet einfach, die vorher eingenommenen Medikamente hätten diese Heilung beschleunigt. Durch den Betrug der Statistik, die sogar per Gesetz geregelt und teuer bezahlt wird (!), wird uns Menschen vorgegaukelt, wie krank oder gesund wir sind. Die Statistik bestimmt auch, was wir Menschen mit Vorliebe essen, welche Hobbys und Spiele wir bevorzugen und wie hoch der jeweilige Intelligenzgrad eines Volkes gerade ist. Der IQ des Durchschnittsmenschen liegt derzeit bei 105, der eines Begabten bei 130 und der eines Genies bei 170. Gemessen wird anhand der Allgemeinbildung, Schulbildung und mathematischen wie physikalischen Ordersätzen – der IQ ist im Grunde nur eine statistische Herausforderung an jene, die unter dem Durchschnitt liegen, sich mehr Schulwissen anzueignen. Ein Genie jedoch, das um die 170 aufweist, wird abkassiert, wie das innerhalb gewisser Kreise formuliert wird; er wird generell herangebildet innerhalb der Wissenschaften, um sie in sich selbst zu sichern, bzw., neue Ideen sofort zu isolieren. Im Grunde sichern solche Aussagen nur die Tatsache, dass sich hinter solchen Lehrmeinungen wohl Menschen befinden, deren IQ dem einer durchschnittlichen Raumtemperatur entspricht!

Mittels Chemie werden bereits Kleinkinder gefüttert, deren „Gehirntätigkeit" nicht der gängigen Norm entspricht – sogenannte chemische „Lernhilfen", täglich eingenommen zum Frühstück, garantiere ein relativ angepasstes Lernverhalten des Sprösslings. Siehe auch den Impfwahn!

Statistisch gesehen lebt die heutige Menschheit länger als noch von vor 100 Jahren – was gelogen ist. Statistisch gesehen, sind die heutigen Menschen viel klüger als ihre Artgenossen von vor 500 Jahren – das ist wiederum gelogen. Und, statistisch gesehen, ist die weiße Bevölkerung widerstandfähiger als alle anderen Rassen -- wieder gelogen. Die Statistik bedient sich eines einfachen Tricks: Man nehme stets ein Volk in einer Zeit in der Vergangenheit, das durch Krieg dezimiert wurde (hohe und junge Sterberate), stelle ihm ein Volk von heute, ohne Kriege, gegenüber und, voila – heute werden wir älter!

Vor 500 Jahren gab es, wie auch heute kaum mehr in der Zahl, vereinzelte Genies, die neue Erkenntnisse aufgestellt haben, wie z. B. Kopernikus – Klugheit ist stets ein dynamischer Prozess, der gleichmäßig vorhanden ist und von offenen Menschengeistern angezapft werden kann; sein IQ ist dabei nicht maßgebend! Widerstandfähiger waren die Menschen in der Tat früher – in Zeiten, wo sich der Mensch der Natur bediente und seine Krankheit als etwas Charakterformendes betrachtete, erfolgte eine Ausheilung. Heute wird nichts mehr ausgeheilt, der Charakter nicht mehr geformt und nur noch die Symptome bekämpft – wir sind viel weniger widerstandsfähig, weil wir bereits durch die Chemie fast völlig eingebrochen und willenlos geworden sind!

In einem alten Manuskript, das im MOHLA-Orden als der „Principalcodex" gehütet wird, heißt es wortwörtlich: *„Überwindung des dynamischen Werdens, im Sinne von statischer Festlegung aller*

Lebensbereiche, wird die größte List der Asuras darstellen. Einhergehend mit der Gabe chemistischer (künstlicher) Speisenbeimischungen, wird der Mensch gehorsam seine Dienste an Lucifers Mentalvertretern abgeben."

Diese Schrift ist über 300 Jahre alt und fand sich in einem alten Jesuitenkloster in Südfrankreich; es war bis 1882 in Privathänden einer Bruderschaft, die sich anschließend den Theosophen eingegliedert hat.

Überwindung des dynamischen Werdens ..... schon alleine dies besagt sehr vieles; es beinhält eindeutig eine bewusste Manipulation des menschlichen Werdegangs.

Frater Fritz und Rossi müssen innerhalb ihres Fundus etwas herausgefunden haben, das ihnen den Tod gebracht hat. Was darf die Menschheit nicht erfahren? Warum wird gegen jene Aufklärer so massiv vorgegangen, die nicht innerhalb der gängigen und bereits bekannten Aufklärungsschiene laufen?

Wenn wir uns vor Augen halten, Statistik, Pharmazie, staatliche Schulbildung und Konfessionen bilden uns im Grunde zu dem aus, was wir heute darstellen: Den modernen Menschen. Zum einen erkennen wir uns bereits als statisches Wesen, dem es an einer Eigendynamik mangelt und zum anderen werden wir angehalten, innerhalb diesem Selbst Gott finden zu können und zu Einem zu werden. Im Fehlen der naturgemäßen äußerlichen Einflüsse und im Fehlen einer geistigen Dynamik, lässt sich nur das finden, was sich hinter diesem Stückgut befindet: Eine Kristallisierung in die tiefste Materie, worin Lucifers Reich begründet liegt. Diesen „Gott" zu finden ist eine Sache – eine andere ist es, den kosmischen lichten Gottesgeist zu finden. Wirklich frei ist der Mensch erst dann, wenn er innerhalb seiner Selbst leben kann und darf.

In der Erkenntnis, mit den gefundenen Unterlagen aus dem alten tschechischen Franziskanerkloster, die ganzen zeitgeistigen Spiegelsphären aufzudecken, machten Frater Fritz und Rossi einen gravierenden Fehler – sie unterschätzten „die Wächter" des Luciferprinzips; die noch bestehenden Bewahrer der Priesterschaftsbelange, die Asurafürsten!

Fritz' Haltung gegenüber dem luciferischen Prinzip war von jeher eine etwas gewagte und respektlose Abwertung, im Sinne einer Drittklassigkeit. Er war auch nicht zugänglich für Warnungen, weil, wie er immer lachend sagte, „der Teufel keine Physis habe". Er vergaß darüber, dass es genug Menschen gibt, die sich dem Luciferischen verschrieben haben, wie andere Menschen sich dem kosmischen Lichte; diese Menschen agieren gleichermaßen vollkommen durchdrungen von ihrer Berufung.

Wir müssen immer damit rechnen, dass sowohl Göttliches wie Widergöttliches selbst unsere Gedanken auffassen können und dementsprechend darauf antworten. Wenn bereits Gedanken Manifestationen bewirken können, um wie viel mehr können dann Taten und unvorsichtiges Handeln bewirken!

Dass sich diese Unterlagen nun doch in sicherem Gewahrsam befinden, ist nur Fritz' Listigkeit zu verdanken. Ich persönlich glaube, er wusste bereits beim Fund dieser Schriften, dass sein Leben nicht mehr lange währen würde – das sagt mir seine aufgeführte List und die Spurenlegung.

*

23. Dezember 2003 – Sind „Einfahrten" für mich schon alltäglich geworden?

Die Vorbereitungen für das Weihnachtsfest waren fast abgeschlossen. Meine Gattin und ich freuten uns auf das Familientreffen mit unseren Kindern und Enkelkindern und hatten bereits alle Geschenke verpackt und in Taschen sortiert. Am Nachmittag, wir tranken gerade Kaffee, erhielt ich einen Anruf von Manni D., der mich dringend sprechen musste. Widerwillig sagte ich für den Spätnachmittag zu.

In einem kleinen Café trafen wir uns. Manni D. fiel gleich mit der Türe ins Haus.

„Thalus, wir fahren morgen Mittag kurz ein – ist schon alles vorbereitet; ich hole Dich gegen 11 Uhr ab und gegen 15 Uhr sind wir wieder zurück."

„Mann – wir wollen morgen zu unseren Kindern – es ist Heiligabend, solltest Du das vergessen haben?", knurrte ich ihn an.

„Klar – aber die wollen Dich noch kurz sprechen; es sei ganz wichtig für Dich und Deine weitere Gesundheit", plapperte er weiter. „ Außerdem ist es eh' nur ein heidnischer Feiertag und hat nichts mit unserem Christus in Echt zu tun."

„Das mag ja sein – aber traditionell ist Heiligabend der Tag der Familie und wird als Geburtstag Christi gefeiert", warf ich nun lächelnd ein. „Außerdem hat unser Enkel Geburtstag."

„Sicher doch! Dennoch muss es für Dich doch auch ein Feiertag sein, wieder mit den Anderen zusammen zu kommen – Du benimmst Dich jedoch wie ein abgeklärter Heiliger, den scheinbar gar nichts mehr aus der Fassung bringt", schnauzte er verdutzt.

„Mich bringt noch viel aus der Fassung – aber die Anderen wirken auf mich anders. Sie erkenne ich als sicher stationiert auf unserem Planeten und laut ihren eigenen Aussagen, leben sie schon länger hier – also, werden sie auch noch länger bleiben", entgegnete ich.

„Himmel nochmal – bist Du kaltschnäuzig; ich bin jedes mal dermaßen aufgeregt, dass ich zwei Nächte vor dem Treffen kaum noch schlafen kann."

„Du bist ja auch dermaßen aufgeregt und schlaflos, wenn du glaubst, am Samstag im Lotto zu gewinnen", warf ich belustigt ein.

Er blickte mich wütend an, winkte resignierend ab und bestellte sich einen Cognac. „Ich trinke einen für Dich mit", konstatierte er damit meine innere Gelassenheit.

So gelassen bin ich nicht, wie ich mir den Anschein gebe – aber es regt mich auch nicht sonderlich auf, mal wieder auf die Anderen zu stoßen. Meine Neugierde machte sich nun doch bemerkbar und ich begann innerlich bereits wieder einen Fragestellungskatalog zu erstellen, zumal ich gerne wissen wollte, wie sich der Seelenfaktor bzw. das Wesenbewusstsein in der Natur verhält.

Auf diese Frage reagierte Manni D. relativ gelassen.

„Davon ausgehend, dass alles mit einem Bewusstsein beseelt ist, verstehe ich Deine Frage hierbei nicht sonderlich, mein lieber Thalus."

„Nun, wenn alles, wie Du sagst, mit einem Bewusstsein beseelt ist, dann müssten wir doch auch mit allem kommunizieren können – sozusagen verhält sich alles zueinander in Symbiose", schilderte ich meine Gedanken.

„Ob nun die Zecke (Symbiont) und der von ihr befallene Mensch (Wirt) besonders an einer Kommunikation interessiert sind, stelle ich in Frage – außer, dass man kurzzeitig miteinander auf das Innigste verbunden ist", grinste er.

„Könnte es sein, dass Dich bereits zu viele Zecken bewohnt haben und Dein Gehirn sich bereits erweicht", gab ich ihm zu bedenken.

„Es ist doch so, dass wir uns gar nicht bewusst sein können, mit wem alles wir eine Symbiose eingehen – wie zum Beispiel mit Bakterien – und dennoch scheint alles perfekt zu funktionieren", gab er heraus.

„Richtig. Dennoch machen wir uns zu wenig Gedanken über die irdischen Kraftfelder und die Vielfalt an vorhandenen Energiefeldern, die uns umgeben. Möglicherweise sind es Bewusstseinsfelder von Elementalen, Naturgeistern und sogenannten Devas der unterschiedlichsten Lebensvorkommnisse – etwa einem Kaktusdeva oder einem Rosendeva", zitierte ich.

„Solange es sich nicht um einen Bratwurstdeva handelt, kann uns das doch egal sein", brummte er nun missmutig.

„Mach' Dir mal Gedanken über ein Schlachtvieh, das Du so nach und nach aufisst", gab ich ihm zu knacken.

„Himmel – ja! Was wir da so veranstalten, ist ja wirklich eine himmelschreiende Gemeinheit. Es sollte ein jeder Mensch sich sein Fleisch selber erarbeiten, indem er eigenhändig schlachtet... Dennoch glaube ich persönlich, dass Fleischessen zum irdischen Leben gehört und nicht unbedingt etwas Schlechtes ist"!

„Ich weiß das nicht mehr so genau, Manni – jedenfalls fällt es mir immer schwerer, Fleisch ohne Gewissensbisse zu essen", warf ich ein. „Außerdem schmecken mir vegetarische Gerichte zunehmend besser."

„Mir geht's ähnlich. Dennoch bin ich eben auch aufgeregt, wenn ich mit den Anderen in Kontakt komme – für mich ist dies einfach die Krönung meiner Abenteuer", lächelte er mich an.

*

24. Dezember 2003 – Von Familienlandsitzen, Naturgeistern und Kraftfeldern

Die Einfahrt gestaltete sich wie immer, bis auf die Tatsache, dass wir „unten" mit einer Röhrenbahn weiterfuhren. Wir erreichten innerhalb 15 Minuten ein Gebiet, das scheinbar nur aus kargen Felsen und einem kleinen Haus in einem schmalen Tal mit wenig Vegetation bestand.

„Hier schöpfen wir unser Wasser für den näheren Umkreis von etwa 600 Kilometern" erklärte Ulluer und zeigte in die Runde. „Das Wasser verläuft hier besonders spiralförmig über Kaskaden und weist eine hohe Konzentration an Schwingungen auf."

Wir gingen über kleinere Felsen und nahmen an einer behauenen Holzbank platz.

„Auf Deine anfängliche Frage betreffs Naturgeister, Devas und sonstigen Schwingungssymbionten – sie sind überall vorhanden, können sich allerdings nicht so in ein Selbstbewusstsein fassen, wie wir das praktizieren. Dennoch sind sie Wesenheiten der Schöpfung und ihnen haftet nichts Böses an – sie sind jenseits von Gut und Böse. Nur der Mensch ist in der Lage, durch Missbrauch der Pflanzen und Mineralien, etwas Böses daraus zu konstruieren. Wird eine Pflanze generell nur für eine bestimmte Betätigung genommen, entwickelt sich der Pflanzen-deva dementsprechend, weil er dem Menschen dient. Domestizierte Pflanzen haben sich dem Menschen so ergeben, dass sie selber kaum noch eine Eigenerhaltung besitzen – der Mensch muss sie hegen und pflegen, vor Krankheiten schützen und mittlerweile für sie arbeiten. Solche Pflanzendevas sind mit einem leichten Egoismus behaftet, den sie sich von den Menschen abgeguckt haben, ihn nachahmen im Glauben, nur so wären sie genießbar für den Menschen. Der Mensch hat sie verändert, aus ihrer Natürlichkeit herausgelöst und muss sich nun darum kümmern, dass die Pflanze gedeiht. Im Grunde gedeiht jede Pflanze von selber und dient dem Menschen und Getier in all seiner seelischen Geistigkeit. Jede Wildpflanze hat mehr gespeichertes Sonnenlicht, mehr Energie als eine seit langer Zeit „verzogene" Hauspflanze.

Wenn der Mensch wieder beginnen würde, seine Pflanzen verwildern zu lassen, nicht mehr gegen alle Unbill zu verteidigen und eine natürliche Permakultur entstehen zu lassen, würden die Pflanzen wieder energievoller und eigenständiger werden – die jeweiligen Devas würden aus ihrer Lethargie erwachen und sich wieder mehr im natürlichen Geschehen ansiedeln. Nicht nur der Mensch kann dekadent werden", lächelte der Vril hintergründig.

„Ist es denn nicht so, dass sich dies auch auf den einzelnen Menschen übertragen lässt?", fragte ich.

„Ja. Zum einen sollte der Mensch wieder beginnen, seine persönliche Natürlichkeit in der Welt zu finden, was auch ein gewisses Maß an „Verwilderung" beinhält; zum anderen könnte er durch die Wiedererlangung seiner ursprünglichen Geistes- und Seeleninhalte diese „Wildheit" zu einem lichten und liebevollen Menschen gestalten. Der Mensch wird robuster, widerstandsfähiger und klüger, wenn er ursprünglich wird und handelt; er wird viel sensitiver, wenn sein Geist in einer Robustheit agiert. Ein Vrilmensch – wir nennen uns lieber Acheler – wirkt zwar viel feingliedriger und ätherischer als ein Homo Sapiens, ist aber viel robuster, kräftiger und schneller in all seinen Reaktionen und Betätigungen. Unser Volk lebt seit Jahrtausenden in einer natürlichen Symbiose mit der Umwelt, auf kleinen Gehöften der Selbstversorgung und Familienlandsitze, im Einklang mit den Naturgeistern und Energien mannigfaltiger Lebenserscheinungen. Es gibt unter meinen Artgenossen Brüder und Schwestern, die können schneller laufen als ein Hund oder ein Pferd. Ich selbst wäre unter Deinesgleichen ein herausragender Sportler, obgleich ich unter Meinesgleichen nur Durchschnitt bin."

„Könnte man da nicht behaupten, unsere sich derzeitig darstellende Technikmenschheit befindet sich grundsätzlich auf dem absteigendem Ast", fragte ich ihn.

„Nicht grundsätzlich – Technik als Werkzeug und Hilfsmittel, zur Erlangung weiterer Erkenntnisse, ist sogar sehr hilfreich; aber Technik als Allheilmittel ist äußerst gefährlich. Man sollte sich immer bewusst sein, Dinge zu erledigen, ohne technische Hilfsmittel, wenn das nur irgendwie möglich ist – zum Beispiel nur dann heizen, wenn die Temperatur unter 17 Grad Celsius fällt und nicht höher als 20 Grad aufheizen; Regionalwirtschaft betreiben, um Überlandtransporte um bis zu 90% zu senken; Brennstofffahrzeuge erst gar nicht für Kurzstrecken verwenden – am Besten, auf Wasserstoff umsteigen; Häuser eigenhändig und mit natürlichen Mitteln bauen, Stein um Stein, Balken um Balken und Ziegel um Ziegel (fördert das Wohnklima). Ihr benutzt zu über 97% technische Hilfsmittel sinn- und wahllos und begebt Euch in die große Gefahr der Dekadenz. Selbst Euren Tee kocht Ihr nur noch mit Maschinen und Eure Früchte werden mittels Maschinen geerntet, verarbeitet und zubereitet, um am Ende das fertige Gericht mittels Mikrowellen zu erhitzen – das ist Selbstzerstörung in Reinstform. Mikrowellen sind für den Organismus äußerst gefährlich und schädigen das genetische Erbgut und hemmen den Synapsenschluß im Gehirn. Ihr arbeitet für die Maschinen und nicht umgekehrt. Ihr seid Sklaven der Maschinen, gefüttert mit Maschinenfutter, aufgepäppelt mit Maschinenchemie und liegt in Krankenhäusern, worin Ihr an Maschinen angeschlossen nach deren Statistiken eingestellt werdet. Zudem werdet Ihr mit chemischen Medikamenten eingestellt, wie das bei Euren Medizinern sogar Fachsprache geworden ist. Wo, bitte, bleibt denn da noch Eure so hochgelobte Lebensqualität, hinter der Ihr nachjagt und sie nie zu fassen bekommt, weil dies Eure Technokraten erst gar nicht zulassen!?!"

Ulluer sah mich lächelnd an, zeigte auf seinen Gehstock und führte aus: „ Dieser schöne, geschnitzte Gehstock ist eine reine Handarbeit, hat keine Maschine gesehen und liegt beinahe lebendig in der Hand – er wurde von einem Handwerker gefertigt, der das Holz dafür zur bestimmten Zeiten erntet, es ablagert und es wiederum zu einer bestimmten Zeit bearbeitet, wobei er pur Qualitativ arbeitet, denkt und innerlich dabei seine Seele teilhaben lässt. Eure wirklichen Handwerker werden immer weniger, werden regelrecht von den zeitgeistigen Handwerks- und Gewerbevorschriften wegrationalisiert. Es wird Euch alles wegrationalisiert, was Euch geistig und seelisch noch in einer kleinen Spur menschlicher Freiheit hält; Ihr werdet regelrecht in eine Unfreiheit hineinmanövriert, worin Ihr letztendlich weiter nichts mehr sein werdet, als chemisch manipulierte Mechatroniker, worin Individualität, Qualität und Seelenheil ganz bewusst in neue Wortkreationen verdreht werden. Seelenheil wird disqualifiziert als unbrauchbare Gefühlsduselei; Qualität als Antiquar-Nostalgisch verschmäht und Individualität, als eine schädliche Philosophie von Systemkritikern, unter Therapiezwang gestellt. Wir kennen derartige Planetenwerdegänge auch aus anderen Bereichen der Galaxis, die in unseren alten Überlieferungen festgehalten wurden; sie alle waren und sind Stufen zur planetaren Selbstzerstörung, die ihnen aus dem Bereich der asurischen Sphären übermittelt wurden und werden. Es sind denn auch immer wieder die gleichen Spezies von „Außerirdischen", die auf derartigen Planeten ihre Fühler ausgestreckt haben und sich ganz bestimmte Menschengruppen zu ihren Erfüllungsgehilfen machen."

„Wenn sich fast überall die Szenerie gleicht, ist unser Planet Erde zumindest kein Sonderfall", warf ich unzufrieden damit ein.

„Die Szenerie, wie Du sie betitelst, gleicht sich nicht fast überall – sie sind Sonderfälle, da die meisten anderen Planetenvölker diese Entwicklungsphase ganz einfach schnell übersprungen haben. Also, ist auch Eure Erde ein Sonderfall – ein Ausnahmefall, der nicht der kosmischen Regel entspricht; und das nun bereits schon seit über 12000 Jahren. Besonders heftig wurde es bei Euch vor ungefähr 5000 Jahren – im kosmischen Zahlen nur ein Augenblick; dennoch ein fataler", konstatierte Ulluer ernst.

„Ich frage mich immer wieder, was das alles mit meinen ursprünglichen Recherchen nun zu tun hat; wie soll ich alles so einfassen, um auch den Nationalsozialismus und das Dritte Reich aufzuschlüsseln, wie sie sich wirklich ursprünglich dargestellt haben", warf ich kopfschüttelnd ein.

„Deine Sicht beharrt auf einem Phänomen, das Ihr Menschen das Dritte Reich bezeichnet, ohne dabei in Rechnung zu stellen, dass dieses „Dritte Reich" Euer größter Spiegel, Euer schärfster Kommentator, zur Apokalypse ist. Es musste kommen, weil es so geplant war von der Schlangenpriesterschaft, die Du Siebengestirn oder Siebenerpriesterschaft nennst. Die Schwingungsfrequenz eures Zeitalters (Kali Yuga) ist prädestiniert für das Erscheinen dämonischer Frequenzen. Innerhalb einer bestimmten Frequenz können Dunkelwesen von einer Dimension in eine andere wechseln und die jeweiligen physikalischen Gegebenheiten für sich nutzen. Sobald sie innerhalb einer einmal neuerschlossenen Dimension Fuß gefasst, sich angepasst und physisch einverleibt haben, agieren sie nach diesen Richtlinien. Mittlerweile können sie innerhalb eines menschlichen Körpers inkarnieren, was ihnen vieles vereinfacht und sie gleichsam vor Entdeckung schützt. Im Verlaufe der Zeit haben sie eine eigene Art von Kultur und „Menschen"- Gruppierung geschaffen, die bestimmt, was sich auf diesem Planeten abspielt. Man erkennt sie nur noch innerhalb ihres Agierens, dem jegliches Gewissen fehlt und das nur darauf abzielt, das Individuelle gegen den Kollektivismus auszutauschen."

„Dann ist meine Meinung über die Insektoidenwesen wohl auch nicht richtig gewesen", stellte ich entnervt fest.

„Du hast nur versucht, ein Dir bekanntes Lebewesen zu finden, das sich als „Diabolo" eignen könne und dabei fiel Dir das chemische Paradoxon dieses Planeten auf – Du hast von diesem „Phänomen" auf Insektoide geschlossen, wie andere vor und neben Dir Reptiloide oder andere Lebewesen verantwortlich machen. Das gehört zu diesem Spiel der Dunkelmächte, die genau wissen, wie sie von sich ablenken können. Es ist ja auch nicht so leicht zu verstehen, dass sich unter uns Menschen solche befinden, die nicht zu dieser Spezies zählen – aber dennoch so aussehen, leben und ganz einfach „da" sind, " entgegnete Ulluer lächelnd.

„In manchen Weisheitsschulen gibt es „legendäre" Niederschriften und Aussagen von Menschen, die keine Seele besäßen; deren „Seele" nur eine äußere und künstliche Schwingung ist, das von einem Zentralwesen aufrecht gehalten wird – hierin soll auch die Verbindung dieses Wesens mit all seinen „Kindern" sein", warf ich interessiert ein.

„Damit kommst Du der Sache nun sehr nahe, lieber Freund Thalus. Solche „Scheinmenschen", die sich aus der Dunkelwelt in die irdischen Sphären gebären und scheinbar allen biologischen Abläufen „ganz natürlich" folgen, sind mit ihrem Kollektivgeist verbunden und können sich auch untereinander verbinden, wenn sie ein gewisses Alter erreicht haben. Die gesamte Konstellation könnte man wahrhaftig als einen insektoiden Kollektivismus bezeichnen und wird auch, chemischer Prozesse ähnlich, an die Außenwelt weitergegeben. Tatsache ist, dass es unter Euch Menschen welche gibt, die ein untrügliches Gespür für solche unechten Menschen haben, es aber nicht treffend definieren können. Auch viele Mystiker, echte Esoteriker und einige „neuere" psychische Heilmethoden sind in der Lage, einen echten von einem unechten Menschen zu unterscheiden. Dazu muss ich noch anführen, nicht alle unechten Menschenwesen, die aus den Dunkelbereichen kommen, behalten ihre ursprüngliche Wesenslage aufrecht; manche wenden sich dem Lichtbereich zu, erkennen das göttliche Prinzip und weigern sich fortan, für den Dunkelbereich zu agieren. Solche „Menschenwesen" opfern sich zumeist für das Greifen der lichten Wahrheit; sie erhalten von nun an die Möglichkeit, sich im Reigen der kosmischen Inkarnationsprozesse einzureihen, um irgendwann zu einem echten Menschenwesen zu werden. Also, nicht alle „Dämonenmenschen" sind eine wirkliche Gefahr für uns Menschenwesen – manche werden zu Helfern der menschlichen Sache. Das alles darf aber nicht ablenken von der Gefahr der menschlichen Seelenversenkung. Der Plan der Dunkelmächte hat zum Inhalt, die menschliche Seelenenergie als Trägersubstanz zu benutzen, um gänzlich in den irdischen Welten Fuß zu fassen. Was sie nicht begreifen – sie können keine echten Menschen werden, sondern immer auf einer Menschenseele „reiten". Für eine Menschenseele ist das eine Qual, die in alten Schriften mit der Hölle beschrieben wird."

Der Vril oder Acheler sah mich aus seinen grauen Augen an, den Kopf leicht geneigt. Sich auf seinen Gehstock stützend erhob er sich und bat mich, ihm zu folgen. In einem kleinen Nebenraum hieß er mich setzen. Ulluer stellte an einem kleinen Gerät etwas ein und fügte hinzu: „Das ist ein Informationsspeichergerät, das es uns ermöglicht, den Oberflächenmenschen gewisse Informationen zukommen zu lassen. Innerhalb eines Wellenbereichs, der von Euch nicht bewusst wahrgenommen werden kann, lassen wir gelegentlich Informationen in Euer Nachrichtensystem einfließen, die Euch wieder etwas aus Eurer Lethargie herausziehen. So können wir negative Einflüsse der Priesterschaft abschwächen und zugleich an Euch Daten übermitteln, die Euch im Laufe der Zeit gewisse Zusammenhänge klar werden lassen. Es sind keine manipulativen Übermittlungen, sondern lediglich seelische Aufwertungen innerhalb eines Frequenzbereichs, der Euch bewusst nicht mehr zugänglich ist; er wurde Euch aberzogen, um es mal einfach auszudrücken."

Nach etwa zwei Minuten schaltete er wieder an dem Gerät und sah mich erwartungsvoll an. Da ich nicht wusste, was er erwartete, fragte ich ihn.

„Nun, ich habe Dir eine einzige Information überspielt, die sich in nächster Zeit in Wirkung bringen wird. Was wir tun, ist innerhalb unseres Aufgabenbereichs, der uns von uns höher stehenden Kosmoswesen übertragen wurde. Im Universum arbeiten alle „Menschenbereiche" zusammen, unterstützen sich gegenseitig, um die kosmische Hierarchie in ihrer Ordnung zu gewährleisten. Jede Spezies hat eine bestimmte Aufgabe und je höher eine Spezies in der kosmischen Reifehierarchie steht, desto „ausgefeiltere" Aufgabenbereiche kommen ihr zu. Wir wissen nicht, wo sich die Hierarchie an ihrer Zuspitzung von der physischen in die geistigen Sphären verlagern – wir wissen nur, dass unsere obersten Wesenheiten sich sowohl körperlich als auch geistig vergegenwärtigen können und so ihre Order nach „Unten" weitergeben.

Manche Wesenheiten sind uns geistig so hoch überlegen, dass wir ihre Geistesinhalte und Macht nicht einmal erahnen können. Dennoch unterstützen sie nicht in einem moralischen von Oben nach Unten, sondern in einer brüderlichen Achtung und Pflege göttlicher Schöpfungsdynamik, wozu auch die Erdenmenschheit gehören; denn auch wir betrachten uns schon seit Langem als solche."

„Was ist das für eine Information", fragte ich etwas ungelenk.

„Sie wird Deine Gedankenwelt anregen, gewisse Wirrnisse in eine richtige Reihenfolge zu bringen und Dich in die Lage versetzen, zu erkennen, wer entweder nur dämonisch angehaucht (beeinflusst und fasziniert von dämonischen Schwingungen) ist, oder wer eine wirkliche dämonische Inkarnation darstellt. Sie wird Dich auch in die Lage versetzen, Dich vor dämonischen Einflüssen besser zu schützen, wenn Du Deiner „Intuition" vertraust", erwiderte Ulluer lächelnd und fügte hinzu, „aber ich kann Dir nicht sagen, wie und wodurch sich all das in Dir zur letztendlichen Auslösung bringt. Es wird kommen, verlasse Dich darauf. Und es wird bei vielen anderen Menschen gleichsam eine Wirkung erzielen."

„Vieles hört sich so phantastisch, so pur spirituell an, dass ich mich immer wieder frage, wie ich das meinen Mitmenschen übermitteln kann, ohne religiös oder abgehoben zu wirken. Ich möchte nicht in die gängige Systematik von Publikationen verfallen, wo der Autor so klingt, als sei er der Alleinwissende und nur durch ihn persönlich sei alles zu einer passenden Antwort zu führen", konstatierte ich.

„Es wird Dir dann gelingen, wenn Du authentisch bleibst, wenn Du nicht versuchst, Dich für das, was Du erlebst, erfährst und erkennst, vor anderen Menschen zu entschuldigen. Auch soll es für Dich nicht wichtig sein, Dich mit sogenannten Ufologen und Esoterikern auseinanderzusetzen, weil dies nur sinnlose Kraft kostet und keine positiven Früchte zeitigt. Die Raumfahrt, wie sie vielfach skizziert wird, ist so nicht möglich – Ufos sind zumeist oberirdische und unterirdische Fluggeräte, mit denen nur innerhalb eines Sonnensystems gereist werden kann. Interdimensionale Reisen gestalten sich anders; aber darüber haben auch wir nur noch fragmentarisches Wissen. Zu Deinem Schreiben – setze einfach jemanden ein, der Deine Aufzeichnungen nach Deiner Anordnungen schreibt und publiziert!"

Seine Antwort leuchtete mir ein – dennoch schienen in mir noch einige Fragen zu warten, die ich in diesem Moment nicht formulieren konnte. Irgendwie verspürte ich plötzlich Hemmungen gegenüber Ulluer, ihn „Dinge" zu fragen, die ihn vielleicht nur amüsieren und mich ziemlich naiv dastehen ließen.

Er sah mir an, dass ich noch Fragen hätte und sagte dies auch.

„Ich weiß nicht", stieß ich hervor, „da wäre schon noch die eine oder andere Frage; aber möglicherweise sind sie so dumm, dass es mir dann peinlich wäre."

„Nichts ist dumm, Thalus! Und peinlich kann einem nur etwas werden, wovon man schon vor dem Aussprechen weiß, dass man sich wissentlich und willentlich daneben benimmt", forderte er mich auf.

„Also gut", seufzte ich. „Ist es falsch, anzunehmen, dass wir Menschen so eine Art Wirt für einen Symbionten, namens Seele sind?"

„Man kann dies schon so bezeichnen – die Seele benötigt immer ein passendes Gefäß, bzw., der sich zu inkarnieren versuchende Geistfunken sucht sich ein adäquates Objekt im stofflichen Universum."

„So sind denn auch alle Schöpfungen, wie Pflanzen, Tiere, Mineralien usw. beseelt und zum Teil mit einem eigenem Bewusstsein ausgestattet."

„Richtig, Thalus. Wenngleich nur in einem Menschenwesen sich das kosmische Bewusstsein zur Gänze in sich selbst entfalten kann. Beim Tier grenzt dieses Bewusstsein in einem planetaren und archetypischen Triebbewusstsein. Bei der Pflanze „schwebt" das Bewusstsein außerhalb ihrer Verkörperung und im mineralischen Reich „schläft" das Bewusstsein durch die Dimensionen."

„Wenn die Rede von Devas, Naturgeistern und sogenannten Elfen ist, so handelt es sich wohl um bestimmte energetische Kraftquellen, die sich für den menschlichen Sinn eben in diesen „Formen" darstellen?", fragte ich unsicher.

„Diese Kraftfelder haben schon ihre eigentümliche Bewusstheit, jenseits von Gut und Böse. Wenn Menschen diese Felder als Gnomen oder Naturgeister, in welcher Form auch immer, wahrnehmen, so findet in diesem Wahrnehmungsmoment eine Interaktion zwischen Mensch und jeweiligem Kraftfeld statt. Um diese Wechselwirkung in das bildhafte Verstehen eines Menschenbewusstseins zu integrieren, bauen beide,

Mensch und Kraftfeld, ein holografisches Feld auf, das ihnen zur Kontaktaufnahme dienen kann. Der stets aktivere Geist, also der Menschengeist, kann nun über die holografische Manifestationsschwingung eine Kommunikation aufbauen, dem sich dieses „Wesen" nicht entziehen kann; es gehorcht dem Prinzip des Dienens und somit dem Menschen. Es ist denn auch immer nur der Mensch alleine, wenn so ein Kontakt sich in ein Chaos, in eine gegenseitige Ablehnung oder Zustimmung zu verändern beginnt. Es ist stets der Gesprächsführer, der ein Gespräch fruchtbar oder zerstörerisch enden lassen kann. Im Übrigen sind Elben (Elfen) keine Naturgeister – sie sind Menschen, die eine Elbensignatur besitzen; was heißt, ihre spirituelle Natur ist äußerst ursprünglich."

„Dann haben sich Naturgeister und alle damit verbundenen Wesenheiten nicht von uns zurückgezogen, sondern wir haben sie aus unserem Wahrnehmungsbereich verdrängt", nahm ich an.

„So kann man das nur in Etwa sagen. Wenn Menschen interpretieren, die Naturgeister haben sich vor Menschen zurückgezogen, weil sie die Umwelt zerstören, so spekulieren sie völlig auf der falschen Linie. Die Menschen haben sich zurückgezogen, glauben, ohne Interaktion mit den Naturgeistern oder ihren eigenen Natursignaturen alles besser machen zu können und wundern sich, wenn ihre Erträge immer spärlicher und ärmer an Vitalstoffen werden.

In Zusammenarbeit mit den Naturkräften, die sich kontakten lassen und sich bereitwillig für menschliche Belange öffnen, werden denn auch wieder Felderträge erreicht, die vielfach an das Wunderliche grenzen. Wie bereits Eingangs schon Deine Frage nach Devas beantwortet, sind diese „Naturgeister" unter allen anderen einzigst in der Lage, sich teilselbstbewusst dem Menschen anzupassen und können dadurch auch domestizieren. Der Mensch hätte es in seiner Hand, diese „Kollektivierung" nicht zuzulassen und könnte infolge von Mischkulturen und Wildwüchsen diesem Problem Einhalt gebieten."

„Seltsam – man könnte beinahe annehmen, sowohl Mensch als auch unsere sogenannten Kulturpflanzen, die in Monokulturen gezüchtet werden, hätten sich einander angeglichen, indem sie immer mehr der Dekadenz und Unfruchtbarkeit verfallen", warf ich ein.

„Diese Erkenntnis greift ja bereits seit einiger Zeit bei einigen Deiner Spezies, die bereits wieder auf eine Renaturierung, sowohl der Pflanzen als auch der Menschen, hinweisen und hinarbeiten. Werden es mehr, die so denken, lässt sich ungeahnt viel daraus entwickeln – aber dazu muss man der Priesterschaft auch die Stirn bieten, denn die wird alles nur Erdenkliche dazu beitragen, diese „Modewelle" zu diskriminieren und wieder abzuschaffen. Auch hier liegen Verantwortung und Aufgabenbereiche für jene Menschen, die sich innerhalb dieser Ebenen engagieren; man muss sie von allen anderen Seiten unterstützen. Ihr müsst Euch untereinander unterstützen, auch, wenn einer den anderen inhaltlich noch nicht komplett versteht, weil Ihr Euch alle auf sogenanntem Neufeld bewegt und noch lernen müsst. Andersdenkende respektieren einander mittlerweile mehr als in früheren Zeiten – da spielt es keine Rolle mehr, ob der ein dies wahrnimmt und der andere das; sie wissen aus Erfahrung, dass nicht jeder alles wahrnehmen kann und sich die gesamte Wahrheit dennoch in allen Erscheinungen als Gesamtbild abzuzeichnen beginnt."

„Eine letzte Frage für heute: Nehme ich Euch wahr, aber andere Menschen nicht?"

„Hm – es ist anders, Thalus. Säße jetzt zum Beispiel Deine Frau hier, würde sie mich natürlich wahrnehmen, weil ich in Eurer Frequenz existiere. Aber auf der Frequenz meiner ursprünglichen Heimatwelt, würdet ihr weder mich noch meinen belebten Heimatplaneten so wahrnehmen – es sei denn, es ist Euch gegeben, sich in unsere Schwingungsebene zu begeben. Natürlich sind wir schon zu lange hier auf der Erde und selber schon dieser Schwingungsebene soweit ausgerichte, dass wir uns auf unseren ursprünglichen Heimatplaneten wohl nicht mehr ganz ohne Probleme einschwingen könnten. So läuft dies übrigens im gesamten Kosmos ab. Klingt kompliziert, ist es aber nicht", erwiderte Ulluer und erhob sich.

„Es wird Zeit, Dich wieder heim zu bringen – Deine Familie erwartet

Dich schon sehnlichst. Feiert Euer Fest Christi Geburt so, wie es für Euch am erhebensten ist", verabschiedete er mich am Aufzug.

*

Es sind diese Treffen mit diesen „Anderen", die ich mittlerweile in einer Art der „Gewöhnung" erachte und gar nicht mehr so „anders" sehe. Dennoch bemerke ich immer wieder, dass sie der spezifischen Erdenmenschheit geistig und seelisch überlegen sind, mich jedoch immer in einen Zustand der Selbstwerterhöhung manövrieren; ich empfinde mich dabei oftmals ziemlich fit und dankbar für alle Informationen.

In diesem Zustand fuhr ich Heiligabend zum Familientreffen, machte mir meine Gedanken und hoffte, dem Abend so natürlich wie möglich folgen zu können. Menschliche Belange werden unter derartigen Voraussetzungen vielfach zweitrangig und man denkt bei sich, dass solche „christlichen Feste" weiter nichts darstellen, als traditionelle Kreisläufe unterschiedlichster Rituale ohne großen Tiefgang. Doch man schafft sich seinen Tiefgang stets selber, wenn man sich vor Augen führt, welche Größe sich hinter solchen Festigkeiten verbirgt.

Sich wieder in die alltäglichen Abläufe zu begeben, heißt auch, seine Erkenntnisse wieder an eine Stelle zu rücken, die ihr nicht adäquat sind. Erkenntnisse, die zudem inhaltlich dermaßen wesentlich sind, dass sie nicht verdienen, in die lange Ecke gestellt zu werden.

Unterwegs dachte ich über mein Verhältnis zu unserer Tochter nach und ich nahm mir vor, unseren Streit endlich zu begraben – die Aussöhnung erschien mir vorrangig. So durchlebte ich während der Fahrt wieder unser Zerwürfnis, meine Enttäuschung über ihre damalige spontane Entscheidung, eine Großfamilie abzulehnen, weil sie ihr nicht mehr zeitgemäß erschien. Ich musste mir innerlich verständlich machen, was denn nun zeitgemäß ist und kam zu dem Schluss, dass es sich auch hier um eine zeitgeistige Erscheinung handelt, die zu dem gesamten System der Zerstreuung und Spaltung zählt.

Wenn ich erkenne, was es heißt, wenn Familien sich entzweien, so weiß ich zugleich auch um die biblische Aussage „von zwei wird einer angenommen; Kinder trennen sich von Eltern; Eheleute wenden sich voneinander ab", Bescheid.

Wir leben tatsächlich in den apokalyptischen Endzeiten eines alten Zeitalters und die Übergangswehen zum neuen Wassermannzeitalter zeitigen sich eben so. Es geht nicht mehr um ein Rechthaben, sondern nur noch um ein Erkennen der Zeitzeichen und um die richtige Entscheidung für sich selbst.

Ich kann nicht missionieren, da ich nicht weiß, ob sich diese Mission auf meine Kinder übertragen lässt – ich kann nur hoffen, dass wir alle das Richtige zur rechten Zeit tun werden, wenn die Zeit des letzten Posaunenstoßes in ein anderes Zeitalter kommen wird, um es mal im Ton der alten Überlieferungen so im Raum stehen zu lassen.

Die einzige Hilfe, die wir Menschen noch bekommen können, liegt in unserer eigenen inneren Einsicht, dass wir dabei sind, uns gegenseitig zu vernichten, weil sich jede Partei (welche auch immer) im Recht zum Handeln empfindet. Das kollektive Verhaltensmuster hat sich bereits so hochgeschaukelt, dass sich das individuelle Wesen kaum noch zu Wort melden kann; das Individuum in sich selbst zählt nur noch als ein winziger Bruchteil eines Gesamten, das sich über jegliche Individualität wie eine Plastiktüte stülpt.

Wie soll ich mit unserer Tochter und Schwiegersohn darüber reden, wenn sie selber bereits innerhalb ihres Kollektivverhaltens ihre eigene Individualität nicht mehr finden; oder nicht mehr zu finden glauben? Und – bin ich innerhalb meines Denkens tatsächlich noch Individualist oder bereits schon ein sich noch sträubender Kollektivteilgeist?

Aus meiner eigenen, persönlichen Sicht und aus meinem tiefsten Empfinden heraus, kann ich sagen, noch immer ein Individuum zu sein, das einen immer besseren Überblick über das Weltgeschehen bekommt. Aber, wie sehen mich meine Familienangehörigen? Und vor allen Dingen – kann ich deren Sicht annehmen, auch wenn sie mich zu einem

„Andersdenkenden" macht!?

Annehmen kann ich nur das, was mir mein Gewissen klar als annehmbar aufschlüsselt; was ist, wenn ich aber etwas annehmen soll, wogegen sich mein Gewissen vehement sträubt!?

Ich weiß bereits, wie ich mich entscheiden werde. Meine Entscheidung bedarf keiner großen Anstrengung mehr – es ist nur das Ich, das Ego, das sich voller Sorge um seine Beliebtheit bei den Mitmenschen und Familienmitgliedern sträubt. Meine Seele sagt, ich kann und werde nur so handeln, wie es für mich und meine Mentalität am Natürlichsten ist: Ich bleibe im Lichte der kosmischen Prinzipien – wie immer sie sich für mich auch zeigen mögen!

Ein kleines Zwischenintermezzo als Thalus von Athos „Schreiberling" sei mir nun kurz gewährt. Als mich Thalus bat, seine Tagebücher zu formieren und sie in eine rechte Linie zu führen, dachte ich nach zwei Tagen bereits, dazu bin ich weder fähig noch der richtige Autor.

Viel mehr publiziere ich Regionalberichte, schreibe Kolumnen und zeichne mich eher als Satiriker und bissiger Politkritiker – alles in einer humoristischen und dennoch frechen Art. Thalus erklärte mir, ich sei bestimmt die rechte Person dafür – insbesondere deshalb, weil ich Einblicke ins Zeitgeschehen habe und mein Vokabular dahingehend nicht so „esoterisch" gestaltet sei. Im Verlaufe der Arbeiten entdeckte ich hinter Thalus Aufzeichnungen eine solche Faszination, dass ich ihn fragte, ob ich eventuell aus allen seinen Erfahrungen meine eigenen Schlüsse ziehen dürfe und daraus Geschichten stricken könnte.

Er sagte lächelnd: „Ich besitze kein Copyright, außer meinen Tagebüchern. Was du darüber hinaus gesondert schreiben möchtest, darfst du gerne tun. Doch um eines bitte ich Dich – schreibe Wahrheiten als rote Linie durch alle Geschichten."

Das Potential innerhalb der Tagebücher und Korrespondenz von Frater Thalus von Athos, lässt sich nicht in nur drei Bücher fassen – nur der Kern, das Prinzipielle lassen sich verifizieren. Darüber hinaus gereichen diese Unterlagen zu mannigfaltigen Interpretationen geistreicher Publikationen. Doch ich möchte nun weiterhin Thalus von Athos sprechen lassen, der in meinen Augen unschlagbar in seinen Interpretationen und Erlebnissen ist.

Alfons E. Jasinski

02. Januar 2004 bis 05. März 2004 – Erschöpfung macht sich breit

Weihnachten und Neujahr verliefen denkbar gut und die Aussöhnung mit meiner Tochter verlief besser, als ich zu hoffen wagte. Seit einigen Tagen machte sich eine tiefe Erschöpfung in mir breit, die ich mir nicht so richtig erklären konnte. Möglicherweise das Resultat eines harten und ereignisreichen Vorjahres, das in sich, besonders für mich, ziemlich angefüllt mit Stresssituationen war. Mir fiel immer öfter ein, mich über meine Publikation herzumachen – zumindest sollte ich „langsam" daran denken, alle meine Notizen und Tagebucheintragungen zu ordnen und in eine Buchform zu bringen. Ich musste einen Freund finden, der dies für mich übernimmt. Dennoch wollte ich zunächst selber einen Versuch starten.

Erste Gespräche mit einigen Verlagen verliefen zwar noch relativ zäh, aber Manni D. ging schwanger mit der Idee, meine Erlebnisse dürfte ich nicht für mich alleine behalten. Auch dachte ich an Frater Fritz und an die Aussagen einiger Freunde, ich „müsse" meinen Mitmenschen mitteilen, was sich neben dem Zeitgeistspiel abspielt – es wäre eine Aufklärung nötig, die sich in einer Form der verständigen und positiven Artikulation beim Leser niederschlägt (Aussage von einigen Freunden, nebst Gattin).

Am 2. Januar 2004 begann ich mit der Niederschrift einer „Geschichte", die sich um einen „Wirt" und seinem „Symbionten" handelt – besser formuliert, ich versuchte, meine persönlichen Einblicke in das Zeitgeschehen in eine humorvoll-mystische Form zu binden. Das sollte mein erstes Buch sein – aber es wird nicht herauskommen. Ich eigne mich nicht als Publizist, weil ich somit nur meinen silbernen Faden verlieren würde.

Da ich beruflich nun auch viel Freizeit hatte – ich musste alle meine Überstunden aus 2003 „aussitzen" – gelangen mir viele Seiten und Geschichten über Symbiont und Wirt, so dass daraus letztendlich die richtige Idee meines Auftragsschreibers zu dieser Publikation entstand.

Er meinte, meine Tagebücher müssten veröffentlicht werden und er würde meine grundsätzlich angedachten Ideen gerne übernehmen. Nun ist eine Veröffentlichung eines Buches nicht so einfach, wie man sich das vorstellen mag. Ein interessierter Verlag wollte denn auch, dass meine Tagebücher soweit umgeschrieben werden, dass es entweder eine rein fiktive oder eine reißerische Abhandlung wird. Dies lehnte ich ab und so begab ich mich mit meinem Freund Alfons auf diese Publikation, die er vehement in meinem Sinne vertritt; auf eine Reise, die mich dem Jenseits nahe brachte. Nur gut, dass ich meinen Freund beauftragt habe, meine Tagebücher zu übersetzen. Nichts Spektakuläres ist passiert – nur etwas ganz Natürliches, wenn man die Gesetze der menschlichen Seele ein bisschen studiert.

Womit wir zum 05. März 2004 kommen, einem Datum, das schon im Herbst 2003 zur Festlegung und Ausführung in Planung kam. Alles benötigt seine Zeit, von der Idee zur Planung über die Ausführung bis hin zur Manifestation – so auch mein Herzinfarkt, der beinahe auf die Stunde genau eintraf – wie eben „geplant"!

Wenn man den menschlichen Organismus in seiner Gesamtheit nimmt und ihn einer Instanz unterstellt, die wir landläufig „Geist" nennen, lässt sich daraus entnehmen, dass der menschliche Geist das feinstoffliche „Steuerorgan" ist, der alle Funktionen steuert. Das menschliche Bewusstsein, eine Unterordnung des Zentralgeistes, nimmt sich kaum die Zeit und den Raum, darüber zu reflektieren und schiebt Probleme in das Unterbewusstsein, das auch für die Motorik zuständig ist. Gewisse Belastungen, Konflikte, werden dann in einem unbewussten Bereich bearbeitet und der Stelle hinzugefügt, die organisch dafür am geeignetsten ist, die Sache körperlich auszutragen. Da es sich bei dem Konflikt mit meiner Tochter um einen sogenannten Revierkonflikt gehandelt hat, dessen „Abbau" stets über das Herz geschieht – vom Gehirn gesteuert – musste zwangsläufig der seelische Konflikteinschlag in einem Infarkt ausarten und somit zur Ausheilung kommen.

Etwa die Zeitspanne vom Konflikteinschlag bis zur Konfliktbewältigung, benötigt das Körpersystem auch für die Beseitigung der „Nebenwirkungen"; über den linkswandigen Herzinfarkt (bei einem männlichen Rechtshänder) sorgt das „System" wieder für einen gesamtorganischen „Neuaufbau" der geschädigten Zellen.

Da ich über diesen Ablauf so in etwa informiert war (siehe Neue Medizin von Dr. Hamer), hat mich der Infarkt auch nicht sonderlich kalt erwischt und er konnte frühzeitig erkannt und behandelt werden. Die nachfolgende Zeit der Regenerierung diente denn auch zur geistig-seelischen Überarbeitung meines Lebens und sollte zu neuen Erkenntnissen führen – vorausgesetzt, man ist in einer „wissenden" und begleitenden Behandlung eines freidenkenden Arztes; was in den seltensten Fällen vorkommt.

In meinem Fall ging ich meinen eigenen Weg der Genesung, ohne große Arztunterstützung, was in deren Fakultät natürlich nicht gerne gesehen wird – schließlich lässt sich mit Infarktpatienten enormes Geld verdienen, wenn man sie bei der andauernden medikamentösen Versorgung nur ja lange genug am Gängeln hält. Für die meisten Infarktpatienten bedeutet dies: Medikamenteneinnahme bis zum Lebensende, körperliche Beeinträchtigung durch Nebenwirkungen und kaum noch wirklich freie Lebensentfaltung.

Nachteilig wirkt es sich für einen Patienten aus, der sich auf Alternativheilmethoden besinnt und die chemische Behandlung so schnell wie möglich reduziert und wieder ausschleust; hier beginnt das Gesundheitssystem massiv zu greifen, weil es Alternativen nicht zulassen kann, ohne dabei sein Gesicht zu verlieren. Was nützt es einem System, wenn es durch ein anderes, einfacheres, billigeres und viel gesünderes System ersetzt werden kann? Nichts! Der Moloch Gesundheitssystem mit seinen chemischen Doktrinen und seinen darin eingebundenen Rezeptschreibern (sprich Ärzte) ist bereits ein so großer Finanzbereich geworden, dass darin mafiaartige Strukturen vorherrschen; Alternativen werden boykottiert, Naturheiler per Gesetz zu Straftätern gestempelt und ein freidenkender, selbstverantwortlicher Patient zwangsbehandelt, wie man im Falle der Olivia Pilhar und vielen anderen, für die breite Öffentlichkeit bis Heute unbekannten Systemopfern, ersehen kann.

Da ich wusste, worum es nun auch in meinem Herzinfarkt und meiner

Zukunft gehen würde, machte ich keinen Wirbel und verließ nach 5 Tagen die Klinik wieder – zum Verdruss der Ärzte. Obwohl ich mich noch heute mit meinem „Hausarzt" gelegentlich streite, hat er eingesehen, dass er mich nicht mehr auf die Seite der Pharmazie ziehen kann und er mir meine Alternativen zugestehen muss – dafür gibt es noch kein Gesetz, das mir dieses verbietet!

Da ich auch keine Rekonvaleszenz in Anspruch genommen habe, weil ich mich nicht innerhalb dieses Systems per Chemie „einstellen" lasse (!) und ansonsten der Krankenkasse nicht auf dem Säckel liege, mich auf keine Diskussionen einlasse und keine schlafenden Hunde wecke, lebe ich freier und gesünder als der durchschnittliche Herzpatient. Sich freimachen von der Systematik, eigenverantwortlich und dennoch ohne mit dem System in große Reibereien zu kommen, ist keine Kunst, sondern sollte für jeden Menschen die eigentliche Aufgabe sein, um das System auszuhebeln. Natürlich ist das Gesundheitswesen vielfach wichtig und lebensrettend, aber um in einem ganzheitlichen Gesundungsprozess dem jeweiligen Patienten wirklich unterstützend beizustehen, bedarf es weiterer Maßnahmen als nur die der chemischen Keulen.

Ob nun Patient, Schüler, Arbeiter, Generaldirektor oder Weisheitslehrer – allen ist eines gemein: Ihre Geistseele, ihre feinstoffliche Selbstheil- und Selbsterkenntnisenergien, die sich erst dann richtig entfalten können, wenn man sich darauf besinnt und sie als gegebene Hilfsmittel für das Leben verwendet. Alleine mittels Chemie, Chirurgie und Bestrahlungen ist keine definitive Heilung und Erkenntnis über eine Erkrankung möglich. Und die Bekämpfung von Alternativen durch das Gesundheitswesen ist genauso Terrorismus, wie der im politischen Bereich!

*

25. August 2004 – Ein langes Nachsinnen über alle Erfahrungen nimmt einen anderen Verlauf

An diesem Mittwoch traf ich mich seit langer Zeit wieder mit einigen Leuten aus dem Athos- Und MOHLA-Orden und mit einem alten Freund, mit dem ich längere Gespräche führte. Meine „Funktion" als Ordensmitglied hat sich immer mehr zu einem nachdenklichen Verweigerer der internen Sache entwickelt – oder, wie Manni D. sagte: „Du bist über die Interna hinaus und hast jetzt anderes zu tun."

Was ich nun zu tun habe, weiß ich nicht und hat im Moment auch keinen großen Einfluss auf mein Leben. Wohl aber tut sich in mir etwas, das mir Sichten und Erkenntnisse vermittelt, die Welt und das Zeitgeschehen besser einordnen zu können. Auch die Sinnlichkeit gegenüber feinstofflichen Welten und sich kreuzenden Dimensionen nimmt zu. So kommt es nicht von ungefähr, wenn mir das „Kreuz der Menschheit" einen anderen Sinn vermittelt als noch vor einem halben Jahr. Sowohl die grobstoffliche Wirklichkeit (Materie) als auch die feinstofflichen Wirklichkeiten (Energien, Lichtwesen, usw.) sind auf unserem Planeten zu erfassen, wenn man versteht, was es mit dem Symbol des Kreuzes noch auf sich hat. Der Planet Erde befindet sich in einer Kreuzungslinie von unterschiedlichen grob- und feinstofflichen Schwingungsfrequenzen, die Wirkungen zeitigen, die erst unser menschliches Dasein bestimmen. Ohne diese Einflüsse könnte weder die Erde noch die Menschheit so existieren, wie sie im Moment sich darstellen. Sowohl negative als positive Dimensionskreuzungen aus den feinstofflichen Ebenen (Feldbereichen) bewirken die materielle Welt unseres Heimatplaneten, halten sie aufrecht und geben uns Menschen erst ein Bewusstsein über das SELBST. Diese „Überkreuzungen", die sich in Wirbelformen durch das gesamte Universum bewegen, finden immer nur auf jenen Planeten statt, die eine Menschenspezies beherbergen soll; wie auch immer sich diese Menschen Physiognomisch darstellen werden. Das Zeichen des Kreuzes ist im Grunde ein Formelzeichen des bewussten Lebens – wer darüber eine Gesamtformel zu erstellen vermag, wird berechnen können, auf welchen Planeten sich Menschenwesen befinden und auf welchen nicht. Da die Wissenschaft bereits eine hohe Mathematik aufzuweisen hat, kosmische Strahlungen lokalisieren und einordnen kann, müsste sie „nur" noch diese energetischen Kreuzverwirbelungen erforschen, um Sonnensysteme zu finden, worin sich Menschenleben befinden. Vielleicht sollte man die Erforschung von einer anderen Warte aus begehen – aus einer anderen Richtung aufzäumen, um zu einem fruchtbaren Ergebnis zu kommen. Eine Erforschung des Elektrons wäre sicherlich ganz spannend, wenn man es metaphysisch zu fassen weiß!

Innerhalb dieser Gesprächsthematik befanden wir uns, als mein alter Freund kurz aufstand und sagte: „Wir dürfen darüber nicht vergessen, dass es sich hierbei um bereits altbekannte Kräfte handelt, die wir heute nur anders benannt haben. In früheren Zeiten betrachtete man diese Kräfte viel differenzierter, benannte sie nach den universalen Wirkungsweisen, worin man Bezeichnungen, wie, Lucifer, Satan, Lichtwesen, Erzengel, usw., verwendet hat. Wenn wir in unserer heute so aufgeklärten Zeit andere Bezeichnungen dafür erfinden, besteht die große Gefahr der Verschleierung der tatsächlichen Hintergründe. Wie unser Bruder Thalus bereits am eigenen Leben erkennen musste, unterlaufen einem dadurch Irrtümer – auch die gesamte Geschichtsschreibung kann dadurch sehr gefährdet werden."

„Dennoch unterliegt der Mensch seiner eigenen Boshaftigkeit und somit auch andere Planetenvölker – nicht alle, aber dennoch einige", warf ich ein.

„Die eigene Boshaftigkeit, wie Du sie nennst, gibt es Prinzipiell nicht. Jedes Bewusstseinswesen besitzt eine Neutralität als Kern, woraus es frei entscheiden kann, wohin es sich wenden will – es ist sodann eine willentliche Entscheidung, ob der Mensch die Extremebenen für sich und sein Leben wählt", entgegnete ein jüngeres Athosmitglied.

Inzwischen war auch Ulluer zu unserer Gruppe gestoßen, der aufmerksam unseren Erörterungen lauschte. Der Vrilmensch betrachtete uns ausgiebig nacheinander und nahm dann den Gesprächsfaden auf.

„Mir fällt immer wieder auf, dass ihr euch immer wieder zwischen den

Extremen bewegt – selbst bei solch prinzipiellen Gesprächen verwendet ihr einen Terminus, der sich zwischen dem Zuviel und dem Zuwenig bewegt. Sowohl das Zuviel als auch das Zuwenig in seinen extremen Erscheinungsformen, sind Dunkelebenen des luziferischen Prinzips. Das Negative und das Positive innerhalb der materiellen Erscheinungswelten gehören einem Prinzip an – nämlich dem Prinzip Lucifers. Nur der schmale Pfad der Mitte, die ausgewogene Harmonie, ist der Weg und die Bewegungsebene der lichten Befreiung. Das Negative (Zuwenig) ist der Satan, der mit Behinderung und Trägheit (Unaufmerksamkeit) lockt; das Positive (Zuviel) ist Lucifer, der mit Selbstgöttlichkeit und irdischer Erleuchtung (Selbstüberhöhung) blendet. Satan und Lucifer werden oft als Ein und Dasselbe bezeichnet, sind es aber nicht. Satan (Maya) ist eine Bezeichnung für Karma-Auferlegung, für die Anhäufung trägen Karmas und besitzt nur eine Macht, wenn wir uns das Leben zu leicht und materiell einvernehmen. Lucifer (Ahriman) ist die Bezeichnung für die Selbstvergöttlichung schlechthin, für die enorme Kraft aus dem urgöttlichen Licht, woraus er ursprünglich hervorgegangen ist. Lucifer ist der Schaffer der materiellen Welten, um sich den Geschöpfen als der Herrengott darzustellen – er verführt dazu, dass sich die Menschenwesen im Kosmos als direkte Gottessöhne erachten und sich selber zu Göttern hochschwingen können. Das *Zuviel,* Lucifer, ist viel schwieriger zu durchschauen als das satanische *Zuwenig,* das in sich träge und unbeweglicher fungiert. Es gibt Zuviel- und Zuwenig-Menschen, wenn ihr so wollt – aber es gibt nur sporadisch den wirksamen und ursprünglichen Aspekt des Menschseins, das sich in der Mitte des **Geraderecht** befindet. Die meisten religiösen Institutionen werden von der luziferischen Seite her infiltriert, da sie extrem schnell, allesüberschauend und selbsterhöhend in das Menschsein wirkt. Nur über ein schnelleres Denkvermögen bei den Menschen, dem Hochgeschwindigkeitsdenken, kann man das Wirken Lucifers orten und sich ihm entgegenstellen."

„Das klingt, als sei es für uns Erdenmenschen kaum möglich, dem Dilemma zu entkommen", warf ein Frater ein.

„So klingt das nicht! Schon innerhalb der Feststellung, der Mensch müsse schneller Denken lernen, liegt auch die Lösung für das Problem", entgegnete Ulluer lächelnd. „Obwohl Lucifer der Herr der materiellen Welten – auch der feinstofflichen in bestimmten Dimensionen – ist, ist der grundsätzliche Schöpfer ursprünglich dafür „verantwortlich". Lucifer ist ein Geschöpf des kosmischen Urgottes und somit kann Lucifer nicht außerhalb seines Selbst die Urgöttlichkeit beanspruchen – er ahmt nach, weil er in seiner Selbstverblendung von sich annimmt, genau dieses machen zu müssen. Wenn ein Mensch von sich glaubt, aus sich alleine heraus seine Gottschaft zu finden, selbst zu Gott zu werden, unterliegt er exakt dieser Selbstverblendung und nimmt eine Lucifer-Sohnschaft ein. Selbst die höchste Erzengelhierarchie nimmt diese „Wesensart" niemals an, weil sie weiß, dass die einzige Sohnschaft nur aus der ursprünglichen lichten Göttlichkeit, sowohl von Innen als auch von Außen kommt. Der Mensch im Kosmos kann aus sich selbst heraus nach der Gott-Sohnschaft rufen und daran arbeiten, aber er muss zuerst die Lucifer-Sohnschaft überwinden, um vom kosmischen Zentralgeist (Gott) die Autorisation zur Gottesheimkehr (wahre Sohnschaft) von „Außen" zu erhalten. Verinnerlichung alleine bringt nur die Lucifer-Sohnschaft und erst ab da beginnt die eigentliche Arbeit der Überwindung, bis hin zur Gott-Sohnschaft. Zwischen den Zeilen eurer alten heiligen Schriften lugen diese Angaben hervor – ihr müsst sie nur richtig entschlüsseln; befreien von den infiltrierten Anhaftungen satanischer und luciferischer Inhalte.

Auch in euren Zeitempfindungen liegt ein großer Irrtum begraben. Ihr nehmt an, Zeit ist eine Konstante der Gleichmäßigkeit auf den Planeten, wobei dies ein gewaltiger Irrtum ist. Zeit ist eine Verschleierungstaktik der Materie, die man über das Hochgeschwindigkeitsdenken durchbrechen kann – es ist eine Schwingungsfrequenz nötig, diese Verschleierungssystematik aufzuheben und Geschehnisse aller „Zeiten" zu überblicken. Zeitreisen, die ihr technisch antreten möchtet, können nur bedingt funktionieren – aber über des schnelle Denken, Erfassen der kosmisch punktuellen Zeitgleichheit, lässt sich Vergangenheit und Zukunft im Gegenwärtigen ersehen und erleben. Wir „arbeiten" bedingt mit dieser Form der Zeiteinteilung – eben so, wie es uns möglich ist – und deshalb erlebt ihr in unseren unterirdischen Basen oder bei Reisen mit uns die Zeit anders, verschoben oder komprimiert."

„Immer wieder frage ich mich", warf ich nachdenklich in den Raum, „warum wir all dies immer wieder durchkauen, wobei es doch schon seit langem bereits beschrieben und gesagt ist. Alle alten Heiligen und Philosophischen Schriften behandeln dieses Thema seit Jahrtausenden erschöpfend – es müsste doch allen Menschen hinlänglich geläufig sein."

„Ist es auch" nickte Ulluer. „Das Problem liegt in der heruntertransformierten Denkfrequenz der Menschheit, die durch Erziehung, Schul- und Lehrwesen sowie Lebensumstände so gewollt ist. Gewollt von eben jenen Mächten, die die Masse zu Untertanen, eine kleine Führungsriege zu Obertanen und eine darüberstehende „unbekannte" Macht als „Hintertanen" aufweist – wie einer eurer derzeitigen Schriftsteller bereits so treffend formuliert hat. Die geheime Bruderschaft, die aus egoistischen Beweggründen heraus agiert, arbeitet Hand in Hand mit den Mächten der Finsternis. Diese haben sich beinahe über das gesamte Universum verbreitet, um Planetenvölker für sich auszubeuten; um Reichtum, Macht und eine Art von „Göttlichkeit" zu suggerieren. Diese „Dunkelmächte" benutzen selbst die Zeit als Werkzeug für ihre Manipulationen, wodurch wir sie orten und vielfach definieren können. Die für euch vielfach noch unsichtbaren „Brüder des Schattens" oder „Schlangenbruderschaft" sind für uns nur noch zum Teil unsichtbar, aber dennoch nicht zu unterschätzen. Wenn wir bemerken, dass sie sich auf verschiedenen Planeten verstärkt einlassen und zu einer Gesamtbedrohung werden, mischen wir uns ein – auch andere lichten Brüder und Schwestern im Kosmos arbeiten daran mit. Wir alle können allerdings nur soweit gehen, wie das die planetenspezifische Spezies-Selbständigkeit nicht in ihren Grundprinzipien beeinflusst."

„Da wären mir mal wieder bei unserer, ach so speziesspezifischen Freiheitlichkeit", spottete ich ungehalten.

„Thalus, du reagierst in die falsche Richtung! Negiere niemals deine Spezies als eine Wesensart der lichten Abstammung, denn du baust dadurch, genauso, wie die Dunkelmächte, an der Niederhaltung der planetaren Schwingungen mit", rügte mich Ulluer feinfühlig.

Meine Gedanken kehrten wieder in eine ruhigere Formation zurück, die mir wieder einige vernünftige Fragestellungen erlaubten.

„Wenn diese Dunkelmächte uns und andere Planetenvölker schon so lange im Griff haben, wieso erkennen wir dies nur so schwer?"

„Das liegt an der Pseudofreiheit eurer Lebensumstände. Man suggeriert euch ein Leben und Überleben innerhalb einer poltisch-religiösen Führung von geeigneten „Volksvertretern" und einer kirchlichen Priesterschaft der spirituellen Absonderung vom kosmischen Licht. Ganze Planeten konnten damit in relativ kurzen Zeiträumen eingenommen werden. Du würdest staunen, dass dazu kaum 10 Jahre nötig sind! Die so gehirngewaschene Menschheit lebt dann in der Meinung, ihr politisch-religiöses System sei das Allein-seelig-machende und mit allen Mitteln zu verteidigen. In der irdisch-menschlichen Geschichte wimmelt es nur so von Staatsumformungen innerhalb kürzester Zeit. Ein gutes Beispiel findet ihr im Dritten Reich, worin der Nationalsozialismus innerhalb von nur 5 Jahren beinahe absolut greifen konnte, aber nur zwölf Jahre funktionierte. Und heute verfährt das demokratische System in gleicher Weise. Der Beispiele findet ihr genug! Aber jedes System hat grundsätzlich zum Inhalt, die Frequenz des Planeten global in einem Bereich zu halten, die Dunkelmächte nicht aufzudecken. Die Notwendigkeit zum Überleben der Dunkelmächte liegt in der Aufrechthaltung von Systemen, die statisch wirken, um das Dynamische immer nur in den Grenzen der materiellen Überschaubarkeit zu halten. Um die geistige Dynamik in weltlichen Bahnen zu halten – sie den lichten Bereichen so lange wie möglich vorzuenthalten – ist den Dunkelmächten jede nur erdenkliche Rotationssystematik recht, die ihr selber so bezeichnend als „Fortschritt" hinstellt. Der Fortschritt innerhalb dieser Rotationssystematik ist ein sich Wegbewegen von der Dynamik, hin zur Stagnation und somit in die statische Lähmung eures Geistes. Ein wahrhaft dynamischer Mensch, wie sich manche Manager fälschlicherweise gerne bezeichnen, entzieht sich jeglicher Systematik und durchschaut sie bis in den Kern. Eure Pseudofreiheit bringt euch nicht über das folgende Jahrhundert – sie wird euch sowieso wieder langsam weggenommen, weil „man" sich bereits eine andere Systematik für euch ausgedacht hat. Kein System kann sich lange halten, weil es irgendwann durchschaut wird oder es sich selber in Schall und Rauch aufzulösen beginnt. Viele eurer Politiker, die Erfüllungsgehilfen der Dunkelmächte, arbeiten konstant am Ausfeilen immer neuerer Systeme, damit ihr niemals Ruhe bekommt und nicht in den Gedanken verfällt, euer Schicksal allein in die Hand zu nehmen.

Der Plan, Europa in einen großen Block zu vereinen, ist ein weiteres Spiel, um stets Spannungen, Ängste und Ungewissheit über eure Zukunft zu schüren. Der Plan, die Türkei in die EU aufzunehmen, sickert immer mehr durch und dadurch entstehen noch mehr Ungewissheiten – wie das eben Systemerweiterungen (und die werden nicht enden) in sich haben. Hinzu kommen die Gerüchte einer EU-Aufnahme Israels, um ja genug Spannungsenergie aufrecht zu halten, damit ihr immer schön im Hinterhergucken bleibt."

Der Vrilmensch blickte uns an und lächelte. Seine Ausführungen waren uns zum Teil bekannt und zu einem Teil sehr gewagt. Dennoch war uns klar, dass er Recht hatte. Ich dachte wieder an die Illuminaten und wies Ulluer erneut darauf hin.

„Die Illuminaten, wie du und einige deiner Spezies diese Dunkelmächte bezeichnen, sind menschliche Logenpersonen, wodurch sich die wahren Dunkelmächte erhalten – zu leicht wären sie dadurch zu orten. Was so aussieht, als seien die Illuminaten und viele andere Logen verantwortlich für eure Welt, ist gewollte Propaganda, um von den wahren Hintergründen abzulenken. Selbst eure größten und mächtigsten Politiker, Wirtschaftsbosse und Kirchenfürsten sind nur Spielbälle der wahren Dunkelmächte – aber vielfach mit Wissen und deshalb verwerflich sowie zum Untergang geweiht."

„Seit vielen Jahren wird über die kleinen Grauen geredet und dass diese Spezies eine „böse" Spezies sei – gehören sie zu den Dunkelmächten!?", fragte ich.

„Sie sind nur bedingt zu den Dunkelmächten zu zählen, da auch sie irregeleitet sind. Die wahren Dunkelmächte stellen sich entweder als der jeweiligen Planetenspezies zugehörig (Mimikry oder Inkarnation) oder als eine hohe und würdevolle außerirdische Spezies vor. Sie geben sich den Anschein, die Schöpfer der jeweiligen Planetenspezies zu sein und täuschen mit falschen Altersangaben ihre körperliche Lebensdauer vor. Keine echte fleischliche Spezies kann (in euren Jahreseinteilungen) älter werden als bis zu 400 Jahren; auch keine, die alle Krankheiten und Alterungserscheinungen technisch kompensieren können – Materie ist nicht ewig zu konservieren. Ihr sollt begreifen *wollen,* dass sich lichte und dunkle Mächte durchs Universum ziehen, sowohl in körperlichen, in feinstofflichen oder in geistigen Formen."

„Das ist ‚Star Wars' hoch Drei", lästerte ein jüngerer Bruder.

„Wie immer ihr es auch bezeichnen wollt – wichtig ist, den Kern der Ursachen zu erforschen und mit den Erkenntnissen darüber euer Leben zu verändern. Ihr werdet immer den dunklen Mächten begegnen – mal mehr und mal weniger – und nur an euch persönlich liegt es, wie viel Macht ihr ihnen einräumt. Ebenso trifft dies auf die lichten Kräfte zu – es liegt an euch persönlich, ob ihr deren Unterstützung annehmt oder nicht. Wir, die Reptiloiden und andere Menschenwesen halten es mit Letzteren und erhalten durch höhere Lichtwesen die Autorisation für Planetenaufenthalte in sogenannten „Krisengebieten". Natürlich unterliegen wir dann der planetaren Schwingungsebene und gewissen Verlockungen aus den Dunkelwelten, wissen aber um deren Positiv und Negativ in ihrer Relativität; Dunkelmächte können nicht absolut sein."

„Die Konsequenz daraus ist wohl offensichtlich", warf ich kurz ein, „die Dunkelmächte arbeiten mit positiven und negativen Systemen, je nach ihren persönlichen Notwendigkeiten. Eine echte lichte Alternative allerdings lassen sie erst gar nicht zu, weil sie ihnen schadet, wie den Motten das Licht."

„Richtig, mein verehrter Frater Thalus. Und daraus sind sie zu entlarven – wenn zuerst auch nicht in ihren körperlichen Erscheinungen. Die Entlarvung beginnt von Unten nach Oben; zuerst sich selbst, inwieweit man bereits selber schon infiltriert ist. Dann über die Volksführerschaften, was sie wirklich und für wen tun und ihren Hintermännern, die ihre „Bosse" sind. Sind die Hintergründe ausgeleuchtet, werden sich zwei große Logen einander bedingen: die der irdischen Menschenloge (Priesterschaft der Sieben) und die der außerirdischen Schlangenloge (Vater aller Priester). Zahlenangaben beziehen sich nicht immer auf Einzelpersonen, sondern können ganze Gruppen, Völkerschaften und Speziesvereinigungen kennzeichnen, wie das der Fall der „Schlangenloge" ist. Diese vereinigten Speziesgruppierungen gehen durch die ganze Galaxie und darüber hinaus gleichermaßen vor: sie „systematisieren" eine Planetenbevölkerung zu einer Globalgesellschaft unter Führung einer notwendigen Minderheit an willigen Erfüllungsgehilfen, denen man alle Macht und Reichtum des Kosmos verspricht. Über eine erfolgte „Eine-Welt-Regierung" entsteht dann der offizielle Kontakt der „Hohen Außerirdischen" mit der Planetenführung, die Einverleibung in eine galaktische Hierarchie und die Gleichschaltung aller Gedanken und Hoffnungen, endlich die geliebten Raumbrüder gefunden zu haben, die ihnen nun alles geben werden, was sie sich nur erträumen können. Nach dem ersten Enthusiasmus kommt die Ernüchterung – spätestens dann, wenn der einzelne Bürger bemerkt, dass sich für ihn persönlich nichts geändert hat und er noch immer ausgebeutet wird; nun eben von Raumbrüdern! Nach der Ernüchterung beginnt immer – und das wissen wir aus Erfahrungen – ein massiver Hass der jeweiligen Planetenbewohner auf ihre Ausbeuter und eine Systematik der Untergrundkämpfer beginnt zu greifen. Daraus entwickeln sich größere Kriegsherde, bis letztendlich fast das gesamte Planetenvolk von den Dunkelmächten aufgerieben wird – aus diesen Energien ziehen sie ihre energetische Existenzerhaltung.

Wir kennen Planeten, worauf sich am Ende des Planetenkampfes nur noch einige tausend Menschen befanden, die mehr irre als lebendig waren – sie fingen neu an, in der Erinnerung, dass alles Außerirdische bestialisch sei; somit erhalten die Dunkelmächte konstant Energie für ihre Existenz! Einige Planetenspezies haben den Kampf gewonnen – aber nur, weil sie keinen physischen Krieg geführt haben und sich der lichten Welten erinnerten. Aus den lichten Welten kam ihnen Unterstützung zu – diese Mächte hoben die Planetenfrequenzen an, säuberten die Atmosphären und nahmen sporadisch mit Menschenwesen Kontakt auf. Der Großteil der Planetenbewohner konnte somit gerettet werden, weil sie sich aus sich selbst heraus retten wollten; sie überwanden das

Dunkle und haben sich ihren wirklichen lichten Raumbrüdern zugewendet."

„In diesen Aussagen liegt natürlich enorm viel Fantastisches, aber auch Aussicht für unseren menschlichen Werdegang; sie beantworten aber nicht, wie wir Menschen uns den dunklen Einflüssen entziehen können, ohne von ihnen dafür angegriffen und weiterhin daran gehindert zu werden. Das gesamte Problem liegt in der scheinbaren Unlösbarkeit des Dilemmas – wir haben einfach keine Idee, wie wir es lösen könnten. Was wir „haben", sind Schlagworte, Erkenntnisse und Möglichkeiten zur Aufdeckung der Behinderer – aber keine echten Alternativen, mit deren Hilfe man das Übel überwinden kann."

Auf diese Feststellung antwortete Ulluer erneut mit einem Lächeln.

„Ihr habt Alternativen genug, um euch in einen klugen und selbstschützenden Ungehorsam zu begeben. Ihr müsst euch sammeln – das heißt, aufgeschlossene Geister sollen sich zusammenfinden und ihr Wissen dreingeben; jede Idee in lichter, lebensspendender Form sollte niedergeschrieben und veröffentlicht werden. Politische, wirtschaftliche und religiöse Übergangslösungen sind bereits beschrieben, also gedacht und in einer dynamischen Planung, um auch sie unters Volk bringen zu können. Weiter solltet ihr euch auf eine tatsächliche Selbstversorgung vorbereiten, beginnend im Kleinen, bis hoch zu immer ausgedehnteren biologischen Anbauzentren, um eure Grundversorgung zu sichern. Tausch- und Handelszentren könnten die Geldwirtschaft zum Erliegen bringen; Naturheilmethoden die Pharmazie in ihre rechtmäßigen Schranken verweisen, die Ärzteschaft auf ihre ursprüngliche Heilsbegleitung aufmerksam machen und die Einführung von kleinen Landsitzen für jede Familie müsste scharf im Auge behalten werden. Dieser Prozess nimmt natürlich gewisse Zeit und Übergangsrückschläge in Anspruch, ist aber in seiner Art lichter Natur, weil sie dem Wesen der menschlichen Ursprünglichkeit entspricht. Dem wesentlichen Ursprung eines Menschenwesens kann keine Dunkelmacht etwas entgegen setzen – nur dem Zauderer und Zweifler geschehen Unglücke und Rückschläge. Diese Phase macht jede Planetenbevölkerung irgendwann mit, die sich dem Griff der Dunkelmächte entwinden."

Unsere „Gesprächsrunde" ging dem Ende zu und wir verließen unseren Treffpunkt in Gedanken versunken. Jeder einzelne hing seinen eigenen Gedanken nach und es schien eine besondere Art der Gedankenkraft in uns zu wirken.

Meine immer wieder aufkeimende Skepsis zeigte mir eindeutig, wie sehr ich selber noch Zweifel an der Durchführbarkeit der Alternativen hatte; wie sehr ich bereits der Bequemlichkeit des Maulhaltens und Mitmachens unterlag. Eine Machtlosigkeit sondergleichen machte sich in meinem Herzen breit – ich wusste einfach nicht mehr, wer und was ich sei und wohin mich dieses Leben noch führen mag. Im Grunde wollte ich am liebsten den Kopf in den Sand stecken und andere Bitten, eine brauchbare Lösung aufs Tablett zu bringen.

In den folgenden Tagen machte sich sogar eine regelrechte Empörung in mir breit, die mir andauernd sagte, wie denn die Vrilmenschen sich das alles vorstellten – sollten sie gefälligst doch selber etwas dagegen unternehmen und mich in Ruhe lassen! Sämtliche Bücher, die angesprochene Alternativen zum Inhalt haben oder nach welchen suchen, schienen mich förmlich bis in „meinen Kern" zu nerven und ich war kurz davor, sie alle einfach in den Müll zu kippen.

Alles, was ich in den vergangenen Jahren erfahren habe, versuchte ich als Irrtum, Blendwerk und gemeine Manipulation eines inszenierten Schauspiels von Menschen weg zu schieben, wobei sich mir wieder die Frage stellte, warum Menschen so ein Schauspiel ausgerechnet mit mir kleinen Idioten machen sollten! So einen Aufwand, um mich zu etwas zu bewegen – ja, zu was denn nun eigentlich? Zum Schreiben – zum Mitteilen, um die Alternativen zu koordinieren? Ich kann noch nicht einmal meinen Alltag koordinieren...

*

12. September 2004 – Zusammenzug meiner inneren Truppen

Seit Wochen liefen meine Gedanken in den unmöglichsten Bahnen und meine Gefühle Amok. Ich versuchte, nicht mehr an die Anderen, an die Dunkelmächte und in meine Erinnerungen zu denken. Es ist eine Sache, Dinge zu verdrängen – eine andere, Erinnerungen!

An diesem Sonntag forderte mein Körper absolute Ruhe nach zwei arbeitsreichen Wochen – oder besser gesagt, er forderte absolute Faulheit. Meine Gattin hatte alles vorbereitet, um diesen Tag ausgiebig im Nichtstun genießen zu können und ich selbst hatte meine Gedanken ziemlich gut im Griff. Wir unterhielten uns, lasen jeder in einem Buch und machten kleine Spaziergänge – es war einfach ein schöner und fauler Tag. Bis meine Gattin mich auf Ulluer ansprach und meine Gedanken ins Trudeln kamen.

Da war es wieder – das Dilemma meiner Erfahrungen und Erkenntnisse, die nichts bringen, nichts bewirken und allen nur im Magen liegen!

„Was willst Du", knurrte ich ungehalten.

„Was hat er denn bei eurem letzten Treffen so alles gesagt? Du hast mir bis heute kaum darüber erzählt", konstatierte sie und strich sich durch die Haare.

„Ich glaube, ich mag darüber zurzeit nichts hören und sagen."

„Nur, weil es Dich in Deiner Bequemlichkeit stört, darüber zu reflektieren? Bist mir aber ein schöner Erforscher des Mysteriums, wenn dir dieses zur Aufgabe macht, etwas mehr Bewegung in deinen Alltag zu bringen", stocherte sie mir ins Gemüt.

„Was weißt du denn schon, wie es in meinem Gemüt aussieht", maulte ich ohne viel Überzeugung in meiner Stimme.

„Ich weiß nur soviel, dass dich etwas sehr bedrückt, dir Sorgen bereitet und dich in all deinem Denken, sowohl bei Tag als auch bei Nacht, hin- und herschleudert. Ich weiß nur, dass es dir körperlich und seelisch nicht sonderlich gut geht und dein alltägliches Benehmen zu wünschen übrig lässt. Ich weiß nur, dass du dich vor etwas fürchtest, das alleine nur mit dir selbst zu tun hat und du mit niemandem darüber sprechen willst, weil du ja der Thalus von Athos bist!", bellte sie in ihrer unnachahmlichen Art zurück.

Ihr „Bellen" hatte sie so gekonnt in eine Mütterlichkeit gekleidet, dass ich lachen musste.

„Du magst ja recht haben, meine Liebe – ich benötige wohl zur Zeit so etwas, wie eine Auszeit, um mir über einiges klar zu werden", konstatierte ich.

„Wenn Du Dir immer wieder eine Auszeit gewährst, kann es geschehen, dass Deine Publikation an einem Tag herauskommt, wo sie nur noch von den Mikroben zu lesen sein wird", lästerte sie und strickte nun an einem Ärmel eines neuen Pullovers weiter.

„Ich muss eben noch so einige Nachforschungen anstellen, um gewisse Aussagen zu untermauern – oder soll ich einfach etwas behaupten, das sich nicht beweisen lässt!?", knurrte ich ungehalten.

„Warum nimmst Du nicht alle Deine Korrespondenzen hinein und pfeifst ganz einfach auf eine systematische und chronologische Beweisführung, die ja doch nur vielfach Aussagen anderer Menschen sind oder Kopien alter Schriften. Du weißt doch, wie wenig in unserer Welt Beweise gelten, wenn sie einfach ignoriert werden. Gib Alfons einfach alles und lasse ihn seine Arbeit machen, anstatt ihn immer wieder mit neuen Änderungen zu hemmen."

Damit hatte sie wohl Recht. Dieselbe Frage habe ich mir selbst bereits gestellt.

„Ich werde mich noch zwei- bis dreimal mit unseren „Freunden" treffen und ich möchte noch etwas über einige Kontaktpersonen herausfinden, dann werde ich mal unseren Freund Alf fragen, was er von meinen Notizen hält – ist Dir das so genehm!?"

„Mir ist alles genehm, was Dich betrifft, mein Lieber", blickte sie mich ernst an. „Was mich eben in letzter Zeit nur gestört hat, war Dein Phlegma und Deine innere Unzufriedenheit. Du sollst nicht perfekt werden – das kann kein Mensch – aber auch nicht bis zum Exzess recherchieren. Mach einen Zwischenstopp für diese Publikation und bringe Deine weiteren Erfahrungen in eine weitere, spätere Publikation; sonst läufst Du Gefahr, alles Bisherige zu überwuchern. Außerdem solltest Du wieder ein bisschen mehr auf Deine Kleiderordnung achten", blickte sie an meiner ausgeleierten Lederhose abfällig herunter.

Dies leuchtete mir ein. Mir leuchtet immer alles ein, wenn man mit mir nur in einem richtigen Ton spricht!

*

13. Oktober 2004 – Warum keine Antwort?!

Nach Durchsicht meiner Korrespondenzen konnte ich ein interessantes Muster oder Raster feststellen, das aufzeigt, wie unser „System" sich gegenüber Anfragen aus der „Bürgerschaft" verhält; sie werden zumeist ignoriert. Bei wiederholten Anfragen erfährt man, wenn überhaupt, für diese oder jene Frage sei dieser oder jener zuständig. Eine detaillierte Antwort auf Fragen, bei den öffentlichen Stellen, habe ich bis heute nicht erhalten.

Anders sieht es bei einigen Publizisten aus, die allerdings auch nur sehr zäh auf bestimmte Fragen eingehen – als wären sie einfach zu schwer! Eine tatsächliche Kommunikation mit den „Kommunen" scheint etwas dermaßen **Anmaßendes** zu sein, dass man sich fragen muss, worin sich denn da noch ein menschliches Gemeinschaftsinteresse zeichnen lässt. Eine tatsächliche Kommunikation mit gewissen Publizisten scheint erst dann in einen Bereich der Möglichkeiten zu gelangen, wenn man ihnen „Futter" für ihre eigenen „derzeitigen Recherchen" hinreicht. So entsteht in der Tat der Verdacht, in den meisten Fällen besteht nur Interesse am Zeitgeschehen, wenn sie zu vermarkten sind!

Eine wirkliche Kommunikation fand jedoch mit „älteren" Personen statt, die tatsächlich einen Grund hätten, nicht mehr darüber sprechen zu wollen – mit Menschen, die das Dritte Reich am eigenen Körper und an eigener Seele erlebt und zum Teil auch mit initiiert haben. Zum Teil bereits um die 90 Jahre alt, aber in ihrem Wesen noch immer agile und wache Menschen, haben sie die letzten Züge des Nationalsozialismus miterlebt, wissen um dessen Hintergründe und waren teilweise mit der „Reichsesoterik" vertraut. Auch Wissenschaftler aus dem Bereich der Flugkreiselforschung, Physiker und Techniker in diesem Bereich, gaben mir einige Auskünfte – die wiederum auf dubiose Außerirdische und deren Präsenz hinweisen. Diese Leute mit „Nazis" gleichzusetzen, wäre nun doch der Gipfel – waren es gerade sie, die gegen diesen Terror gearbeitet haben.

Wenn wir uns vor Augen halten, wie die derzeitige Weltlage sich uns darstellt, müssen wir immer darauf bedacht sein, woher wir unsere Informationen darüber erhalten. Entnehmen wir den gängigen Medien unsere Informationen, erkennen wir bald den psychologischen Aspekt dahinter, der uns sagen soll, die Welt ist aufgeteilt in gute und böse Nationen – in gute und böse Religionsfanatiker – und deshalb benötigen wir eine ausgefeilte Kriegsmaschinerie, harte Politiker und kampfwillige Bürger, die all das finanzieren, unterstützen und ansonsten zu gehorchen haben.

Ob es sich um wirtschaftliche, soziale, politische oder kulturelle Nachrichten und Berichte handelt – überall hält sich zurzeit das Phänomen des Kämpfens, Zerstörens, Reformierens und Kleinhaltens der einzelnen Menschen. Die breite Tendenz zu einer globalen Verarmung, Depression und erneuten Analphabetismus ist so offensichtlich, dass man sich fragen muss, worauf man die „globale Menschheit" denn nun letztendlich vorbereiten will!? Und wer bereitet uns darauf vor?!

Es fehlen die guten Nachrichten, die positiven Sequenzen irdischer Abläufe, die gleichermaßen vorhanden und offensichtlich sind – diese werden aber schon im Keim erstickt oder in die Rubrik „Kleingedrucktes" verwiesen. Das „System" will Positives erst gar nicht mehr durchsickern lassen, weil dies die Ängste der Menschen schmälern würde – und den Einfluss der Machthaber.

Exakt diese Systematik entstand mit dem deutschen Nationalsozialismus und beinahe identisch verlaufen die Volksinformationspropaganda – mit dem Unterschied, dass sie heute unablässig und von allen Seiten auf uns einfallen.

Das System des Nationalsozialismus wurde nie niedergeschlagen, sondern „exportiert" – es wurde verfeinert, psychologisch und pharmazeutisch aufbereitet als eine befreiende Demokratie-Droge, worin jeder einzelne Mensch sein Einkommen und Auskommen hat und ihm der Schutz des Systems sicher ist; solange er das System als Beherrscher anerkennt. Eine wirklich freie Meinungsäußerung, wie es nun mal eine Demokratie beinhält, wird nur solange geduldet, wie der Herrschaftsbereich dadurch nicht beeinträchtigt wird. Ein freies Mitspracherecht des einzelnen Bürgers gibt es nicht, ist auch gar nicht vorgesehen in den Kollektivierungsmaßnahmen globaler Einvernahmen; Volksentscheide erst gar nicht zugelassen oder einfach systematisch ignoriert, wie man das jeden Tag aufs Neue erkennen kann.

Im Lichte dieser Betrachtung, die logisch und notwendig ist, um das gesamte Ausmaß des nationalsozialistischen Feudalismus, unter dem Deckmantel der globalen Demokratie, zu durchschauen, muss es uns doch allmählich dämmern, wohin uns der nächste Schritt bringen wird: In die absolute Unmündigkeit – in die absolute Abhängigkeit einiger weniger Führer und Wirtschaftsbosse, die alles besitzen!

Nun haben wir noch nicht die Möglichkeit verschenkt, unser individuelles Denken und eine starke Macht lichter und positiver Seeleninhalte dagegen einzusetzen. Je mehr Menschen innerhalb lichter und brüderlicher Verbundenheit sich der Natürlichkeit ihrer Herkunft und Zukunft erinnern und in diesen Kriterien imaginieren, desto schwerer werden sich die Ideen der dunklen Mächte durchsetzen können.

Jede Alternative, im Rahmen natürliche Umwelt, freie Energie, friedvoller Umgang miteinander, sollte betrachtet, ausprobiert und bei Tauglichkeit sofort in den Alltag integriert werden. Jede lichte und natürliche Idee ist bereits im Kern schon besser als eine herkömmliche Systemverbiegung, die wiederum nur eine Unterordnung in Land- und Seelenraub ist.

Wir müssen uns auch über die Gebote und Verbote der Energielobbyisten erheben und uns gegen ein Zwangsgesundheitswesen wenden, das uns mittels Impfungen und Zwangsmedikation gleichschalten will. Wir können uns bereits im Kleinen zu Gruppen formieren, die untereinander Hilfeleistungen tauschen, sich mit Quellwasser versorgen, selbstgezogenen Naturprodukten versorgen und sich über freiwachsende Kräuter und Heilpflanzen wieder etwas frei machen von Chemie. Weiter können wir untereinander unsere Spiritualität, bestimmte Begabungen und berufliches Wissen fördern und nutzen.

Im Hinblick auf die menschliche Leistungsfähigkeit und Bedürfnisse, sollten wir uns fragen, wem unsere Arbeitskraft am meisten einbringt und wer dafür mit seiner Gesundheit bezahlen muss. Nehme ich mir meine Leistungsfähigkeit für mein gesundes Auskommen, verzichte auf jeglichen Tand einer Schickimickigesellschaft, so habe ich ein Tagewerk von etwa 3-4 Stunden, ohne Stress und mit anschließend noch viel Zeit, mich geistig weiter zu bilden! Spätestens hier kommt nun die Frage: „Ja, wenn das jeder machen würde – dann gäbe es bald keinen Aufschwung mehr."

Die Antwort: Wer an einen stetigen Aufschwung glaubt, müsste seit etwa 15 Jahren bereits hinter dem Jupiter schwingen! Der Aufschwung ist eine rein statistische Angelegenheit, um die Börse in Gang zu halten, den Geldumlauf gezielt auf einige wenige Großanleger zu formieren und ansonsten eine Bezeichnung für jene, die nicht mehr sehen, wie sehr sie ausgenutzt werden.

Alleine schon, wenn sich jeder einzelne Bürger selbständig machen würde, könnten Politiker und Wirtschaftsbosse einpacken. An einem angestellten Arbeiter verdienen alle Firmen enorm viel – zu seiner Leistungsbezahlung (Lohn), kassieren sie doch alle viel höhere Stundenpauschalen, um auch noch daran zu verdienen. Diese Verdienstquelle fiele sofort weg und Sie würden sofort erkennen, was Sie persönlich so einem Arbeitgeber wert sind, wenn Sie ihm ihre Selbständigkeit in seinem Betrieb ankündigen!

Der stete Kampf (man muss sich das einmal zu Gemüte führen, dass wir scheinbar um alles „kämpfen" müssen) ums Geld, Wohlstand, Prestige und sogar um Arbeit, lassen uns vergessen, dass das Leben im Prinzip eine geistige Reifeebene ist, worin wir naturgemäß alle Notwendigkeiten mit ganz wenig Aufwand uns ermöglichen können. Beispiele aus der „Selbstversorgerszene" gibt es genug – wir sollten nur hinsehen!

Wir besitzen im Kern unseres Daseins einen bewussten Geist, woraus sich die Intelligenz zu einem natürlichen Dasein entwickeln ließe, wenn wir uns das nur zutrauen würden. Der einzelne Mensch ist für sich persönlich kein Lebewesen, das für Krieg und Kampf konzipiert ist – das wird Ihnen jeder aus Ihrem persönlichen Bekanntenkreis bestätigen, in einem ehrlichen und offenen Gespräch.

Das einzelne menschliche Individuum ist kein Krieger, Dieb oder Zerstörer seiner Umgebung – nur in der manipulierten Masse kollektiver Einvernahme gestaltet sich ein Mensch zu einem Anachronismus seiner Selbst. Eine globale Gleichschaltung aller Menschenwesen hätte zum Inhalt, kollektiv über die Klippe zu springen – das verzeichnen alle Prophezeiungen, Warnungen über den Fehllauf der Menschheit, bis hin zu apokalyptischen Visionen, worin ein strafender Kollektivgott seine Geschöpfe geißelt. Der Gott der Apokalypse ist ein Gebilde unseres Kollektivgeistes – ein Hinweis darauf, dass wir unsere Individuation für ein Wahnsinnsgebilde einiger weniger machtgieriger Beherrscher verkauft haben. Es ist im Grunde eine Selbstbestrafung, um einen nochmaligen Neuanfang aus einer „Grundbasis" heraus angehen zu können.

Dass wir uns aus diesem negativen Schwingungsfeld heraus auch gleichwertige Wesenheiten aus dem Kosmos herangezogen haben, ist wiederum nur eine logische Konsequenz im kosmischen Prinzip von Ursache und Wirkung. Und, wer auch mit diesen negativen Wesenheiten kooperiert, wird dadurch keinen Deut irgendwelche wesentlichen Vorteile erlangen – außer eventuell weiteren Niederschlägen in die Richtung Versklavung!

Warum erhalten wir nun keine Antwort auf unsere wesentlichen Fragen – an welche Stellen wir sie auch richten?! Weil das Wesentliche auf ein Minimum reduziert ist, das sich selber nicht mehr definieren kann. Keine Behörde oder Stelle ist mehr in der Lage, wesentliche Lebensfragen zu beantworten, weil das System darauf erst gar nicht eingestellt wurde. Wir erhalten lediglich statistisch ermittelte Durchschnittsdaten, eine kollektive Karikatur einer Wesenhaftigkeit, die es so in lebendiger Form gar nicht gibt. So finden sich selbst in der Psychologie statistische Zusammenfassungen eines Gebildes namens Psyche, die sich aus vielen unterschiedlichen Individuen (Psychen) zu einem „Durchschnittswert" errechnet haben, die nicht mehr diese Bezeichnung verdienen. In allen Wissenschaften herrscht diese Regel vor und so wird der einzelne Mensch weder gesehen noch gehört; die Menschheit ist ein Kollektivgebilde geworden, das sich nur noch abstrakt in die Realität wölbt.

Wir erhalten keine Antwort, weil eine individuelle Fragestellung überhaupt keinen Andockpunkt mehr finden kann, in einem statistischen Kollektivismus. Wir erhalten keine Antwort, weil wir die falschen Fragen stellen, die sich im Programm der statistischen Matrix erst gar nicht stellen würden.

Wir erhalten keine Antwort, weil für unseren Fragen der Resonanzboden fehlt in der übergroßen Speicherbank einer leblosen Statistik!

Das Hauptproblem, mit dem wir uns heute herumschlagen, ist die Gleichgültigkeit gegenüber tatsächlichen Geschehnissen, wobei der „Glaube" an eine übergeordnete Realität, die wirklich stattfindet, als Phantasie und Einbildung heruntertransformiert wird. Ist es bereits ein wissenschaftlich erkannter Fakt, dass der Gedanke Ergebnisse zeitigt, wird diese bekannte Feststellung sofort wieder in etwas Irreales verdreht; wie „man" es eben für die weitere Massenverdummung benötigt.

Obwohl es die Bezeichnung **Verschwörung** gibt und so manche aufgedeckt wurden, wird sie stets zuerst geleugnet und in den Bereich der Lächerlichkeiten zertreten – nach einer erfolgten Aufdeckung kommt dann das nackte Entsetzen und die Frage, „warum hat das den keiner vorher bemerkt?" Es wurde ja bemerkt und schließlich von Leuten aufgedeckt, die darüber bereits vorher lange und breit die Öffentlichkeit gewarnt haben. Doch es will niemand zuhören!

Auf allen Ebenen des Lebens finden konstant Dinge und Geschehnisse statt, die eine breite Masse nicht erkennt oder einfach nicht sehen will – sie einfach verdrängt und dann bei einer nicht mehr vertuschbaren Aufdeckung als erstes schreit: „Wie konnte das passieren?"

Alle meine Recherchen beinhalten Fakten, Tatsachen und Geschehnisse, worüber wir alle nachdenken sollten und daraus unsere Schlüsse sowie Konsequenzen ziehen könnten. Doch der „Zweifel" in den Gehirnen der Menschen ist bereits so fest installiert, dass nicht sein kann, was nicht sein darf!

Eine Menge Leute machen sich Gedanken über die Geschehnisse der Zeit, bemühen sich um Aufklärung und riskieren oftmals dabei Ruf, Karriere und gelegentlich sogar ihr Leben. Diesen Leuten nun nachzusagen, sie seien Hirngespinsten oder einer „geilen Story" hinterhergerannt und hätten ansonsten nichts anderes zu tun, ist wohl die größte Farce; derartige lebensgefährliche Spielereien bestreitet niemand über Jahre hinaus – zumal sie viel Zeit, Geld und Nerven kosten!

Warum keine Antwort, oftmals keine Resonanz auf Fragen und Aussagen?

Weil gewisse Fragen einfach nicht gestellt werden dürfen – sie sind Systemkritisch; Kollektivgefährdend.

*

28. Oktober 2004 – Gespräch mit „Mordechai"

Es war ein durchwachsener Herbsttag und ich befand mich auf den Weg zu einem Treffen mit einem der innerirdischen Sphäre – das heißt, ich hatte ein „Meeting" mit einem Planetenbewohner, dessen Lebensbereich für uns Oberirdische noch immer märchenhaft anmutet.

Ich dachte über meine Kontakte nach und wunderte mich immer wieder über die Selbstverständlichkeit derartiger Möglichkeiten – wenn sie einem Menschen in seine „Karmasignatur" geschrieben sind. Oder wie auch immer ich das für mich sonst noch erklären könnte.

An einem Parkplatz traf ich mich mit einem Mann, der mich zu einem vereinbarten „Einfahrtspunkt" bringen solle. Bevor ich mich dem Wagen nähern konnte, fuhr er ohne mich los und ich wusste, dass jetzt eine Sicherheitsvorkehrung zum Greifen kam. Jemand musste mich beobachten – irgendwer steigt mir nach, um zu erfahren, was ich vorhabe. Ohne Zögern begab ich mich in das nahe Café, bestellte mir einen Kaffee und wartete auf meinen „Beobachter", der sich auch prompt demaskierte – es war der Freund von mir, der hier diese Zeilen in Buchform bringt!

„Hallo, machst Du auch einen kleinen Ausflug", begrüßte ich ihn zu seinem Verdruss. „Oh – Frater Thalus – ja ja", brummte er und lächelte schief. „Nun, das ist aber ein Zufall", provozierte ich ihn.

„Das ist kein Zufall, Frater Thalus", nahm er missmutig an meinem Tisch Platz. „Ich habe Dich beobachtet und wollte wissen, mit wem Du Dich triffst – ich hoffte, einen dieser „Anderen" zu sehen."

Lächelnd erklärte ich ihm, dass es nicht seine Sache sei, mich zu beschatten. „Weißt Du, ich habe Dich zum Schreiben meiner Publikation ausgesucht, weil ich weiß, wie genau Du meine Notizen zu Papier bringen kannst ohne sie im Kern zu verfälschen. Das gibt Dir aber kein Recht, mir nachzuspionieren. Außerdem wirst Du so nie einem der

Anderen begegnen, wenn die das nicht wollen! Mein Treffen ist somit geplatzt, mein lieber Freund."

„Tut mir Leid, Thalus – ehrlich. Aber alle Deine Notizen bewirken in mir dermaßen Neugierde, wie ich sie bisher nie kannte", entschuldigte er sich.

Wir unterhielten uns noch eine Weile und als er auf die Toilette musste, verließ ich schnell das Café, stieg in einen anderen, mir bekannten Pkw und hoffte, mein Schreiber würde es mir verzeihen!

(Hier muss ich einwerfen, damals hat mich die Neugierde beinahe zerrissen, so dass ich mich regelrecht als Beschatter verhalten habe. Dies war mir eine Lehre, nicht in eine Tabuzone herein zu schnuppern. (Der Verf. *A. Jasinski)).*

Diese kleine Verzögerung war nicht weiter schlimm. Sie zeigte mir allerdings, dass selbst sehr gute Freunde dazu neigen, einem zu misstrauen, wenn es um mehr geht als nur Alltagsgeschichten. Ich musste noch vorsichtiger werden und verabredete mit Ulluer einen zukünftig anderen Treffpunkt; dieser war mir zu riskant geworden.

Während der Einfahrt fragte ich mich erneut, warum ich mich so klammheimlich aus dem Café geschlichen habe – ich hätte es meinem Freund vielleicht weniger „mysteriös" gestalten können. Aber nun war dies schon geschehen.

Unterwegs erklärte mir Ulluer, heute würde mich ein anderer betreuen und ich einiges über die Mentalität der „Ohais" erfahren.

„Nicht Nasmakrai tha Husra, sondern „Mordechai", einer seiner Artgenossen, hat Dir einiges zu sagen, damit Du Dir ein besseres Bild über die Vielfalt kosmischen Denkens machen kannst", konstatierte der Acheler. „Mordechai ist ein Ohai, der zurzeit in der Phase der weiblichen Kontraktion ist – er/sie ist schwanger und somit in einem androgynen Zustand ihrer/seiner Spezies. Dadurch sind diese Menschenwesen medialer, sensitiver und geduldiger – einfach in einem

Zustand der inneren Harmonie."

Diese/r „Mordechai" begrüßte mich sehr freundlich, erklärte, Fragen würden später beantwortet, da er/sie zuerst etwas zu meiner persönlichen, inneren Skepsis zu sagen hätte.

„Du bist ein typischer Vertreter einer inkarnierten Individuation, die sich auf der Erde nur deshalb nicht gänzlich Zuhause fühlt, weil sie die Ermangelung der fleischlichen Verkörperung, im sogenannten sinnlichen Bereich weiß. Du spürst, außer der sinnlichen Realität, eine breitere Realität des Geistes und der Ideenwelten. So definierst Du eine Idee nicht als eine Gehirntätigkeit, sondern als ein Einfließen kosmischer Gegebenheiten, die mittels Gehirntätigkeit in die Materie umgewandelt werden kann. Das Elektron, wie Du bereits richtig erfaßt hast, ist Träger des Allwissens -- es/sie sind allgegenwärtig, durchströmen jegliche Materie und bestimmen in ihrer Formation Leben, wie Du es definierst. Er/es ist auch Informationsträger aller bisher erfolgten Elektronformationen, die jemals stattgefunden haben und stattfinden werden. Das heißt, dadurch besteht die Möglichkeit, Dich mit allen Wesenheiten und „Gestaltungen" des Universums mental zu verbinden.

Eine Idee ist das Aufblitzen eines oder mehrerer Elektrons – bis hin zu geballten Ansammlungen von Elektronen, die sich zu Wesenheiten (Organismen, auch im unsichtbaren Bereich) manifestieren. Hast Du nun einen Einfall, eine Idee und formierst diese innerhalb Deiner Begriffswelt zu einem Versuch der Definition, entsteht eine Vorstellung aus Dir heraus, die Du objektivierst; von Dir abgesondert betrachtest, skizzierst und zu benennen versuchst. Sprichst Du mit anderen über Deine „Idee", entwickelt sich diese Vorstellung zu einem Gebilde, das mehrere Relationen zuläßt und sich zu verformen beginnt; es wird somit kollektiviert und einem bestehenden System einverleibt. Das ist Eure Fehlinterpretation von Wissensansammlung.

Versuchst Du nun, eine „Idee" für Dich selbst als ein Etwas zu definieren, das nur Dir persönlich etwas Bestimmtes mitteilen will, so bist Du auf dem Wege die kosmische Medialität zu berühren. Verfährst Du immer so mit Ideen (Geistesblitzen), wirst Du irgendwann auch in die

Lage kommen (Autorisation erlangen), sie für Dich als Evolutionsgang (Bewusstseinserweiterung) zu begreifen.

Da wir Menschen in der Materie, um eine Imagination zu initiieren, alles in Bildern, somit in Namen benennen müssen, verlieren wir enorm viel von der „namenlosen" Urenergie (Grundsubstanz) darin. So werden Wesen benannt – aus einem Bild eines Geistesblitzes/Idee (Elektroneninhalts-Impuls) werden Zahlen und Buchstaben, wie aus SCHTSCHRN ein „Ashtar Sheran" wird, der als kosmischer „Heerscharenführer" mediale Durchsagen an einige Eure Spezies macht. Alleine diese Tatsache bedeutet weiter nichts, als ein „Hallo – willst Du kommunizieren". Die Interaktionen aller Elektronenanhäufungen im Universum, ist die wahre Realität – aber sie werden von Euch oftmals missverstanden oder geradezu in Geschichten gedichtet, worin Eure Wunschfantasie die Regie übernimmt. „Gibst Du mir zum Austausch ein paar Deiner Elektrons, so gebe ich Dir ein paar von meinen", soll dies bedeuten, im übertragenen Sinne.

Das „Wort Gottes" liegt verankert im Speicher des Elektrons, das wir anzapfen können, wenn wir uns darauf offen einlassen. Unter allen Kosmosbewohnern bewegen sich immer wieder solche geballten und hohen Elektronkonzentrationen, die Ihr LICHTWESEN, HOHE MEISTER, UNSICHTBARE WESENHEITEN, usw. benennt. Manche körperliche Menschenwesen sind in der Lage, sich in diese hohen Konzentrationen einzuklinken und sie werden dadurch „wie Gott sein" – sie werden zu mystischen Meistern, Weisheitslehrern und unübertreffbaren Persönlichkeiten. Aber viele interpretieren dies für sich (Ego) als Autorisation, andere Menschen zu führen; sie wiederum nur in eine neue Form einer Religion einzubinden, anstatt sie nur für sich selber als Kommunikationsebene zu sehen. Immer wieder klinken sich Menschen in solche Elektronformationen ein, fürchten sich jedoch vor den „Konsequenzen"; sie bezweifeln, ob sie persönlich das Recht haben, im Urprinzipiellen ihre Schulung zu machen. Diese Zweifel bestimmen auch Dein Leben, Thalus – wenn Du so willst, fürchtest Du Dich vor der tatsächlichen Realität kosmischen Lebens, obwohl Du mit uns verkehrst!"

„Mordechai" tippte mich kurz leicht an und lächelte mir zu – ein Lächeln von einem „Menschenwesen", das als Rasse im Grunde der wirklich erste bewusste Erdenbewohner war.

Da ich „Mordechai" als eine Frau erachtete, in ihrer momentanen androgynen Schwangerschaftsphase, sprach ich sie auch so an.

„Der Umgang mit Euch verwundert mich immer wieder aufs Neue und dennoch empfinde ich alles sehr freundschaftlich und familiär. Was mich allerdings gleichzeitig aus meiner alltäglichen Bahn wirft, ist die Tatsache des Verheimlichens – obwohl ich weiß, dass dies notwendig ist. Manchmal denke ich mir, unsere Spezies wird von Phantasmen und Dämonen verfolgt – weil wir so konstant unsere Abgeschiedenheit der irdischen Rasse von allen kosmischen Rassen aufrecht halten."

„Dies resultiert aus den einprogrammierten Verhaltensweisen, die über Jahrtausende hindurch durch Eure Priesterschaften gekonnt aufrechterhalten werden. Das Okkulte dieser „Schattengeistigkeit" bestimmt Euer gesamtes Leben, wobei Ihr in der Spiritualität etwas Okkultes wittert – das ist Eure Umprogrammierung, Eure Abgesondertheit vom Gesamten. Euer Suchen in den niederen Schwingungsebenen wird Euch gestattet – ein Suchen in den höheren Schwingungsebenen ausgetrieben als Hirngespinste und „geistige Verwirrung". Du solltest Deine Betrachtungen und Recherchen mal von dieser Warte aus betreiben, um zu erkennen, wovor die „Schattengeister" Angst haben. Sie haben Angst um ihre Existenz, denn sie sind von Eurem Denken und negativen, niederen Frequenzen geradezu abhängig – es ist ihr Lebenselexier, ihre Basis, worauf sie überhaupt erst in einer weltlichen Existenz Zugang erhalten. Da sich alles Leben aus dem Elektron heraus manifestiert, sind auch solche Wesenheiten kosmische Bestandteile – aber nicht im Sinne der ersten lichten Schöpfung. Ihr sagt dazu *gefallene Engel,* was es im Kern ziemlich genau trifft.

Natürlich gibt es unterschiedliche Abstufungen dieser Energien und Manifestationen, die Ihr Naturgeister, Dämonen, Teufel und dergleichen mehr tituliert – es liegt an Euch, diese Energien dem zuzuführen, wofür sie sich am besten eignen. Zum Beispiel Pflanzenwachstum,

Levitation, Freie Energieentfaltung – das wären die richtigen Einsatzbereiche für diese Kräfte. Ihr gebt ihnen Namen und eine Macht, über Euch zu regieren, wodurch sie sich veranlasst sehen, dieser Programmierung gerecht zu werden! Ihr gebt ihnen eine Signatur dämonischer Berechtigung oder eine okkulte Seelenhaftigkeit, die ihnen in keinster Weise zusteht.

Eure „Priesterschaften" wissen das, nähren noch dieses Phänomen und stellen alles unter Strafe, das sich gegen diese unnatürlichen Manifestationen stellt. Noch immer beherrschen Euch religiöse Rassenunterscheidungen, Kastenbildungen und ein alleinig-seelig-machender Glaube darein. Sich gegen diese Niederfrequenzen zu verwahren, kostet so manchen von Euch Ansehen und die Freiheit – das ist das Teuflische Eures Kollektivbewusstseins; darin findest Du die Antwort auf die meisten Deiner Fragen.

Ein weiteres Problem Eures Daseins liegt in der Betrachtung Eurer individuellen Persönlichkeit – Ihr achtet kaum auf Euer individuelles Selbst, sondern gebt einem sich gegenüber befindlichen Sein (das ist Fremdsein) alle persönlichen Rechte ab. Hierin liegt einer der Schwerpunkte unseres Auftretens in erneuten Kontakten – Ihr gebt zu schnell Eure persönlichen Verpflichtungen und Rechte dahin ab, wo sie mit Füßen und negativer Energieentladungen getreten werden. In dieser, für uns unverständliche Verhaltensweise, liegt eine Faszination, die förmlich die unterschiedlichsten Dunkelmächte anlockt. Aber dadurch sehen wir uns auch autorisiert, Euch vor zu massivsten Fehltritten zu bewahren; auch, wenn Ihr das zumeist nicht wahrhaben wollt.

Es gibt auch andere Spezies, die sich von Euch „magisch" angezogen fühlen, da Ihr sie regelrecht und ausdauernd ruft, einladet, Euch zu besuchen und zu begaffen! Ihr ruft ins All und wenn Ihr Antworten oder Reaktionen erhaltet, so nehmt Ihr sie gar nicht wahr – Ihr nehmt sie gar nicht mal dann wahr, wenn sie Euch entführen, untersuchen – sich Euch körperlich zeigen oder klare Zeichen geben. Dass eine Spezies so hirnrissig – um es in Deiner Sprache zu definieren – agiert und reagiert, spricht sich in bestimmten Raumsektoren herum. Für einige Spezies seid Ihr lediglich ein großer Zoo voller Geisteskastraten, die man ruhig ein bisschen gängeln darf – sie merken es ja doch nicht! Für diese Spezies seid Ihr so ähnlich, wie für Euch Eure mongoloiden Kinder. Und das sage ich nicht nur so daher, mein lieber Thalus. Die sogenannten „Grauen", mit denen einige Regierungen Eures Planeten Kontakte haben, spielen mit Euch und betrachten Euch als „biologischen, unwürdigen Weltraumschrott!"

Vor den wirklich aufgewachten Menschen jedoch haben sie Angst, wie auch vor uns, denn sie wissen um die Macht eines freien Menschengeistes. Ihr würdet sofort Ruhe bekommen, wenn Ihr Euch gleichzeitig in eine höhere Schwingung begeben würdet, wie das Euer Planetengeist am initiieren ist. Und die, die sich selbst auf die Höherschwingung einstimmen, erkennen denn auch die Problematik und die Verursacher dieser Scharade.

Wie Du selbst bereits erkannt und erforscht hast, liegt Euer Problem in der „Priesterschaft" der Niederhaltung, die sich durch alle Menschheitsgenerationen hindurchzieht. Die Macht dieser durch alle Lebensbereiche hindurchzielenden „Manipulatoren" ist nur von jenen zu brechen, die dazu fähig sind und das Wesen der menschlichen Evolution *WISSEN*. Wir helfen eben jenen Menschen, dieses Wissen relativ ungestört verbreiten zu können. Aber wir helfen keinem, der kämpfen oder mit Waffen seine Argumente verbreiten möchte."

„Mich verwundert, warum ich gewisse Personen nicht beim Namen nennen darf, die sich innerhalb der „Priesterhierarchie" gegen die geistige Befreiung stemmen. Sollte man sie nicht endlich entlarven?", fragte ich umständlich.

„Was hat es Euch bis jetzt gebracht, den einen oder anderen Erfüllungsgehilfen zu entlarven? Nichts, außer erneute Verschleierung und die Entleibung der Enthüller! Diese „Priesterschaft" muss sich selbst entlarven und wird sich selbst entlarven, wenn die Zeit dafür gekommen ist. Auch sie und alle mit ihr verwobenen Menschen müssen die Gelegenheit erhalten, sich zu wandeln – es müssen alle Menschenwesen die gleiche Chance erhalten, sich der Höherschwingung anzugleichen oder in den Dunkelebenen zu verbleiben, bis eine neue Chance kommt.

Jeder ist selbst für sich der Richter", entgegnete Mordechai gelassen.

„So gesehen, erzählen uns unsere Mythologien und alten Überlieferungen alles, womit wir gerüstet sein müssten, unsere Verdummung zu durchbrechen", stellte ich nüchtern fest. „Was Ihr mir bisher gesagt habt, ist im Grunde nichts wesentlich Neues – lediglich in einem anderen Mäntelchen mit anderen Worten und in einer leichter zu verdauenden Atmosphäre."

Mordechai lachte.

„Es gibt ja auch nichts Neues im Kosmos – es ist bereits alles gesagt worden, ständig wiederholt und immer wieder neu vor Euch dargelegt. Selbst unsere Existenzen sind in Euren alten Überlieferungen verankert – wie übrigens auch auf allen anderen Welten, wo sich Menschenwesen entwickeln. Die kosmische Wahrheit ist im Grunde sehr einfach, wenn gleich sie sich in den unterschiedlichsten Variationen in die Materie ergießt. Die menschliche Erhöhung zum kosmischen Menschen ist im Grunde weiter nichts als die bewusste Verbrüderung mit allen Wesenheiten im Universum – daran ist nichts Mystisches oder nur mittels Tiefenhypnose oder Meditation alleine zu erreichen. Es geht um eine „neue" Form der Wahrnehmung Eurer Umgebung und des Universums. Es geht nicht, einen **GOTT** zu erforschen oder SEINE Beweggründe zu definieren, weil etwas Grundsätzliches auch nicht zu analysieren ist, ohne ins Spekulieren zu kommen! Eure Wahrnehmung für einen Ganzheitlichen Kosmos voller Leben und mannigfaltigen Erscheinungen, würde Euch soviel neues zum Erforschen geben, wodurch Ihr für Jahrtausende ausgelastet sein würdet. Auf die Idee zu kommen, das Schöpfungsprinzip durchschauen zu müssen, zeugt von Eurer Engsicht und Seelenvergessenheit. Welcher Apfel wäre schon in der Lage, seinen Stamm zu definieren?!

Der ganzheitliche Kosmos, das holistische Miteinander, bestimmt erst eine breite Basis der Forschungen, die Euch den Atem nehmen würden – Euch das Staunen und die Erhabenheit der Schöpfung wieder vor Augen und Sinnen zu führen. Die Möglichkeit, durch Raum und Zeit zu reisen, ohne dafür eine Blechbüchse konstruieren zu müssen – oder die atemberaubenden Lichtspiele neu entstehender Galaxien mit eigenen Augen zu sehen – all das wäre Euch möglich, wenn Ihr es nur wahrhaben wolltet.

Das Spiel der Elektronen erforschen, wie sie sich formieren, wenn neues Leben entsteht, im Leib einer werdenden Mutter – Sternengesang Eurer Neuronen hörbar zu machen mit einer „Technik", die Ihr im Moment nicht einmal definieren könnt. Es gäbe für Euch und uns so viel gemeinsam zu erforschen und zu erleben!

Und was macht Ihr? Ihr glaubt an die Schlechtigkeit eines Satans und dessen Dämonenbrut; an Eure Priesterschaften, die Euch nur Rückschritt und Selbstvernichtung heraufbeschwören lassen!"

Mordechai schüttelte ihren Kopf und blickte mich aus großen, gelbrötlichen Augen an, wie eine Mutter ihr Kind, das mal wieder Mist gebaut hat!

Ihre Aussagen bewegten mich enorm und ich konnte förmlich das Spiel meiner Neuronen spüren, die mir sagen wollen: „Nun mach aber mal hin!"

Es ist denn auch die Atmosphäre dieser Gespräche mit den Anderen, die mich immer wieder aufs Neue faszinieren, mich motivieren und mir enorme Erkenntnisschübe bereiten. Ich verspüre immer wieder meine persönliche Individuation, die dermaßen darauf anspricht, wie es kaum ein Erdenmensch vermag zu vermitteln.

Ein Mensch, der in seiner irdischen Bestrebung der Leistungsfähigkeit und des Konsums festgefahren ist, verhindert damit vielfach seine individuelle Reifung – aber auch ein Abenteuer der Sonderklasse. Vielleicht würde dieser Mensch erst gar nicht verstehen, was wirkliche Sehnsucht und wirklicher Forschergeist ist...

„Es soll Dich hier und jetzt nicht bedrücken, so mit Eurer Engstirnigkeit konfrontiert zu werden. Nimm es einfach gelassen zur Kenntnisdass es anders ginge, wenn Ihr wachen Sinnes durch Euer Leben gehen würdet.

Auch ist es nicht wichtig, in diesem Sinne zu missionieren – aber von Belang, Deinen Artgenossen zu sagen, dass sie nicht alleine sind. Wozu Eure Wissenschaft noch nicht imstande ist zu erkennen oder zu berechnen, ist dennoch in greifbarer Nähe und zeigt Wirkung auf allen Ebenen Eures Daseins. Begreift Ihr erst einmal das Elektron in seiner Gesamtheit, so wird Euch das holistische Universum nicht mehr so fremd sein; denkt Euch in die Wirkungsweise des Elektrons ein, anstatt es analysieren zu wollen, dann werdet Ihr mit „Ihm" in Kommunikation kommen", verabschiedete mich Mordechai für diesmal.

Zum ersten Mal verließ ich die Innererde ohne Verwirrtheit und Skepsis. Auch im Nachhinein stellten sich keine „Nachwehen" mehr ein und mir wurde klar, dass ich die Begegnungen nun als wirklich zu meinem Sein gehörend verinnerlicht habe. Wenn ich mir eine Frage über die „Anderen" stelle, so nicht mehr über ihre Existenz, sondern über ihre Intentionen und ihre persönliche Philosophie. Mich begann nun zu interessieren, wie sie auf ihren früheren Heimatwelten lebten, wie ihre Infrastrukturen sind und was sie individuell bewegt – welche „Politik" und welche Wirtschaftsbasis sie besaßen. Welche Krankheiten haben sie und gibt es Verbrechen, Vergehen und Gemeinheiten, wie auf unserer Erde? Oder sind sie bereits schon zu sehr Erdenmenschen geworden und ihre frühere Herkunft verschwimmt auch in einer nebulösen Mythologie, wie die unsrige?

Wie geben sie Wissen an ihren Nachwuchs weiter; worin zeigt sich ihre „Technik", Ernährung usw.

Nachdem mich Ulluer wieder nach Hause gefahren hatte, wusste ich in etwa, wie ich für mein Leben weiterhin verfahren werde. Und dass ich meine Tagebücher weiterführen muss, um meinen Mitmenschen noch vieles mitzuteilen.

Thalus von Athos

Alfons E. Jasinski

Nachwort

Hier enden vorläufig die ersten Tagebücher und Notizen von Thalus von Athos, der mich beauftragt hat, alles niederzuschreiben.

Die Jahre, die ich nun diesen außergewöhnlichen Mann kenne, die Zeit, die ich in langen und ausführlichen Gesprächen mit ihm verbringen durfte, haben mich vieles gelehrt und mir aufgewiesen, wie unsere menschliche Sichtweise in sich eingestülpt ist. Aus eigenen Erfahrungen muss ich gestehen, dass nicht alles, was wir im Alltag erleben und worüber wir uns sorgen, aus einem pur menschlichen Lernprogramm heraus verläuft. Vielfach stellen wir an uns selber fest, dass dieses Leben nicht alles sein kann, dass das Leben eine subjektive Abfolge von Geschehnissen ist, das nicht für alle Menschen gleichbedeutend ins Leben wirkt.

Wir dürfen nicht übersehen, dass sich der menschliche Geist unterschiedlich entfaltet, woraus Menschen ihre Anlagen und Berufungen ziehen. So ist eben jeder Mensch für sich eine einmalige Erscheinung und wirkt in seiner individuellen Art auf diese Welt ein – zeitigt Wirkungsweisen, die wiederum in eine Vielfalt von Wirkungsweisen anderer Menschen eingeflochten wird.

Die Vielfalt menschlicher Intelligenz und die unterschiedlichen Genien zeigen uns ganz deutlich die Unberechenbarkeit der Tatsache „Wissen". Hinzu kommen die unterschiedlichsten Wahrnehmungsvariationen menschlichen Lebens und Erlebens, die beweisen, über den sprichwörtlichen Tellerrand hinausblicken zu können, wenn man dafür die nötige Reife und den Mut für Neues aufbringen kann.

Zu dem Begriff „Reife" möchte ich noch etwas Wesentliches anführen – Reife klingt in vielen Ohren so hochtrabend, erhaben und salbungsvoll, dass sich viele Menschen davon gefühlsmäßig distanzieren, weil sie ihnen einfach fremd geworden ist; wie bei vielen Begriffen, die deutlich aufzeigen, was Sache ist und sich der moderne Mensch darüber mockiert ; sich sogar für diesen Wortgebrauch schämt. Reife ist der Begriff von verinnerlichtem Wissen über Zusammenhänge – die Basis, woraus wir Menschen unsere Welt überblicken können. Nichts daran ist hochtrabend oder etwas wofür man sich schämen muss. Dass sich in unserer Zeit Begriffe über Würde, Liebe, Persönlichkeit, Reife, Selbsterkenntnis und dergleichen mehr zu einem Sprachtabu entwickelt hat, das zudem vielfach noch belächelt wird, zeugt von der negativen „Drehung" des modernen Menschen.

Sprachmissbrauch scheint eine heute gängige Form des Umgangs zu sein – geradezu als hohes Ziel zur Anerkennung in der zeitgeistigen Gesellschaft. Nie zuvor sind Sprache, Worte und Verstehen so misshandelt und verdreht worden, wie in den letzten 20 Jahren! Werden heute Kinder als „Kids" bezeichnet, ist dessen wirklicher Hintergrund eine Bezeichnung aus dem 19. Jahrhundert Amerikas, die einen charakterlosen und missratenen jungen Menschen bezeichnet. Derartige Bezeichnungen wandern heute in die Gesellschaft, ohne darüber nachzudenken, dass diese Bezeichnung mit einer negativen Schwingung belegt ist, die man unseren Kindern überstülpt.

War über Jahrtausende etwas Schön, so heißt es heute „Geil" – die Bezeichnung für „gierige sexuelle Befriedigung und Erregung" – solche Wortvergewaltigungen werden selbst von unseren Pädagogen gepflegt und gebraucht, um nur ja bei den „Kids" anerkannt zu sein! Man muss sich nur einmal vorstellen, welche Schwingungsbandbreite man erreicht, laufend eine „mordsmäßig geile Lust auf Kollateralschäden" zu fördern, wie das unsere Medien durch die Bank konstant zelebrieren...!

Thalus von Athos hat viele Spracheinflüsse der vergangenen 80 Jahre analysiert und kam zu einem fatalen Ergebnis: Die heute gebräuchliche Sprachmatrix eines 18-jährigen entspricht etwa der eines 10-jährigen von vor 2500 Jahren. Und die Schwingungsfrequenz der heutigen Lautgebungen entspricht der eines erregten Pavians!

Das sind nachweisbare wissenschaftliche Untersuchungen über die Schwingungslehre und Frequenzmodulation, wie sie von (z.B.) Meeresbiologen bei Delphinen und Walen angewendet werden; oder von

Primatenforschern. Der Fortschritt der Menschheit ist ein Abdriften in die Sphären des Realitätsverlustes, wobei gerade dieser Niedergang als erstrebenswerte Evolutionsschiene bewertet wird.

Professor Lorenz sagte 1960 auf einem Symposium einmal: „Die Tendenz zur Demenz sinkt in immer jüngere Generationsmitglieder – bis zu einem Punkt, wo der Wahnsinn gesellschaftliche Methode geworden ist". Diese Worte erinnern mich an einen weiteren Ausspruch Albert Einsteins, der sagte: „Der geistige Verfall der Menschheit beginnt in der willkürlichen Sprachenvermischung und endet im Unverständnis der Sache Mensch."

Es stellt sich uns immer wieder die bohrende Frage, warum der geistige und sittliche Verfall der Menschheit seit etwa 50 Jahren solche „Fortschritte" macht. Und wir müssen eingestehen, dagegen kein Heilmittel zu finden. So, wie es auch kein Heilmittel gegen Krebs, aber ein Verstehen dieses „Heilprogramms" gibt, findet sich mittlerweile kein „Heiler" (was ein Arzt ja sein sollte) mehr, der das Dahinter einer Krankheit zu erkennen versucht.

Wer sich einmal mit dem Jargon der Pharmazie befasst hat, wird sich kopfschüttelnd und speiübel davon abwenden, weil er der Inbegriff der Menschenverachtung ist. Lesen Sie nur einmal den Beipackzettel eines Rezeptorenblockers (Medikament bei Herzkrankheiten), dann wissen Sie, wie mit Worten auf eine gesetzlich sanktionierte Mordmethode zugegriffen wird!

Wenn wir begreifen, wie durch eine Wort- und Sprachreduzierung eine allgemeine Dezimierung würdevoller Werte und sogar Menschen betrieben wird, können wir uns diesem Programm auch leicht wieder entziehen; wir lassen uns einfach nicht mehr darauf ein und verlangen Klartext. Wer seine Wortspielereien nicht definieren kann oder will, bleibt eben außen vor!

Seit geraumer Zeit ist es geradezu Mode geworden, alles und jeden in eine Weltverschwörung zu ziehen, wobei vor nichts und niemanden Halt gemacht wird. Thalus von Athos bemüht sich immer wieder, bestimmte Konstellationen von Logen, Orden und Gemeinschaften zu relativieren, um aufzuzeigen, dass es sich um zwei „Linien" von Weltbewegungen handelt, die sich einander kreuzen. Die Aufgabe vieler Weisheitsschulen und Mystikergemeinschaften ist, negative Strömungen von positiven Strömungen zu trennen, um eine Vermischung in eine „graue Präsenz" der geistseelischen Menschheitsfaktoren zu verhindern.

In der grauen Präsenz liegt die eigentliche Kristallisation des kosmischen Geistes in das wesentliche Vergessen seiner Herkunft. Wäre diese Existenzform für uns Menschen vorgesehen (wünschenswert), so müsste die Evolution einen umgekehrten Weg einschlagen; d. h. aus dem kosmischen Bewusstsein in eine biologische Existenz, wie z. B. des eines Primaten niedrigster Form!

Da jedoch erwiesenermaßen Evolution in einem Aufwärtstrend stattfindet, wobei das menschliche Bewusstsein im Moment das „höchste" auf Erden und im Kosmos prinzipiell als „Menschlich dynamisch" verankert ist, wäre eine Umkehrung geradezu fatal. Im Brockhaus steht (verkürzt): Der Mensch, das einzige Lebewesen auf Erden mit dem am höchsten entwickelten Gehirn. (In Ermangelung eines Wissens, dass wir hier auf Erden zwei Menschenrassen beherbergen – die Reptiloiden und Humanoiden).

Wenn wir uns nun wieder der heutigen, zeitgeistigen Menschheit zuwenden, werden wir feststellen, zurzeit in einem ziemlichen Dilemma zu stecken. Sowohl sprachlich als auch moralisch, in einer adäquaten Resonanz, scheinen wir zumindest in einer Stagnation zu hängen – wenn nicht sogar einer Devolution verfallen zu sein.

Exakt in solchen „Zeiten" tauchen immer wieder „höhere Impulse" und die „Anderen" auf, um uns darauf aufmerksam zu machen. Weil ein gewisser Teil der menschlichen Spezies stets in einer „derartigen" Resonanz steht, werden deren „Rufe nach Hilfe" gehört und angenommen. Wenn keine Religion, Philosophie oder dynamische Idee mehr in einer verfahrenen Massenmentalität greift, dann reicht uns die kosmische Hierarchie ein Mittel zur Unterstützung; wir müssen es nur fassen.

In solchen Zeiten entstehen „neue Impulse" und Begegnungen mit lichten Geistesinhalten, bis hin zu Begegnungen mit unseren Brüdern und Schwestern von Innererde und auch Menschen auf der Oberfläche, die all das seit Langem verstehen und praktizieren.

Weil dies jedoch nicht die Regel des irdischen Menschenlebens ist – obwohl sie es sein könnte – tun sich die meisten Menschen sehr schwer, außer auf der Erde noch irgendwo intelligentes Leben zu erwarten. Und, obwohl ein Riesenapparat an Wissenschaftlern nach „Leben im Universum" forscht, nimmt sie es nicht als gegeben an, wenn es vor ihnen steht!

Thalus von Athos' Begegnungen sind kein Einzelfall. Wie ich mittlerweile eruieren konnte, scheinen Zig-Zehntausende Erdenmenschen derartige Kontakte zu pflegen – unabhängig von Rang, Namen und Bedeutung. Viele Versuche von Kontaktlern, sich der Öffentlichkeit anzuvertrauen, wurden und werden rigoros von ihren Mitmenschen, Behörden und Religionsführern mundtot gemacht oder in eine abartige Lächerlichkeit gezogen. Daher liegt im Moment der Trend im Andeuten – so quasi, was wäre, wenn...

Ein anderer Trend liegt in der negativen Ausbeute der spirituellen Beweggründe und in einer bewussten Zusammenmischung von negativen und positiven Wesenheiten, die uns frequentieren. Natürlich werden Wesenheiten, denen etwas an unserer Spezies liegt, uns keine „überirdischen Techniken" und Waffen offerieren (die sie selber erst gar nicht benötigen und besitzen!), sondern uns mitteilen, was prinzipielle Sache im Universum ist und wie wir uns in diese Gemeinschaft einarbeiten können.

Außerirdische, die uns neue Techniken, Waffensysteme und Machtinstrumente geben, sind in ihrem Reifestand nicht wesentlich über dem unsrigen – auf sie sollten wir uns keinesfalls näher einlassen; und wenn das schon geschehen ist, die Kontakte reduzieren.

Ein weiterer Trend liegt im Channeling – in geistig-spirituellen Durchsagen von Lichtwesen und Außerirdischen, mittels eines oder mehreren

Medien – wobei diese Kontaktform mit Vorsicht zu genießen ist.

1., Derartige Durchsagen verlaufen in einer energetischen Form, deren Übersetzung wir oftmals unsere eigenen Einfärbungen (Vorstellungen und Spekulationen) aufdrücken. 2., Es können jenseitige Kräfte oder unreife Elementale sein, die sich nur wichtig machen wollen.

Wenngleich Channelings einen wesentlichen Aussagecharakter aufweisen, kommen diese stets innerhalb des geistigen Auffassungsvermögens des jeweiligen Mediums zustande. Eine direkte „Konfrontation", Auge in Auge, hat den aussagekräftigeren Charakter und beweist zugleich auch die logische Konsequenz universellen Lebens. Da sich eine Präsenz der Anderweltler auf unserem Planeten durch alle Mythologien und Religionen zieht, die besagt, dass körperliche Kontakte und akustische Kommunikation stattgefunden hat, möchte man meinen, die Menschheit dürfte endlich bereit sein für die Annahme dieser Tatsache.

Wir leben heute in einer Periode der einerseits völligen Unsicherheit und Orientierungslosigkeit, andererseits mit einem geistigen Potential, das Universum als vielfältig belebt zu begreifen. Die Logik alleine gebietet schon, sich zu sagendass ein so unendliches Universum, alleine für den Erdenmenschen „geschaffen", eine bodenlose und ineffektive Verschwendung von Energie und Materie wäre! Da der Kosmos (die Ordnung) in sich eine logische Abfolge dynamischen Wachsens ist, wächst alles kontinuierlich und erweitert sich in einer bewährten Bewusstwerdung nach „allen Seiten".

Schon in unserer Vorstellungskraft (die ja pure Energie ist) ist es ein Leichtes, den Kosmos als bewohnte Lebensvielfalt zu erachten – das ist ja bereits schon eine Kommunikation mit dem kosmischen Sein.

Wer sich heute noch immer skeptisch fragt, ob es andere bewohnte Welten mit Menschenwesen gibt, der sollte sich einmal fragen, was die Bezeichnung „kosmische Selbstorganisation" bedeutet – dies ist ein Begriff aus der Anthropologie, der besagt, „Kosmos, die von Gott geschaffene Ordnung, die Menschen als Teil von ihr". Hierin findet sich ganz logisch und deutlich die Aussage, dass der gesamte Kosmos von Menschen (Bewusstseinsträgern) durchdrungen ist.

Natürlich wähnt sich der Erdenmensch da „außen vor", weil er ja in seiner selbsternannten Hybris glaubt, einzigartig in seiner Intelligenz zu sein – darin steckt natürlich auch der Beweis, dass sich so ein „Denker" nicht in der Ordnung, im Kosmos befindet... und wo befindet er sich!? Natürlich im Recht und dem Netz eines Kollektivbewusstseins!

Scherz beiseite – die logische Betrachtung des Lebens auf unserem Planeten scheint einem Phänomen Platz gemacht zu haben, das Frater Thalus von Athos folgendermaßen schildert: *„Da es keine vergleichbaren Lebewesen auf anderen Planeten gibt, kann keine Kommunikation mit Außerirdischen stattfinden – folglich unterliege ich einem Irrtum. Da wir Erdenmenschen einzigartig sind, könnte es auch möglich sein, deren Vielfalt sich wiederum nur einzubilden – folglich bin ich alleine. Da ich alleine bin, stelle ich mir nur imaginär ein Gegenüber meiner Seins-Signatur vor mich – folglich unterliege ich gänzlich einem irrealen Menschsein. Da ich einem Irrtum unterliege, gibt es Nichts – folglich ist das Nichts nur eine unsichtbare Form energetischer Einbildungen."*

Innerhalb solcher Diskussionen und Argumentationen begeben sich Menschen, die alle Hinweise und Fakten außerirdischer Präsenz in das Nichts verweisen wollen. Dass sie sich damit selbst in die existentielle Negation schicken, ist ihnen dabei kaum bewusst. Das wirkliche Paradoxon im menschlichen Verhalten zeigt sich in seiner egozentrischen Ablehnung gegenüber dem kosmischen Lebensprinzip – daraus resultieren unsere verdrehten Weltansichten über Herrscher und Beherrschte; über die Notwendigkeit von Krieg und Befreiung mit Waffengewalt. Selbst in unserem Wort- und Sprachgebrauch finden sich die verdrehten Verhaltensweisen einer Spezies, die sich in einem Schubladenverhalten auszeichnet: Krankenhaus, anstatt Gesundungszentrum; Gesundheitsreform, anstatt Krankenreform; Sozialwesen, anstatt wesentlich Sozial; Stagnation, anstatt Dynamik; Kollateralschaden, anstatt Lebensvernichtung; Nahrungsmittel, anstatt Lebensmittel; Zerstreuung, anstatt Kontemplation; Vorsorge, anstatt Sorglosigkeit; Versicherung, anstatt Eigenverantwortung; Glaube, anstatt Wissensbegehung... man könnte dergleichen unendlich Vieles hinzufügen und niemals fertig werden.

Durch alle Wissenschaften zieht sich ein grauer Faden halbfertiger Wahrheiten, die keine Amplitude zwischen den Schwingungsfrequenzen aufweist; es fehlt ihnen der wesentliche Gegenpol aus der energetisch geistigen Ebene! Heisenberg, einer der Begründer der Quantenmechanik, sagte einmal sehr treffend, „Wer sich jemals einer einzigen Idee hingibt und nur sie zu vertreten versucht, hat bereits aufgehört zu denken – von Leben schon gar nicht mehr zu sprechen".

Es ist die Definition des „Weiterdenkens", des Darüber-hinausdenkens, das erst den menschlichen Geist in seiner dynamischen Entfaltung zeichnet. Zu glauben, dies sei nur einer Elite von geschulten Geistern zu überlassen, ist pure Dummheit und „priesterliche Versklavung" der Spezies Mensch.

Immer wieder höre ich aus meinem Bekanntenkreis, ein „Kuli", ein Hilfsarbeiter, Bauarbeiter oder „einfacher Handwerker" sei ja eh' nicht in der Lage, mehr zu überblicken als seine wöchentliche Sportschau am Wochenende. Derartige Aussagen machen mich regelrecht wütend, weil sie zeigen, wie wenig wir Menschen in der Lage sind, unseren Artgenossen Achtung und Gleichberechtigung zu schenken.

Geben wir diesen „gezeichneten" Menschen eine gleichwertige Basis der Kommunikation und steigen vom hohen Ross der Egozentrik herunter, so könnten wir voneinander reichlich viel lernen. Wenn wir die Ausbildung aller Menschen zu einer ganzheitlichen Formel gleichwertiger Zugänglichkeiten gestalten würden, gäbe es diese vermeintlichen Geistesunterschiede nicht mehr. Menschen von vorneherein in eine kastenhafte Graduierung zu setzen, ist das schlimmste Verbrechen, das an uns Menschen, durch uns Menschen (!), begangen wird. Anstatt sich auszutauschen, zu fragen, was das Bedürfnis aller Menschen ist, werten und bewerten wir nach einem Muster der unterschiedlichen Tauglichkeit, das wir uns selber geschaffen haben.

Gleichberechtigung im wahrsten Sinne der Bedeutung beginnt bereits im Umgang mit seinem Gegenüber – gleichgültig, ob es ein Hilfsarbeiter oder ein Minister ist. Der Zugang zum Wissen muss für alle Menschen gleichwertig bereits in den Grundschulen beginnen und nach den individuellen Anlagen des Einzelnen gefördert werden; Niemand muss auf der Strecke eines „Kuli" bleiben, wenn wir das nur ehrlich wollen! Ob und wie sich ein jeweiliger Mensch dadurch entwickelt, ist Sache seiner persönlichen Bewertung – mit Sicherheit nicht als ein „minderbemitteltes" Mitglied der Gemeinschaft.

Frater Thalus von Athos hat sich mir als ein Mensch größter Kenntnisse um die menschliche Beschaffenheit gezeigt, wobei er niemals eine Klassifizierung oder Bewertung abgegeben hat. Worüber er sich gelegentlich ärgert, ist die Engstirnigkeit seiner Artgenossen gegenüber offener Kommunikation. Hinsichtlich der Spärlichkeit, sich innerhalb seiner Erlebnisse austauschen zu können, leidet er an einer „gesellschaftlichen Maulsperre"!

Sein Humor, aber auch seine Art, Dinge zu betrachten und zu benennen, hat mich schließlich veranlasst, mich seiner Notizen und seiner Recherchen anzunehmen.

„Du wirst keine Ruhe mehr bekommen, wenn Du es tatsächlich schaffst, alle meine Erkenntnisse und Erlebnisse veröffentlichen zu können. Ich sage Dir – überlege es Dir gut und jammere mir hinterher nicht meine Seele voll", war sein knapper „Hinweis" darauf, dass ich mich damit aufs Glatteis begeben könnte.

Ich erklärte ihm, ich sei ein guter Schlittschuhläufer!

*

Einige geschichtlich-belegte Aussagen zum Thema

„Es wird nicht lange dauern, wenn man das Jahr 2000 geschrieben haben wird, da wird nicht ein direktes, aber eine Art von Verbot für alles Denken von Amerika ausgehen, ein Gesetz, welches den Zweck haben wird, alles individuelle Denken zu unterdrücken."

Rudolf Steiner. 4. April 1916, GA Nr. 167

„Eine aus heutiger Sicht bemerkenswerte Aussage angesichts der enormen Transferleistungen in Geld- Sach- und Militärwerten, die an den Staat Israel geleistet werden ist, dass Deutschland eine unendliche Schuld an Israel abzuleisten habe, und zwar, bis auch der letzte Deutsche am Hungertuch nagt."

Don Johnson, amerik. Schauspieler – 4.Oktober 2004

„Wer Massenvernichtungswaffen hat, bleibt noch immer der amerikanischen Regierung vorbehalten zu deklarieren – sollte es sich hinterher herausstellen, dem war nicht so, dann findet sich schon ein anderer Grund zur Rechtfertigung".

Dick Chenney, Juli 2004

„Wann immer wir glauben, eine richtige Lösung gefunden zu haben, mit unserer Heimatverwurzelung umzugehen, kommt ein Blitz aus dem gelobten Land und zerschlägt sie wieder".

Karl Donau – Richter

„Wer sich weigert Stellung zu beziehen in militärischen Belangen, dem sollte generell das Wahlrecht entzogen und seine Arbeitsstelle gestrichen werden".

George W. Bush – November 2003 nach einem Interview über sie Notwendigkeiten einer straffen Regierungsführung.

„Außerirdische ... das sind doch jene, die glauben, ohne Regierungen auskommen zu können".

Wolfowitz ironisch auf die Frage, ob Außerirdische Kontakt mit der amerikanischen Regierung hätten.

„Ich bin in erster Linie Vater und Ehemann und erst dann der amerikanische Weltpräsident – das ist ein Job, den jeder Grundschulabgänger machen kann." (Weltpräsident???)

George W. Bushs auf die Frage eines Studenten, worin seine (Bushs) Stärke läge.

„Menschliche Kulturen erinnern mich so an Hefebakterien – sie nehmen sehr bald überhand und müssen schnellsten verbacken werden."

Richard Perle

„Es gibt kein gutmütigeres Volk, aber auch kein leichtgläubigeres Volks als das deutsche. Keine Lüge kann grob genug ersonnen werden – die Deutschen glauben sie. Um eine Parole, die man ihnen gibt,

verfolgen sie sogar ihre eigenen Landsleute mit größerer Erbitterung als ihre wirklichen Gegner."

Napoleon

„Die Hauptgefahr liegt nicht in den Leuten die sehr schlau sind, sondern nur in den Dumm-Arroganten, die die Besten ständig verhindern und den Schlauen die verständlichen Anreize verschaffen, sie kräftig auszuschmieren."

Der Politiologe Dr. J.B. Koeppl

„Man kann alle Leute einige Zeit und einige Leute alle Zeit, aber nicht alle Leute alle Zeit zum Narren halten."

Abraham Lincoln

„Ja ja – der Bürger. Das seltsame Wesen ohne Rückgrat mit Schwammgehirn, das sich nicht zu schade ist, jeden Dreck der Obrigkeit auch wieder zu beseitigen."

Olof Palme

„Ein mystisch denkender Mensch, dessen Geistseele sich zu der universellen Ordnung hinrichtet, ist ein in Wirklichkeit unfähiger Mensch, sich und sein Vaterland zu verteidigen."

Henry Kissinger

„Merken Sie sich Eines: Solange der Bürger noch einer Führung durch eine Regierung bedarf, werden wir auch Kriege führen."

Tony Blair – 2004

„Die großen Ereignisse der Geschichte folgen seit über 300 Jahren einem geheimen Plan – einem Master-Plan zur Erringung der Weltherrschaft."

A. Ralph Emmerson

„Bocksprünge der Zeit und sogenannte groteske Naturphänomene kommen immer wieder durch alle unsere Kulturen hindurch vor. Das ist aber noch lange kein Grund, dahinter eine Systematik kosmischer Einflüsse zu sehen. Vielmehr resultieren diese Paradoxa aus einer geistig-verwirrten Sicht des Beobachters."

Mandrakis Lilopoulos – griechischer Astronom

„In der ägyptischen Altertumsforschung herrscht eine Atmosphäre des gegenseitigen geistigen Mordes; neue Erkenntnisse werden unterdrückt, neue Forscher von Beginn an in das bestehende System einberufen – ein Ägypten der Pharaonen kann und darf nicht zu einer Basis außerirdischen Ursprungs gelangen."

Hilmar Rosen – Sanskritforscher

„Die Lehre des Klangkörpers postuliert prinzipiell, das eine „Vollkugel" ohne Hohlräume überhaupt nicht in der Lage wäre, eine lebendige

Schwingung zu erzeugen. Da nun die Erde ein Resonanzkörper auf der Schwingungsfrequenz des Tones G wissenschaftlich dokumentiert ist, stellt sich die Frage, warum es keine für Lebewesen bewohnbaren „Untergründe" geben kann. Es stellt sich weiterhin die Frage, welche Wissenschaft so vermessen sein darf, das Erdinnere zu kennen, ohne es jemals wirklich erforscht zu haben!"

Mark Desmond – Ozeanograph

„Wer das Göttliche nur im Grundprinzip der Schöpfungsursache sieht, muss sich fragen lassen, ob er tatsächlich verstanden hat, was sein Denken verursacht."

Pater Pius, der Heilige

„Welche Außerirdischen auch immer unsere Erde frequentieren – wenn es denn so sein soll – soll für uns Menschen kein Problem darstellen. Unser einziges Problem dabei ist, dass wir diese Tatsache einfach Beiseite schieben, wie ein Kind, das lästige Fragen stellt."

Holger Demitrius – Physiker

*

Noch viele dieser und anderer Korrespondenzen, Niederschriften und Dokumente ließen sich hier nun anschließen, doch würden sie den Rahmen dieses Buches sprengen.

Zu erwähnen wäre an dieser Stelle noch, dass einige Schriftsteller und Personen innerhalb der Aufklärungsthematik dermaßen in ihren Recherchen und Veröffentlichungen behindert und bedroht werden, sie oftmals mehr Zeit damit verbringen müssen, abgestürzte Computer- und Kommunikationssysteme wieder zu formieren, Prozesse und Anfeindungsschriften zu koordinieren, um kaum noch zum Arbeiten zu kommen; so dass ich jedem einzelnen rate, sich nicht mehr über das Internet zu verbreiten.

Mir ist „zu Ohren" gekommen, mittels „alter Kommunikationsmöglichkeiten" ruhiger und gelassener seine Studien vollbringen zu können! Eine Homepage kann zu einer Höllenkonstruktion werden – ein Briefverkehr wäre zu aufwändig und zu auffallend, ihn laufend zu überwachen; und persönliche Treffen bieten einen hervorragenden Schutz, sich untereinander auch wesentlich auszutauschen. Alle wichtigen Überlieferungen wurden mündlich weitergereicht und nicht über eine Vielzahl marktschreierischer Medien verbreitet!

Oder haben Sie schon einen wahren Meister der Mystik im Internet gefunden...?

Alfons E. Jasinski

*

Danksagung

Sowohl Frater Thalus als auch ich wollen unseren Dank Ausdruck verleihen an jenen ungenannten Mitarbeitern und Gesprächspartnern, die diese Publikation erst möglich gemacht haben. Insbesondere möchte ich mich für die Möglichkeit kommunikativen Austausches mit meinen Freunden und seelischen Beratern Teresa und Wolfgang Meine, Johannes Wolf, Pfarrer Frederik Sonnleitner, Prof. Dr. Dr. Anatoly Wladimir Denebchinski und in großer Liebe meiner Gattin Christa dafür bedanken, mich durch alle Recherchen und Zweifel getragen zu haben. Ein besonderes Lob spreche ich meinem Verleger und seiner Gattin aus, die es gewagt haben, diese Publikation zu rezensieren und zu veröffentlichen, wo andere namhafte Verlage sich weigerten, diese Wahrheiten in dieser Reinform überhaupt in Betracht zu ziehen!

Danken will ich jenen Menschen und Mächten, die mich seit 3 Jahren begleiten, sowohl motivierend als auch gelegentlich störend. Insbesondere bedanke ich mich bei all jenen Menschen und den Menschen verbundenen Personen, die seit Jahren versuchen, alle meine Publikationsversuche zu unterstützen und andererseits auch zu unterbinden – sie haben mich enorm motiviert, die „Überwindungskräfte" zu manifestieren. Aber auch Dank an jene für mich nicht kontaktierbaren Wesenheiten, die über Frater Thalus von Athos Aufzeichnungen trotzdem zu mir „sprechen". Letztendlich danke ich allen asurischen Wesenheiten, dass sie sich so dermaßen unbeholfen durch die 5500 Jahre unserer Zeitenerklärung bewegen, und noch immer keine definitive Durchschlagskraft erreicht haben. Das gibt mir und anderen die Gewissheit, eine Spezies zu sein, die sich der generellen Hybris asurischer Machenschaften entheben können!

Nicht zuletzt bedanke ich mich bei Logen und Gesellschaften, Orden und Zirkeln, die mir bereitwillig Auskunft gaben; mir das sagten, wonach ich sie gar nicht gefragt habe – nämlich, ob es sie gibt oder nicht! Sie haben alle geantwortet – was will man mehr in einer Welt, worin es heißt, es gäbe „sie" gar nicht!? Ach, wie formidabel!

Ach ja – und ich bedanke mich bei all jenen, die mich unter- oder überschätzt haben und noch immer glauben, das irdische Leben ist ein Leben auserwählter Menschen, die hier schalten und walten können ohne Rücksicht auf Verluste.

Außerdem muss ich jetzt allen weiteren Menschen danken, die mich beeinflusst, motiviert, geschlagen, verladen und gestreichelt haben – eigentlich kann ich nur noch danken, dass geschehen ist was noch immer geschieht! Verstehen Sie, wem mein Dank gilt? Ja – er gilt dem Gedanken „Mensch" und seiner Vielfalt!

Alfons E. Jasinski, 21. August 2006

Notizen

Notizen